HISTÓRIA SOCIAL DO JAZZ

ERIC HOBSBAWM
HISTÓRIA SOCIAL DO JAZZ

TRADUÇÃO
ANGELA NORONHA

REVISÃO DE TRADUÇÃO
LIVIA ALMEIDA

24ª EDIÇÃO
REVISTA E AMPLIADA

PAZ & TERRA
RIO DE JANEIRO
2025

© E. J. Hobsbawn, 1989

Título original: *The Jazz Scene*

Direitos de tradução da obra em língua portuguesa no Brasil adquiridos pela EDITORA PAZ & TERRA. Todos os direitos reservados. Nenhuma parte desta obra pode ser apropriada e estocada em sistema de bancos de dados ou processo similar, em qualquer forma ou meio, seja eletrônico, de fotocópia, gravação etc., sem permissão do detentor do copyright.

EDITORA PAZ & TERRA
Rua Argentina, 171 – 3º andar – São Cristóvão
Rio de Janeiro, RJ – 20921-380
Tel.: (21) 2585-2000.

Seja um leitor preferencial Record.
Cadastre-se no site www.record.com.br
e receba informações sobre nossos lançamentos e nossas promoções.

Atendimento e venda direta ao leitor:
sac@record.com.br

CIP-BRASIL. CATALOGAÇÃO NA PUBLICAÇÃO
SINDICATO NACIONAL DOS EDITORES DE LIVROS, RJ

H599h
24. ed.

Hobsbawm, E. J. (Eric J.), 1917-2012
  História social do jazz / Eric J. Hobsbawm ; tradução Angela Noronha ; revisão de tradução Livia Almeida. - 24. ed., rev. e ampl. - Rio de Janeiro : Paz e Terra, 2025.

  Tradução de: *The jazz scene*
  ISBN 978-65-5548-127-3

  1. Jazz - História e crítica. 2. Jazz - Aspectos sociais. I. Noronha, Angela. II. Almeida, Livia. III. Título.

25-96105

CDD: 785.4209
CDU: 785.161(09)

Meri Gleice Rodrigues de Souza - Bibliotecária - CRB-7/6439

Impresso no Brasil
2025

SUMÁRIO

PREFÁCIO À EDIÇÃO BRASILEIRA, por Luis Fernando Verissimo   7

AGRADECIMENTOS   11

TERMOS TÉCNICOS   13

UMA NOTA SOBRE O DINHEIRO ANTIGO   15

INTRODUÇÃO À EDIÇÃO DE 1993   17

INTRODUÇÃO À EDIÇÃO DE 1989   29

INTRODUÇÃO   49

COMO RECONHECER O JAZZ   67

PARTE 1: HISTÓRIA
    1. Pré-história   83
    2. Expansão   99
    3. Transformação   127

PARTE 2: MÚSICA
    4. Blues e jazz orquestral   151
    5. Os instrumentos   185
    6. A realização musical   205
    7. Jazz e as outras artes   219

PARTE 3: NEGÓCIOS
    8. A indústria do jazz   239

PARTE 4: GENTE
    9. Os músicos   271
    10. O público   303
    11. Jazz como protesto   343

PARTE 5: ARTIGOS SELECIONADOS DAS REVISTAS *THE NEW STATESMAN* E *THE NEW YORK REVIEW OF BOOKS*
    12. *The New Statesman*, 1958-1965   367
    13. *The New York Review of Books*, 1986-1989   415

APÊNDICE 1: O FÃ BRITÂNICO DO JAZZ, 1958   479

APÊNDICE 2: A LINGUAGEM DO JAZZ   485

LEITURA COMPLEMENTAR, 1993   495

NOTAS   499

ÍNDICE REMISSIVO   511

PREFÁCIO À EDIÇÃO BRASILEIRA

Luis Fernando Verissimo

É difícil escapar do melodrama quando se fala sobre o jazz. Há muitos clichês tentadoramente românticos esperando para serem usados, como o de que o jazz nasceu do lamento dos escravizados nas plantações, e até hoje é um código exclusivo de protesto e insubmissão de uma raça oprimida, inacessível à outra a não ser pela falsificação. O de que o branco usurpador lucrou com o jazz o que o preto discriminado nunca pôde lucrar, com poucas exceções. O de que há no artista do jazz, mais do que em qualquer outro, uma relação simétrica entre criação e autodestruição.

Clichês como esses perduram, em primeiro lugar porque não deixam de ser verdades, mesmo pela metade. A origem do jazz é bem mais sofisticada do que a plantação, é uma mistura em que formas musicais europeias têm quase tanta importância quanto a tradição africana, mas uma das suas raízes é o blues rural, cuja versão mais antiga é o canto do escravizado. Dizer que só preto faz jazz autêntico é sucumbir a um tipo de racismo (ritmo inato, vocação instintiva, aquela história) que não é menos insultuoso por ser inconsciente, mas não se pode separar a história do jazz da feia história da relação entre as raças nos Estados Unidos. Quase todos os dramas individuais do jazz têm algo a ver com o racismo, de Bessie Smith morrendo porque lhe negaram socorro num hospital só para brancos a todos os invasores pretos vendo seus imitadores brancos ficarem com a fama e a fortuna que lhes cabia. O jazz não tem uma cota anormal dessa figura tão cultivada pela imaginação romântica, o artista maldito martirizado pelo próprio gênio, mas tem tido seus esquizofrênicos célebres, talvez porque seja uma atividade esquizofrênica, uma arte obrigada a conviver no mercado do entretenimento popular sabendo que merece outra coisa. Charlie Parker morreu com 35 anos vítima dos seus apetites mas também da frustração, desse desencontro entre o que era, e sabia que era, e o reconhecimento que podia esperar no meio a que estava preso.

Os clichês sobrevivem, no entanto, mais por serem simplificações convenientes, e literariamente atraentes. Hobsbawm não é o primeiro estudioso do jazz a ir além dos clichês, mas é certamente o primeiro a fazer isso tão minuciosamente, não fosse ele um historiador acostumado a desconfiar das versões muito repetidas. Ele dá a justa atenção ao jazz como a criação revolucionária de uma raça submetida a certas circunstâncias históricas, e à importância dessas circunstâncias na sua expansão, e nas suas tragédias, mas dá mais atenção ao contexto maior, à industrialização e às transformações nos padrões de consumo de brancos e pretos, à relação do jazz com a indústria de discos e de espetáculos, com seus popularizadores e cultores. Hobsbawm é um intelectual que evita e critica as duas principais tendências dos intelectuais quando tratam do jazz: a de tentar impor os limites da sua autenticidade ou a de reclamar para o jazz a respeitabilidade da música erudita. Para ele a questão da legitimidade, que já tinha ultrapassado a distinção racial que impedia, por exemplo, que desse o valor devido a um Zoot Sims só porque ele era branco e sardento, torna-se cada vez menos pertinente. O próprio jazz, como um desses fornos modernos que se limpam sozinhos, se encarrega de ir se redefinindo à medida que vai se transformando, sempre protegendo as duas ou três coisas, que podem não passar de uma atitude ou de um acento, que o diferenciam do resto.

PREFÁCIO À EDIÇÃO BRASILEIRA

E a sua integridade nunca dependeu de sair do porão enfumaçado ou da briga por um lugar no mercado da música popular, sempre foi o resultado de uma avaliação particular, de uma ética autoimposta – um pouco como a da prostituta que faz tudo, mas não beija na boca.

Mas, olha aí, também resvalei para um clichê literário. O texto de Hobsbawm está misericordiosamente livre dessas tentações. Leia-o, leia-o.

AGRADECIMENTOS

Não sou um especialista como aqueles que vivem o mundo do jazz, onde há tantos, e não poderia ter escrito este livro sem a contribuição de muitas pessoas. Minha dívida para com vários livros e publicações importantes será evidente. Tanto quanto possível, reconheci essas fontes em notas de rodapé, mas gostaria de acrescentar uma palavra de apreço à agora extinta revista *Jazz Music* (editada por Max Jones e Albert McCarthy), que levantava nosso ânimo durante a guerra. Tenho dívidas com tantos que seria impossível dar a cada um o merecido reconhecimento. Gostaria apenas de mencionar dois indivíduos a quem muito devo: Denis Preston, que me apresentou ao jazz em 1933 e, desde então, continua a me estimular e a me informar, e Charles Fox, a quem devo grande parte da minha formação posterior em jazz. Os dois leram alguns capítulos manuscritos, mas nem eles nem ninguém, exceto o autor, são responsáveis pelas opiniões e erros deste livro. Também sou grato ao editor e à equipe do *Melody Maker*; à secretaria e à equipe da National Jazz Federation por me franquearem acesso aos seus respectivos arquivos e registros e por me municiarem de informações; e à *New Statesman*, que me deu a oportunidade de manter um contato bem mais próximo com o mundo do jazz do que teria sido possível para mim de outro modo. De resto, os numerosos músicos, críticos, jornalistas, empresários, fãs e outros a quem consultei em determinadas ocasiões devem perdoar-me se lhes faço apenas agradecimentos coletivos e anônimos.

E. J. H.
1959

Aproveitei a oportunidade para revisar e atualizar este livro para a presente edição. Também desejo reconhecer mais algumas dívidas. Embora não possa agradecer a todos aqueles que me guiaram pela selva da cena jazzística norte-americana, gostaria de dizer o quanto devo a Ralph Gleason, do *San Francisco Chronicle*, pelos seus comentários críticos ao livro e por muitas outras coisas; a John Steiner e Studs Terkel, em Chicago; a Bill Randle, em Cleveland, e, em Nova York, a John Hammond, Nat Hentoff, Whitney Balliett e Martha Glaser. Apesar de seus esforços, os erros continuam sendo meus.

E. J. H.
1961

TERMOS TÉCNICOS

Certos termos técnicos também são amplamente utilizados, e, caso eu os tenha empregado aqui e ali sem explicá-los previamente, listo alguns dos mais importantes:

arranjo: um tema de jazz com orquestração específica
balada: canção pop sem outra definição
batida: o ritmo fundamental de uma apresentação de jazz
canja: instrumentistas que aparecem numa casa noturna e tocam junto com a banda (em geral, sem remuneração)
combo: qualquer (pequena) orquestra de jazz
corneta: trompa, às vezes qualquer instrumento de sopro
gig: trabalho temporário ao vivo para músicos, por exemplo, um compromisso de uma noite num salão de dança; sob certas condições, qualquer trabalho
jam session: ocasião em que os músicos improvisam juntos
jamming: improvisação
lado, faixa: lado de um antigo disco de 78 rpm, faixa de um LP
letra: a letra de qualquer música
pop, música pop: música de entretenimento popular tipificada pela "canção de sucesso"
seção: grupo coerente de instrumentos em uma banda, por exemplo, metais, cordas, percussão
seção rítmica: normalmente composta por bateria, baixo, guitarra, piano
sessão: unidade de tempo para uma gravação (por exemplo, "na sessão seguinte, seis faixas foram gravadas"). De maneira geral, qualquer unidade de tempo em que os músicos tocam diversas peças
set: conjunto de músicas tocadas pelos instrumentistas seguido por uma pausa ou pelo fim da sessão

UMA NOTA SOBRE O DINHEIRO ANTIGO

Para o benefício daqueles que são jovens demais para se lembrar dos velhos tempos, antes de 1971 a libra esterlina (£) consistia em 20 xelins (s), cada um com 12 *pennies* (d) – daí £.s.d. –, os *pennies* sendo, por sua vez, divididos em 4 *farthings*. Havia moedas de um *farthing*, meio *penny*, um *penny*, três *pennies*, seis *pennies*, um xelim, um florim (2 xelins) e meia coroa (2/6) e notas de banco de 10s em diante. (Havia também uma unidade puramente fictícia de £ 1/1/0 chamada guiné, que era uma desculpa educada e sofisticada para cobrar 5% extras em bens e serviços no valor de £ 1.) As moedas de xelim e florim foram transformadas nas atuais moedas de 5p e 10p. O *penny* no sistema decimal era inicialmente igual a 2,4d. Consequentemente, um disco compacto de 1958 custava, em moeda moderna, 3p, e um LP, £ 1,50. Para efeito de comparação, mais ou menos na mesma época, um galão de gasolina custava em média 4s 11½d (25p); o imposto rodoviário anual, £ 12/10/0 (£ 12,50), e o seguro automóvel abrangente em Londres £ 34/0/0.

UMA NOTA SOBRE O DINHEIRO ANTIGO

INTRODUÇÃO À EDIÇÃO DE 1993

Descobrir o jazz, como disse o escritor checo e grande conhecedor Josef Skvorecky, é, para a maioria das pessoas, como o primeiro amor –, em geral, mais duradouro –, e os dois acontecimentos costumam se desenrolar praticamente ao mesmo tempo. No caso deste autor, foi aos 16 anos, no ano em que Adolf Hitler assumiu o poder na Alemanha. Minha família tinha acabado de retornar à Inglaterra depois de alguns anos no ramo cinematográfico em Berlim e de uma luta perdida contra a crise. Meu pai trouxe na bagagem uma cópia da biografia de Carl Laemmle – escrita por John Drinkwater (autor de segunda linha da literatura inglesa, mas nesta ocasião evidentemente bem remunerado), autografada pelo tio Carl – e praticamente nenhum dinheiro. Até encontrarmos um apartamento barato que nos servisse, ficamos com parentes em Sydenham, um subúrbio vitoriano de classe média no sudeste de Londres.

Minha tia Cissie, vivendo em um distanciamento indefinido do tio Lou, que estava permanentemente ausente por conta de negócios do outro lado do Atlântico, lecionava. Sua filha casada, morando na mesma casa, tentava ensinar dança e elocução às meninas da vizinhança, rebentos de mães sonhadoras. O marido não tinha emprego e, portanto, era pouco comunicativo. O único membro da nossa família anfitriã que se parecia com um ser humano no sentido pleno da palavra era um jovem da minha idade, meu primo Denis Preston. Já nos conhecíamos, porque nossas famílias – como tantas outras – insistiam para que escrevêssemos um para o outro. Houve uma correspondência indiferente entre Londres e Berlim, da qual ambos os lados concluíram que o outro cara era um chato. Quando finalmente nos conhecemos, ficamos agradavelmente surpresos ao descobrir que o outro cara era ok. Sem dúvida, tentei convertê-lo ao comunismo, ao qual me converti enquanto vivia a ascensão de Hitler. Ele me converteu ao jazz.

Não sei como ele chegou ao jazz, mas, olhando para trás, não é surpreendente. Ele se encaixava perfeitamente no perfil de fã britânico de jazz da década de 1930, esboçado no capítulo sobre o "público do jazz": o jovem inteligente e autodidata da classe média baixa, de preferência um pouco boêmio. (Meu primo abandonou o ensino médio e estava estudando para ser violista.) Jazz, é claro, significava exclusivamente os poucos discos de 78 rpm que as companhias britânicas lançavam todos os meses e que precisavam ser separados da grande massa de músicas dançantes desprezíveis aos quais estavam associados. Mesmo assim, naquela época havia um pequeno público britânico para o jazz e até um guia confiável do que era bom, como Spike Hughes no *Melody Maker*, a bíblia do meu primo. Meu primo comprava, tocava até arranhar o disco e, quando o dinheiro era pouco (como geralmente era), fazia um acordo para trocar uma parte com a loja de discos local. Ele costumava ter sempre uns vinte desses discos pretos pesados, protegidos em papel pardo ou papelão – as capas ainda estavam a uma geração de distância.

Eram esses os discos que tocávamos num sótão escassamente mobiliado, na pesada caixa de manivela que, naqueles tempos pré-históricos, ainda nem era chamada de toca-discos, mas de gramofone. Entre discos e discussões intensas sobre como eram fantásticos, recuperávamos as forças com batatas fritas e colheradas de leite condensado cheio de açúcar, do tipo que era enfaticamente rotulado como "impróprio para bebês". Preferíamos fazer essas sessões à noite. Quando os dias eram longos demais, cerrávamos as cortinas.

Em retrospectiva, o jazz que encontramos por meio desses lançamentos britânicos do início dos anos 1930 foi uma introdução tão boa

INTRODUÇÃO À EDIÇÃO DE 1993

como qualquer outra disponível. Os primeiros discos de que me lembro foram os da banda Fletcher Henderson ("Sugar Foot Stomp", "House of David Blues"), Don Redman ("Chant of the Weeds"), Mills Blue Rhythm Band, Bix and Tram, claro, os Mills Brothers – eu me pergunto como aquele antigo grupo vocal resistiria a novas audições – e os gênios consagrados, Armstrong e Ellington. O Armstrong que ouvíamos ainda não era aquele dos Hot Five e Hot Seven, com "Potato Head Blues", mas como poderíamos reclamar quando tínhamos acesso à dobradinha Armstrong-Hines em "St. James Infirmary", "Knocking' a Jug" e "West End Blues"? E, felizmente, o grande homem ainda não estava preso na camisa de força da arqueologia de Nova Orleans. Embora tenhamos suspirado pela corrupção comercial da verdadeira arte em discos como "Confessin'" e "Song of the Islands", tivemos a sorte de sermos apresentados a um grande artista no auge de sua forma. Quanto a Ellington, como poderia alguém ouvir "Black and Tan Fantasy" e "Creole Love Call" sem ser capturado pelo resto da vida?

E aí, Ellington apareceu em pessoa. Ele era, àquela altura, um compositor levado a sério pelas seções mais descoladas do establishment musical britânico. Era também uma figura muito apreciada nos círculos aristocráticos mais jovens e até mesmo na realeza, o que provavelmente o agradava na mesma medida. Dois adolescentes suburbanos, que não pertenciam a nenhum destes grupos, só teriam condições de expressar a sua devoção de uma forma suburbana. Fizemos a peregrinação ao Streatham Astoria, no sul de Londres, um salão de baile onde a banda tinha sido escalada para o que era então chamado de "baile do café da manhã", da meia-noite até a manhã seguinte. (É claro que conhecíamos o disco do grande homem, *Breakfast Dance*, de trás para frente.) Presumo que nossos familiares mais velhos tiveram pena de nós, porque os ingressos estavam muito além das nossas possibilidades financeiras habituais.

Lá ficamos sentados, da meia-noite até o amanhecer, segurando o copo de cerveja que era tudo o que podíamos pagar, a imagem da banda gravada em nossos cérebros para sempre. Talvez, depois de quase sessenta anos, eu não consiga mais recitar de improviso toda a formação de Ellington 1933, incluindo Ivy Anderson cujo "Stormy Weather" foi o *hit* da temporada (assim como outras cantoras da banda que não eram imprescindíveis, exceto Adelaide Hall do inesquecível "Creole Love Call"), mas até hoje posso ver Hodges, impassível como o que naqueles dias politicamente desinformados costumávamos chamar de índio pele vermelha, dando um passo à frente para transmitir seus sons aos nossos corações. Caminhamos seis quilômetros para voltar para casa de madrugada – o dinheiro havia acabado – e fui fisgado para sempre.

Durante os vinte e tantos anos seguintes, como a maioria dos britânicos fãs de jazz, subsisti graças a discos – os velhos e pesados 78 rotações de goma-laca de três minutos de duração –, porque uma disputa entre dois sindicatos de músicos mantinha os instrumentistas norte-americanos fora da Grã-Bretanha. (Estávamos convencidos de que só valia a pena ouvir os norte-americanos, de preferência negros.) Nessa forma armazenada e irreal, a música estava disponível, pelo menos para a rede de aficionados, suficientemente pequena para que todos conhecessem alguém que pudesse complementar a excelente seleção de lançamentos comerciais com discos importados diretamente dos Estados Unidos. Era uma situação artificial, embora tenha dado ao núcleo principal de fãs britânicos uma influência considerável sobre o desenvolvimento da música no país. Como praticamente controlavam o que ouviam, eram eles os formadores de opinião. Tomando o exemplo mais óbvio: o primeiro tipo de jazz nativo ao vivo que se desenvolveu em qualquer escala, a partir dos últimos anos da guerra, foi aquele fenômeno típico de colecionadores e fãs, o *revival* de Dixieland. No entanto, enquanto Lu Watters e Bob Wilber eram periféricos à cena norte-americana do jazz nos Estados Uni-

INTRODUÇÃO À EDIÇÃO DE 1993

dos, as bandas britânicas de *revival* foram absolutamente centrais. Essas bandas, em grande parte recrutadas entre amadores, por sua vez herdaram dos aficionados originais a paixão pelo country e pelo blues urbano, que chegaram à Grã-Bretanha em parte através do repertório comunista e radical norte-americano dos protegidos do folk negro (Leadbelly, Brownie McGhee, Sonny Terry, Josh White e outros), e alguns por meio de grupos pequenos, mas apaixonados, cujos corações de colecionadores sempre estiveram em Clarksdale, e não em Nova Orleans. Como aponto na introdução de 1989, grande parte da capacidade do rock britânico de capturar o mundo se deve ao fato de que o jovem britânico branco médio de 18 anos tinha bem mais probabilidade de ter ouvido Muddy Waters do que o adolescente branco norte-americano médio.

A desvantagem desse cenário foi que as autoridades britânicas do jazz (como a maioria daqueles que desenvolveram o seu gosto na década de 1930, como os franceses, principalmente) foram surpreendidas pelo bebop e, para ser honesto, a maioria o detestou intensamente. Ele vinha não do meio de apreciadores entusiastas e, em geral, analfabetos musicalmente, mas de jovens músicos profissionais de *big band* [grande grupo instrumental de jazz]. (Os jovens músicos das bandas britânicas eram bem mais receptivos ao bebop, mas a cena deles era muito pequena.) Foi uma revolução, e os fãs de jazz europeus não precisavam nem queriam uma. Eles queriam "autenticidade". Além disso, a proibição de gravação durante a guerra nos Estados Unidos interrompeu aquela continuidade de lançamentos que acostumou até mesmo os fãs menos aventureiros a encarar as transformações espetaculares do jazz – entre, digamos, 1926 e 1941 (poucas artes mudaram mais depressa) – não como uma série de revoluções vanguardistas, mas como simples crescimento. Afinal de contas, o Papa da Igreja da Tradição do Jazz, o próprio Hugues Panassié, que denunciava os "modernistas" como agentes de Satanás, não considerou inaceitáveis nem Lester Young nem

Charlie Christian. A revolução bop apanhou a Europa despreparada, embora em alguns países (em especial, na França e na Escandinávia) tenha surgido rapidamente uma nova geração de paladinos intelectuais da vanguarda. Eles foram recompensados pela chegada dos músicos de bop expatriados dos Estados Unidos que se estabeleceram por lá nos anos de vacas magras.

Durante todo esse tempo, não fui mais do que um observador marginal da cena jazzística. Eu não era um especialista. Eu não era colecionador nem o tipo de sujeito conhecido pelos colecionadores. Eu não queria escrever sobre jazz nem ninguém me pediu para fazê-lo. Nem mesmo em uma daquelas minúsculas revistas de jazz, de vida breve, repletas de fatos e denúncias, nas quais os especialistas despejavam informações e se enfrentavam em questões como pretos versus brancos ou a aceitabilidade de bandas de swing, como se fossem participantes de uma competição local de peso-galo amador. Por intermédio do meu primo (que acabou entrando no ramo fonográfico), conheci essas pessoas e aprendi com elas, pois todo especialista em jazz era, e é, um educador apaixonado. Mas embora eu também tenha educado outros, não era especialista. Do ponto de vista do jazz, eu tinha apenas uma peculiaridade que me tornava digno de nota: eu era (na década de 1950) um historiador profissional.

Ainda acho difícil de entender por que isso pareceria tão bizarro para gente de dentro e fora do mundo do jazz. Os acadêmicos apaixonados por jazz eram uma minoria, mas não de todo desconhecidos, mesmo na minha geração – a dos formandos da década de 1930. É verdade que os sons preferidos nos corredores da academia estavam mais para Beethoven do que para Basie, e que as novas gerações de estudantes ainda não haviam começado a inundar as universidades às centenas de milhares, pelo menos na Europa. (Quando chegaram, trouxeram consigo o rock em vez do jazz.) Também é verdade que a maior parte do substancial, mas crescente, underground do jazz acadêmico mantinha os seus gostos

INTRODUÇÃO À EDIÇÃO DE 1993

musicais não oficiais para si ou partilhava-os apenas com simpatizantes, como acontece com inclinações sexuais ou gastronômicas dissidentes. E, no entanto, embora a atmosfera cultural tenha mudado profundamente desde a década de 1950, um historiador que também escreve sobre jazz ainda é considerado, em muitos meios, como algo aberrante, mas de uma forma atraente. Escrever sobre futebol profissional, ou ser um bem-sucedido informante de cavalos de corrida, um notório compilador de problemas de xadrez ou um jogador apaixonado – estou citando casos reais – não se tornou parte da imagem dos acadêmicos que exercem essas atividades extracurriculares, mas ter escrito um livro sobre jazz, sim, pelo menos no meu caso. O que há de tão estranho na combinação de jazz e história? Talvez os leitores possam explicar para o autor.

Comecei a escrever sobre o assunto porque os editores gostaram da ideia de um professor fazendo reportagens (naquela época, sob pseudônimo) sobre uma música tão pouco acadêmica. De maneira recíproca, a ideia de matérias assinadas por um Ph.D. para a *The New Statesman*, que na época era o guardião da alta cultura britânica, agradou os integrantes da cena do jazz britânica e, mais tarde, da norte-americana. A metade dos anos 1950 foi a época ideal para começar a escrever sobre o tema. Pela primeira vez, os britânicos podiam ouvir regularmente ao vivo artistas norte-americanos de primeira linha e, pouco depois, não sem algumas complicações provocadas por aqueles que protegiam os Estados Unidos contra a subversão vermelha, comecei a visitar o país. Nesse meio tempo, tanto os músicos quanto os conhecedores mais sérios do jazz abandonavam as batalhas inúteis entre a rua Rampart e a rua 52: todos, exceto o romancista cômico Kingsley Amis e o poeta Philip Larkin, que continuaram a ver o bebop como traição. Larkin até escreveu um poema estranhamente sentimental sobre Bechet, cheio de clichês do French Quarter, centro histórico de Nova Orleans.

Escrevi essa coluna durante cerca de dez anos, até que um novo casamento e filhos pequenos produziram um grande conflito entre o horário noturno de um escritor de jazz e a vida diurna de um homem de família. Dezoito dessas colunas de 1955 a 1965 são reimpressas pela primeira vez nesta edição. Quando o jazz começou a reviver, na década de 1980, voltei a escrever sobre ele, de uma forma diferente e mais reflexiva, estimulado pela boa sorte de viver e trabalhar perto do Bradley's e do Vanguard, em Nova York, durante parte do ano. A introdução à reedição britânica de 1989 de *História social do jazz*, que a presente edição reproduz, tentou preencher a lacuna que separava o jazz de 1960 daquele de 1990. Nesse meio tempo, Robert Silvers, da *New York Review of Books*, deu-me a oportunidade de meditar de novo sobre o que leva o jazz a ser não apenas um som maravilhoso, mas também uma preocupação central para qualquer um que se interesse pela sociedade do século XX e pelas artes do século XX. Estes cinco estudos sobre o renascimento do jazz das décadas de 1930 e 1980, e de determinados artistas de jazz no seu contexto social – Ellington, Basie, Bechet – tratam essencialmente da interação entre os criadores do jazz, a democracia autossuficiente de músicos profissionais, a "comunidade de pessoas da noite com raízes folclóricas" e fãs cientes de que testemunhavam o nascimento da arte, num momento particular da história norte-americana. Estas peças são, espero eu, extensões lógicas de *História social do jazz*.

Então, de uma forma ou de outra, este livro é a reação de uma pessoa a sessenta anos de experiência no jazz. ("Sessenta anos? Você deve estar brincando." Eu gostaria de estar.) Onde se encontra o jazz no final do século, depois de todas essas décadas, durante as quais o escritor sobreviveu à maioria daqueles sobre quem escreveu e a muitos daqueles a quem deve sua formação no tema?

O renascimento do jazz que examinei na *New York Review* em 1987 resiste em ambos os lados do Atlântico, embora tenha sido atingido pela

INTRODUÇÃO À EDIÇÃO DE 1993

Depressão do início da década de 1990. Em novembro de 1991, o *Hot House*, o "Guia da Vida Noturna de Jazz" distribuído em Nova York, listou 41 clubes e salões tocando música em Manhattan naquele mês, além de outros treze em Nova Jersey. O número desses locais ainda estava em lenta ascensão. No entanto, havia algo de estranho neste renascimento, embora essa estranheza o tornasse mais familiar para antigos amantes do jazz, como este autor. O jazz do início dos anos 1990 resolveu olhar para trás.

Olhemos, por exemplo, para a votação da crítica para os melhores de 1991 da *Downbeat*, que lista como "Artistas de Jazz do Ano" Wynton Marsalis, Benny Carter, Sonny Rollins, Jackie McLean, Dizzy Gillespie, Cecil Taylor, Henry Threadgill e David Murray. Cinco desses oito eram nomes conhecidos em 1961, dois surgiram nos anos difíceis do exílio do jazz e estão na meia-idade, e apenas Wynton Marsalis (um jazzista de segunda geração) pertence à década de 1980. A escolha dos leitores (dezembro de 1990) não é visivelmente voltada para os medalhões, embora abra mais espaço para talentos de meia-idade que atravessaram os anos sombrios (Jack DeJohnette, Marcus Roberts, Phil Woods, Pat Metheny).

Vejamos então o que eles tocam. A base do que se toca hoje é essencialmente o que se tocava nas décadas de 1940 e 1950. Todos são *boppers*. Não é que nada mais tenha acontecido ao jazz desde então. O caso é que as inovações dos últimos trinta anos, do *free jazz* à fusão, foram silenciosamente marginalizadas. Mesmo os obituários mais entusiasmados de Miles Davis, a figura central no desenvolvimento do jazz desde o início dos anos 1950, ficam visivelmente mais ambíguos em relação a seus últimos vinte anos e preferem se calar sobre os últimos dez. Isso é adequado para idosos que não têm qualquer dificuldade em se lembrar dos assombros do primeiro quinteto, de *Miles Ahead* e *Kind of Blue*, mas a diferença entre gerações deveria mesmo parecer tão estreita? "Tradição" é a palavra-chave agora, um termo que já foi ouvido com mais frequência entre os fãs que deploram o fim de Dixieland e de sua juventude do que entre os músicos. E, no entanto, aqui está o que um saxofonista de 25 anos ("influenciado por Parker e Adderley") relatou recentemente: "Bird é a influência principal porque ele abarca tantas épocas e estilos com sua forma de tocar. Ele representava a tradição e imaginei que, se estudasse Bird o suficiente, eu conseguiria alcançá-la."

Será que Bird se enxergava assim quando tinha 25 anos?

Na verdade, o modo retrô vai muito além dos *boppers* originais. Houve um regresso às baladas convencionais, mesmo tocadas com floreios vanguardistas por homens que regressaram à corrente principal, vindos de fronteiras mais inacessíveis, como Archie Shepp, o terror da década de 1960. Há até sinais da redescoberta negra da tradição original de Nova Orleans, que previ em *História social do jazz*, reconhecidamente por Wynton Marsalis, que é ao mesmo tempo de Nova Orleans e um homem a favor das tradições. Houve, acima de tudo, um regresso extraordinário ao blues. Diz-se que a reedição de Robert Johnson do ano passado teria vendido 500 mil cópias. Benson and Hedges patrocina um Festival de Blues em Nova York. Bares de blues abrem a torto e a direito em Chicago, para o merecido benefício de idosos que podem ganhar um dinheirinho a mais, e, enquanto escrevo, estão sendo até mesmo importados para um novo clube de Nova York que anuncia oferecer nada menos que o blues de Chicago.

Tudo isso é ao mesmo tempo reconfortante e familiar para os veteranos, embora atualmente seja impossível sentir, como sentíamos no final da década de 1950 e nos anos de 1936 a 1942, que estamos a viver uma nova era de ouro do jazz. Há muito jazz para ser ouvido e não faltam (pelo menos na área de Nova York) pianistas audaciosos e acessíveis. Mas também é um sinal de perigo. O jazz não pode sobreviver como a música barroca, como pastiche ou arqueologia para o público culto, mesmo entre os negros. Mas é precisamente este o perigo que o ameaça. Os ga-

INTRODUÇÃO À EDIÇÃO DE 1993

rotos negros não cantam blues nos dias de hoje. O blues, na melhor das hipóteses, é interpretado por artistas idosos para plateias idosas locais e, na pior das hipóteses (como em muitas das novas salas de blues de Chicago), em bairros *brancos*, executados pelos mesmos grisalhos, para uma plateia formada por estudantes brancos. Os garotos negros não sonham em tocar cornetas (exceto, paradoxalmente, os jovens caribenhos na Grã--Bretanha, que não têm tradição nativa de jazz), mas sim em fazer parte de grandes grupos de rap – uma forma de arte que é, na minha opinião, musicalmente desinteressante e ordinária, do ponto de vista literário. Na verdade, é o oposto da grande e profunda arte do blues. Há boas razões para isso – o que é um sax comparado a uma caixa de som de grande potência? Mas isso corta as raízes do jazz. A florescente cena midiática e artística negra – que poderia ser chamada de cinturão de Spike Lee – está impregnada de jazz, assim como, obviamente, os músicos negros ou brancos. Mas o jazz sempre viveu não pela modernidade do público (que, com as mais raras exceções, sempre foi minoritário), mas pelo que Cornel West chama de "a rede de aprendizagem", a "transmissão de competências e sensibilidades a novos praticantes". Os fios desta rede estão puídos. Alguns deles já se romperam.

Estará o jazz, então, se transformando, sem redenção, noutra versão da música clássica: um tesouro cultural reconhecido, consistindo num repertório de estilos majoritariamente mortos, tocado ao vivo por artistas – alguns deles jovens – para um público de meia-idade e de classe média financeiramente confortável, preto e branco, e para o turista japonês? Será um dia, mais uma vez, acessível a seu potencial público de massas, basicamente através da rádio e de gravações, como foi para a minha geração europeia há meio século? Ouvir a maioria das estações de jazz da atualidade é estar de volta ao mundo daqueles que nutrem a verdadeira fé, onde três dias dedicados *exclusivamente*, digamos, a gravações de Clifford Brown são vistos como três dias bem vividos.

Estará o jazz a tornar-se terminalmente fossilizado? Não é impossível. Se este for o destino do jazz, não será muito consolo saber que Clint Eastwood enterrou Bird num mausoléu de celuloide e que todo salão de cabeleireiro ou loja de cosméticos toca gravações de Billie Holiday. No entanto, o jazz tem demonstrado extraordinários poderes de sobrevivência e de renovação no interior de uma sociedade que não foi planejada para ele e que não o merece. É cedo demais para achar que seu potencial se exauriu. Além do mais, o que há de errado em simplesmente ouvir e deixar que o futuro cuide de si mesmo?

E. J. Hobsbawn
Londres, 1992

INTRODUÇÃO À EDIÇÃO DE 1989

Este livro foi publicado há quase trinta anos, sob o pseudônimo de Francis Newton (inspirado em Frankie Newton, o trompetista), com a intenção de manter as obras do autor como historiador separadas de sua produção como jornalista de jazz. A tentativa não obteve sucesso, de forma que o livro volta a ser publicado sob o meu próprio nome. Reimprimir um trabalho de 1959-1961 pode parecer com reimprimir uma velha lista telefônica. Três décadas são um período bastante longo na vida de um ser humano, e uma fração maior ainda da história de uma música que evolui tão depressa, e que muda tanto quanto o jazz. Contudo, a *História social do jazz* pode servir de lembrete daqueles dias em que Armstrong e Ellington ainda viviam, ou de quando ainda era possível ouvir ao vivo, no espaço de uns poucos dias, Bechet e Basie, Ella Fitzgerald, ou a uma das últimas apresentações de Billie Holiday e a gloriosa Mahalia Jackson, Gillespie, Miles Davis, Coleman Hawkins e Lester Young, Mingus, Monk, Pee Wee Russell, Jack Teagarden, Hodges e Webster. Foi uma época de ouro para o jazz, e nós sabíamos disso. E mais, os anos entre 1955 e 1961 foram um daqueles raros períodos em que o antigo e o novo coexistiram e ambos prosperaram.

Os sons de Nova Orleans ainda estavam vivos, tocados tanto pelos antigos músicos, que hoje já estão mortos, quanto por seus discípulos brancos. O mesmo acontecia, e apenas naquela época, com as *big bands*: na verdade, o grande Ellington estava apenas iniciando uma nova fase de vida com o Festival de Newport em 1956. O bebop havia entrado novamente para a corrente principal do jazz, da qual tinham saído os seus revolucionários e contra a qual se rebelaram. Dizzy Gillespie já podia ser visto não apenas como inovador, mas como o sucessor de Armstrong à coroa dos trompetistas de jazz. E uma nova geração de rebeldes havia se formado, no que parecia ser uma nova vanguarda, organizando, em 1960, um antifestival contra o Festival de Newport, que nos anos 1950 se tornara a maior tentativa ecumênica de juntar o que o jazz possuía de melhor. Enquanto antigas batalhas entre tradicionalistas e modernistas se dissolviam no pano de fundo da história, Ornette Coleman, Archie Shepp, Eric Dolphy, Don Cherry e outros se juntavam à pouco definida área do "*free jazz*", formada por estrelas *avant-garde* bem estabelecidas como John Coltrane, Charles Mingus ou Cecil Taylor. Na verdade, a maioria das transformações ocorridas nos anos 1960 e 1970 já era esperada em 1960, quando este autor, em sua primeira visita aos Estados Unidos, achou as noites curtas demais para se ouvir tudo o que podia em Nova York, do Half-Note e do Five Spot no Village, até o Small's Paradise e o Apollo no Harlem, sem falar de incursões mais a oeste, por Chicago e São Francisco.

Mas será suficiente apenas relembrar uma era de ouro? E se não for, o que mais poderia justificar a reedição de um livro que verdadeiramente não pode informar os leitores a respeito do panorama jazzístico do final dos anos 1980 em diante, nem se propõe a tanto? Por outro lado, mesmo em 1960 a *História social do jazz* não pretendia fornecer um resumo do cenário da época. Propunha-se alcançar dois objetivos. Em primeiro lugar, e mais importante, eu quis examinar o jazz, um dos fenômenos mais significativos da cultura mundial do século XX, a partir de uma perspectiva histórica. Quis rastrear suas raízes sociais e históricas, analisar a sua estrutura econômica, seu corpo de músicos, a natureza de seu público, e as razões para seu extraordinário apelo, tanto nos Estados Unidos quanto em outros lugares. Este foi um dos primeiros livros a investigar o jazz dessa maneira. Espero que a maior parte do que nele é dito ainda

INTRODUÇÃO À EDIÇÃO DE 1989

seja de interesse, e que a maioria de seus pontos de vista ainda seja válida, mesmo que alguns capítulos – como o estudo da indústria do jazz no final da década de 1950, que se baseava em documentação de primeira mão – tenham apenas interesse histórico, e a música pop aqui discutida já esteja morta. A *História social do jazz* é uma contribuição à história do jazz, especialmente do público de jazz na Grã-Bretanha, assunto que ainda não foi compreendido adequadamente.

Em segundo lugar, o livro se propunha a fornecer uma introdução ao jazz para a geração de fãs e simpatizantes que o haviam descoberto nos anos 1950, e para os leitores com um bom nível de escolaridade e "cultura" geral que, àquela altura, começavam a perceber que tinham de saber alguma coisa sobre o assunto. Pois foi na metade dos anos 1950 que os guardiões da cultura estabelecida sentiram, pela primeira vez, que deviam informar o seu público a respeito de jazz, por isso o *Observer* criou uma coluna assinada por um romancista famoso, e, inspirado por isso, me convenci a ser o correspondente da *New Statesman*, de Kingsley Martin.

O jazz sempre foi um interesse de minoria, como a música clássica. Ao contrário desta, porém, o interesse que despertava não era estável; ele crescia intensamente de uma hora para outra. Por outro lado, houve épocas em que esse interesse caía a níveis baixíssimos. No final dos anos 1930 e nos anos 1950, houve um período de expansão marcante – os anos da Depressão de 1929 (nos Estados Unidos, ao menos) – quando mesmo o Harlem preferia música leve e adocicada a Ellington e Armstrong. Os períodos em que o interesse pelo jazz cresceu ou foi reavivado, por razões óbvias para os editores, também foram épocas em que novas gerações de fãs quiseram conhecê-lo melhor.

E, mais uma vez, nos encontramos em um período em que o interesse pelo jazz está aumentando de maneira impressionante, tanto na Grã-Bretanha quanto nos Estados Unidos. Logo após a publicação da *História social do jazz*, a era de ouro dos anos 1950 teve um fim abrupto, levando o jazz a se retrair em um isolamento rancoroso e miserável que durou uns vinte anos. O que gerou essa geração de solidão tão melancólica e paradoxal foi o fato de que a música que quase matou o jazz tinha a mesma origem e as mesmas raízes do jazz: o rock and roll, que era e é, muito claramente, uma derivação do blues negro norte-americano. Os jovens, sem os quais o jazz não pode existir – dificilmente se fazem novos fãs com mais de 20 anos –, abandonaram-no com uma rapidez espetacular. Três anos depois de 1960, quando a era de ouro estava em seu auge, no ano do triunfo dos Beatles em todo o mundo, o jazz tinha sido praticamente jogado para escanteio. O grafite "Bird Lives" [Bird está vivo] ainda podia ser visto em alguns muros isolados, mas o celebrado foro de jazz de Nova York, nomeado em sua homenagem, "Birdland", já não existia. Revisitar a cidade em 1963 foi uma experiência deprimente para o amante de jazz que tinha passado por lá pela última vez em 1960.

Isso não significa que o jazz tenha desaparecido, apenas que tanto seus músicos quanto o seu público envelheceram, e não surgiram novos adeptos. Naturalmente, fora dos Estados Unidos e da Grã-Bretanha, que eram os principais centros e fontes do rock, o público jovem de jazz, embora mais seleto em termos intelectuais e sociais e de um alto nível de poder aquisitivo, continuou a ser expressivo e nada desprezível comercialmente. Por essa razão, não foram poucos os músicos de jazz norte-americanos que acharam melhor emigrar para a Europa durante essas décadas. Em países como França, Itália, Alemanha, Brasil e Japão, além da Escandinávia e – embora menos relevante em termos comerciais – da União Soviética e do leste europeu, o jazz continuou viável. Nos Estados Unidos e na Grã-Bretanha, seu público se restringia a homens e mulheres de meia-idade que tinham sido jovens nas décadas de 1920 e 1930, ou, no máximo, de 1950. Como disse um saxofonista de renome em 1976: "Não creio que pudesse ganhar o suficiente neste país. Não creio que alguém pudesse [...]. Não há pessoas o suficiente, não há dinheiro

INTRODUÇÃO À EDIÇÃO DE 1989

suficiente [...]. Nos últimos dois anos mais ou menos, a banda fez mais apresentações na Alemanha do que aqui na Inglaterra."*

Tal era a realidade do jazz nos anos 1960 e na maior parte da década de 1970, ao menos no mundo anglo-saxão. Não havia mercado. De acordo com o Billboard International Music Industry Directory de 1972, apenas 1,3% dos discos e fitas vendidos nos Estados Unidos eram de jazz, contra 6,1% de música clássica e 75% de rock e gêneros semelhantes. Os clubes de jazz começaram a fechar, os recitais diminuíram em número, músicos *avant-garde* tocavam uns para os outros em apartamentos particulares, e o reconhecimento cada vez maior de que o jazz era algo que fazia parte da cultura oficial norte-americana, ainda que produzindo subsídios interessantes para músicos não comerciais por meio de escolas, faculdades e outras instituições, reforçou a convicção dos jovens de que o jazz tinha passado a fazer parte do mundo dos adultos. O jazz, ao contrário do rock, não era a música deles. Foi só quando houve uma certa exaustão do impulso musical por trás do rock, evidenciado no final dos anos 1970, que surgiu espaço para o renascimento do interesse pelo jazz, como algo diferente do rock. (Alguns músicos haviam desenvolvido um gênero chamado "fusion", uma fusão de jazz e rock, para horror dos puristas, principalmente os de *avant-garde*, e foi provavelmente através dessa mistura que o jazz conseguiu manter uma certa presença junto ao público nos anos de isolamento: através de Miles Davis, Chick Corea, Herbie Hancock, o guitarrista inglês John McLaughlin e a combinação austro-americana de Joe Zawinul e Wayne Shorter no Weather Report.)

Por que motivo o rock teria quase exterminado o jazz durante vinte anos? Ambos tinham sua origem na música dos negros norte-americanos, e foi através dos músicos e fãs de jazz que o blues negro passou a merecer a atenção de um público mais amplo do que o meramente restrito aos

---
* J. Skidmore em *Jazz Now*, Londres, 1976, p. 76.

estados do sul estadunidense e dos guetos negros no Norte. Como eles figuravam entre os poucos brancos familiarizados com artistas e repertórios dos catálogos dos ditos *race records* (diplomaticamente rebatizados de *rhythm and blues* ou *R&B* no final dos anos 1940), os brancos amantes de jazz e blues foram de importância crucial para o lançamento do rock. Ahmet Ertegun, fundador da Atlantic Records, que veio a se tornar uma das principais gravadoras de jazz, era um de dois irmãos que integraram durante muito tempo a comunidade internacional de experts e colecionadores de discos de jazz. John Hammond, cujo papel importantíssimo na evolução do jazz nos anos 1930 está registrado neste livro, também desenvolveu as carreiras de Bob Dylan, Aretha Franklin e, mais tarde, Bruce Springsteen. Onde estaria o rock britânico sem a influência dos poucos entusiastas locais de blues, como Alexis Korner, que inspirou os Rolling Stones, ou os entusiastas de jazz tradicional (apelidado de "*trad jazz*") que promoviam cantores de blues do interior e das cidades como Muddy Waters, tornando-os famosos em Lancashire e Lanark, muito antes que uma meia dúzia de norte-americanos fora dos guetos negros sequer soubesse de sua existência?

Inicialmente parecia não haver hostilidade ou incompatibilidade entre o jazz e o rock, ainda que, para os leitores atentos da *História social do jazz*, não passará despercebido o sutil desprezo com que os críticos e, acima de tudo, os músicos profissionais de jazz tratavam os primeiros triunfos do rock and roll, cujo público parecia incapaz de distinguir entre um Bill Haley ("Rock Around the Clock") e um Chuck Berry. Uma distinção crucial entre o jazz e o rock é que o rock nunca foi uma música de minoria. O rhythm and blues (R&B), como foi desenvolvido depois da Segunda Guerra Mundial, era a música folk dos negros urbanos nos anos 1940, quando 1,2 milhão de negros deixaram o Sul em direção ao Norte e aos guetos do Oeste. Eles constituíram um novo mercado, que passou a ser atendido por pequenas gravadoras independentes, sobretudo

INTRODUÇÃO À EDIÇÃO DE 1989

pela Chess Records, fundada em Chicago, em 1949, por dois imigrantes poloneses ligados ao circuito de casas noturnas que se especializaram no então chamado estilo Chicago Blues (Muddy Waters, Howlin' Wolf, Sonny Boy Williamson) e gravaram, entre outros, Chuck Berry, que provavelmente – ao lado de Elvis Presley – foi a maior influência sobre o rock and roll nos anos 1950. Os adolescentes brancos começaram a comprar discos de rhythm and blues (R&B) no início dos anos 1950, ao descobri-lo através de estações locais e especializadas que se multiplicavam naqueles anos, à medida que a massa de adultos transferia a sua atenção para a televisão. À primeira vista, eles pareciam ser a pequena e atípica minoria que ainda hoje frequenta espaços da cultura negra, como os visitantes brancos nos clubes de blues dos guetos de Chicago. No entanto, assim que a indústria da música percebeu esse potencial mercado composto de brancos, tornou-se evidente que o rock era o oposto de um gosto minoritário. Era a música de toda uma faixa etária.

Quase que certamente esse foi o resultado do "milagre econômico" dos anos 1950, que não só criou um mundo ocidental de pleno emprego, mas também, provavelmente pela primeira vez, deu à massa de adolescentes empregos adequadamente remunerados e, portanto, dinheiro no bolso, ou uma parcela até então inédita da prosperidade de que gozavam os adultos de classe média. Foi esse mercado de crianças e adolescentes que transformou toda a indústria da música. A partir de 1955, quando nasceu o rock and roll, até 1959, as vendas de discos norte-americanas cresceram 36% a cada ano. Depois de uma pequena pausa, a invasão britânica de 1963, liderada pelos Beatles, iniciou um crescimento ainda mais espetacular: as vendas de discos nos Estados Unidos, que tinham aumentado de US$ 227 milhões em 1955 para US$ 600 milhões em 1959, ultrapassaram os US$ 2 bilhões em 1973 (incluindo agora as fitas). Setenta e cinco a 80% dessas vendas representavam gravações de rock e gêneros afins. As fortunas comerciais da indústria fonográfica nunca tinham dependido tanto de um só gênero musical, direcionado a uma faixa etária tão estreita. A correlação entre vendas de discos com o desenvolvimento econômico e o aumento de renda era óbvia. Em 1973, os maiores gastos *per capita* com discos ocorreram nos Estados Unidos, seguidos (em ordem de classificação) pela Suécia, Alemanha Ocidental, Holanda e Grã-Bretanha. Todos esses países gastaram entre US$ 7 e US$ 10. No mesmo ano, italianos, espanhóis e mexicanos gastaram entre US$ 1 e US$ 1,40 *per capita*, e os brasileiros, US$ 0,66.

Quase que imediatamente, portanto, o rock se tornou o meio universal de expressão de desejos, instintos, sentimentos e aspirações do público entre a puberdade e aquele momento em que os adultos se estabelecem em termos convencionais dentro da sociedade, família ou carreira: a voz e a linguagem de uma "juventude" e de uma "cultura jovem" conscientes de seu lugar dentro das sociedades industriais modernas. Poderia expressar qualquer coisa e tudo ao mesmo tempo dentro dessa faixa etária, e, embora o rock tenha desenvolvido variantes regionais, nacionais, de classes ou político-ideológicas claras, sua linguagem básica – assim como sua vestimenta vulgar-populista associada à juventude (principalmente os jeans) – atravessou fronteiras de países, classes ou ideologias. A exemplo do que ocorre na vida dos integrantes desses grupos etários, no rock, o público e o privado, o sentimento e a convicção, o amor, a rebeldia e a arte, a dramatização e a postura assumida no palco não são distinguíveis uns dos outros. Observadores de mais idade, por exemplo, acostumados a manter a revolução separada da música e a julgar cada uma dessas coisas por seus próprios critérios, devem ter ficado perplexos com a retórica apocalíptica que podia envolver o rock no auge da rebelião da juventude, quando a revista *Rolling Stone* escreveu, a respeito de um show em 1969:

INTRODUÇÃO À EDIÇÃO DE 1989

> Um exército de guerrilheiros da paz formou uma cidade de grandes proporções, maior do que Rochester no estado de Nova York, e se mostrou imediatamente pronto a voltar-se contra a cidade já devastada e [seus] estilos de vida inoperantes, e iminentemente preparado para avançar pelos campos cobertos de neblina e pelos bosques frios e silenciosos. E eles o farão novamente. A ameaça da dissidência jovem em Paris e Praga e Fort Lauderdale e Berkeley e Chicago e Londres, em um zigue-zague que nos faz cada vez mais próximos, até que o mapa do mundo em que vivemos seja viável e visível para todos os que dele participam e todos os que nele estão enterrados.*

Woodstock foi, sem dúvida, uma experiência maravilhosa para todos os participantes, porém o seu significado político e o interesse estritamente musical de muitos de seus artistas, mesmo àquela época, não eram assim tão óbvios.

Uma linguagem cultural universal não pode ser julgada pelos mesmos critérios que um tipo especial de música erudita, e não havia e não há motivo para se julgar o rock pelos padrões do bom jazz. No entanto, o rock privou o jazz da maioria de seus ouvintes em potencial, pois os jovens que se sentiam por ele atraídos aos bandos encontravam nessa música, ainda que de maneira simplificada e talvez embrutecida, muito, se não tudo, do que fazia com que os mais velhos fossem atraídos pelo jazz: ritmo, uma voz ou som imediatamente identificáveis, espontaneidade real (ou fingida) e vitalidade, e uma maneira de transferir emoções humanas diretamente para a música. E mais, eles descobriram tudo isso em uma música aparentada com o jazz. Por que eles precisariam do jazz? Com raras exceções, os jovens que teriam sido convertidos para o jazz tinham agora uma alternativa.

O que tornava essa alternativa cada vez mais atraente e ajudava a reduzir ainda mais o espaço de um jazz ameaçado e isolado era a sua

---
* Citado em S. Chapple e R. Garofalo, *Rock'n'Roll Is Here to Pay*, Chicago, p. 144.

própria transformação. Quando os revolucionários do bebop se juntaram à corrente principal do jazz na segunda metade da década de 1950, a nova vanguarda do *free jazz*, avançando em direção à atonalidade e rompendo com tudo o que até então havia dado ao jazz uma estrutura – incluindo o ritmo em torno do qual ele se organizava –, alargou ainda mais a distância entre a música e o seu público, inclusive o público de jazz. E não era de surpreender que a vanguarda reagisse à deserção do público assumindo uma postura ainda mais radical e acuada. No início da nova revolução era bem fácil reconhecer, por exemplo, no saxofone de Ornette Coleman, o sentimento de blues de seu Texas natal, e a tradição dos grandes tocadores de instrumentos de sopro do passado era óbvia em Coltrane. No entanto, essas não eram as coisas que os inovadores queriam que o público notasse neles.

Durante as décadas sombrias, a situação da nova vanguarda foi paradoxal. O afrouxamento da estrutura tradicional do jazz, seu movimento cada vez mais voltado para algo parecido com a música clássica *avant-garde* o expuseram a todos os tipos de influência não jazzística vindos da Europa, da África, do mundo islâmico, da América Latina e, principalmente, da Índia. Nos anos 1960, passou por uma variedade de exotismos. Em outras palavras, se tornou menos norte-americano do que antes. Talvez pelo fato de o público estadunidense ter diminuído em importância em termos relativos, talvez por outras razões, depois de 1962, o *free jazz* se tornou o primeiro estilo de jazz cuja história não pode ser escrita sem que se levem em consideração importantes evoluções europeias e, poderíamos acrescentar, de músicos europeus.

Ao mesmo tempo – e paradoxalmente também – a vanguarda que rompeu com a tradição do jazz estava extremamente ansiosa para reforçar as suas ligações com aquela tradição, mesmo com relação a aspectos até então muito pouco notados: como por exemplo quando Coltrane (1926-1967), em 1961, passou a tocar saxofone soprano, até então virtual monopólio do recém-falecido Sidney Bechet, e foi seguido por vários saxofonistas de vanguarda. Bechet tinha sido pouco mais do que um nome musicalmente irrelevante para a maioria dos músicos da geração de Coltrane. A reafirmação da tradição era política, mais do que musical. Pois – e esse é o terceiro aspecto do paradoxo – o jazz de vanguarda dos anos 1960 era consciente e politicamente negro, como nenhuma outra geração de músicos o tinha sido, embora a *História social do jazz* já tivesse notado algumas ligações entre as novas experiências em jazz e a conscientização negra. Como Whitney Balliett disse nos anos 1970: "O *free jazz* é realmente o jazz mais negro que há."* Radicalmente negro e político. Assim, o LP *Charlie Haden: Liberation Music Orchestra* (1969) continha quatro canções da Guerra Civil Espanhola, uma faixa inspirada nas manifestações de 1968 da Convenção Democrática de Chicago, uma homenagem a Che Guevara e uma versão de *We Shall Overcome*. Archie Shepp (sax soprano e tenor), uma das maiores figuras da *avant-garde*, criou uma celebração musical de Malcolm X e um *Attica Blues* inspirado no famoso levante da prisão negra. A conscientização política continuou a manter uma ligação entre a *avant-garde* e a massa de negros norte-americanos e suas tradições, criando, assim, uma possibilidade de retorno à corrente principal do jazz. No curto prazo, porém, ela deve ter tornado especialmente frustrante para essa vanguarda o isolamento em relação ao público de jazz que não a compreendia.

A rejeição do sucesso (a não ser em termos absolutamente descompromissados propostos pelo artista) é característica das vanguardas, e no jazz, que sempre existiu em função do público pagante, as concessões feitas às vendas pareciam particularmente perigosas ao músico que desejava alcançar o status de "artista". Como fazer concessões ao rock? ("Há uma certa posição política envolvida na escolha daqueles que raramente

---

* Whitney Balliett, *New York Notes: A Journal of Jazz in the Seventies*, Nova York, 1977, p. 147.

se reportam aos ritmos mais facilmente assimiláveis do rock.")* E ainda assim, por três motivos, o rock iria influenciar o jazz.

O primeiro deles é que os músicos norte-americanos (e ingleses) de jazz, nascidos depois de 1940, cresceram em uma atmosfera permeada pelo rock, ou seu equivalente encontrado nos guetos, e, portanto, não podiam deixar de assimilar parte dele. O segundo motivo é que o rock, arte de amadores e pessoas musicalmente ou até mesmo formalmente analfabetas, precisava – e, por causa de sua riqueza ilimitada, podia se valer – da competência técnica e musical dos profissionais de jazz, e os músicos de jazz não devem ser recriminados por desejar algumas delgadas fatias de um bolo tão grande e doce. Em terceiro lugar, porém, e mais importante, o rock era inovador em termos musicais. Como muitas vezes acontece na história das artes, as principais revoluções artísticas não surgem a partir dos que se intitulam revolucionários, mas daqueles que empregam as inovações com propósitos comerciais. Da mesma forma que os primeiros filmes eram efetivamente mais revolucionários do que o cubismo, os empresários do rock transformaram o cenário musical mais profundamente do que as vanguardas ditas clássicas ou de *free jazz*.

A principal inovação do rock foi tecnológica. Foi ela que possibilitou o grande avanço da música eletrônica. Os pedantes poderão dizer que houve pioneiros na eletrificação de instrumentos no jazz (Charlie Christian revolucionou a guitarra com seu jeito de tocar e Billie Holiday transformou o uso da voz humana associando-a a um microfone de uso pessoal), e que mecanismos revolucionários na geração sonora, como os sintetizadores, já haviam sido utilizados em concertos musicais de vanguarda. Não se pode negar, no entanto, que o rock foi a primeira música a fazer uso sistemático de instrumentos elétricos em lugar de instrumentos acústicos e a se valer da tecnologia eletrônica não apenas para efeitos especiais, mas

---

* Valerie Wilmer, *As Serious as Your Life: The Story of the New Jazz*, Londres, 1977, 2ª ed., 1987, p. 27.

em seu repertório comum aceito pelo público de massa. Foi a primeira música a fazer dos técnicos de som e profissionais de estúdio parceiros em termos equalitários na criação de um número musical, principalmente porque a incompetência dos artistas de rock era geralmente de tamanhas proporções que não se poderiam produzir gravações ou mesmo apresentações aceitáveis de outra maneira. É claro que tais inovações não poderiam deixar de influenciar músicos de talento e originalidade genuínos.

A segunda inovação do rock diz respeito ao conceito de "banda". A banda de rock não só desenvolveu uma instrumentação original por trás da voz ou das vozes (basicamente, percussão, vários tipos de guitarras elétricas, o baixo elétrico assumindo o lugar do contrabaixo), mas se constituía essencialmente de um coletivo, em vez de um pequeno grupo de virtuoses tentando demonstrar as suas habilidades.* É claro que, ao contrário do que acontecia nos grupos de jazz, eram raríssimos os casos de componentes individuais de bandas de rock que tinham alguma habilidade a demonstrar. Além disso, a "banda" deveria idealmente ser caracterizada por um "som" inconfundível, uma marca sonora através da qual o grupo, ou melhor, os técnicos de estúdio tentavam estabelecer a sua individualidade. E, ao contrário das antigas *big bands* de jazz, os grupos de rock eram pequenos. Eles produziam um "grande som" (que não significa necessariamente um grande volume de som, embora o rock costume dar preferência à amplificação superforte) com um número mínimo de integrantes. Isso ajudou a trazer os pequenos grupos de jazz de volta a algo que se havia perdido de vista na época da sucessão de solos da era do bebop, ou seja, a possibilidade da improvisação coletiva e da *textura* de pequenos conjuntos. Arranjos sofisticados de rock, como *Sgt. Pepper's Lonely Hearts Club Band*, dos Beatles, que foi rotulado – não sem

---

* A propósito, isso também deu aos jovens rapazes o monopólio dos grupos de canto, até então pouco usuais em jazz e blues, apesar da superioridade esmagadora das mulheres nos blues vocais, nas canções de gospel e no jazz.

razão – de "rock sinfônico", não podiam deixar de dar algumas ideias aos músicos de jazz.

O terceiro elemento de interesse no rock era o seu ritmo insistente e palpitante. Embora inicialmente muito menos elaborada do que o ritmo do jazz, a combinação dos vários instrumentos rítmicos que formavam a banda de rock – teclados, guitarras e percussão pertenciam, normalmente, às seções rítmicas dos conjuntos de jazz – produzia as suas próprias complexidades potenciais, algo que os músicos de jazz podiam transformar em *ostinatos* cambiantes e contrapontos rítmicos.

Como vimos, alguns dos músicos de jazz mais talentosos desenvolveram uma fusão do jazz e do rock (fusion) nos anos 1970 – *Bitches Brew*, de Miles Davis, em 1969 abriu caminho; mesmo assim, esse estilo híbrido não chegou a determinar a forma do jazz de maneira permanente, tampouco as injeções de elementos jazzísticos propiciaram uma transfusão permanente de sangue para o rock. O que parece ter acontecido é uma exaustão musical cada vez maior do rock no decorrer dos anos 1970, que pode ou não estar ligada ao recuo da grande onda de rebelião jovem que alcançou o seu pico no final dos anos 1960 e início dos anos 1970. De certa maneira, muito gradualmente, o espaço para o jazz parece ter se tornado um pouco menos congestionado. Começava-se a perceber que os adolescentes mais sintonizados com a moda voltavam a tratar com maior interesse os pais de seus amigos que tinham discos de Miles Davis.

No final dos anos 1970 e no início dos anos 1980 havia sinais claros de um modesto *revival*, embora àquela altura grande parte do repertório clássico de jazz estivesse congelada em uma imobilidade permanente, pela morte de tantas grandes figuras responsáveis por seu período de formação: o estilo de vida do jazz não favorecia a longevidade. Pois, em 1980, mesmo algumas estrelas do desenvolvimento da "nova música" já tinham desaparecido: John Coltrane, Albert Ayler, Eric Dolphy, por exemplo. Muito do jazz que os novos fãs aprenderam a apreciar havia se tornado, portanto, incapaz de modificações e desenvolvimentos ulteriores, pois era uma música de pessoas falecidas, uma situação que iria dar campo para uma estranha forma de ressurgimento, onde os músicos reproduziam sons do passado; semelhante ao que ocorreu quando um conjunto, sob a direção de Bob Wilber, reconstituiu a música e o som da banda de Ellington dos primeiros tempos para o filme *Cotton Club*. Além disso, inicialmente, uma grande parte dos músicos de jazz que podiam ser ouvidos ao vivo pelos novos fãs era de meia-idade ou bastante idosa. Assim, na época em que escrevi um prefácio semelhante a este para uma reedição italiana da *História social do jazz* de 1982, os amantes de jazz em Londres podiam escolher entre uma variedade de veteranos: Harry "Sweets" Edison, Joe Newman, Buddy Tate e Frank Foster, que tinham pertencido à banda de Basie tempos atrás; Nat Pierce, conhecido desde a época de Woody Herman; Shelly Manne e Art Pepper, conhecidos desde a era do *cool* nos anos 1950; Al Grey, que voltou para as bandas de swing dos anos 1930; Trummy Young da geração de 1912, que havia tocado com Louis Armstrong durante muitos anos, e outros integrantes da geração mais antiga. Na verdade, dentre os músicos importantes que estavam se apresentando naquela semana, provavelmente o único que não seria imediatamente reconhecível para a maioria dos amantes de jazz de 1960 era McCoy Tyner (1938-2020), que ficou conhecido por sua atuação junto a Coltrane na década de 1960.

O *revival* do jazz continuou desde então. E favoreceu, inevitavelmente, o grupo cada vez menor de sobreviventes, alguns dos quais voltaram do exílio na Europa ou saíram do anonimato da televisão, do cinema, ou dos estúdios de gravação e passaram a reconstituir conjuntos que haviam se separado há muito tempo, ao menos para algumas turnês e ocasiões especiais, como foi o caso do Modern Jazz Quartet, ou do Jazztet, de Art Farmer e Benny Golson. Ele se mostrou especialmente favorável aos sobreviventes da primeira revolução do jazz, pois foi o bebop que surgiu ou ressurgiu como principal estilo de jazz dos anos 1980 e se tornou modelo básico para os jovens músicos. Por outro lado, o novo *revival* deixou de fora o antigo retorno à tradição daqueles que desejavam recapturar a música de Nova Orleans e dos anos 1920. O "*trad jazz*", "Dixieland" ou qualquer que seja o seu nome, o mais antigo dos estilos de jazz, aquele que, graças à nostalgia dos amantes de classe média branca – cada vez mais de meia-idade – melhor resistiu aos ataques do rock, mas também o que, já foi dito, nada criou de valor musical,* não sentiu os novos ventos soprando em suas velas.

Aqueles que provavelmente mais se beneficiaram dele foram os músicos talentosos que o defenderam durante os dias difíceis da *avant-garde*, nas décadas de 1960 e 1970, e que são tentados a voltar à corrente principal do jazz com o aparecimento de um público ao vivo. Tais músicos não eram jovens pelos padrões dos tempos em que um Armstrong havia ficado mundialmente famoso na casa dos 20 anos e um Charlie Parker havia morrido aos 35, e ninguém se espantava com o fato de a guitarra de jazz ter sido revolucionada por um músico (Charlie Christian) que era pouco mais do que um adolescente. Dessa maneira, os integrantes do influente conjunto World Saxophone Quartet, que fizeram a sua reputação nos anos 1980 (Hamiet Bluiett, Julius Hemphill, Oliver Lake, David Murray), tinham nascido, respectivamente, em 1938, 1940, 1942 e 1955 – quer dizer, todos, menos um, que na época da redação deste texto (1988) já estavam com quase 50 anos. Quando encontramos novas estrelas de jazz norte-americano com uma reputação e ainda na casa dos 20 anos, eles são, quase sempre, músicos de segunda geração, como

---

* *The New Grave: Gospel, Blues and Jazz*, Londres, 1987, p. 292. Isso é um pouco injusto – o *revival* de Nova Orleans recuperou artistas importantes que, se não fosse por ele, teriam desaparecido completamente, como Sidney Bechet, e produziu música encantadora com a sua ajuda –, mas não é de todo injusto.

INTRODUÇÃO À EDIÇÃO DE 1989

os irmãos Marsalis (Wynton, trompete clássico e de jazz, nascido em 1960, Branford, saxofonista, nascido em 1961).* Músicos de primeira geração genuinamente jovens de grande destaque ainda são uma raridade nos Estados Unidos – ou, ao menos, ainda não surgiram – embora na Grã-Bretanha o *revival* do jazz tenha inspirado um número substancial de jovens, especialmente na comunidade (negra) das Índias Ocidentais, que produziu músicos de grande brilhantismo e originalidade como o saxofonista Courtney Pine.

A forma e os desenvolvimentos do atual *revival* ainda não podem ser vistos com a devida distância e isenção, e, mesmo que pudessem, umas poucas páginas introdutórias em um livro republicado depois de quase três décadas não seriam o melhor lugar para fazê-lo. Nem mesmo a proporção e a escala desse ressurgimento podem ser precisadas ainda. A sua existência, no entanto, é inegável. A reedição de *História social do jazz* é um pequeno sintoma marginal desse fenômeno. Além disso, há que discernir um ou dois aspectos que diferenciam esse movimento de seus antecessores.

Ele ocorre em uma época em que o jazz já teve tempo de se estabelecer como parte da cultura do século XX, inclusive da cultura musical, o que ainda não era o caso nos anos 1950. Hoje já não seria necessário imaginar que as pessoas para as quais "Francis Newton" escrevia na *New Statesman* fossem completamente ignorantes a respeito do assunto: um público definido por seu editor, Kingsley Martin, como "um funcionário na casa dos 40 anos", isto é, alguém com uma boa cultura geral, profissional liberal, de meia-idade. Por outro lado, os músicos de jazz já não são, de maneira alguma, analfabetos em música, mas com talentos naturais autodidatas.

---

* Seu pai, Ellis Marsalis, um pianista de Nova Orleans e fã apaixonado de Ornette Coleman e da *avant-garde*, conseguiu criar os filhos trabalhando com música comercial. Em Nova Orleans, a música ainda é uma tradição de família, como acontecia com a família de Bach.

A maioria deles, hoje, tem educação musical, e muitas vezes – como no caso de Wynton Marsalis, do lado do jazz, e do pianista Friedrich Gulda, do lado clássico – são igualmente conhecidos tanto nos círculos clássicos quanto nos jazzísticos. Já não é necessário defender a causa do jazz.

Em segundo lugar, durante o exílio de vinte anos, o jazz, provavelmente, ascendeu tanto econômica quanto intelectualmente no mercado, à medida que seu público tornou-se mais velho, isto é, deixou de ser meramente um entretenimento para apreciar marcando o ritmo com os pés ou dançando, e encaminhou-se para um tipo de experiência mais consciente e, certamente, mais cara. Uma noitada no Ronnie Scott, em Londres, não é programa para os "duros", e o mesmo vale para um *set* no Greenwich Village. Aliás, a combinação atualmente em voga em Manhattan de restaurante com jazz ao vivo espelha esse distanciamento do meio mais popular. Parece igualmente provável que o novo público branco de jazz inclua uma grande quantidade de componentes de classe média e intelectuais, como se pode inferir pelo grande número de livros sérios sobre esse assunto, cuja grande maioria, nos Estados Unidos, é publicada por editoras universitárias. Isso, bem como o aparecimento de fãs vindos do mundo acadêmico, antes no underground (dentre eles, este autor), teve um efeito benéfico no aprofundamento dos conhecimentos sobre o fenômeno do jazz.

Em terceiro lugar, eu já sugeri que o jazz ao vivo pode, hoje em dia, ser um pouco ofuscado pelo corpo de seus clássicos já mortos, o conjunto substancioso de grandes discos da eras de ouro, e principalmente dos anos 1940 e 1950, de forma que os músicos criativos da atualidade são mais inspirados pelo passado do que o foram os seus antecessores. Como já foi sugerido (e não apenas por vanguardistas desapontados), esta pode ser a primeira era do neotradicionalismo entre os talentos originais: pois

INTRODUÇÃO À EDIÇÃO DE 1989

o primeiro tradicionalismo de Nova Orleans foi um movimento mais do que de músicos, embora alguns tenham se tornado músicos.*

No entanto, um *revival* significa recrutar uma nova geração de jovens, incluindo os não abonados e não estabelecidos, e certamente aqueles que não estão contentes com o atual estado de coisas. Na Grã-Bretanha, os palcos para o jazz são baratos e estão se multiplicando. É pouco provável que a música tocada ou ouvida pelos jovens seja ou fique confinada aos limites do que é cultural e institucionalmente reconhecido, ou o que pode ser comprado com uma renda de classe média, ou mesmo ao que tocava o quinteto de Charlie Parker e Miles Davis. O jazz é não oficial, não estabelecido e imprevisível, caso contrário não seria nada. A única coisa que se pode com certeza afirmar a seu respeito é que ele sobreviveu aos anos mais difíceis de sua carreira extraordinária. Novas levas de homens e mulheres ouvirão pela primeira vez na vida os seus sons maravilhosos, e se apaixonarão, como nós, provavelmente à época de seu primeiro amor, como nós. Eles não saberão que, cinquenta anos mais tarde, serão capazes de reviver as fantásticas revelações da juventude através dessa música, e se o soubessem não ligariam. E no entanto, é verdade.

Este livro está sendo republicado conforme a edição impressa em 1961. A única parte atualizada foi a de leitura recomendada, pois a lista de discos recomendados (ver capítulo 2) já era um registro histórico do que havia disponível para o amante de jazz britânico no início dos anos 1960. A *História social do jazz* foi traduzida para o francês, o italiano e o japonês logo após a sua publicação original, e para o tcheco no início dos anos 1970 (graças à devoção de Lubomir Doruzka ao jazz, um aficionado

---

* "Atualmente, o jazz também corre o risco de se limitar a um período de classicismo – iniciado com Charlie Parker [...] e terminado com Ornette Coleman tomando um avião em direção a Nova York em 1959. Durante essas duas décadas, o bebop se tornou sinônimo de jazz e, como muitos outros de sua geração, Marsalis tem uma grande fidelidade para com essa era." Francis Davis, *In the Moment Jazz in the 1980's*, Nova York, 1986, p. 30.

desde 1943). Foi reimpresso nos Estados Unidos em 1975 e reeditado, com novas introduções, em italiano (1982) e traduzido para o grego por Takis Tsiros (1988).

Dos amigos que me ajudaram a preparar a *História social do jazz*, três já faleceram: Denis Preston, John Hammond Jr. e Ralph Gleason. Eu gostaria de dedicar esta edição à memória deles, mas especialmente a Ralph Gleason e Jeanie Gleason (que ainda está vivo): em memória dos dias e noites em São Francisco e Oakland, Berkeley e Londres. Como dizia a canção: "*A good man is hard to find*" [É difícil encontrar um homem bom]. Ele era um dos melhores.

E. J. H.

INTRODUÇÃO

Este livro é sobre um dos fenômenos culturais mais notáveis do nosso século. Não trata apenas de um certo tipo de música, mas de uma realização extraordinária, um aspecto marcante da sociedade em que vivemos. O mundo do jazz não consiste apenas em sons produzidos por uma determinada combinação de instrumentos tocados de uma forma característica. Ele é formado também por seus músicos, brancos e negros, norte-americanos ou não. O fato de ser tocado por garotos britânicos de classes trabalhadoras em Newcastle é tão interessante quanto – e ainda mais surpreendente – o fato de ter surgido nos longínquos *saloons* do vale do Mississippi.

Abrange os lugares onde o jazz é tocado, o negócio e a estrutura técnica construída a partir dos sons, das associações que invocam. Engloba as pessoas que o escutam, escrevem ou leem a seu respeito. Você, que está lendo esta página, e eu, que a escrevi, não somos os integrantes menos inusitados e surpreendentes desse mundo do jazz. Afinal, qual é o nosso interesse por algo que até pouco tempo atrás se tratava de uma linguagem local entre os negros e brancos pobres da região Sul dos Estados Unidos? Dela também faz parte aquela larga fatia da música popular moderna, comercial e de entretenimento, profundamente transformada e influenciada pelo jazz. Na verdade, este livro não é apenas a respeito do jazz como um fenômeno em si mesmo, transformado em hobby e paixão de uma grande legião de fãs, mas também sobre o jazz como parte da vida moderna. Se é comovente, é porque homens e mulheres são comoventes: você e eu. Se é um pouco louco e descontrolado, é porque a sociedade em que vivemos também é assim. De qualquer maneira, deixando de lado os julgamentos de valor, o verdadeiro assunto deste livro é o jazz na sociedade. Por essa razão, não me limitei a escrever a respeito da sua história e desenvolvimento estilístico (assuntos abordados nas partes 1 e 2), mas também incluí capítulos sobre jazz enquanto negócio, jazz e as pessoas – o músico e o público –, e jazz e outras artes.

No momento em que escrevo, na primavera de 1958, não há provavelmente nenhuma grande cidade no mundo onde alguém não esteja ouvindo um disco de Louis Armstrong, Charlie Parker ou algum músico influenciado por esses artistas, ou então improvisando sobre um tema como "St Louis Blues", "Indiana", ou "How High the Moon". W. C. Handy, o primeiro a passar o blues para uma forma escrita, morreu e foi para a sepultura acompanhado por 100 ou 200 mil cidadãos do Harlem e um bloco de políticos e jornalistas (brancos) verborrágicos tão sólido, e talvez tão relevante, quanto o paredão sonoro entoando blues, composto por Carrie Smith e o Back Home Choir de Newark, Nova Jersey (cujo endereço anterior era Savannah, Georgia), que cantavam "I Want Jesus to Walk with Me". Louis Armstrong foi convidado para o festival de Edimburgo. O Partido Democrata-Cristão italiano está contratando, para as eleições deste ano, conjuntos de jazz tipo Dixieland para animar seus comícios, porque seu rival, o Partido Comunista, provou, nas últimas eleições municipais, que esses conjuntos atraem um grande número de pessoas. (O saudoso Boss Crump, cuja campanha em 1909 deu origem ao *Memphis Blues*, havia tido a mesma ideia.) Uma "banda internacional" composta de músicos de praticamente toda a Europa, de Portugal a oeste até a Tchecoslováquia e a Polônia a leste, deverá tocar em um festival de jazz norte-americano. Conjuntos de jazz e *skiffle* acompanham a marcha de protesto a Aldermaston contra a corrida armamentista nuclear. Um certo Jack Kerouac publicou um romance sobre o destino da "geração *beat*": amplamente simbolizado pelo

INTRODUÇÃO

cool jazz. Um romancista e literato da moda escreve críticas de jazz para grande parte da intelectualidade britânica nos jornais de domingo. À minha frente, uma pilha de discos trazidos de Johannesburg por um amigo: em Sophiatown e em todos os guetos sul-africanos, as *jive bands* tocam jazz genuíno, inspirado nos discos norte-americanos dos anos 1930. A coluna "Jazz Panorama", do *Birmingham Mail*, fala dos mais recentes clubes de jazz abertos pelos jovens do centro da Inglaterra, registrando que, atualmente, os discos de jazz mais tocados na segunda maior cidade da Inglaterra são de Duke Ellington, Oscar Peterson e Miles Davis.

E, no entanto, nada disso existia à época do nascimento das pessoas que hoje estão alcançando a meia-idade. A própria palavra "jazz" conquistou status de palavra impressa e significado passível de impressão há pouco mais de quarenta anos – por volta de 1915. Mesmo se remontarmos a música até chegar a seu rótulo atual, o período de vida de um homem mais velho, porém não tão idoso, seria suficiente para cobrir toda a sua história. Nos primeiros anos do século XX, até mesmo os negros sulistas que não eram especificamente da área do Delta do Mississippi se surpreendiam com essa música. Quando o conjunto Original Dixieland Jazz Band se apresentou no Reisenweber, em Nova York, no ano de 1917, a gerência da casa teve de afixar cartazes anunciando que a música era dançável. Desde aquela época, ganhou espaço e se desenvolveu de um modo totalmente extraordinário.

É difícil encontrar paralelo para sua história singular. Outras linguagens musicais locais já tiveram esse dom de proselitismo: a húngara, a espanhola, a latino-americana. Nossos dias e nossa cultura são carentes de transfusões de sangue periódicas, para rejuvenescer a cansada e exaurida ou exangue arte de classe média, ou a arte popular, que tem sua vitalidade drenada pela degeneração comercial sistemática e pela superexploração. Desde que os aristocratas e a classe média pegaram emprestada a valsa das "camadas sociais inferiores" e a polca dos camponeses de uma nação exótica e revolucionária, e desde que os intelectuais românticos descobriram o frisson das Carmens e Don Josés andaluzes (transpostos significativamente para uma abordagem jazzística no filme *Carmen Jones*), a civilização ocidental tem tido um fraco por exotismos de todos os tipos. E, no entanto, o triunfo do jazz é ainda maior, mais universal e abrangente do que o das linguagens comparáveis, surgidas anteriormente. Ele se tornou, de forma mais ou menos diluída, a linguagem básica da dança moderna e a música popular da civilização urbana industrial, na maioria dos espaços onde penetrou.

E fez mais. A maioria das linguagens exóticas criou para si um corpo de fãs que apreciam essas formas de expressão não só como portadoras de uma nova roupagem musical ou sensação, mas como arte a ser estudada, discutida e, geralmente, "levada a sério". Em sua grande maioria, esses grupos de "aficcionados" são, até hoje, compostos de poucos integrantes, sem maiores influências, basicamente pessoas com um conhecimento de primeira mão a respeito do assunto. Sabemos da existência dessas comunidades, dedicadas às atrações dos ciganos, touradas, flamenco, música folclórica romena ou danças africanas, da mesma forma que sabemos de pequenos grupos que se apaixonaram pela cultura da Etiópia ou pelos bascos. Eles não são de grande importância no plano geral. A comunidade de amantes do jazz, por outro lado, não é apenas maior e mais influente, como também mais significativa no cenário cultural. Afinal, quantos jornais diários sérios ou superficiais, semanários intelectuais, periódicos devotados às artes (fora os dos países diretamente afetados) publicam colunas regulares a respeito do flamenco ou dança indiana? A história social das artes no século XX provavelmente trará apenas uma nota de rodapé a respeito da música das terras altas escocesas ou sobre o folclore cigano, mas terá de discorrer mais longamente sobre o jazz.

Além disso, o próprio jazz muda com rapidez estonteante. A música folclórica e as linguagens do gênero não são, é claro, tão imutáveis como

INTRODUÇÃO

os românticos gostam de fazer crer. Há uma grande diferença entre as primeiras músicas flamencas dos anos 1860 e o flamenco de hoje, a menos que deliberadamente (e geralmente em vão) se busque a forma arcaica. Porém, essa diferença é irrisória se comparada ao fosso que separa a música de rua de Nova Orleans do início da década de 1900, por exemplo, da série de concertos com pequenos flugelhorns por Miles Davis e Gil Evans em 1958. O jazz, efetivamente, desenvolveu-se não só na linguagem básica da música popular, mas também como um tipo de música de arte sofisticada, que busca não só se fundir mas também competir com a música artística estabelecida do mundo ocidental. Comparado a linguagens musicais que poderiam, à primeira vista, parecer da mesma ordem, ele não só alcançou sucesso muito maior como também é mais instável e bem mais ambicioso.

Como alcançar uma certa perspectiva desse fenômeno tão notável? Não é intenção deste livro construir teorias gerais ou uma sociologia do jazz. (Se o fosse, haveria exemplos terríveis em número suficiente para amedrontar ao menos este autor, devolvendo-lhe o sentimento de cautela.) Meu principal objetivo é sondar o mundo do jazz para o leigo inteligente, que não sabe nada a seu respeito, e talvez também para o especialista que até hoje negligenciou seus aspectos menos técnicos. No entanto, é impossível voltar os olhos para o jazz com curiosidade sem tentar descobrir, mesmo que grosso modo, como ele se ajusta ao cenário geral da civilização do século XX. Desde seus primórdios, observadores têm especulado a esse respeito. Suas especulações são, em geral, totalmente sem valor, a não ser como indicação de seus próprios preconceitos e desejos (embora esses elementos também façam parte do mundo do jazz, desde que trabalhados por eles). Se antes de esboçar o tipo de abordagem que me pareceu ser útil cito um exemplo tão execrável como o da especulação anterior, é simplesmente para alertar o leitor que minhas ideias poderão, com o tempo, tornar-se tão bobas quanto aquelas.

Assim, na década de 1920, costumava-se dizer nos círculos intelectuais que o jazz era a "música do futuro", aquela cujo ritmo e tinido reproduziam o som e o movimento essencial da era da máquina, "a melodia dos robôs". Claro está que essas afirmações vinham, em geral, de pessoas que raramente tinham entrado em uma fábrica do século XX, ou ouvido jazz como hoje o conhecemos. Mas nem por isso fica desculpada sua quase total irrelevância.

Pois em primeiro lugar, como veremos, a essência do jazz é não ser uma música padronizada ou produzida em série (embora a música popular influenciada pelo jazz o seja) e, em segundo lugar, o jazz tem muito pouco a ver com a indústria moderna. A única máquina cujo som o jazz já tentou imitar foi o trem de ferro, que é, em toda a música folk norte-americana do século passado, um símbolo importante, universal e múltiplo, bem acolhido pelos analistas literários, porém *jamais* um símbolo da mecanização. Ao contrário, como dezenas de blues de trens o demonstram, é um símbolo do movimento que traz liberdade pessoal:

> *Gonna catch myself a train fifteen coaches long,*
> *When you look for me, I'll be gone.*

É um símbolo do fluxo da vida e, portanto, do destino:

> *Two-nineteen took my babe away,*
> *Two-seventeen will bring her back some day.*

É um símbolo de tragédia e morte, como em muitas canções sobre desastres de trem e o blues suicida:

> *Gonna lay my head on that old railroad line*
> *And let the two-fifteen pacify my mind.*

INTRODUÇÃO

De ansiedade e pesar: "*How I hate to hear that freight train go boohoo*"; do trabalho de sua construção, como na grande balada de John Henry; de másculo poder, em seu movimento; de sexo, como em "Casey Jones",* de Bessie Smith. Aliás, a maior parte das metáforas mecânicas no jazz – telefones e carros, por exemplo – tem um simbolismo sexual: "*Got Ford movements on my hips*". A estrada de ferro é o símbolo da viagem do homem para o paraíso ou para a perdição, como em vários sermões negros ("The Gospel Train"). Músicos de jazz, especialmente os pianistas de blues, reproduziram esse som e essa sensação, o único produto da revolução industrial que foi completamente absorvido pela poesia e pela música, com poder excepcional, como em "Honky Tonk Train Blues", de Meade Lux Lewis, ou em "Streamline Train", de Red Nelson-Clarence Lofton. Porém, se isso reflete alguma fase da industrialização, certamente não será a da produção em massa, mas a sociedade não mecanizada do final do século XIX. Não há nada no "jazz de estrada de ferro" que não pudesse ter sido criado em 1890.

Tudo isso para avisar dos perigos das generalizações exageradas, baseadas em parcos conhecimentos. Por outro lado, pode-se generalizar, e proponho que façamos isso. Os leitores que se sentirem pouco à vontade com discussões genéricas poderão pular o resto desta introdução, passando para os capítulos mais terra a terra deste livro.

A história das artes não é uma única história, mas, em cada país, pelo menos duas: aquela das artes praticadas e usufruídas pela minoria rica, desocupada ou educada, e aquela das artes praticadas ou usufruídas pela massa de pessoas comuns. Os últimos quartetos de Beethoven, por exemplo, enquadram-se quase que totalmente na primeira categoria; é quase certo que, mesmo em Viena, que entre frequentadores habituais de

---

* *Riding, rocking* e *rolling* são palavras usadas tanto para "estrada de ferro" quanto para "coito". Nas canções de prisão e de campos de trabalho, a estrada de ferro também é o meio que leva a namorada do prisioneiro ao seu encontro.

estádios de futebol poucos seriam aqueles que aceitariam entradas grátis para ir escutar as peças. Por outro lado, na Grã-Bretanha, certos tipos de comédia de *music hall* pertencem quase que totalmente à segunda categoria. Eu diria que uma certa quantidade de professores universitários chegou a ver, vez ou outra, a dupla Lucan e McShane, ou Frank Randle, porém é quase certo que não tiveram prazer nisso; e nem pensariam em incluir esses exemplos em uma história da arte do século XX se tivessem de escrevê-la. Existem, felizmente, alguns pontos em comum. A educação ou o orgulho nacional e social fazem com que alguns artistas de minorias se tornem universais. A democracia, a mídia de massa, ou o sentimento de nacionalidade levam o público minoritário a se conscientizar da tradição comum, e há formas de arte que, mesmo sem esse auxílio, são suficientemente poderosas para pressionar inexoravelmente sua entrada em um território novo: o jazz é uma delas. Mas não deixa de ser verdade – a não ser nos países em que a tradição cultural é a popular (e algumas vezes até mesmo nesses) – que, quando se lê "cultura" ou "artes" em um livro, se está falando da cultura da elite e da arte de poucos. Arnold Bennett, Thomas Hardy, G. K. Chesterton constam da *Oxford History of England*, mas lá não encontramos Marie Lloyd, ou a Copa do Mundo como instituição. Sterndale Bennett e a London Philharmonic Society estão incluídos, mas a proliferação de bandas marciais no norte da Inglaterra ou das sociedades de coral cantando *Messias* não estão. Nesse sentido, mesmo os norte-americanos, que têm muito menos desculpas para desprezar sua tradição popular, gastam muito mais tempo analisando seus compositores clássicos, adequados, porém de modo algum sensacionais, do que sua música folclórica e o jazz, que são bem mais originais e influentes na cultura mundial.

Não é preciso dizer muito a respeito do lugar que o jazz ocupa na cultura da elite, nas "artes oficiais". Como veremos, até há pouco tempo, ele tinha um lugar meramente marginal entre elas, em parte porque as

INTRODUÇÃO

artes oficiais o ignoravam, em parte porque se ressentiam dele como se fosse uma espécie de revolta popular contra seu status e pretensões à superioridade, e como uma agressão do filistinismo contra a cultura. Ele é ambas as coisas e muito mais. No que toca à absorção do jazz pela cultura oficial, é uma forma de exotismo, como a escultura africana ou a dança espanhola, um dos tipos de exotismo "nobres selvagens" pelos quais os intelectuais de classe média e das classes altas tentam compensar as deficiências morais de sua vida, especialmente no século XX, depois de terem perdido a certeza da superioridade de seu estilo de vida. Não vai aqui qualquer crítica ao jazz. A cantora de blues da Carolina do Norte, o trompetista de Nova Orleans, o músico *showman* profissional e o veterano que há décadas realiza excursões tocando o "arroz com feijão" e música para dançar não têm culpa de os intelectuais europeus e norte--americanos (incluindo, suponho, o escritor dessas observações) terem lido a resposta às suas frustrações na música que executam.

Eles deveriam escutar o que Rex Stewart, o trompetista, tem a dizer: "E aquele papo sobre não sermos sinceros! Ouçam, quando uma banda entra em um estúdio para uma sessão de gravação, os caras não estão ali para serem sinceros. Eles apenas tocam. Só isso." Ou de Harry Carney, saxofonista: "Os críticos levam a coisa muito a sério. Eles ficam escrevendo teorias e falando a respeito da selva e dos tambores, e da influência do homem branco. É preciso maneirar. A gente toca jazz pelo prazer, e não para fazer história."[1]

Bem, não é tão simples assim. De qualquer maneira, o intelectual amante de jazz não pode "maneirar". Se pudesse, provavelmente não precisaria dele a não ser como uma boa música rítmica para dançar.

E o papel realmente importante do jazz e a sua verdadeira vida estão na tradição comum da cultura.

Essa permanece em obscuridade analítica, iluminada apenas por algumas poucas generalizações vagas e, às vezes, enganosas. Suponho que a mais conhecida delas (que também espelha o incurável romantismo da maioria das pessoas que lidam com o assunto) é mais ou menos assim. A cultura popular atual, nos países urbanizados e industrializados, consiste em entretenimento comercializado, padronizado e massificado, transmitido por meios de comunicação como a imprensa, a televisão, o cinema e o resto, produzindo o empobrecimento cultural e a passividade: um povo de espectadores e ouvintes, que aceita coisas pré-empacotadas e pré-digeridas. Não faz muito tempo – quanto exatamente dependerá do ponto de vista do observador – a cultura popular era vibrante, vigorosa e, em grande medida, autêntica, como no caso das canções folclóricas rurais, danças folclóricas e atividades semelhantes. Há uma boa dose de verdade bruta nessa afirmação. O problema é que tais generalizações omitem tudo o que poderia nos ajudar a compreender o mundo do jazz e uma grande parcela dos problemas da cultura popular também.

Em primeiro lugar, elas deixam de lado a pergunta: "O que aconteceu com a antiga cultura popular pré-industrial florescente?" Uma parte, sem dúvida, morreu com a industrialização, como grande parte das canções rurais folclóricas inglesas, ou sobreviveu apenas nos mais remotos redutos do interior, à espera dos gravadores dos amantes itinerantes de canções folclóricas. Mas outros tipos de cultura popular mostraram-se mais adaptáveis e conseguiram sobreviver bravamente em uma sociedade industrializada ou urbanizada, ao menos até o advento do entretenimento de massa padronizado: por exemplo, as canções e os quadros cômicos do teatro de variedades inglês. Outros, ainda, resistiram e se tornaram poderosos a ponto de sobreviverem até a ambientes mecanizados de entretenimento, ou até de os dominarem em parte. O jazz é o mais importante desses exemplos. Se eu tivesse de fazer um resumo da sua evolução em uma só sentença, diria: o jazz é o que acontece quando a música folk não sucumbe, mas se mantém no ambiente da civilização urbana e industrial. Pois o jazz, na sua raiz, é música folk do tipo comumente

INTRODUÇÃO

estudado por colecionadores e especialistas: tanto rural quanto urbana. E algumas das características fundamentais dessa música foram mantidas por toda a sua história; por exemplo, a importância da tradição oral para a sua transmissão, a importância da improvisação e da ligeira variação de uma execução para outra, dentre outros aspectos. Muito dessa música se modificou a ponto de se tornar irreconhecível; mas isso, afinal, é o que se espera que aconteça com uma música que não morre, mas continua a se desenvolver em um mundo dinâmico e tempestuoso.

Em segundo lugar, as generalizações a respeito da cultura popular deixam de fora a questão de como a indústria de entretenimento de massa, que sem dúvida assume o papel das antigas formas culturais pré--industriais, chega ao entretenimento padronizado que ela proporciona, como o padroniza, e como esse entretenimento padronizado conquista o público. Pois a Tin Pan Alley não *inventou* suas canções e modas em uma espécie de laboratório comercial, assim como a indústria de enlatados não inventou a comida: o mercado simplesmente descobre o que é mais lucrativo processar e processa. É muito importante ter isso em mente, pois, ao contrário de outras indústrias modernas, que muitas vezes genuinamente criam novas exigências – aviões, por exemplo –, a de entretenimento satisfaz necessidades que permanecem substancialmente as mesmas há anos. Em nenhum outro setor existe um contraste tão grande quanto aquele que se verifica entre os meios tecnicamente revolucionários de trazer o entretenimento até as pessoas – televisão, *juke boxes*, filmes e tudo o mais – e o conservadorismo do que é efetivamente trazido. Um animador de feiras da Idade Média ficaria perdido em um estúdio de televisão, mas estaria perfeitamente à vontade diante do entretenimento mostrado por esse meio.

A matéria-prima original do entretenimento de massas é, em grande medida, uma forma adaptada de entretenimento anterior, e até hoje a indústria continua a se reciclar de tempos em tempos, recorrendo à fonte, e encontrando algumas de suas atividades mais frutíferas nas formas mais antigas, perenes e menos "industrializadas" de criação popular. Vejamos, por exemplo, os filmes de cowboy que têm mantido um nível de popularidade constante, se não crescente, durante um estonteante período de revoluções técnicas. No fundo, o "faroeste" é um sistema de mitos, moralismo e histórias de aventura encontrável em qualquer sociedade. Essa configuração especial foi idealizada pela tradição de cultura popular mais vigorosa e vibrante no mundo ocidental, para satisfazer as necessidades desse mesmo mundo. Foi meramente tomada, adornada, modificada de tempos em tempos e produzida em massa pela indústria de entretenimento. Outras artes e temas populares pré-industriais foram usurpados de maneira mais distorcida ou diluída. O jazz figura entre elas, embora tenha se mostrado forte o bastante para manter uma vida própria. Existem boas razões para explicar por que a linguagem que viria se tornar fundamental para a música ocidental popular se originou de uma fonte norte-americana e, dentro desta, a partir de uma mistura afro-americana, embora algumas dessas raízes ainda sejam obscuras. Mas quando consideramos o vasto e tépido reservatório da música pop moderna, com matizes mais ou menos jazzísticos, temos de nos lembrar de que não é só o processamento comercial que o torna insípido, mas as fontes frias e autênticas de onde retirou, ou ainda retira, suas águas.

Temos de nos lembrar disso, pois o fenômeno da cultura popular, mesmo hoje, não pode ser entendido se não tivermos sempre em mente sua contraditoriedade. Quando as pessoas ligam seus televisores, esperam "sair de si", mas esperam também ser trazidas "de volta a si". Essas mesmas pessoas, em *music halls* vitorianos, aplaudiam canções que falavam de almofadinhas vestidos de maneira incrivelmente janota, que rodavam bengalas e reviravam bigodes (*Champagne Charlie*) e outras tantas sobre sogras, aluguéis e agiotas. Essas mesmas pessoas aplaudiam, nos cinemas do passado, reinos maravilhosos com habitantes de uma beleza, riqueza e tranquilidade sobrenaturais, e as acusações de Charlie Chaplin a respeito do pobre sem esperança em contraposição ao rico poderoso. A arte popular é mito e sonho, mas também é protesto, pois as pessoas comuns têm sempre alguma razão para protestar. Os tabloides, que redescobrem periodicamente que a fórmula do sucesso é uma mistura de doce de coco e radicalismo, sabem do que se trata.

Ao mesmo tempo, a exigência de ser "tirado de si" e trazido "de volta a si" é tanto uma aceitação quanto uma rejeição à indústria de entretenimento. Pois na própria natureza da estrutura técnica e econômica dessa indústria existe uma tendência de atender mais a um lado dessa exigência do que a outro. Nesse sentido, os profetas que, há um século, predizem que o comercialismo fará das massas uma série de rostos inexpressivos esperando que a televisão lhes dê o alimento na boca, ou seja, transformando-se em espectadores idiotizados, não estão completamente enganados. A indústria produz artigos prontos para o uso do público, e o melhor tipo de público é aquele que comparece, de maneira regular e silenciosa, que se senta no escuro para assistir ao espetáculo, boquiaberto: os inúmeros espectadores que se sentam em casa, sozinhos ou em pequenos grupos, olhando o jornal ou ligando o rádio ou a televisão. Se a indústria não conseguiu, até hoje, fazer do público um bando de idiotas é porque o público não quer *apenas* se sentar calado, como população passiva, para assistir ao show: quer *também* fazer seu próprio entretenimento, participar ativamente e, o que é mais importante, socialmente. Há trabalhadores ingleses que vão a jogos de futebol debaixo de chuva ou neve, em vez de assisti-los melhor e mais confortavelmente pela TV, pois a participação direta, a vibração da torcida que faz o time jogar melhor, é tão importante para o entretenimento quanto a mera visão dos jogadores. Existem muitos outros espectadores que não aproveitariam os programas mostrados na televisão se não pudessem falar a seu respeito, discutindo os méritos de cada um, ou talvez simplesmente "fofocando", numa tendência tão natural quanto aquela de beber com outras pessoas, e não isoladamente. Entre os jovens, esse desejo de fabricar e participar ativamente de seu entretenimento é naturalmente muito maior. Foram os jovens que trocaram as telas de cinema e televisão nos anos 1950 por clubes de jazz e grupos de *skiffle*.* As solicitações da cultura popular são, ao mesmo tempo, "comerciais" e "anticomerciais", embora pertençam a um esquema segundo o qual, sempre que uma solicitação anticomercial se torna grande o suficiente (dentro das condições do capitalismo), ela passa automaticamente a ser comercial e a ser fornecida pela indústria com a maior intensidade possível, até ser diluída em papinha.

O apelo do jazz sempre aconteceu em função de sua capacidade de fornecer aquilo que a música pop comercial elimina de seu produto. Ela conquistou seu espaço como música que as pessoas fazem e de que participam ativa e socialmente, e não como uma música de aceitação pacífica; como uma arte dura e realista, e não como divagação sentimental; como uma música não comercial e, acima de tudo, de protesto (inclusive contra a exclusividade de uma cultura elitista). O sucesso foi atordoante e universal. Mas o jazz percorreu dois caminhos distintos. Um deles, passando pela indústria de entretenimento popular comum, comercial, dentro da qual viveu, e ainda vive, e para a qual constantemente empresta aquilo que ela não pode, sozinha, dar a seu público, até que acaba por enfraquecer a fonte de seus empréstimos. O jazz fez grande parte de suas conquistas como integrante do mundo pop, emprestando um sabor especial a uma música pop cada vez mais influenciada pelo jazz. Mas também traçou um caminho independente, como uma arte isolada,

---

* É possível que a disseminação cada vez mais ampla de padrões de classe média e classe média baixa entre a classe trabalhadora possa criar de fato um público imbecilizado, pois a prática de assistir e se impregnar das impressões culturais individuais como um fim em si mesmo é bem mais característica das classes médias do que de qualquer outra. O que é culturalmente inofensivo ou até benéfico quando feito com Rembrandt torna-se bem deprimente ao ser feito com um retrato da família real em estúdio, publicado pelo *Daily Sketch*.

INTRODUÇÃO

apreciada por grupos especiais de pessoas, separadamente, e muitas vezes em franca oposição ao pop comercial.

No entanto, a música pop nunca deixou o jazz completamente fora de seus tentáculos – e enquanto ele permanecer como parte da tradição popular nas artes isso dificilmente acontecerá. Isto porque, como tentei explicar, a indústria de entretenimento é um mero processador e adaptador (quase sempre um adulterador) daquela tradição.

O jazz também foi mantido nesse relacionamento familiar complicado com a música popular por outra razão ou, em outras palavras, por uma outra face desse "populismo". Durante a maior parte de sua história, o jazz foi altamente repudiado ou ignorado pelas artes oficiais das elites. Não havia qualquer sentimento de reprovação quando, em ambientes nos quais não ter ouvido falar de *Wozzeck* ou *Petrushka* seria um escândalo, alguém pensava que Art Tatum era um lutador de boxe ou que Charlie Parker era o amigo de infância de alguém. E mais: no meio de pessoas estudadas e cultas, hoje beirando a meia-idade, e especialmente entre aquelas ligadas ao mundo da música, o jazz era abertamente antipatizado e desprezado, em parte talvez porque o mundo do jazz era e ainda é, até certo ponto, uma rebelião contra os valores da cultura de elite. Hoje em dia ele se tornou mais amplamente aceito. Talvez até demais para seu próprio bem, pois é possível que o jazz se desenvolva tão anemicamente na atmosfera de conservatórios e recitais de música de câmara quanto Marie Lloyd teria prosperado em saraus da aristocracia. Não há dúvida, no entanto, de que o fato de o jazz ter sido por muito tempo relegado a um mundo inferior ao das artes oficiais teve seus efeitos. Em primeiro lugar, isso fez com que ele tivesse uma influência muito menor sobre as outras artes, e que fosse estudado e analisado com menos seriedade do que seria de se esperar.

Acho que ele carece de estudo e análise, embora este livro não pretenda ir além de um levantamento de seu mundo, para colocá-lo em perspectiva, para introduzir os leitores a suas diversas regiões. É um mundo completa e totalmente fascinante, mesmo para aqueles que não pretendam analisá-lo, ou que não tenham grandes predileções pelos sons que dele afloram sem cessar: o barulho da música, o barulho dos pés dos fãs batendo no chão, o barulho dos empresários convencendo uns aos outros a fechar negócio. Mas é duplamente fascinante se o considerarmos não só como uma sessão de filme sobre o comportamento humano, geralmente em technicolor, mas como uma das chaves para o problema que nos diz respeito a todos.

O antigo tocador de banjo de Nova Orleans, Johnny St. Cyr, disse certa vez a um entrevistador:

> Veja, o trabalhador médio é muito musical. Tocar música, para ele, é apenas relaxante. Ele curte tanto tocar quanto outras pessoas curtem dançar. Quanto mais entusiasmado for o seu público, mais verve ele tem para tocar. E com nossos sentimentos naturais fluindo dessa maneira, nunca se repete a mesma coisa. Cada vez que você toca uma música, novas ideias surgem na cabeça e você deixa que elas façam parte.

Se precisarmos de uma ilustração do tipo de arte, e do tipo de relacionamento entre a arte e as pessoas sonhado por William Morris ("uma arte feita pelo povo, para o povo, como prazer para o executante e o usuário"), poderemos não chegar lá. É um bom negócio para todos os envolvidos. Mas está claramente longe da realidade das artes em nossa sociedade urbana e industrial do Ocidente, e provavelmente a cada década, com a industrialização e a padronização da produção do entretenimento de massa, a distância aumentará ainda mais. Como iremos restaurar o devido lugar das artes na vida, e como fazer aflorar a capacidade criativa de cada um de nós? Não pretendo afirmar que o jazz seja a resposta. Na verdade, muito dele enveredou pelos becos sem saída que assombram o mundo das artes:

INTRODUÇÃO

seja como música pop comercial ou como música de arte esotérica. Mas a história do jazz, aquele som notável do Delta do Mississippi que, sem paternalismo ou campanhas de publicidade, conquistou um impressionante território geográfico e social, pode fornecer parte do material para a resposta. Podemos ver que a arte popular genuína, excepcionalmente vigorosa e resistente, realmente funciona e se modifica no mundo moderno, e quais as suas conquistas e limitações. Poderemos, então, tirar as nossas conclusões. Este livro não tem essa pretensão. Escrevi uma introdução ao jazz, não um roteiro das artes. Porém, talvez valha a pena mencionar que, se os leitores assim o desejarem, poderão obter mais do que apenas informações e entretenimento do mundo do jazz.

COMO RECONHECER O JAZZ

Este interlúdio pode ser tranquilamente ignorado pelo leitor mais bem informado. Dirige-se àqueles que, embora interessados, nada sabem sobre jazz, não conseguem reconhecer um disco de jazz quando o escutam e não querem consultar amigos ou parentes a respeito do assunto. Dirige-se ainda aos leitores que já fizeram a pergunta "O que é jazz?" a aficionados e então se depararam (o que é extremamente provável) com ruído e confusão. Contém uma descrição bastante sucinta, ou melhor, um "modelo de reconhecimento", e uma pequena lista de alguns dos principais artistas e dos registros mais característicos desse gênero de música.

Não existe uma definição precisa ou adequada para o jazz, a não ser em termos muito genéricos ou não musicais, o que de nada ajuda quando o objetivo é reconhecer o que escutamos. Como vimos, jazz não é um gênero autocontido ou imutável. Não é uma linha divisória, mas uma vasta zona fronteiriça que o separa da música popular comum, em grande parte influenciada pelo jazz e a ele misturada em vários níveis. Não há uma clara fronteira que o separe de tipos anteriores de música folclórica, dos quais emergiu. Até a última guerra, a linha divisória entre ele e a música erudita ortodoxa era mais bem definida. Mas até esse marco se tornou impreciso, graças aos ataques vindos dos dois lados. Como também já vimos, o jazz tem, em seu curto tempo de existência, uma notável história de mudanças, e não há garantia de que irá parar de se modificar. Da mesma forma que uma definição adequada escrita em 1927 teria de ser modificada e ampliada para descrever o jazz de 1937, e novamente reelaborada para identificar o de 1957, é extremamente provável que qualquer incauta descrição feita hoje se torne ultrapassada. Os amantes e os críticos, habitantes de um universo exclusivo e pleno de discussões, tentaram encontrar definições arbitrárias para separá-lo da música pop, ou o que consideram "o verdadeiro jazz" de suas "degenerações". Isso não pode ser feito. Não porque seja impossível elaborar e estabelecer tais definições convencionais – as artes ortodoxas o fazem o tempo todo –, mas porque o jazz, sendo uma arte popular moderna, carece até hoje de autoridades e instituições capazes de fazer com que tais definições sejam respeitadas. As escolas de música do exército, os professores de canto e as academias de balé podem impor uma maneira "correta" de se tocar cornetas, de cantar *coloratura*, ou de mover os pés, que só será desrespeitada por uma revolução técnica ou secessão. A tradição, nas sociedades pré-industriais norteadas por costumes, pode igualmente impor um repertório "correto" para o músico, cantor ou bailarino. O jazz, porém, está na mesma posição daquele produtor famoso de Hollywood que, ao ouvir que não poderia fazer uma cena em que Mozart toca "Danúbio Azul" numa biografia do compositor, perguntou: "Quem pode me impedir?" Ninguém. Aí está a diferença entre o jazz, no sentido estrito, e a música pop. Pode ser que em um certo ponto da evolução do jazz seja melhor deixar de chamá-lo por esse nome. Mas, por sua própria natureza, ele é um gênero sem linhas divisórias precisas.

Apesar disso, a título de orientação em linhas gerais, pode-se dizer que o jazz, da forma como se desenvolveu até hoje, é a música que contém as cinco características a seguir citadas. A música pop com tonalidades jazzísticas poderá conter algumas das três ou quatro primeiras características, porém não as cinco, ou terá as últimas de forma bastante diluída:

1. O jazz tem certas peculiaridades musicais, decorrentes principalmente do uso de escalas originárias da África Ocidental, não comumente utilizadas na música erudita europeia; ou da mistura de escalas ditas europeias e africanas; ou ainda da combinação de escalas africanas com

harmonias europeias. A expressão mais conhecida dessas peculiaridades é a combinação da escala de blues – a escala maior comum, com a terceira e a sétima abemoladas – usada na melodia, com a escala maior comum usada para harmonia (as notas abemoladas são as ditas "notas blues").

2. O jazz se apoia grandemente, e talvez de maneira fundamental, em outro elemento africano: o ritmo. Não exatamente nas formas africanas, que são em geral muito mais complexas do que a maioria das formas de jazz. Mas o elemento de variação rítmica constante, vital para o jazz, certamente não deriva da tradição europeia. Ritmicamente o jazz se compõe de dois elementos: uma batida constante e uniforme – geralmente de dois ou quatro por compasso, pelo menos aproximadamente – que pode ser explicitada ou estar implícita, e uma ampla gama de variações sobre essa batida principal. Essas variações podem ser compostas de vários tipos de síncopes (colocação de acento em uma batida normalmente não acentuada, ou supressão do acento em uma batida comumente forte) ou de uma variação muito mais sutil sobre o ritmo, acentuando a batida precedente ou a posterior, ou ainda de outros elementos, como "ataque" e intensidade. A interação dos vários instrumentos de jazz, cada qual com suas funções rítmicas e melódicas, complica um pouco mais o assunto. O ritmo é essencial para o jazz: é o elemento de organização da música. No entanto, é dificílimo de ser analisado, e alguns de seus fenômenos, como o que vagamente se chama de swing, resistem a qualquer tipo de análise. Podem apenas ser reconhecidos. É difícil, por exemplo, perceber por que os bons bateristas, embora mantendo o ritmo constante, podem e dão a sensação de aceleração contínua ou *driving*.

3. O jazz emprega cores instrumentais e vocais próprias. Essas cores derivam, em parte, do uso de instrumentos incomuns em música erudita, pois, embora ele não tenha uma instrumentação específica, a orquestra de jazz representa uma evolução da banda militar, utilizando, portanto, poucas cordas e reservando para os metais e madeiras funções pouco

usuais em orquestras sinfônicas. Instrumentos exóticos também são utilizados ocasionalmente: vibrafones, bongôs e maracás.* Mas em geral a coloração do jazz surge da técnica peculiar e não convencional pela qual os instrumentos são tocados, e que foi desenvolvida porque os primeiros músicos eram totalmente autodidatas. Por esse motivo, eles fugiram às convenções há muito tempo sedimentadas pela música erudita europeia no que se refere à maneira "correta" de utilizar instrumentos ou vozes educadas. Esse padrão convencional europeu tinha sido estabelecido com o objetivo de produzir um tom instrumental puro, claro e preciso, e um tom vocal o mais próximo possível de um tipo especial de instrumento. A maneira mais simples de explicar o tom jazzístico é dizer que, de uma forma automática e espontânea, o jazz tomou o rumo oposto. Sua voz é a voz comum, não educada, e seus instrumentos são tocados – tanto quanto possível – como se fossem essas vozes. (Diz-se mesmo que o grande King Oliver, quando estava com relações estremecidas com os integrantes de sua banda, só falava com eles por meio de sua corneta; ou que "85% do que Lester Young diz no sax pode ser entendido".[1]) Não há, no jazz, tons ilegítimos: o *vibrato* é tão legítimo quanto um som puro, tons "sujos" (*dirty*) são tão legítimos quanto sons "limpos". Alguns músicos influenciados pela música ortodoxa – principalmente em jazz *cool* – experimentaram, ocasionalmente, tons instrumentais ortodoxos. Porém, isso é simplesmente mais uma prova de que qualquer som emitido por um instrumento é legítimo. Os músicos de jazz são ainda grandes experimentadores, explorando até as últimas consequências os recursos técnicos de seus instrumentos, tentando, por exemplo, tocar trompete com a flexibilidade de um instrumento de madeira, ou trombone com registro de trompete. Essas obras, frequentemente de excessivo virtuosismo artesanal,

---

* Cada estilo e período específico tem, no jazz, sua instrumentação característica e alguns instrumentos se prestam mais a ele do que outros. Porém, não há razão para não se tocar jazz com qualquer instrumento que seja, e isso geralmente acontece; até mesmo o órgão ou a flauta já foram utilizados.

produzem suas próprias tonalidades não ortodoxas. Basicamente, porém, o jazz tem usado os instrumentos como vozes durante a maior parte de sua história. Como as vozes nas quais se baseiam os instrumentos e o que essas vozes tinham a dizer ou sentiam vinham de um determinado povo, vivendo em condições específicas, as cores do jazz tendem a pertencer a um espectro especial e reconhecível. Por exemplo, é muito provável que, se os instrumentos de metal e madeira tivessem sido utilizados de forma análoga por bengaleses ou chineses em vez de serem usados por negros do Sul dos Estados Unidos, seus sons, embora igualmente não ortodoxos pelos padrões europeus convencionais, seriam muito diferentes. O tom, a inflexão e o padrão de expressão geral não são, obviamente, os mesmos em Daca, Cantão ou Vicksburg.

4. O jazz desenvolveu certas formas musicais específicas e um repertório específico, no entanto nenhum dos dois é muito importante. As duas formas principais usadas pelo jazz são o *blues* e a *balada*, a música popular típica, adaptada da música comercial comum. O blues, um dos fundamentos extraordinariamente poderosos e frutíferos do jazz, é geralmente uma música de doze compassos, com a letra em *couplet* de pentâmetros jâmbicos (linha de verso branco) com o primeiro verso repetido. A balada pop varia, mas geralmente segue o padrão de 32 compassos. Ambos, em formas simples e complexas, servem como base para variações musicais. O repertório é formado pelos ditos *standards* – temas que, por um motivo ou por outro, se prestam particularmente ao modo de tocar do jazz. Podem ter as mais diversas origens, sendo o blues tradicional e as músicas populares atuais as mais comuns. Os *standards* costumam variar de um estilo ou escola de jazz para outro, embora alguns tenham se mostrado adequados a todos os gêneros. O ouvinte, ao escutar uma banda anunciar um desses *standards* – seja um blues ou um pop passageiro que ganhou vida eterna ao conquistar um lugar como *standard* –,

pode estar quase certo de que a banda tem a intenção de tocar jazz. (Não que isso obrigatoriamente aconteça.) Uma vez um pouco mais experimentado, esse ouvinte será capaz de dizer com boa margem de segurança que tipo de jazz a banda pretende tocar: antigamente, "Margie" ou "Avalon" indicavam, quase que invariavelmente, um número de Dixieland; "Christopher Columbus", um número ao estilo dos anos 1930; "How High the Moon" ou uma música de Cole Porter, jazz moderno. Hoje em dia já existe um corpo de composições mais elaboradas e de arranjos de jazz.

5. O jazz é uma música de intérpretes. Tudo nele está subordinado à individualidade dos músicos, ou deriva de uma situação em que o executante era senhor. Um músico ou empresário que deseja formar uma banda de jazz não procura apenas tantos trompetes, trombones, palhetas etc., porém, à maneira de um produtor buscando o elenco para uma peça, ou de um bom olheiro de time esportivo, ele procura por um Buck Clayton para o trompete, um Henry Cocker no trombone, um Sonny Rollins no sax tenor. Até pouco tempo atrás, o compositor, figura-chave na música erudita ocidental, era, com raras exceções, figura totalmente secundária no jazz. Seu lugar era tomado, se é que havia mesmo, pela figura modesta e corretamente denominada do "arranjador". O maestro permanece totalmente desimportante, pelo menos pelos padrões ortodoxos. A composição tradicional de jazz é simplesmente um tema para orquestração e variação. Uma peça não é reproduzida, ou mesmo recriada, mas sim criada e usufruída por seus executantes cada vez que é tocada – idealmente, ao menos. Dessa forma – mais uma vez idealmente –, não há duas execuções exatamente iguais de uma mesma música por uma mesma banda. E, se duas execuções de uma mesma música por duas bandas diferentes soarem idênticas, com o mesmo arranjo, então uma delas estará deliberadamente imitando a outra. Cada músico de jazz é um

solista, e, da mesma forma que o frequentador de óperas deve ser capaz de reconhecer a voz de Kirsten Flagstad ou de Elisabeth Schwarzkopf depois de um compasso ou dois de uma determinada ária, o ouvinte de jazz deve identificar Armstrong, Hodges ou Miles Davis – ou, se for um grande especialista, centenas de outros músicos com menos gravações – depois de poucas notas.

É, portanto, natural que a improvisação individual ou coletiva tenha imensa importância para o jazz. Naturalmente, fala-se muita baboseira a esse respeito. Os músicos de jazz costumam ter, frequentemente, um repertório muito pequeno, e as possibilidades de improvisação sobre determinado tema são muito limitadas, para que não haja uma certa padronização de suas interpretações. Os músicos que leem partituras encontram na pauta uma opção conveniente demais para deixar de usá-la. Da mesma maneira, é quase certo que mesmo performances improvisadas como as da antiga *commedia dell'arte* tenham se transformado, com o tempo, em rotinas, coleções de gestos padronizados que os atores "costuravam", possivelmente registrando-os em uma anotação simplificada. Falar que o único jazz legítimo é o que nunca foi ouvido antes é romantismo bobo. (Afinal, o que há de errado com um músico que, tendo encontrado uma boa ideia e a tendo elaborado durante uma série de apresentações, decida ater-se àquilo que ele considera um solo adequado?) O jazz não é simplesmente música improvisada ou não escrita. Porém, em última análise, deve basear-se na individualidade dos músicos, e muito provavelmente em suas improvisações efetivas – e é preciso que haja espaço para improvisações.

E isso não chega a ser muito difícil, pois, mesmo lançando mão de grandes esforços técnicos, ele não pode ser adequadamente transcrito. E, se pudesse, seria provavelmente complicado demais para ser lido pelos músicos, ou até mesmo ser aprendido com partitura. Uma música de jazz, a menos que seja gravada, copiada de ouvido e comparada repetidas vezes com a gravação (que toma, em jazz, o lugar da música escrita), não pode ser reproduzida por mais ninguém, a não ser de maneira aproximada. Já foram feitos esforços nesse sentido, por exemplo, por "tradicionalistas" devotados buscando reproduzir com total fidelidade os sons de uma banda cultuada do passado. Porém, para a maioria de seus propósitos – e especialmente para as execuções de rotina "arroz com feijão" –, o esforço é grande demais para valer a pena. A maioria das músicas escritas, quando existem, são portanto aproximações muito simples e sumárias, que deixam, no mínimo, espaço para tom, ritmo, inflexão e coisas do gênero a cargo dos instintos jazzísticos dos executantes.*

Não proponho discutir as tentativas já feitas de defini-lo em termos mais estreitos; por exemplo, a que diz que jazz é, em sua essência, "improvisação coletiva", e que qualquer coisa que não possua essa característica "não é jazz". Tais definições são geralmente manifestos a respeito do que ele deveria ser, não descrições do que realmente é. Também não há necessidade de se descrever a música popular influenciada pelo jazz. É extremamente improvável que qualquer homem ou mulher do mundo ocidental tenha escapado dos constantes bombardeios desse tipo de música, do teatro e do cinema, dos discos, conjuntos de música de dança, rádio e televisão. Embora repudiado por amantes do jazz, a esse tipo de música costuma imputar-se a denominação de jazz – geralmente adotando um dos vários nomes "de marca" como jazz, *hot*, swing, *jive*, *cool*, ragtime, blues, bop, síncope, ritmo, Dixieland etc., sem falar nos nomes de danças. (Essas saem

---

* Isso é verdade, em grau menor, para qualquer tipo de música. Porém, na música erudita europeia essa dificuldade é minimizada pela simplicidade rítmica e pelo fato de os instrumentos serem treinados a produzir um som bem mais padronizado.

rapidamente de moda: um tipo de dança que quisesse anunciar sua ligação com o jazz falaria, no início dos anos 1920, em jazz ou síncope; já no final da década usaria os adjetivos *hot* ou *dirty*, nos anos 1930, swing, e assim por diante.) Da mesma forma que sempre existiu um público ativamente oposto ao jazz, sempre houve um outro, muito mais numeroso, que se sente fortemente atraído por ele. Como a música pop sobrevive a partir de seu desempenho no mercado, a marca do jazz se mostra, de tempos em tempos, como um ponto de venda importante.

Sob o risco de ofender os puristas, é preciso dizer que essa forma híbrida e diluída de jazz tem todo o direito de usar o epíteto. Embora o aficionado de jazz possa ter ataques com essa ideia, não se pode negar ao saudoso Paul Whiteman o direito de se considerar músico de jazz, a Al Jolson se chamar de cantor de jazz, ou até mesmo ao mais cretino dos roqueiros o direito de se arrogar esta cidadania, da mesma forma que o crítico literário não pode negar ao homem de negócios comum o direito de afirmar que escreve em inglês. O mundo do jazz como fenômeno cultural dos nossos tempos inclui tudo que se autodenomine jazz, ou que empreste elementos suficientes da linguagem jazzística para scr afctado de maneira significativa por ela. Porém, da mesma forma que o crítico que se dedica à literatura não irá gastar tempo com cartas comerciais ou pieguices de cartões de Natal, o amante de jazz não precisa se ater muito aos aspectos técnicos da música pop, exceto na medida em que eles possam ter influenciado o tipo de jazz que é, merecidamente, objeto de fruição e apreciação crítica.

Algumas observações genéricas poderão ajudar o leitor em sua incursão pelo mundo desse jazz de maior valor. O assunto será explorado mais longamente nos capítulos 6 a 8. Nosso objetivo aqui é apenas o de ajudar o principiante a se localizar, mencionando alguns dos discos mais características, considerados pelos aficionados de um ou outro estilo como comoventes, deliciosos ou interessantes. Não se trata de uma lista dos "melhores" discos de jazz, pois seria impossível chegar a qualquer acordo a respeito de uma seleção desse tipo. Mas temos aqui exemplos do trabalho de artistas de uma estatura indiscutível, e em uma gama ampla o suficiente para que o ouvinte possa chegar a uma conclusão a respeito do som do jazz, e saber se lhe agrada ou não. Fazemos referência a catálogos de discos ingleses. Os leitores devem ser alertados, porém, de que o comportamento imprevisível das gravadoras concorre para que muitos dos discos que o interessado deseja obter estejam fora de catálogo, ou tenham mudado de selo ou numeração. Isso também se aplica à seguinte discografia.

A. Música folclórica negra e o blues

1. *Murderers' Home* (Nixa NJL 11). Canções de trabalho, blues etc., gravado em um campo de trabalho do Mississippi em 1947. Um dos discos fundamentais para o estudante de jazz ou da música folclórica do negro ou qualquer outra. 12".
2. *The Country Blues* (Folkways RF 1). A melhor antologia de cantores masculinos de blues. 12".
3. *The Saga of Leadbelly* (Melodisc, 4 discos). Cantor de músicas folclóricas negras, cujo estilo e repertório foram extremamente influentes, mesmo além do público de jazz.
4. *Gospel Singing at Newport* (Columbia 33 cx 10112). Bons exemplos de grupos de canções gospel negras contemporâneas. 12".
5. *Harlem Congregation* (London-Ducretet-Thomson tkl 93119). Gravações de serviços religiosos de igrejas urbanas modernas. 12".

6. *Mahalia Jackson* (Vogue LDE 005). A melhor cantora de gospel da atualidade, e uma das maiores artistas de nosso tempo. 10".
7. *The Bessie Smith Story* (Philips, quatro discos). Uma boa seleção do trabalho da rainha das cantoras clássicas de blues, com acompanhamento em geral muito bom. Todos 12".
8. *Piano Jazz*, vol. 1 (Vogue-Coral LV A 9069). Uma seleção de músicas de cabaré e blues em piano. 12".

B. Primórdios do jazz

9. *Ragtime Piano Roll*, vol. 1 (Londres AL 3515). Antigos rolos de pianola pelos principais compositores de jazz da primeira fase. 10".
10. *King Oliver's Creole Jazz Band* (London AL 3504). Uma orquestra clássica do estilo de Nova Orleans, gravada em 1923. 10".
11. *The King of New Orleans Jazz* (RCA, RD 27113). Jelly-Roll Morton. O desenvolvimento mais sofisticado do jazz orquestral na tradição de Nova Orleans. 12".
12. *The Louis Armstrong Story* (Philips, quatro discos). Os principais trabalhos do inegável gênio dos primórdios do jazz. 12".
13. *Mezzrow-Ladnier Quintet* (HMV, DLP 1110). Entre os primeiros e até hoje o mais original dos discos *revival* do jazz de Nova Orleans, depois de seu eclipse na década de 1930. 10".
14. *Mezzrow-Bechet Quintet, Really The Blues* (Vogue LAE 12017). Música moderna na linguagem de Nova Orleans.
15. *Chicago Style Jazz* (Philips BBL 7061). O jazz tocado por jovens músicos brancos do Meio-Oeste dos Estados Unidos. 12".
16. *The Bix Beiderbecke Story*, 2 e 3 (Fontana TFE 17060, 17061). O maior dos músicos de jazz brancos da primeira fase, geralmente acompanhado por músicos inferiores. 7".

C. Jazz do período médio

17. *Duke Ellington and His Famous Orchestra*, I (Vogue-Coral LRA 10027). 10".
18. *In a Mellotone* (RCA, RD 27134). 12".
19. *Historically Speaking* (Peralophone PMC 1116). Três estágios (1927-31, 1940-42, 1956) na evolução do mais significativo compositor de jazz e da melhor orquestra. 12".
20. *Spike Hughes and His Negro Orchestra* (Decca LK 4137). Uma banda negra de músicos notáveis e em grande forma (Hawkins, Carter, Wells, Catlett, Berry, Allen), tocando obras de um compositor-crítico britânico.
21. *Dickie Wells in Paris* (HMV, CLP 1054). Disco de 1937 de um trombonista de primeira ordem, com excelente acompanhamento, incluindo Django Reinhardt, guitarrista cigano de jazz. 12".
22. *Art Tatum* (Columbia 33CX 10115), o mais magnífico virtuose de jazz do período médio. 12".
23. *Benny Goodman Quartet* (HMV, DLPC 6). Excelente pequeno conjunto de jazz dos anos 1930, com Lionel Hampton (vibrafone) e Teddy Wilson (piano). 10".
24. *Lester Young Memorial Album*, 1 e 2 (Fontana TFL 5064, 5065). Um solista e inovador de primeira grandeza, tendo como fundo uma das melhores orquestras de swing.
25. *The Real Fats Waller* (Camden, CDN 131). O mais encantador dos pianistas em suas apresentações características. 12".
26. *Spirituals to Swing*, 1 (Top Rank 35/064). Uma visão geral do jazz no período 1938-1939, um ano de ouro. 12".
27. *Billie Holiday* (Commodore 30008). A melhor gravação da mais divina e trágica cantora de blues. 12".

28. *Charlie Christian* (Philips BBL 7172). Um guitarrista revolucionário e conjunto de primeira tocando jazz fronteiriço, entre o período médio e o moderno. 12".
29. *Lionel Hampton, Jivin' the Vibes* (Camden CDN 129). O mais extrovertido e talentoso dos ritmistas em pequenos conjuntos descontraídos que valem ouro. 12".
30. *James Rushing, If this Ain't the Blues* (Vanguard PPT 11008). Jazz do tipo eterno, tocado e cantado por músicos da tradição de Kansas City. 12".
31. *Vic Dickenson Septet*, 1 (Vanguard PPT 12000). Calmo e relaxado, música de *jam session* por músicos com linguagem do período médio. 10".

D. Jazz moderno

32. *The Immortal Charlie Parker* (London, cinco discos). Obras do período 1944-1948 do gênio do jazz moderno e outros revolucionários.
33. *Charlie Parker-Dizzy Gillespie Quintet* (Columbia 33 C9026). Os principais modernistas em 1952. 10".
34. *Thelonious Monk, Brilliant Corners* (London LTZ-U 15097). Um pianista e compositor muito à frente de seu tempo, produzindo baladas e blues de pequenos conjuntos em linguagem moderna.
35. *SPJ Jazz* (Esquire 32-049). Bud Powell, o principal pianista moderno, com Sonny Stitt, um excelente saxofonista. 12".
36. *Miles Davis: Milestones* (Fontana TFL 5035). Apresentações características e soberbas do principal artista da década de 1950, com excelentes acompanhantes (Coltrane, Adderley, Red Garland, Philly Joe Jones Chambers). 12".
37. *Sonny Rollins Plus Four* (Esquire 32-025). Um baterista, trompete e sax tenor modernos e de primeira. 12".

38. *West Coast Jazz* (Vogue LAE 12038). Exemplos da escola *cool* branca em 1955 (Mulligan, Baker, Sims, Konitz, *et al.*). 12".
39. *Modern Jazz Quartet: One Never Knows* (London LTZ-K 15140). Música de câmara do estilo *cool*, muito bem tocada e dirigida pela sofisticada inteligência musical de John Lewis. 12".
40. *Ornette Coleman, Tomorrow Is the Question* (Vogue LAC 122228). O revolucionário de 1959-1960. 12".

Um outro disco deve ser recomendado: *What Is Jazz?*, aula ilustrada por Leonard Bernstein, pianista, compositor e regente da Orquestra Filarmônica de Nova York (Philips BBL 7149). É a mais clara e mais bem bolada das introduções musicais ao jazz para o leigo até hoje.

PARTE 1
HISTÓRIA

1. PRÉ-HISTÓRIA

O jazz surgiu como forma musical reconhecível por volta de 1900. Pelo menos essa data parece tão boa como qualquer outra, e uns poucos anos a mais ou a menos não importam. Antes dessa data há o período de sua pré-história, do qual se ocupa este capítulo: período no qual os vários componentes sociais e musicais do futuro jazz surgiram e se fundiram. Depois disso surge a dupla história de sua evolução e expansão singular e triunfante.

Os componentes

Não há grandes discussões entre os experts a respeito da origem africana dos componentes do jazz. A maioria dos escravizados trazidos para o Sul dos Estados Unidos vinha da África Ocidental, sendo que os franceses tinham especial predileção pelos provenientes do Daomé – e foi no território de Louisiana que o jazz emergiu. Pouca coisa da organização social dos negros da África Ocidental sobreviveu à sociedade escravocrata, a não ser por alguns cultos religiosos, notadamente o vodu no Haiti e na Louisiana, com sua música ritual, e essa, como bem nota Marshall Stearns, sobreviveu melhor sob os donos de escravizados católicos do que sob os protestantes, pois os católicos, não estando muito preocupados com a salvação das almas de seus escravizados, toleravam um certo paganismo com toques de cristianismo. Assim, o africanismo nos Estados Unidos sobreviveu de maneira mais pura na zona de domínio francês. Nas áreas protestantes, os cultos africanos tiveram de permanecer submersos ou se transmutaram em música *revival* (*shouting revival music*) com influências europeias muito maiores. Entre os africanismos musicais que os escravizados trouxeram consigo estavam a complexidade rítmica, certas escalas não clássicas – algumas delas, como a pentatônica comum, encontrada na música europeia não clássica* – e certos padrões musicais. O mais característico deles é o de "canto e resposta", predominante no blues e na maior parte do jazz, e que é preservado em sua forma mais arcaica (como seria de se esperar) na música das congregações de gospel negro, com seu eco de *shouting dances*. Certos tipos de canções funcionais foram, sem dúvida, também trazidos pelos escravizados: *field hollers* e canções de trabalho em geral, músicas satíricas e coisas do gênero. Tais práticas musicais africanas características, como a polifonia vocal e rítmica e a improvisação onipresente, também pertencem à herança musical dos escravizados. Os únicos instrumentos que eles trouxeram consigo da África foram os rítmicos, ou os rítmico-melódicos, e suas vozes; porém os timbres e inflexões característicos da voz africana deram vida a todos os instrumentos de jazz desde então.

Vale a pena ressaltar, da maneira mais clara possível, que nenhum desses elementos musicais precisa necessariamente estar ligado à raça, no sentido biológico do termo. Não existe prova de que o senso rítmico do negro seja "inato": é adquirido, como tudo o mais. O sequestro dos negros como escravizados e sua posterior segregação social explicam a força e a incrível persistência dos africanismos originais. Mas isso não faz do jazz uma "música africana". Basta ouvir qualquer tipo de música africana ocidental para notar a diferença. Aliás, os africanos ocidentais

---

* Há discordâncias a respeito da tonalidade blues da música negra norte-americana, que não parece vir da música da África Ocidental. Ela tem sido explicada como a "africanização" de escalas europeias.

de hoje têm-se mostrado menos prontos a aderir ao jazz do que os sul-africanos ou os jovens ingleses, sem vínculos tradicionais com o jazz. Se consultados, os africanos ocidentais demonstrarão maior simpatia por formas caribenhas de música afro-americana.

Música africana razoavelmente pura sobreviveu, nos Estados Unidos, em parte como música ritual, pagã e mais ou menos cristianizada, e em expressões como canções de trabalho e *hollers* [tipo de canção de trabalho associada à atividade no campo e aos gritos dos escravizados, também conhecida como *field hollers*]. No estado da Louisiana, essa música era até certo ponto oficialmente encorajada, como uma espécie de válvula de escape para os escravizados, talvez na mesma medida em que danças tradicionais são hoje incentivadas pelas autoridades sul-africanas. As danças de vodu ao som de tambores, oficialmente endossadas em Congo Square, Nova Orleans, não pereceram até meados de 1880 (parecem ter-se iniciado depois das guerras napoleônicas). No entanto, a música negra rapidamente passou a se fundir com componentes brancos, e a evolução do jazz é o resultado dessa fusão.

O jazz surgiu no ponto de intersecção de três tradições culturais europeias: a espanhola, a francesa e a anglo-saxã. Cada uma delas produziu um tipo de fusão musical afro-americana característica: a latino-americana, a caribenha e a francesa (como a da Martinica), e várias formas de música afro-anglo-saxã, das quais, para as nossas finalidades, as mais importantes são as canções gospel e os country blues. (No continente norte-americano podemos provavelmente deixar de lado a influência dos indígenas.) A região do Delta do Mississippi, com seu interior anglo-saxão protestante, seus braços se abrindo para o Caribe espanhol, e sua cultura francesa nativa, combinou todos esses ingredientes como nenhuma outra região.

A influência afro-espanhola deu ao jazz apenas uma "nuança espanhola", citando o pioneiro da música de Nova Orleans, Ferdinand

"Jelly-Roll" Morton: uma mistura de certos tipos de ritmo, como a *tangana* ou a habanera, que, como já disse W. C. Handy, causou uma reação especialmente contundente no meio dos negros do continente.* A adoção deliberada de ritmos afro-cubanos no jazz moderno, incluindo a importação de percussionistas de rituais afro-cubanos como Chano Pozo, não pertence à pré-história do jazz. Cabe dizer que a música afro-latino-americana, que talvez seja a única linguagem musical moderna que pode competir com o jazz em termos de sua capacidade de conquistar outras culturas, seguiu seu próprio caminho, sobrepondo-se apenas marginalmente ao jazz.

A tradição musical francesa é muito mais importante, principalmente por ter sido completamente assimilada pela classe especial de escravizados libertos que crescia em Nova Orleans: os *gens de couleur* ou *créoles*, geralmente constituídos por ex-mucamas de colonizadores franceses e seus descendentes. Os *créoles*, por sua vez, transmitiram-na para os negros de classes inferiores quando, nos anos 1880, o aumento da segregação os privou de sua posição privilegiada. A instrumentação do jazz de Nova Orleans da primeira fase, que é essencialmente igual à das bandas militares, a técnica instrumental, especialmente notada na especialidade francesa, os instrumentos de sopro, o repertório de marchas, quadrilhas, valsas e coisas do gênero são indubitavelmente franceses, como também o são o dialeto e os nomes de muitos dos primeiros músicos (*créoles*) de Nova Orleans, Bechet, Dominique, St. Cyr, Bigard, Picou, Piron e tantos outros. Já foi dito, aliás,[1] que a Martinica, onde condições semelhantes aconteceram, desenvolveu uma mistura musical bastante semelhante à da música *créole* de Nova Orleans.**

---

* Handy escreveu uma passagem em *tangana* em "St. Louis Blues", no qual ainda pode ser ouvida.
** Mobile, Alabama, no entanto, embora quase gêmea de Nova Orleans, não desenvolveu tal linguagem. Por que isso não ocorreu, permanece um dos grandes mistérios da história do jazz que aguardam uma solução.

PRÉ-HISTÓRIA

Igualmente importante, provavelmente, é a tradição social francesa – ou talvez, mais exatamente, católico-mediterrânea – de Nova Orleans: a profusão de festas públicas, carnavais, confrarias (que se misturavam facilmente com a forte predisposição africana para as sociedades secretas) e desfiles, onde o jazz de Nova Orleans cresceu. A banda de jazz, afinal, é o produto mais característico desse tipo de música, que só uma região onde a demanda por bandas fosse grande e constante seria capaz de produzir.

Os componentes anglo-saxões são, sob muitos aspectos, os mais fundamentais: a língua inglesa, a religião e a música religiosa dos colonizadores e, em menor escala, suas canções folclóricas seculares e a música folclórica em geral. Depois do nascimento do jazz, um quarto componente se tornou, infelizmente, cada vez mais importante: a música popular comercial, que é, ela mesma, uma mistura de todos os tipos de elementos, incluindo, mesmo antes do triunfo da linguagem do jazz "diluído", alguns elementos negros.

A língua inglesa forneceu as palavras para o discurso negro e para as canções, e dentro dela os negros norte-americanos criaram, com a linguagem jazzística, o mais apurado ramo de poesia popular inglesa desde as baladas escocesas: as canções de trabalho, a música gospel e o blues secular. A música secular dos colonizadores – talvez em maior medida a dos brancos pobres do Sul, de origem escocesa-irlandesa – contribuiu com uma grande quantidade de canções, muitas das quais foram assimiladas e modificadas pelos menestréis itinerantes negros para o repertório do jazz. "Careless Love", uma balada das montanhas do Kentucky, ou "St. James' Infirmary", originária de uma canção inglesa, como descobriu A. L. Lloyd, servem como exemplo. Depois de 1800, a religião – e especialmente "o grande despertar", que ganhou a adesão de todos os pobres do Sul e das regiões fronteiriças, brancos e negros, para um sectarismo protestante democrático, frenético e igualitário – forneceu a estrutura. As harmonias dos blues, diferentemente das melodias e ritmos semiafricanos, são semelhantes às dos hinos de Moody e Sankey. Mas talvez mais importante do que os ricos acordes harmônicos, que viriam a ser posteriormente adaptados de maneira tão estranha ao jazz, tenha sido o fato de "o grande despertar" ter realizado a primeira mescla sistemática de música europeia e africana nos Estados Unidos fora de Nova Orleans. Além disso, como esse fenômeno não acontecia por imposição de uma organização ou ortodoxia vindas de cima e mais como uma conversão espontânea e maciça vinda de baixo, os dois componentes foram misturados nas mesmas proporções, não ficando o componente africano subordinado ao europeu. E mais: nem mesmo a música folclórica europeia foi subordinada à música erudita europeia. Culturalmente, "o grande despertar" era o contraponto à Guerra de Independência norte-americana; ou talvez, mais precisamente, à ascensão da democracia de fronteira jacksoniana. Foi ele que fez a música religiosa, branca e negra, permanecer uma música do povo, da mesma forma que a derrota de Hamilton pelos ideais de Jefferson garantiram que a música secular norte-americana permanecesse uma música do povo. Do nosso ponto de vista, o mais importante disso foi que a música negra ganhou, assim, o direito a um desenvolvimento independente.

Pois o fator crucial para o desenvolvimento do jazz, bem como para toda a música popular norte-americana, que contribuiu mais do que qualquer outro para o desenvolvimento forte e resistente da música folclórica em uma sociedade capitalista em rápida expansão, foi nunca ter sido engolida por padrões culturais das classes superiores. A cultura musical da classe trabalhadora inglesa no século XIX era formada por uma música folclórica pré-industrial moribunda,* canções de *music hall* extremamente ordinárias, e pelos dois pilares da música da classe

---

* Os esforços de amantes da música folclórica, como A. L. Lloyd, Ewan MacColl e Alan Lomax, não lograram abalar seriamente a concepção tradicional segundo a qual a música inglesa entrou em permanente decadência de 1840 em diante.

trabalhadora organizada, o oratório clássico e a *brass band* ou banda de metais (um conjunto musical geralmente composto por instrumentos de metal, como, por exemplo, as fanfarras). Contudo, por mais admirável que seja o *Messias*, ou as peças mais importantes dos festivais de bandas de metais, essas são conquistas da cultura ortodoxa pela classe operária, e não música folclórica independente. A música popular e folclórica norte-americana no século XIX manteve a iniciativa, e a sua persistente supremacia sobre a britânica, mesmo no campo da música pop comercial, decorre desse fato.*

Evolução da música folclórica negra

Depois da mistura inicial dos componentes, a música folclórica negra passou a evoluir com bastante rapidez. Os detalhes dessa evolução, antes de 1890, são bastante obscuros, pois ela não foi sistematicamente observada.

Os blues cantados, coração do jazz, podem ter surgido em sua forma mais inicial antes mesmo da Guerra Civil, embora seja praticamente certo que ainda não adotassem o padrão de doze compassos, e quase que certamente ainda não fizessem uso de harmonia europeia ou de qualquer outra origem. Possivelmente, como Wilder Hobson sugere,

> [...] essa forma pode ter, originalmente, consistido meramente no canto, apoiado por um ritmo de percussão constante, de estrofes de tamanho variável, sendo o tamanho determinado pela frase que o cantor tinha em mente, com

---

* Afinal, mesmo no período em que o poderio político e econômico norte-americano não era tão grande quanto o inglês, o tráfego de canções se fazia principalmente em um sentido, como o demonstram as canções de Stephen Foster: "Nellie Dean", "Ta-ra-ra Boom-de-ay", "Waiting for Robert E. Lee" e tantas outras.

pausas igualmente variáveis (com a continuação do ritmo do acompanhamento) determinadas pelo tempo necessário ao cantor para pensar em uma nova frase.

Talvez ele tenha surgido de *field hollers* ou canção de trabalho, ou de peças gospel seculares. Depois da emancipação negra, o processo foi enormemente acelerado, inclusive ajudado pelo surgimento de menestréis-pedintes negros, geralmente cegos, que vagavam pelas estradas, dos quais sobrevivem algumas gravações feitas em nosso século. Parece, porém, que só adquiriu seu nome no início de século XX.[2] O ponto importante a respeito do blues é que ele marca uma evolução não apenas musical, mas também social: o aparecimento de uma forma particular de canção *individual*, comentando a vida cotidiana. Não resta dúvida de que o banjo, um instrumento africano que podia ser adaptado melodicamente, era usado como acompanhamento. O blues tomou forma instrumental nos pianos dos bares, casas de dança, tabernas e bordéis do Sul, provavelmente nos acampamentos de marinheiros e de outros trabalhadores, talvez no Sudoeste. Tem-se notícia de que já existia por volta de 1880.

As primeiras mulheres a cantá-lo publicamente foram muito provavelmente prostitutas como Mamie Desdoumes, de Nova Orleans – uma mulher trabalhadora. Uma pobre garota que cantava blues. Tocava piano de forma bastante aceitável pelos salões de dança em Perdido Street, como lembra Bunk Johnson.[3] Isso, porém, provavelmente só se deu a partir de 1900 mais ou menos.

Os primeiros *spirituals* remontam a tempos mais antigos, certamente antes de 1800. Os vários estágios de sua evolução, desde os cerimoniais religiosos de *ring shout* até as formas modernas, não são de grande importância para nós, e a evolução do ramo especial de *spiritual* de concerto não nos diz absolutamente respeito, pois essa forma muito europeizada de música negra norte-americana evoluiu separadamente do jazz. Os *spirituals* e as canções gospel continuam, em todos os estágios da evolução, a ser cantados, e todos eles continuam a fornecer uma fonte inesgotável para o jazz em geral e para determinadas obras em especial. Assim, o blues "How Long, How Long" parece ter vindo de um *spiritual*, "St. James Infirmary" lembra "Keep Your Hand on the Plough, Hold On" e o último *chorus* de "St. Louis Blues", segundo seu compositor, deve muito à eloquência de Brother Lazarus Gardner, presbítero da Igreja Episcopal Metodista Africana de Florence, Alabama. Precisamos apenas lembrar que a segregação dos negros nas igrejas – como resultado, principalmente, da posição inferior que ocupavam nas igrejas mistas – começou a ocorrer, em escala significativa, a partir de 1816, quando a Igreja Episcopal Metodista Africana de Sion se tornou independente, porém transformou-se em um movimento de massa no período da Guerra Civil. Talvez, do nosso ponto de vista, o período crucial para esse desenvolvimento – que naturalmente intensificou o caráter negro da música *spiritual* – tenha sido o da segregação dos batistas negros, entre 1865 e a década de 1880, pois essa igreja e as igrejas chamadas *shouting* do século XX (portanto, segregadas) como a Pentecostal Holiness Church, as Churches of God in Christ, e outras do mesmo gênero, foram responsáveis pela maior contribuição religioso-musical ao jazz.

Enquanto isso, ocorria uma segunda fase da fusão da música africana com a europeia. Dessa vez – e daí em diante –, não foi mais a música religiosa, mas o entretenimento popular comercial que deu sua contribuição. Os negros naturalmente passaram a entreter os brancos como profissão desde cedo, em parte porque faziam isso bem, em parte porque essa era sua melhor chance de sair das piores formas de escravização a que estavam submissos, e também porque os donos recrutavam os músicos dentre os escravizados, como faziam com seus servos domésticos. Assim, muitos negros aprenderam a música dos brancos e, ao tocá-la, certamente instilavam nela algumas de suas tradições. Por sua vez, os compositores brancos como Stephen Foster introduziram alguns matizes dos negros do Sul nas canções brancas, e no norte do país prosperou a indústria de imitadores de entretenimento negro, com tocadores de banjo com o rosto pintado de preto. Hitler deve dar voltas no túmulo ao saber que o pioneiro desse tipo de entretenimento foi um alemão, Gottlieb Graupner, que cantava "The Gay Negro Boy" acompanhado de banjo na ópera *Oroonoko*, no Federal Theater, de Boston, em 1799. A maior parte dos menestréis, que proliferaram em larga escala a partir de 1830 até o início de nosso século – e que ainda existem, escondidos em remotos *píeres* na costa inglesa –, eram brancos, mas elementos de música negra penetraram, por seu intermédio, na música popular norte-americana. Na verdade, esse foi o principal canal de transmissão de influências negras para a música popular em um primeiro momento. Por outro lado, também serviu como campo para que os músicos negros tivessem um treinamento em música popular de estilo europeu e, mais tarde, como empregador dos primeiros músicos de jazz e ragtime. O menestrelismo era um canal que podia ser navegado em ambos os sentidos.

Por volta da década de 1890, essa fusão estava a ponto de alcançar seu ponto de fervura. Em St. Louis e arredores, onde o Meio-Oeste e o Sul se encontram, surgiu o primeiro estilo identificável de jazz: o ragtime. Era quase que exclusivamente um estilo de pianistas solistas, treinados em música europeia e muitas vezes com grandes ambições musicais: Scott Joplin, seu mais famoso executante-compositor, compôs uma ópera ragtime natimorta em 1915, e James P. Johnson, glória dos pianistas do Harlem, criou, igualmente sem sucesso, sinfonias, corais e concertos. A tradição negra era dominante, pois o ragtime era um ritmo sincopado; limitado, por ser nada mais do que isso. Por volta de 1900, a Tin Pan Alley o havia encampado. Dessa maneira, estabeleceu-se, desde o início, um padrão perene pelo qual um estilo de jazz original era quase que imediatamente absorvido e popularizado pela música pop. Talvez um pouco mais tarde tenha aparecido o segundo estilo independente de jazz:

o blues clássico, cantado por mulheres profissionais em palcos de teatro de variedades. A "mãe do blues", "Ma Rainey" (Gertrude Pridgett), filha de um integrante de uma companhia teatral e que logo veio a se casar com William Rainey, do Rabbit Foot Minstrels, parece ter começado a cantar blues em público por volta de 1902. As últimas décadas do século também foram, conforme vimos, um período de formação no desenvolvimento do *piano blues*. Existem indícios de que, por essa época, também estavam surgindo nas cidades do Sul, como Atlanta, Mobile e Charleston, elementos de uma música de banda afro-americana.[4] Mas nada disso estava ainda no radar da Tin Pan Alley.

É óbvio, portanto, que o jazz não "nasceu simplesmente em Nova Orleans". De uma forma ou de outra, a mistura entre elementos africanos e europeus estava se cristalizando em forma musical em muitas partes da América do Norte. No entanto, Nova Orleans pode arrogar-se o título de berço do jazz, contra todos os outros postulantes, pois foi lá, e somente lá, que a banda de jazz surgiu como fenômeno de massa. A extensão disso é indicada pelo impressionante fato de que essa cidade, de mais ou menos 89 mil habitantes negros – o tamanho de Cambridge –, contava, em 1910, com pelo menos *trinta* bandas, cuja reputação sobreviveu até nossos dias. A primazia de Nova Orleans não pode ser questionada. Em nenhum outro lugar havia músicos de jazz nascidos já em 1870, como Bunk Johnson (trompete), Alphonse Picou (clarinete), ou Manuel Perez (trompete), isso sem falar do legendário Buddy Bolden, que liderou a primeira banda de jazz historicamente registrada, por volta de 1900.

Por que o jazz despontou no final do século XIX? Por que despontou principalmente em Nova Orleans?

A segunda metade do século XIX foi, em todo o mundo, um período revolucionário para as artes populares, embora esse fato tenha passado despercebido por aqueles observadores eruditos ortodoxos mais esnobes. Assim, na Grã-Bretanha, as casas de espetáculos se separaram de seus antecessores, os pubs, nas décadas de 1840 e 1850.⁵ Concorda-se que, nas décadas de 1880 e 1890, foi atingido o ápice, quando também aconteceu a ascensão de um outro fenômeno da cultura da classe trabalhadora: o futebol profissional. Na França, o período subsequente à Comuna produziu o *chansonnier* [cancioneiro] das classes operárias e, depois de 1884, surgiu seu produto culturalmente mais ambicioso e boêmio, o cabaré de Montmartre: o grande Aristide Bruant produziu sua famosa coleção de arte do lumpemproletariado, "Dans la Rue", em 1889.⁶ Na Espanha, uma evolução impressionantemente semelhante à norte-americana produziu o *cante hondo*, o *flamenco* andaluz que, como o blues, com o qual tanto se parece, surgiu como canção folclórica trabalhada profissionalmente nos "cafés musicais" de Cadiz e Sevilha, Málaga e Cartagena, nas décadas de 1860 a 1900.*

Todos esses fenômenos têm duas coisas em comum: são provenientes do entretenimento profissional dos trabalhadores pobres e surgiram em grandes cidades. São, na verdade, produto da urbanização: comercialmente, porque a certa altura passou a valer a pena investir uma boa quantidade de dinheiro nesse tipo de serviço, e, culturalmente, porque os pobres da cidade (incluindo os imigrantes recém-estabelecidos de outras partes do país ou do exterior) precisavam de um tipo específico de diversão. Nesse mesmo período houve um desenvolvimento análogo para as classes médias: a ascensão da comédia musical, ou opereta, porém com pouca influência na evolução das artes populares. O entretenimento dessa classe operária era então de dois tipos: podia vir do entretenimento profissional, que sempre existiu na fase pré-industrial, principalmente em grandes metrópoles, como

---

* Graças ao respeito de folcloristas e poetas espanhóis de espírito progressista pelo seu povo, a história do flamenco é muito mais conhecida do que a do blues. "Demófilo" (Antonio Machado Alvarez) – grande folclorista e pai de poetas – publicou os primeiros esboços de sua evolução e uma coleção de versos na década de 1880. Seu pseudônimo (que significa "amigo do povo") indica o espírito da abordagem dos intelectuais espanhóis para com seu objeto.

é o caso do teatro de variedades, que combinava – e ainda combina – aspectos de circo, shows de aberrações, eventos esportivos, canto, dança e tudo o mais. A banda de jazz de Nova Orleans desenvolveu-se, sem dúvida, a partir dessa tradição metropolitana de entretenimento, nesse caso, o desfile público musical. (É significativo o fato de ela dever tão pouco à música de dança oficial, como se pode notar pela total ausência de instrumentos de cordas.) Ou então tal entretenimento poderia ser um desenvolvimento em linha direta das canções rurais ou urbanas amadoras, como no caso do flamenco e do blues. Está claro que todos os negros do campo conheciam o blues; e também que uma demanda comercial por performances públicas desse gênero só poderia surgir quando os catadores de algodão, que eram chamados antigamente de *yard and field Negroes*, se tornaram um público pagante de proporções expressivas. Esse processo não ficou registrado no caso do blues. Porém, no caso do flamenco, ele é lembrado pelo antigo menestrel Fernando el de Triana, que se arroga o papel de primeiro divulgador dos fandangos dos mineiros de Alosno para o mundo:

> Todos sabem que, nos últimos quarenta anos, quase todas as casas de varejo da Espanha estavam nas mãos de filhos desse famoso povo das montanhas [...]. Não havia capital espanhola sem seu grupo de alosneros que, nas horas de lazer, ficavam apenas entre os seus. Como sempre foram grandes amantes de música, frequentavam cafés-concerto e, como eu, naquela época, era o ídolo de tais alosneros, e viajava por toda parte cantando profissionalmente em cafés, sempre os encontrava por todos os cantos da Espanha.[7]

A emancipação dos escravizados e a migração para o Norte produziram um proletariado negro, tecnicamente livre para escolher seu próprio entretenimento. Basta uma olhada nos números indicativos da população urbana negra em 1900 – 87 mil em Washington D.C., 78 mil em Nova

Orleans, 61 mil em Nova York e Filadélfia, 79 mil em Baltimore e de 30 a 50 mil em várias outras cidades* – para concluir que eles já compunham um público modesto. Igualmente modestos, porém, eram os empresários que naquela época se ocupavam desse público, organizando espetáculos em lonas ou em botecos de Savannah, onde, em torno de 1903, havia uma forma simplificada de *vaudeville*.[8] Por volta de 1910 a 1914, porém, surgiam os primeiros teatros de ambiciosas proporções construídos para um público exclusivamente negro – por exemplo, o New Palace em Nova York, o Booker T. Washington em St. Louis, o Pekin e o State em Chicago.[9] Outro fato igualmente importante foi o incrível aumento de demanda por entretenimento entre os brancos pobres nas cidades que cresciam rapidamente, acelerando o desenvolvimento da música entre os profissionais negros de entretenimento. Nova Orleans ocupava uma posição especial entre essas cidades, como metrópole inigualável do Sul. Com cerca de 216 mil habitantes em 1880 – uma população que tinha quase dobrado desde 1850 –, era muito maior do que suas rivais no Deep South.

Essa metrópole que crescia rapidamente, porto de exportação, capital da área das grandes fazendas do Delta do Mississippi, tem alguns curiosos pontos paralelos com as cidades portuárias nas quais o flamenco andaluz começou sua carreira: Sevilha e Cádiz. Duas coisas ajudaram o jazz como o conhecemos hoje: o desmanche da antiga cultura escravocrata tradicional e a decadência dos "*créoles de cor*" libertos. Os anos 1880 são o período crucial nos dois sentidos: as danças de Congo Square foram abandonadas e surgiu a discriminação racial sistemática. O fim do entretenimento africano formal deixou o caminho livre para uma fusão bem mais desinibida entre as linguagens europeias e africanas, nos desfiles de rua e em outros eventos com música por instrumentos de sopro,

---

* Chicago, St. Louis, Memphis e Atlanta.

que prosperaram como papoulas em uma plantação de milho depois da Guerra Civil.

A decadência dos *créoles* trouxe o know-how musical europeu para a linguagem popular, mas acima de tudo serviu para garantir a predominância dos negros de casta inferior, de *uptown*, os negros do blues. Há muitos *créoles* no jazz de Nova Orleans, mas (talvez exceto pelos clarinetistas) eles tiveram de aprender a tocar fora das regras e improvisar como os músicos de *uptown*. Como disse o *créole* Paul Dominguez, desgostoso, a Alan Lomax: "Um rabequista não é um violinista, mas um violinista pode ser um rabequista. Se eu quisesse ganhar dinheiro, teria de ser um desordeiro como os do outro grupo. Teria de tocar jazz e rag, ou qualquer outro diabo de coisa [...]. Bolden fez isso."[10] (Bolden, Bunk Johnson, Johnny Dodds, Louis Armstrong, Mutt Carey, Jim Robinson e outros descendentes de escravizados do território protestante, seguidor do evangelho anglo-saxão.)

Dessa mistura apareceu o jazz de Nova Orleans – talvez ainda muito parecido com as marchas europeias em ragtime – como uma Vênus negra, da espuma. E ainda podemos escutá-lo, em sua forma de origem, nas famosas marchas funerárias reconstruídas por Jelly-Roll Morton e Louis Armstrong para o gramofone, e na clássica descrição de Bunk Johnson:

> No caminho para o cemitério com alguém da ordem dos Odd Fellows ou um maçom – sabe, eles sempre enterravam ao som de música – sempre usávamos números lentos, como "Nearer My God to Thee", "Flee as a Bird to the Mountain", "Come Thee Disconsolate". Usávamos geralmente um 4/4 tocado muito lentamente. Eles caminhavam muito devagar acompanhando o corpo.
>
> Depois que chegávamos ao cemitério, e depois que aquela pessoa era enterrada, a banda vinha à frente, e saía do cemitério e faziam chamada, faziam fila, e marchávamos, saindo do cemitério, ao som apenas dos taróis, até chegarmos a uns dois quarteirões de distância do cemitério. Aí caíamos no ragtime – o que

hoje chamam de swing-ragtime. Tocávamos "Didn't He Ramble", "When the Saints Go Marching In", aquela ótima chamada "Ain't Gonna Study War no More", e tantas outras canções, tocando apenas em homenagem.[11]

Enquanto isso, nos bares de segunda, havia mulheres da pesada e os "tocadores de blues que não sabiam nada além de blues", como o Game Kid, que tocava a noite toda nas casas de entretenimento, por uns poucos trocados para pagar a bebida:

> *I could sit right here and think a thousand miles away*
> *Yes, I could sit right here and think a thousand miles away*
> *Got the blues so bad, I cannot remember the day.*

2. EXPANSÃO

O jazz nasceu. Porém, a sua singularidade não está na mera existência – muitas foram as linguagens musicais locais especializadas – mas em sua extraordinária expansão, praticamente sem paralelo cultural em termos de velocidade e abrangência, a não ser pela expansão inicial do islamismo. Esse é, portanto, o próximo aspecto a considerar. Ele pode ser dividido, grosso modo, em fases: cerca de 1900-1917, quando se tornou a linguagem da música popular negra em toda a América do Norte, enquanto alguns de seus aspectos (síncope e ragtime) tornaram-se componentes permanentes da Tin Pan Alley; de 1917-1929, quando o jazz "estrito" se expandiu muito pouco, mas evoluiu muito rapidamente, e quando uma infusão de jazz altamente diluída veio a ser a linguagem dominante na música de dança ocidental urbana e nas canções populares; 1929-1941, quando o jazz "estrito" começou a conquistar a elite europeia e músicos *avant-garde*, e uma forma bem menos diluída – o swing – entrou para a música pop de maneira permanente. O verdadeiro triunfo internacional, a penetração de linguagens ainda mais "puras" de jazz no pop – jazz de Nova Orleans, jazz moderno de vanguarda e os blues country e gospel –, ocorreu a partir de 1941.

O quadro tradicional de difusão do jazz é tão simples quanto mítico: permaneceu em Nova Orleans até que a Marinha norte-americana fechou a zona do meretrício em 1917, quando os músicos, alguns já com experiência em barcos fluviais, subiram o Mississippi chegando até Chicago, e de lá foram para todas as partes dos Estados Unidos, principalmente para Nova York. Esse quadro não apenas tem pouca relação com os fatos, como também torna completamente impossível compreender como o jazz se desenvolveu da maneira que se desenvolveu. Pois, segundo essa explicação, outros músicos teriam assimilado o jazz relativamente tarde, e apenas sob a forma de música de Nova Orleans. Contudo, não foi isso que ocorreu. Embora os músicos de Nova Orleans fossem altamente apreciados e muito influentes, o jazz, como *estilo*, não deixou descendentes da mesma linha, a não ser por um grupo de músicos brancos, fãs da região do Meio-Oeste, que anteciparam modismos que, mais tarde, conquistariam o público de jazz. Havia muito jazz tocado por bandas negras até o início da década de 1920, porém não tocavam o estilo de Nova Orleans, a não ser quando os grupos realmente vinham dessa cidade. Muitas bandas negras surgiram naquele período, porém com um número admiravelmente pequeno de músicos do Delta, ou mesmo dos arredores do Mississippi, e menos ainda de Chicago. A verdade é que o jazz apareceu, depois da Primeira Guerra, como uma música altamente variada, tocada por músicos de todo o país, sendo o estilo de Nova Orleans apenas uma de suas muitas formas, ainda que, sem dúvida, fosse a mais desenvolvida delas. Os puristas poderão, é claro, argumentar que o que o resto tocava "não era jazz de verdade". A esse tipo de argumento, entretanto, não devemos dar maior atenção.

A verdade é que os músicos de Nova Orleans começaram a viajar pelo interior e por outras partes do país quase imediatamente, chegando até mesmo à Europa, embora ninguém tivesse prestado muita atenção neles antes de 1919. Seria cansativo mencionar todos esses movimentos, conforme foram posteriormente rastreados. Só é preciso lembrar que, em 1907, "Jelly-Roll" Morton relata ter ido a Chicago, depois a Houston, Texas, e à Califórnia, para então voltar a Nova Orleans pelo Texas e por Oklahoma, conquistando uma nova garota em cada um desses lugares, e ganhando muito dinheiro com bilhar. A turnê era, de qualquer maneira, parte da economia dos profissionais do entretenimento, e Nova Orleans,

EXPANSÃO

um grande repositório de músicos mesmo antes da ascensão do jazz, deve ter sido frequentemente utilizada como fonte. W. C. Handy se lembra de sua companhia viajante (Mahara's Minstrels) ter empregado dois clarinetistas negros entre 1900 e 1903, quando os músicos negros começaram a tocar esse instrumento, antes exclusivo dos brancos: naturalmente os líderes de bandas pensavam em Nova Orleans.[1] Os músicos do Delta do Mississippi logo descobriram maiores possibilidades de emprego nesse campo.

Não há dúvida de que eles estimularam os colegas com quem se encontraram; nada faz o jazz avançar mais do que a reunião de alguns músicos. Não há dúvida de que influenciaram alguns garotos ambiciosos que, por sua vez, ensinaram outros no raio de influência de sua música. Como vimos, porém, toda a América do Norte negra estava pronta para explodir em uma ou outra forma da linguagem de jazz, de qualquer maneira. E o jazz de Nova Orleans não foi a única influência. Os pianistas de ragtime, os cantores de blues itinerantes já haviam aparecido. No leste, por exemplo, quase que ao mesmo tempo que os músicos de Nova Orleans, surgiu um estilo próprio de piano, baseado no ragtime e no gospel gritado dos Apalaches. Walter Gould ("One Leg Shadow"), nascido em Filadélfia, em 1875, pianista e obscuro vendedor de bilhetes de loteria, ou Eubie Blake – nascido em 1883 – dizem que, mesmo antes de terem nascido, já havia músicos que transformavam quadrilhas e *schottisches* em rag, como Old Man Sam Moore, "No Legs" Casey, Bud Minor, "Old Man Metronome" French.[2] Nova Orleans não foi a pioneira para esses músicos, radicados na região nordeste do país, que de qualquer maneira estavam fora da linha de influência daquela cidade. O quanto o mito simplista de Nova Orleans deixa de refletir a realidade pode ser aquilatado pelo exemplo de Paul Howard, nascido em 1895, em Steubenville, Ohio, de ancestrais negros livres, cuja carreira musical começou na igreja. De um lado, teve a música gospel, de outro, a militar; adquiriu um saxofone de um ex-soldado antes de 1910 e veio a ser o primeiro saxofonista negro em Los Angeles, para onde se mudou em 1911. Lá, é bem verdade, ele descobriu o jazz de Nova Orleans, com a orquestra de Keppard, que fez uma temporada de duas semanas num *vaudeville*, em 1915, e teve alguma dificuldade – como músico que sabia ler partituras – para se adaptar à improvisação coletiva. Qual era, porém, a real distância entre o jazz de Nova Orleans e bandas locais como a Black-and-Tan Band, à qual ele se juntou, uma banda de metais que tocava ragtime e *cake-walk*,* originária do Texas, e que se transformou rapidamente em banda de jazz, assim que tal designação passou a ser vendável em 1918?[3] O que Nova Orleans fez foi, no máximo, acelerar as tendências que já existiam localmente na direção do jazz.

Por volta de 1920, portanto, o jazz já era uma linguagem nacional, com diferentes dialetos. É por isso que os movimentos subsequentes dos músicos refletem não só as rotas tradicionais dos artistas de *vaudeville* e shows de menestréis, mas também, com alguma precisão, as rotas de migração dos negros em geral. Pois essa migração em massa, mais do que a tendência transitória de buscar a pureza em Nova Orleans, empurrou até mesmo seus músicos para o Norte. (Os maiores fãs da cidade não admitirão que ela tenha deixado de ter uma vida noturna considerável e publicamente tolerada por mais do que alguns meses em toda a sua história.) A partir de 1916, os negros, que até então tinham ficado notadamente imóveis, passaram a se mudar para o Norte em grandes levas. A população negra de Nova York, Chicago, Filadélfia e Detroit quase duplicou entre 1910 e 1920, e mais do que dobrou entre 1920 e 1930. Em números absolutos, ela passou de 226 mil em 1910 para 902 mil em 1930. Em 1910, havia apenas três cidades com populações negras

---

* O *cake-walk* foi uma dança criada em fins do século XIX pelos negros norte-americanos. (N.T.)

EXPANSÃO

de 90 mil habitantes ou mais; em 1920, seis; em 1930, onze, incluindo três com populações negras de mais de 200 mil habitantes. Os negros de Chicago quase triplicaram, e os do Harlem quase dobraram, entre 1910 e 1920, e ambas as populações mais que duplicaram, novamente, nos dez anos seguintes. Para falar de um ano em especial, em 1922-1923, quase meio milhão de negros migraram dos estados do Sul.[4]

Evidentemente, o jazz se espalhou com esses migrantes. Da mesma forma que os negros em geral saíam da Flórida, do Alabama, da Georgia etc., por estradas a leste, que levavam a Washington, Baltimore, Filadélfia e Nova York, os músicos seguiam o mesmo caminho: a orquestra de Duke Ellington (1926) não tinha nenhum integrante de Nova Orleans, e apenas um músico de St. Louis, mas contava com músicos de Massachusetts, Nova York, Nova Jersey, Virgínia, Carolina do Sul, Washington D.C. e Indiana. E isso era perfeitamente natural, pois se tratava de uma banda do eixo Washington–Nova York.[5] A mesma tendência dos migrantes da região do Delta do Mississippi de ir "rio acima" podia ser verificada entre os músicos de Nova Orleans e Memphis. Os bairros negros de St. Louis costumavam atrair migrantes (e músicos) do meio do vale do Mississippi; os de Kansas City, do interior de Oklahoma e do Texas. Não há, para falar a verdade, grande mistério a respeito da difusão geográfica dos músicos de jazz.

Existe, porém, um grande mistério com relação aos centros musicais de renome que foram estabelecidos como resultado dessa migração. Pois alguns guetos negros se mostraram muito mais receptivos ao jazz do que outros, produzindo mais músicos e atividade musical independente. É claro que Nova York e Chicago encabeçavam a lista no Norte, embora Chicago, por incrível que pareça, tenha produzido um número surpreendentemente pequeno de músicos orquestrais de jazz de renome, para uma cidade que se tornou legendária por essa música.* A muito menor Louisville, uma semimetrópole em Kentucky, leva vantagem com relação a Chicago.** Talvez a juventude do cinturão negro de Chicago ou a concorrência de músicos famosos de outros lugares, que passaram pela cidade, expliquem essa falta. Existe ainda o estranho fato de que quanto mais industrial fosse a cidade para a qual os negros migravam, aparentemente menos fértil era o seu jazz. Detroit, Cleveland e até Chicago são exemplos. Poucos guetos negros cresceram mais rapidamente do que Detroit, que tinha menos de 6 mil negros em 1910, e 120 mil em 1930. Poucos eram mais puramente industriais. No entanto, embora houvesse na cidade uma boa dose de jazz, sendo o quartel-general de bandas brancas e negras (Cotton Pickers de McKinney, a Orquestra de Jean Goldkette), é extremamente difícil encontrar um músico de jazz famoso do período pré-moderno que tenha vindo de lá. No período moderno, no entanto, Detroit se tornou um dos campos mais férteis para a proliferação de jovens músicos. Talvez a culpa seja dos empregos industriais que, com sua remuneração relativamente alta, atraíam jovens que, de outra maneira, se encaminhariam para o entretenimento. Por outro lado, há Pittsburgh, uma cidade industrial típica, que foi extraordinariamente fértil na produção de músicos de jazz.*** Mas Pittsburgh parece sempre ter sido um centro de vida noturna e entretenimento especialmente

---

* Dos 76 músicos negros listados na *Encyclopedia* de Feather, apenas três tinham nascido e crescido em Chicago (um deles, inclusive, tocando em um instrumento menor, o violino), contra nove de Nova York.

** Entre os filhos musicais de Louisville, os mais conhecidos são J. Harrison (trombone), Al Casey (violão), Lionel Hampton (ritmo) – que, no entanto, estudou em Chicago – e Meade Lux Lewis (piano).

*** Para mencionar apenas alguns nascidos antes de 1914, quando o gueto de Pittsburgh deveria ser bastante pequeno – e, até hoje, não está entre as dez maiores comunidades negras – Earl Hines (piano), Mary Lou Williams (piano e arranjadora), Roy Eldridge (trompete), Billy Eckstine (cantor), Kenny Clarke (bateria). Filhos mais jovens de Pittsburgh incluem Billy Strayhorn (arranjador), Erroll Garner (piano) e Ray Brown (baixo).

EXPANSÃO

próspero para o cinturão industrial da Pensilvânia e de consciência negra, talvez, pela própria segregação.

Talvez menos surpreendente seja o fato de as cidades circunvizinhas ao Sul do país terem servido de berçário para o jazz, embora não se compreenda muito bem por que alguns dos centros mais antigos do Deep South – Atlanta, Charleston – não se tornaram extremamente produtivos. Ou ainda por que, no Norte, Filadélfia, que se equiparava em número de habitantes negros ao Harlem em 1920, tenha se mostrado infinitamente mais fraca em termos de contribuições ao jazz do que aquele bairro. Mas como explicar que, dentre as cidades perto da região Sul – Washington D.C., Baltimore, St. Louis e Louisville, Oklahoma City e Dallas –, tenha sido Kansas City, com pouco mais de 30 mil negros em 1920 e menos de 100 mil em 1940, a se tornar tão tremendamente importante para a evolução do jazz? Por ser um grande centro de comunicações? Talvez. Como disse Iain Lang, a lista das estradas de ferro de Kansas parece, mais do que um catálogo, uma verdadeira ladainha:[6]

> Chicago Great Westen, Union Pacific, Missouri Pacific, Frisco System, Chicago Burlington e Quincy, Atchinson Topeka e Santa Fe, Chicago Milwaukee e Saint Paul, Chicago e Alton, Wacash, Kansas City Southern, Chicago Rock Island e Pacific, Missouri Kansas e Texas, Leavenworth Kansas e Western, Kansas City Mexico e Orient, St. Louis Kansas City e Colorado, Quincy Omaha e Kansas City, St. Joseph e Grand Island.

Por não ter passado pela Depressão, como afirmam alguns? Talvez. Certamente, o fato de ser dominada pela máquina política mais corrupta dos Estados Unidos a fez permanecer tão sem lei quanto as cidades de gado do Kansas no apogeu do Oeste, e uma fonte de empregos para músicos maior do que a maioria das cidades. Sua história de jazz começou, na verdade, em 1890, quando se tornou um dos centros pioneiros do ragtime.

A verdade é que, embora possamos especular a respeito das respostas para algumas dessas perguntas, não sabemos ao certo. Será preciso descobrir muito mais a respeito da sociologia das comunidades de imigrantes negros, compilar número muito maior de análises biográficas dos músicos e suas carreiras, para que possamos resolver esses fascinantes enigmas históricos. Nesse meio tempo, só nos cabe registrar os fatos de passagem.

O enorme aumento do público negro produziu um fenômeno responsável pela documentação básica do jazz: os *race records*.[7] A partir de 1920, as empresas de discos passaram a achar que valia a pena gravar exclusivamente para o mercado afro-americano e, a partir de 1923, várias companhias passaram a elaborar, sistematicamente, catálogos voltados para esse segmento. O mais famoso deles, pela OKeh Company (1923-1935), incluía, além de raro material folclórico, a maior parte da obra inicial de Louis Armstrong.* Graças ao extraordinário crescimento desse mercado entre 1923 e 1927, quase todo artista que conseguia ser ouvido por alguém ligado ao *show business* tinha uma chance de figurar em pelo menos uma ou duas sessões de gravação. Alguns desses músicos que gravaram discos para as *race series* – principalmente os primeiros cantores e pianistas – permanecem até hoje meros nomes, perpetuados em um ou dois discos de valor inestimável: Bessie Tucker, Montana Taylor, "Speckled Red", Romeo Nelson, Dobby Bragg, Henry Brown. O jazz orquestral negro não ficou confinado à *races series*. Essa série, porém, continuou a existir (rebatizada de rhythm and blues, R&B, em deferência às susceptibilidades dos negros) e permanece até hoje. A recente onda do rock and roll se baseia quase que totalmente na pilhagem desses catálogos da Tin Pan Alley.

---

* O principal responsável por esse catálogo, na fase inicial, foi Clarence Williams (1898-1965), um compositor negro, líder de banda e pianista, que só perdia para W. C. Handy – que estava no ramo de gravação de música desde 1913 – como divulgador de jazz.

EXPANSÃO

O jazz autêntico, não diluído, não teve grande impacto entre o público branco, embora os discos da Original Dixieland Jazz Band (branca) tivessem causado alguma sensação e sirvam convenientemente para marcar o início da "era do jazz". Tanto a data quanto o título são enganosos, pois a "era do jazz" começara – embora não exatamente sob esse nome – alguns anos antes e não era tanto uma era do jazz, mas uma conversão em massa da música pop e de dança comum para uma ideia que, remotamente, envolvia síncope, ritmo, novos efeitos instrumentais que imitavam sons do ambiente rural e coisas do gênero. Essa nova linguagem era, sem dúvida, influenciada pelo jazz, porém pode-se afirmar que 97% do que o branco médio norte-americano e europeu ouvia sob esse rótulo, entre 1917 e 1935, tinha tão pouco a ver com jazz quanto a fantasia de baliza de bandas marciais tem a ver com roupa militar.

O triunfo desse jazz híbrido é um fenômeno tão importante que é preciso examiná-lo mais de perto. Em um primeiro momento, era quase certo que ele ocorreu graças à popularização das danças de salão e, principalmente – entre a geração mais jovem do século XX –, de um tipo de dança relativamente rápida. O número de música pop típico do século XIX, sobre o qual a fortuna da Tin Pan Alley foi construída, era para ser cantado solo ou em coro, e era muito difícil de dançar, como é fácil comprovar tentando-se dançar ao som de Stephen Foster ou dos clássicos repertórios dos pubs e das barbearias, como por exemplo "Nellie Dean". A partir de 1910, porém, os editores parecem ter percebido que nenhuma música se tornaria um sucesso estrondoso se não fosse, também, dançável. No espaço de uma década, praticamente todas as canções eram automaticamente fornecidas com uma orquestração para dança em tempo estrito, mesmo que isso não fosse apropriado para elas. (O termo pop "balada", usado para qualquer canção que não possa ser classificada de outra maneira, ainda reflete o som desses cantos vitorianos.)[8] Os ritmos do ragtime e do jazz, que podem ser usados para adaptar praticamente qualquer música para a dança, tinham, naturalmente, valor inestimável. A história das danças populares comuns, como sempre, é bastante obscura, e não se sabe exatamente como ou por que a moda de danças de salão cresceu, embora possamos rastreá-la em seus aspectos mais comerciais e divulgados: a primeira "maratona de dança" organizada por Sid Grauman (do Grauman's Chinese Theatre, em Hollywood) em 1910, a moda de *thé dansants* às vésperas da Primeira Guerra, que fez a fortuna da famosa dupla de dançarinos Irene e Vernon Castle, com os pequenos salões de baile de bairros faturando cerca de US$ 2.500 por semana à base de 10 centavos por pessoa, além dos bailes de 1 centavo organizados pelos pais de Cincinnati em 1914, e tudo o mais.[9] (Os salões de dança ingleses – dance halls – vieram mais tarde: o Hammersmith Palais, em 1919, caracteristicamente com a Original Dixieland Band como orquestra residente.) Felizmente, estamos aqui mais interessados na popularidade da dança, um fato, do que em sua explicação. Eu diria que essa voga estava estreitamente relacionada com o desprendimento das convenções vitorianas de comportamento social e, especialmente, com a emancipação feminina.

De qualquer maneira, o modismo da dança também era uma busca por ritmos e sons de dança novos, mais velozes e menos convencionais, substituindo até as danças mais resistentes do final do século XIX – principalmente a valsa – por sons africanos, norte e sul-americanos, ritmicamente mais emocionantes.

A partir de 1900, a invenção de novas danças rítmicas tornou-se uma pequena indústria. A safra 1910-1915, *turkey trot*, *bunny hug* etc., produziu a fórmula mais duradoura, o foxtrote. Pode-se afirmar que, sem o foxtrote e seus similares (o *shimmy*, originalmente uma indecência da Costa da Berbéria, alcançou especial sucesso na Europa na década de 1920), o triunfo do jazz híbrido na música pop teria sido impossível, assim como o avanço de ritmos latino-americanos se respaldou firme-

EXPANSÃO

mente no tango, também na véspera da Primeira Guerra. Inovações subsequentes – o *black bottom*, *charleston*, *lindy hop*, *big apple*, *truckin* e outras, sobretudo emprestadas das abundantes fontes de novas danças, como os cabarés do Meio-Oeste e, mais tarde, os grandes salões de baile do Harlem – foram ondas temporárias.

A voga da dança trouxe, automaticamente, uma infiltração de linguagens afro-americanas para a música pop: até os Castles possuíam uma banda de músicos negros, e uma loucura por baterias e solos de bateria, como as que periodicamente agitam a parte mais apática do público, já estava bem desenvolvida por volta de 1914-1916. A partir de 1912, mais ou menos, o blues entrou para a música popular. W. C. Handy lançou algumas de suas melhores peças entre aquele ano e 1916 ("The Memphis Blues", "St. Louis Blues", "Yellow Dog Blues", "Beale Street Blues"), e 1916 foi testemunha de uma batalha entre as gravadoras de música pop, disputando a prioridade de seus respectivos blues.* A partir dessa época, aproximadamente, o termo jazz (ou jass, jaz) passou a ser usado como um rótulo genérico para a nova música de dança, pois poucos sabiam que até então esse era uma gíria africana para relação sexual.[10] Foi adotado rapidamente e quase que universalmente, sem dúvida porque, por volta de 1916-1917, a necessidade de tal rótulo já era óbvia. Não havia só a Original Dixieland Jazz Band, que era uma banda de jazz, mas toda uma gama de pretensos "inventores da dança do jazz" e os números da Tin Pan Alley, do gênero "todo mundo está fazendo o X agora": "Cleopatra Had a Jazz Band", "Everybody's Crazy 'bout that Doggone Blues", "Mr. Jazz Himself", de Irving Berlin, que aderiu mais prontamente ao jazz do que ao ragtime; todos são de 1917. Antigas bandas de menestréis e paramilitares como as de Wilbur Sweatman, Isham Jones e de Paul Whiteman

---

* Essa competição se imortalizou por meio do testemunho profissional de um Professor White, compositor de blues, chamado aos tribunais para explicar do que se tratava. "Blues é blues", explicou ele. "É isso que é o blues, compreende?"

passaram a viajar em novo estilo, e aqueles que não podiam simplesmente acrescentavam um saxofone a seus trios de cordas e se autodenominavam bandas de jazz da mesma forma. Por volta do final de 1917, já havia "bandas de jazz" sendo formadas na Inglaterra.[11]

Essa mistura não deixou de ter repercussões no jazz autêntico. O saxofone veio das bandas pop. Os músicos de Nova Orleans mal o conheciam nem o usavam. As bandas de menestréis "sérias" o haviam tomado emprestado dos militares há muito tempo, como se pode comprovar pelos Mahara's Minstrels, que "incorporaram um quarteto de saxofone em Chicago", o qual "veio a contribuir enormemente para o religioso" quando W. C. Handy tocou "The Holy City" como um solo de corneta.[12] Esse sentimentalismo excessivo, que se tornou a marca registrada da "doce" música pop de 1920, era o limite naquela época. Os saxofones entraram para o jazz porque eram aprovados pelo público: King Oliver foi persuadido a tentar incluir dois no início de 1920 porque uma outra banda estava conseguindo atrair clientela com esses instrumentos.[13] Novamente, a música pop do período pós-guerra forneceu uma grande quantidade de *standards* para o repertório de jazz dos anos 1920, especialmente entre as bandas de brancos, e estimulou a produção de muitos números de jazz e blues. O repertório característico do jazz de Dixieland iria consistir, basicamente, em tais números: "Indiana" (1917), "After You've Gone", "Ja-da" (1918), "Someday Sweetheart", "The World Is Waiting for the Sunrise", "I've Found a New Baby", "I Wish I Could Shimmy Like My Sister Kate", "Royal Garden Blues", "Ain't Gonna Give Nobody None of My Jelly Roll" (1919), "Margie", "Avalon", "Japanese Sandman", "Ida" (1920).[14]

O que é interessante a respeito dessa moda é que, desde o início, ela não era vista simplesmente como mais uma, e talvez monstruosamente deplorável, onda de música pop, mas como um símbolo, um movimento – como algo que era de algum modo importante. Os moralistas, é claro, declararam-lhe guerra imediatamente, como sempre mostrando uma fantástica incapacidade de resolver se sua objeção estava na associação com o submundo ou com as classes inferiores. O desabafo do *Times-Picayune* de Nova Orleans (20 de junho de 1918) é bastante famoso:

> Por que, então, a música de jass e a banda de jass? Pergunte-se, igualmente, o porquê da novela barata ou do *doughnut* engordurado. São todas manifestações de um traço inferior do gosto humano, que ainda não foi consertado pelo processo de civilização. Na verdade, poderíamos ir ainda mais longe, e dizer que a música de jass é a história indecente, sincopada e contrapontuada. Como as anedotas impróprias, ela também era ouvida com rubor, atrás de portas e cortinas fechadas, mas, como todos os vícios, se tornou mais ousada, até penetrar nos lugares decentes, onde foi tolerada por causa de sua estranheza [...]. Dá um prazer sensual maior do que a valsa vienense ou do que o refinado sentimento e a emoção respeitosa de um minueto do século XVIII. Em matéria de jass, Nova Orleans está especialmente interessada, pois foi amplamente sugerido que essa forma particular de vício musical nasceu nesta cidade [...]. Não reconhecemos a honra da paternidade, porém, diante de tal história sendo propagada, caberá a nós sermos os últimos a aceitar tal atrocidade em meio à sociedade educada?

"O execrável jazz tem de desaparecer!", clamava o *Ladies' Home Journal* em 1921. O rabino Stephen T. Wise, com o natural talento dos clérigos para esse tipo de afirmação, assegurava que "quando a América recuperar sua alma, o jazz desaparecerá – não antes –, vale dizer que será relegado aos sombrios e pecaminosos locais de onde veio, para secar, sem quem o lamente, retornando depois que a alma da América renascer."[15] A repulsa por parte dos adeptos conservadores da música clássica também era estonteante. Os leitores encontrarão alguns exemplos saborosos no *Musical Times*.

Por outro lado, a *avant-garde* cultural o saudava com igual entusiasmo, e com quase igual ignorância, como sendo a música da era da máquina, a música do futuro, a força revitalizadora da selva primeva, e assim por diante, normalmente sob o efeito da audição de bandas como a de Mr. Jack Hylton, que este autor lembra sendo aceita como a última palavra em jazz nas escolas secundárias da Europa central entre 1928 e 1933. Um exemplo característico, ainda que tardio, desse entusiasmo exagerado pode ser visto no artigo "The Heart of Jazz", por um certo J.-H. Levesque (*Le Jazz Hot*, no 23, 1938), que cita Bergson, Stravinsky, Valéry, Minkowski, Blaise Cendrars, Roupnel, Tomás de Aquino, Apollinaire e Lecomte de Nouy, argumentando que o jazz é a intensidade da vida como a vemos em outros campos, "onde a vida se manifesta poderosa e livremente". Napoleão, Georges Carpentier, Theodore Roosevelt, Chaplin e desenhos animados, o tenista Cochet, Henry Ford, Rimbaud, Cendrars, Casanova, Picabia, Marcel Duchamp e os corredores de automóvel Nuvolari e Malcolm Campbell são citados como exemplos. Não há, estranhamente, nenhuma referência a Cocteau, Picasso ou Freud. Na verdade, os músicos da *avant-garde* que realmente tinham ouvido jazz autêntico, como Ernest Ansermet e Darius Milhaud, fizeram comentários precisos e abertos, embora alguns deles relutassem em se separar rapidamente das belezas dessa "música que é tão mecanizada e precisa como uma máquina" (Darius Milhaud)[16] para considerar o jazz não mecanizado, e tenham se deixado influenciar de forma apenas superficial.

Dentro do próprio jazz híbrido havia buscas e ambições raramente encontradas entre os modestos artesãos da Tin Pan Alley. Em certo sentido, não totalmente determinado pelo sentimento de classe, eles achavam que era uma linguagem que tinha uma seriedade que, por exemplo, "Ireland Must Be Heaven, For My Mother Came from There" ou "There's a Broken Heart for Every Light on Broadway" não tinham. O famoso concerto de Paul Whiteman no Aeolian Hall, em 1924, destinado a estabelecer as credenciais acadêmicas para o "jazz sinfônico", mereceria todo o desdém dos caras realmente bons – porém, com raras exceções, não houve

EXPANSÃO

oposição, pois a intenção era trazer o jazz para o palco de concertos. (A propósito, a "Rhapsody in Blue", de Gershwin, que foi apresentada pela primeira vez naquela ocasião, é um exemplo respeitável de música clássica *light* influenciada pelo jazz.) O jazz ansiava por um reconhecimento maior do que o de mera música de dança desde que havia surgido do *Deep South*. E com razão.

O jazz híbrido se espalhou com uma rapidez incrível por todo o mundo, ajudado pelo gramofone, pela moda das classes altas de adotar anglo-saxonismos e americanismos (por exemplo: *le five-o'clock*, o chá dançante), e pelo prestígio e terrível fascínio dos Estados Unidos dos dias de glória de Henry Ford, Wall Street, Lindbergh e da Lei Seca. No finalzinho dos anos 1920, entretanto, observamos o início da expansão de jazz puro em algumas pequenas comunidades atípicas e obscuras na Europa e, em um grau menor, na América do Norte.* Os discos de gramofone importados de músicos nova-iorquinos brancos, e posteriormente dos grandes músicos negros, foram quase que totalmente responsáveis – na Europa, ao menos – pela criação desses pequenos grupos de devotos.

Por sorte, quando a Depressão varreu os Estados Unidos, algumas centenas – ainda não os havia aos milhares – de fãs europeus estavam prontos. Não resta dúvida de que os historiadores de jazz exageraram o efeito catastrófico da queda de preços na música, embora não se conteste que tempos difíceis dizimem qualquer indústria que dependa de gastos de dinheiro extra, a menos que ela esteja apoiada nos ricos, que nunca se ressentem da falta de dinheiro. O jazz não morreu na América do Norte entre 1929 e o início da onda do swing, em 1935. As novas e grandes bandas de músicos negros tocando música para dançar sobreviveram, embora, em muitos casos, de maneira precária. Elas conseguiam competir com o cinema. Ellington, Lunceford, os Cotton Pickers de McKinney, Bennie

---

* Ver capítulo 10.

Moten, Earl Hines, Fletcher Henderson, Cab Calloway, Luis Russell, Andy Kirk e outros viram a Depressão passar, ajudados pelos prósperos clubes em cidades de gângsteres (e, portanto, totalmente abertas) como Chicago e Kansas City e pelos salões de bailes do Harlem. Esses foram, na verdade, os anos de formação do estilo das grandes orquestras. Porém, vários músicos e cantores menores, de estilo tradicional ou inadaptável, que haviam sido mantidos pela modesta prosperidade do mercado de músicos negros, vários músicos que haviam preferido a vida casual de alto nível dos pequenos conjuntos de pequenos clubes e apresentações isoladas (*gigs*), viram-se na rua.[17] E para a indústria de discos, a queda foi uma catástrofe inacreditável: entre 1927 e 1934 as vendas caíram em 94%.

O pequeno mercado europeu podia ao menos assegurar a gravação de alguns discos de algumas formas de jazz, para as quais a demanda norte-americana havia quase se exaurido. Os exemplos mais notáveis estão entre aquelas feitas pelo mecenas do jazz, John Hammond Jr., para a English Gramophone Company, a partir de 1933. A Europa também forneceu trabalho temporário para músicos norte-americanos, embora a ação político-sindical tenha cerceado o espaço para turnês estrangeiras a partir da década de 1930.* Armstrong fez turnês na Europa – em 1932 e no período entre 1933 e 1935 –, Fats Waller lá passou grande parte dos anos 1930, Benny Carter excursionou pelo continente entre 1935 e 1938; Coleman Hawkins, entre 1934 a 1939; Sidney Bechet fez várias turnês entre 1928 e 1938, enquanto muitos músicos se estabeleceram no estrangeiro por longos períodos – o trompetista Bill Coleman, em Paris, a partir de 1933; o pianista Teddy Weatherford, na China (juntou-se a Buck Clayton em seu exílio voluntário, entre 1934 e 1936); o clarinetista

---

* O fascismo na Alemanha e na Itália, as brigas entre os sindicatos de músicos inglês e o norte-americano (1935-1956) e o aumento do isolamento cultural da URSS, onde as bandas de jazz norte-americano haviam excursionado na década de 1920, fecharam grandes áreas da Europa para esses músicos. Na Inglaterra, entretanto, ainda podiam ser levados números solo.

EXPANSÃO

Rudy Jackson, na Índia e no Sri Lanka. A presença deles, naturalmente, ajudou a aumentar o número de amantes do jazz na Europa.

Os conjuntos europeus, tentando tocar jazz "autêntico" ou "*hot*", começaram também no final da década de 1920. O grupo de Fred Elizalde, em 1927, foi o pioneiro na Inglaterra. Eram, principalmente, pequenos grupos tocando em um ou outro nightclub, ou bandas montadas para gravações que a já existente leva de fãs do jazz infiltrados na indústria de discos induzia os executivos a fazer. Por que, afinal, eles não deveriam arriscar £ 45 para pagar os salários e todas as despesas da banda de Spike Hughes, pioneira na Grã-Bretanha, para uma sessão de gravação?[18] A partir do início da década de 1930, o público *hot já* era grande o suficiente para fundar clubes, representando uma modesta demanda. O primeiro clube de jazz norueguês foi fundado em 1928, quando um editor de música – hoje próspero – achou que valia a pena organizar recitais de discos *hot* em Londres, em 1930, e, em 1935, a Dinamarca, que se arrogava o título de país mais *hot*, promovia conferências sobre jazz em suas escolas e três concertos de jazz por ano, organizados pelo jornal mais respeitado do país.[19] O empreendimento musical mais ambicioso desses grupos e o empreendimento mais original de jazz europeu até o momento foi o famoso Quintette du Hot Club de France (1934-1939), cuja estrela era o notável guitarrista cigano Django Reinhardt (1910-1953). Uma série de sessões de gravação europeias e estadunidenses também foram organizadas, sobretudo na Holanda e na França, que progressivamente se tornou o quartel-general do jazz na Europa, graças aos trompetes intelectuais, tocados com força e maestria, de seus escritores e colecionadores de jazz.

Se a Depressão quase exilou o jazz autêntico dos Estados Unidos, o país foi reconquistado, de maneira triunfante, em meados da década de 1930. Entre 1935 e 1940, a música pop mais uma vez capitulou frente ao jazz (agora denominado swing), como acontecera entre 1914 e 1920. Além disso, o jazz ao qual ela cedeu estava muito mais perto do jazz autêntico do que nos dias em que líderes de orquestras ansiosos colocavam alguns saxofones atrás de partituras, usavam síncope e tocavam "Danúbio Azul" como se fosse "Danúbio Azul Blues". Na verdade, a música pop adotou, quase que totalmente, as técnicas e os arranjos instrumentais elaborados pelos músicos negros e, especialmente, pelas *big bands* negras, nos anos 1920. E isso foi muito mais fácil, uma vez que essas inovações no jazz autêntico eram, elas próprias, resultado da influência da música pop, para não dizer do desejo natural de profissionais negros do entretenimento de tomar o trem do lucro fácil da música pop branca. De qualquer maneira, a diferença em gênero entre a orquestra *hot* de Benny Goodman, que se tornou a rainha do campo de batalha musical, e a orquestra *sweet* comum – ela própria infiltrada de jazz híbrido – era muito menor em 1935 do que diferenças entre gêneros equivalentes em 1917, quando os clientes do Reisenweber em Nova York precisavam ser informados de que a música da Original Dixieland Jazz Band era para ser dançada.

Por que o swing reinou, em meados da década de 1930, não é, portanto, uma questão tão difícil de se responder quanto a de por que o jazz conquistou a música pop no período 1914-1920. Isso não poderia, de qualquer forma, ter acontecido muito antes: as inovações instrumentais e orquestrais, e o próprio swing, muito rítmico, do qual a moda tirou o próprio nome, estavam ainda muito pouco elaborados antes da segunda metade da década de 1920, e depois disso interveio a Depressão. O apelo do swing vinha de uma combinação de ritmos cada vez mais insistentes, e de um ruído considerável. Uma série de muros de sons metálicos, avançando inexoravelmente em direção ao ouvinte, verdadeiros vagalhões do Pacífico, uma batida de bateria propulsora, ocasionalmente quebrada por uma saraivada de tiros certeiros de virtuosismo: essa era a sua fórmula básica. O apelo do swing alcançava quase que exclusivamente os adolescentes. A fase moderna da música pop na qual o público básico vai de 21 anos para baixo, até onde o poder aquisitivo tem alguma representação significativa, começa em meados dos anos 1930. De qualquer maneira, os jovens, principalmente os estudantes universitários brancos, ditavam a moda. A Casa Loma Orchestra, de Glen Gray Knoblauch (antecessora da Banda de Glenn Miller), que, no início dos anos 1930, tinha como público-alvo os estudantes universitários, ficou conhecida como a primeira banda de brancos que se propunha uma programação deliberada de jazz e uma das pioneiras do swing. Provavelmente ela não foi realmente a primeira. A orquestra de Benny Goodman (formada em 1934), empresariada por um executivo recém-saído da faculdade, teve pouco sucesso antes de atingir o público adolescente e de estudantes universitários na Califórnia, em meados de 1935. Seu público era dançante, porém com uma diferença, pois os movimentos atléticos e acrobáticos que a música suscitava (*jiving, jitterbugging*) eram mera liberação de energia física por meio do ritmo, em lugar de buscar desculpas para antegozar carícias sexuais. Fica extremamente difícil um comportamento sexual quando se está jogando os braços e pernas de um lado para o outro ou rodopiando a parceira com o braço estendido, principalmente em corredores de salões de concerto e teatros. (Isso também teve desdobramentos posteriores.) Na verdade, o swing já não era, primordialmente, uma música para dançar apenas. Tratava-se também de música para se "escutar ativamente" – bater o pé, agitar o corpo e escutar. As legiões de fãs em volta do palco – que se tornaram marca característica dos eventos de jazz – surgiram naquele período. Essa tendência a escutar, em vez de dançar, não ficou confinada ao swing. A principal orquestra *sweet*, os Royal Canadians de Guy Lombardo, dizia que devia o seu sucesso em grande parte à descoberta de que seu enorme público de rádio raramente se sentia inclinado a dançar.[20] Talvez o triunfo da radiodifusão tenha sido responsável pela redescoberta da música pop como algo que pode ser assimilado passivamente. Consequentemente, o produto característico da era do swing foram as *big bands* fazendo concertos ou performances variadas, além de tocar em locais de dança: uma fórmula que perdurou. No entanto, como as bandas desse tipo e padrão ficavam praticamente confinadas aos Estados Unidos, o swing fez as suas conquistas no exterior – talvez com exceção da Grã-Bretanha – principalmente por meio dos discos. O público estrangeiro, portanto, era mais restrito do que para o jazz híbrido da década de 1920 e parecia ser, em grande parte, uma versão expandida do público de jazz autêntico.

Enquanto isso, ocorriam desdobramentos que transformariam o jazz autêntico em um movimento de massa internacional para, por fim, comercializá-lo. Foram os assim chamados movimentos *revival*, que produziram seus primeiros resultados importantes em 1938-1939, com consequências maciças quase que simultaneamente nos Estados Unidos e na Europa, nos últimos anos da guerra e nos primeiros anos do pós--guerra. Eram fenômenos singulares, pois não surgiram nem da lógica interna do desenvolvimento do jazz – isto é, de tendências que evoluem a partir dos próprios músicos – nem da lógica comercial. Eram quase que totalmente produtos de doutrinas intelectuais destinadas, antes de mais nada, a redescobrir as fontes esquecidas e "puras" do jazz e da música folclórica que havia por trás. Nos Estados Unidos, o New Deal de Roosevelt lhes deu um ímpeto político poderoso. Uma era que orgulhosamente professava voltar às origens do movimento político norte-americano, entre os pobres, os destituídos, os radicais, revolucionários e populistas, achava muito natural que também se voltasse às origens da cultura norte-americana, que se redescobrisse a enorme riqueza de sua linguagem popular. E isso não era mera arqueologia. Afinal, os organizadores no sul de Illinois, no Tennessee e no Alabama encorajavam seus militantes com blues, canções *hillbilly e spirituals* de sindicatos, pela simples razão de que essas modalidades ainda eram uma linguagem cultural viva. Os menestréis violinistas e guitarristas, como o grande Leadbelly (descoberto e gravado para a Biblioteca do Congresso nessa época), faziam canções de sindicatos tão naturalmente quanto canções gospel, e da mesma maneira:

> *Have you belonged to dis union;*
> *Do you belong to dis union;*
> *We are union people.*
> *Yes, Lord, we went to dat office*
> *An sho' have signed.*
> *Got your name on de record*
> *An we sho' done joined.*

O período entre 1930 e 1941, portanto, viu os intelectuais "indo ao povo", coletando, gravando e cantando a sua música com imensa satisfação. As músicas folclóricas antigas e novas se tornaram parte da atmosfera da esquerda norte-americana; nenhuma festa de escritores do Greenwich Village ou de Hollywood era completa sem alguém que cantasse uma canção de John Henry ao acompanhamento de um violão. A maioria do material coletado era "pré-jazz"; porém, entre as canções esquecidas que foram ressuscitadas, também havia jazz da primeira fase. Os Lomax da Biblioteca do Congresso produziram o mais importante documento solo de jazz de Nova Orleans em 1938, quando abriram os estúdios de gravação para um garboso senhor, um "Benvenuto Cellini Creole" com anéis de ouro e um diamante incrustrado em seu dente incisivo anterior, que queria defender sua alegação de ser o único inventor do jazz: Ferdinand "Jelly-Roll" Morton. Com isso, ajudaram a criar um clássico.

Um movimento paralelo estava ganhando força entre os amantes do jazz e colecionadores, cujas fileiras, naturalmente, se sobrepunham em grande medida àquelas dos New Dealers políticos ou musicais, amigos da República Espanhola, comunistas e outros, na Inglaterra e nos Estados Unidos. Na Inglaterra, esse movimento tomou preponderantemente a forma de um protesto contra as tendências cada vez mais "comerciais" do jazz na era do swing. Agora que até mesmo o jazz autêntico era notícia, a nostalgia pelos bons velhos tempos, quando apenas os entendidos o ouviam ou apreciavam, se tornava irresistível. Desde mais ou menos 1938, os colecionadores e críticos começaram a organizar sistematicamente gravações de artistas de blues e jazz esquecidos, porém com grande ênfase nos músicos originais que tentavam recapturar o jazz quintessencial – o de Nova Orleans. Dentre os vários marcos dessa época, dois merecem especial atenção: a gravação feita pelo crítico francês Hugues Panassié de um magnífico grupo de discos do estilo Nova Orleans com Sidney Bechet, Tommy Ladnier, Mezz Mezzrow e mais um ou dois músicos (1938), e a publicação, em 1939, de um volume erudito e nostálgico, o *Jazzmen*, primeiro fruto de anos dedicados à erudição histórica.[21] No mundo internacional dos amantes do jazz, cada uma dessas gravações e publicações, inicialmente importadas individualmente dos Estados Unidos, criava sensação. Nos Estados Unidos mesmo, os arqueólogos iam mais longe, e pela metade da guerra – 1943 foi o ano crucial – tinham chegado a ponto de realmente trazer velhos músicos aposentados de Nova Orleans de volta à atividade, comprando dentaduras e trompetes para tanto e lançando-os para um público receptivo de jovens brancos. A Califórnia foi o ponto central desse movimento.

Mesmo antes de os primeiros músicos grisalhos testarem suas novas dentaduras e trompetes, jovens músicos brancos – por razões que abordaremos posteriormente, os jovens negros eram imunes ao movimento de restauração – já tinham começado a esmerada reconstrução do estilo Nova Orleans. Lu Watters e a Yerba Buena Band, que iniciaram suas carreiras no finalzinho de 1939, com grande apoio dos estudantes de Stanford e Berkeley,[22] foram os pioneiros desse movimento, que foi provável e paradoxalmente o estilo mais caracteristicamente "branco" na história do

EXPANSÃO

jazz.* A lentidão com que as gravações eram lançadas na Europa (para não falar da impossibilidade de se lançar jazz norte-americano nos territórios ocupados pelos nazistas) postergou o surgimento de jovens "revivalistas" fora dos Estados Unidos. Contudo, em 1943, a Austrália já contava com alguns (o grupo Graeme Bell); em 1944, a estrela de Nova Orleans se ergueu no pub Red Barn, no improvável Bethlehem de Bexleyheath, Kent (George Webb e seus Dixielanders), enquanto depois da liberação surgiram bandas de *revival* com um purismo fanático em Paris (Claude Luter), com um pouco mais de liberdade na Holanda, onde os fundamentos do jazz remontavam a 1939 (Dutch Swing College), e em outros lugares. A banda de jazz típica dos pequenos porões, com o trompetista tentando tocar como Louis Armstrong e o clarinetista como Johnny Dodds, se tornou parte do cenário da Europa Central e Ocidental.

Por razões políticas ou até quase morais, o jazz ficou fora da Europa do leste. É uma incógnita o que levou as autoridades soviéticas a se oporem a ele (praticamente nada sabiam sobre o assunto). O preconceito contra o jazz vem de muito antes da Guerra Fria, embora totalmente restrito aos russos – comunistas ocidentais e esquerdistas estavam entre os seus defensores mais entusiastas.[23] Eu diria que a música era considerada "decadente" por não se adequar ao padrão de respeitabilidade social puritana que as autoridades soviéticas procuravam inculcar. E realmente não se adequava. Mesmo os maiores e mais entusiastas defensores do jazz, e os mais convencidos de sua inocuidade moral ou de seu valor positivo não alegariam uma afinidade histórica ou natural dessa música com o

---

* O irmão de Bing Crosby, Bob, tinha lançado uma banda Dixieland semicomercial em 1937, e em 1939 um antigo músico da escola de Chicago, Muggsy Spanier, lançou a curta e encantadora carreira de sua banda de ragtime, enquanto, em Nova York, um representante ainda mais típico de Chicago, Eddie Condon, fez sucesso com o jazz antigo e não planejado de seus anos de juventude. Mas esses músicos pertenciam a velhas gerações, não eram jovens.

puritanismo. De qualquer forma, os russos o mantiveram a distância, o que levou os europeus do leste a ouvirem jazz a partir das transmissões da rede AFN e da Rádio Europa Livre, ou então de visitantes estrangeiros que vinham para festivais de jovens. É interessante notar, porém, que quando as restrições do último período de Stálin foram revogadas entre 1955 e 1956, na Polônia, na Alemanha Oriental e na Tchecoslováquia aconteceu um *revival* do Dixieland.

Enquanto isso, o jazz tinha feito uma conquista mais importante ainda: a própria África. A urbanização incrivelmente rápida da África Subsaariana a partir de 1940 fez surgir a necessidade de uma música popular urbana que – por motivos óbvios – a indústria pop ortodoxa demorou a suprir. Na África Ocidental, a música que assim surgiu baseava-se principalmente em linguagens locais, cruzada com influências caribenhas e uma pitada de Nova Orleans, porém não muito grande. Na África do Sul, por outro lado, principalmente em Johannesburg, a população negra urbanizada adotou o jazz norte-americano que advinha principalmente, em termos de som, das grandes bandas da era do swing. A África do Sul é hoje, provavelmente, o mais próspero centro de jazz criativo fora dos Estados Unidos.

Em meados da década de 1950, portanto, o jazz tinha se tornado uma linguagem mundial. A maior resistência se fez sentir nos países cuja tradição musical era totalmente não europeia ou não africana, como no mundo muçulmano, por exemplo, e na Ásia (com exceção do Japão, que sempre esteve aberto a influências ocidentais), e naqueles países onde as tradições musicais eram especialmente fortes, como no caso da tradição ibérica e de países ibero-americanos. Na verdade, aí o jazz encontrou mesmo franca oposição. O flamenco andaluz mostrou consideráveis poderes de propagação nas áreas hispânicas, embora nenhuma influência fora desses territórios. A música latino-americana, por outro lado, vem disputando o lugar de música popular ocidental com o jazz, utilizando como ponta de lança tangos, sambas e rumbas, ao mesmo tempo que, desde 1940, se incrustou efetivamente no próprio jazz com a onda de música cubana jazzística. A música caribenha teve um modesto progresso nos Estados Unidos, Inglaterra, Escandinávia e África Ocidental, principalmente através dos pobres versos burlescos do calipso, porém talvez (à exceção da África Ocidental) apenas em razão da novidade. As prósperas tradições de música ligeira e popular em outras partes também impuseram algumas limitações ao jazz, embora não tenham evitado que se estabelecessem cabeças de ponte; a *canzone* italiana, a *chanson* francesa, os tipos de música para acordeão e várias outras linguagens resistiram a ele. Claro está que, à exceção de alguns grupos sociais ou dentro de determinadas faixas etárias, o jazz, mesmo diluído, nunca gozou de monopólio musical. Mesmo nos Estados Unidos, outras formas se mantiveram e, em todos os lugares, tipos mais antigos de danças persistiram, como a valsa, por exemplo, embora de forma mais modesta do que antes. Novamente, a não ser em áreas urbanizadas anglo-saxãs, o jazz demorou muito mais a penetrar no campo do que na cidade, na pequena cidade do que na grande. Não resta dúvida, porém, que ele é hoje uma linguagem mundial, não só em sua forma híbrida de música para dançar com tonalidades jazzísticas, mas também em sua forma mais pura. E não há dúvida também de que, se não fosse por fatores políticos, ele teria se espalhado ainda mais.

    O quanto isso se deve ao prestígio e à propaganda dos Estados Unidos e à sua posição de domínio na indústria de entretenimento é assunto a se discutir. Provavelmente, não muito, a não ser talvez pela disseminação original do jazz híbrido. O principal órgão internacional de disseminação do *american way of life*, Hollywood, sempre deu muito pouca atenção ao jazz, por se tratar de um gosto de minoria nos Estados Unidos. A indústria de música pop norte-americana teve muito menos capacidade de penetração fora da esfera anglo-saxã do que o jazz: praticamente até o momento, Tin

Pan Alley não alterou substancialmente o padrão de sucessos musicais franceses, alemães, espanhóis etc. Na verdade, o jazz fez seu caminho graças a sua considerável potência. E só depois de tê-lo feito foi reconhecido pelo governo norte-americano como um agente de propaganda do *american way of life*, durante a Guerra Fria, e utilizado para penetrar a barreira leste–oeste, inundando o ar com emissões radiofônicas diárias de jazz e enviando músicos de projeção ao exterior como "embaixadores culturais". Portanto, desde 1947, a expansão do jazz se deve também ao apoio oficial. Por outro lado, ele já tinha percorrido um longo caminho sem esse apoio, e teria sem dúvida continuado a fazê-lo em todos os países onde seus discos pudessem ser obtidos livremente.

Talvez seja cedo demais para avaliar a fase mais recente da expansão do jazz: a inserção do rhythm and blues (R&B) na música pop, em sua forma quase que totalmente pura, como no rock and roll e nas ondas do *skiffle* britânico. Este é o produto da metade da década de 1950. Em muitos sentidos, talvez tenha sido um dos avanços mais formidáveis dentre os muitos feitos pelo jazz, pois não há dúvida de que o rhythm and blues (R&B) não só inundou a música pop comum nos Estados Unidos e na Grã-Bretanha, ao menos em termos de vendas, mas também consolidou seu poder de penetração nas *juke boxes* do mundo de maneira muito, muito maior do que a de qualquer outro produto anterior da Tin Pan Alley norte-americana. É espantoso ver substancialmente a mesma seleção de *hits* nas vitrolas de pequenas cidades italianas, em Manchester e, sem dúvida, em Wichita, e pensar que a total liberdade cultural os colocaria também em Moscou e Xangai. Isso talvez aconteça porque esta última moda reduziu o apelo da música aos seus elementos mais simples: um ritmo contínuo, elementar, e uma voz gritante. Nos Estados Unidos, o fenômeno foi a criação da indústria pop, análoga às injeções de jazz de 1914-1920 e 1935-1940. Na Grã-Bretanha, no entanto, ele teve uma origem bem mais interessante, em um movimento totalmente espontâneo e não comercial de criação de música com guitarras e instrumentos rítmicos improvisados, com um repertório de canções folclóricas norte-americanas. Esses *skiffle groups* que prosperaram por alguns meses, antes de serem aniquilados pela comercialização, eram filhos diretos do *revival* de Nova Orleans, e realmente consistiam, originalmente, em cantores e guitarristas de bandas *revival* que se apresentavam ao público com blues e músicas do tipo Leadbelly, enquanto os outros músicos paravam para tomar uma bebida. O público de *skiffle* e rock and roll era totalmente adolescente ou pré-adolescente; na verdade, o fã habitual do rock and roll tendia a ter entre 10 e 15 anos de idade. O apelo universal da moda provavelmente se deveu a esse infantilismo. E, embora ele tivesse começado a regredir ligeiramente por volta de 1960, o rhythm and blues (R&B) permanecia poderoso na música pop dirigida aos adolescentes – que vieram a ser o principal mercado para a Tin Pan Alley na próspera década de 1950.

3. TRANSFORMAÇÃO

Quarenta anos após a publicação do "St. Louis Blues" (1914), o jazz havia se tornado, de uma maneira ou de outra, uma linguagem musical universal. Um empresário norte-americano que quisesse fazer publicidade poderia anunciar um plano de recrutar uma orquestra "internacional" incluindo músicos dos treze países europeus, como poderia também escolher músicos de outros continentes. Apesar disso, o jazz internacional continuava a ser, quase inteiramente, uma versão de segunda mão da música norte-americana. A história de sua evolução e transformação, ao contrário da história de sua propagação, permanece um assunto norte-americano. Seus detalhes musicais serão discutidos nos capítulos 4 a 6. Este capítulo irá apenas tentar colocar o assunto em perspectiva. E isso se justifica, pois o desenvolvimento interno do jazz foi tão rápido e estarrecedor quanto a sua expansão, e mais surpreendente ainda. A evolução da música clássica ocidental, bastante rápida e revolucionária pelos padrões da história pregressa, é medida em séculos. No jazz, que passou por transformações igualmente profundas e revolucionárias – embora em escala bem mais modesta –, essa evolução é medida em décadas. O percurso entre a procissão funerária de Nova Orleans e as "experiências jazzísticas de Charles Mingus" é, no mínimo, tão longo quanto o que vai de Monteverdi a Alban Berg.

Para maior conveniência, podemos dividir a história do jazz em quatro fases principais: 1. a "pré-histórica", de *c.* 1900 a 1917; 2. a "antiga", de *c.* 1917 a *c.* 1929; 3. o "período médio" de *c.* 1929 até o início da década de 1940; e 4. a "moderna", daí em diante; ou ainda, usando os rótulos comerciais atribuídos a cada uma dessas fases, ragtime, jazz, swing, e bop ou *cool*.* O historiador do futuro poderá detectar pontos de mudança cruciais, como por exemplo a ascensão do jazz ao status de "quase arte" ou a irrupção do blues na música pop. É mais prudente, porém, deixar essas descobertas àqueles que estarão em condições de ver a década de 1950 em perspectiva. Talvez também seja conveniente considerar o jazz pré-histórico e o antigo juntos.

O jazz antigo (como nos estilos "Nova Orleans", "Dixieland", "Chicago" e "Nova York") é a música de pequenos conjuntos de improvisação, com arranjos rudimentares de cantores de blues e pianistas. O jazz do período médio é, essencialmente, uma música para orquestras comerciais maiores, com os virtuoses a que deram ensejo; uma música muito mais "composta" e "arranjada", bem como tecnicamente mais elaborada. O período moderno voltou a recorrer à improvisação e aos pequenos conjuntos, seja na forma do jazz antigo (os movimentos *revival*) ou em um salto deliberado à frente, na forma de música *avant-garde* revolucionária (bop), parte da qual vem se tornando cada vez mais uma forma híbrida, entre o jazz e a música clássica (*cool*). Nessa busca, ele deixou de lado muito da improvisação em favor de gêneros de composição mais ambiciosos e sofisticados, embora nem sempre bem-sucedidos. Socialmente, o jazz antigo era uma música de habitantes do Sul ou primeira geração de migrantes negros para o norte, que também era adotado ou ouvido por uma minoria de brancos. O jazz do período médio era uma música para negros aclimatados à vida das grandes cidades, e para uma massa de público composta de jovens brancos norte-americanos. O jazz moderno era e é uma música *avant-garde* para músicos e uma *coterie* de intelectuais e boêmios brancos, embora esse público tenha aumentado, à medida que esses sons revolucionários foram se tornando cada vez mais conhecidos

---

* Não pretendo discutir com os especialistas que preferem datar ou subdividir esses períodos de forma diferente ou que os chamam por outros nomes.

e aceitos, da mesma forma que aconteceu com os Picassos e Matisses de nosso século. O jazz "revivalista" não é, absolutamente, uma música para públicos negros, mas para jovens e intelectuais brancos. Na Europa, porém não nos Estados Unidos, tem-se tornado cada vez mais um tipo padrão de música para dança, para adolescentes.

Por trás dessas modas, entretanto, um tipo de música tem permanecido relativamente imutável: o som quintessencial dos negros urbanos e rurais, o blues. Um pouco mais rápido nas cidades, ele forneceu o tom energético e inflamado que é o pulsar de coração do gueto negro, quer venha de salões de baile, de bares, ou de igrejas. No fundo, o público negro urbano não intelectualizado, que é a audiência fundamental do jazz, permanece fiel a isso mais do que a qualquer fase particular do jazz, pelo menos desde 1920. É por isso que o período médio do gênero, de orquestras de ritmo forte e balanço como as de Chick Webb e Lionel Hampton, ou os saxofonistas do jump como Earl Bostic, ganhou uma popularidade quase permanente nos meios negros mais do que quaisquer outros. Talvez por isso também que o rock and roll, que é remotamente baseado no jump blues, fez maiores incursões entre o público negro do que as modas anteriores da música comercial em geral. O blues, urbano e imigrante, permaneceu o *background* constante da evolução do jazz.

Esse esboço esquemático, quase uma caricatura, não pretende explicar ao leitor a evolução do jazz. Ele se destina meramente a dar uma orientação grosseira, como mapas em folhetos de horários de avião, que não devem ser julgados como representações geográficas precisas. Mesmo esses diagramas, porém, precisam chamar a atenção para os grandes pontos de cruzamento. Existem dois desses pontos muito importantes na história. O primeiro marca a transmutação de um tipo de música folclórica à antiga para uma forma híbrida entre a música folk e a comercial, com o isolamento cada vez maior do músico de jazz de seu antigo público. Em termos gerais, sua evolução até 1941 pode ser explicada principalmente por esses termos. O segundo marca uma ruptura musical muito mais intencional: a revolução que produziu o bop e o *cool* jazz. Modernistas e tradicionalistas não irão apreciar minha observação a seguir, mas essa mesma revolução promoveu também uma volta deliberada ao arcaísmo dos "revivalistas". Em alguns aspectos esse foi o produto das tendências que tinham dominado a primeira fase da evolução do jazz, mas também refletia o que se poderia chamar de revolta "ideológica", na qual os elementos "políticos" eram incomparavelmente maiores. Em outras palavras, a sua evolução, até o final do período médio, era produto de músicos populares não conscientes de si, que tocavam para um público também não consciente de si, que buscava apenas entretenimento. (O pequeno público de jazz autoconsciente apreciava, mas não determinava, a sua evolução.) A evolução do jazz desde 1941 mais ou menos (para ser mais preciso, entre 1938 e 1942) também foi produto de músicos conscientes, tocando para um público também consciente de si; isto é, essa fase tem uma afinidade muito maior com a cultura de minoria. O jazz moderno não é tocado apenas por divertimento, por dinheiro, ou por requinte técnico: também é tocado como um manifesto – seja de revolta contra o capitalismo e a cultura comercial, seja pela igualdade racial ou por outras pautas. A linha divisória entre os dois períodos, naturalmente, não é delimitada muito precisamente. Encontram-se antecessores do *approach* moderno antes do final da década de 1930, da mesma forma que muito jazz continuou a ser feito sob o enfoque antigo. Isso, porém, não atrapalha o amplo espectro de validade da generalização. Em termos de música, a ruptura entre os dois períodos é realmente muito acentuada. Sua evolução até o final dos anos 1930 seguiu uma direção única em termos gerais. Cada "estilo" derivava de seu predecessor, modificando-o ou acrescentando algo a ele. A evolução moderna começa com uma meia-volta intencional. Os "revivalistas" (um movimento mais do público do que dos músicos) rejeitaram deliberadamente o jazz existente, em favor de um tipo de música que estava quase extinta por pelo menos dez anos. Os *boppers* (um movimento mais dos músicos do que do público) rejeitaram o jazz existente em favor de uma música que, pelos padrões existentes, soaria dissonante, anárquica e tecnicamente tão difícil de ser tocada a ponto de ficar quase que inacessível, a não ser por uns poucos elementos da *avant-garde*. Eles também rejeitaram (como veremos no capítulo sobre músicos de jazz) a maioria das convenções sociais dos músicos de jazz mais antigos.

A primeira mudança crucial ocorreu com o público de jazz. O público local é totalmente diferente do público de outra cidade. Para o habitante de Nova Orleans, "Canal Street Blues" fala de uma rua identificável, o "2.19 Blues" fala de um trem determinado. Para o menestrel local que cantava

> *I'm goin' to Houston, Texas, "Lightnin'" Hopkins is the man I want to see,*
> *Oh, Houston, Texas, "Lightnin'" Hopkins is the man I want to see*
> *Well, now, if you can't stand my jivin', I'm gonna give you the third degree.*[1]

seu blues tinha uma finalidade específica: nesse caso em particular, o desafio de um guitarrista (Sam "Lightnin'" Hopkins) por outro (Brownie McGhee). Para um público de fora, trata-se apenas de um blues, cujo título e texto – e portanto cuja música – têm significado tão remoto quanto o dos discos com nomes esotéricos, oriundos de gíria do Harlem, para os adolescentes de Blackburn. A arte folclórica, inevitavelmente, perde muito de sua concretude assim que sai da comunidade que reconhece suas alusões detalhadas e referências. À medida que o jazz se tornou o idioma musical geral para imigrantes negros que chegavam às cidades, perdeu inevitavelmente algumas de suas raízes.

Essa perda foi temporariamente camuflada pela demanda ilimitada de nostalgia que as comunidades de desterrados costumam produzir, e que transformou a saudade de casa na doença endêmica do século XIX e início do século XX na Europa. Ela também fez com que as canções lembrando o passado (idealizado) se tornassem o produto típico da Tin Pan Alley do século XIX, com uma abundância de mães irlandesas e *yiddishe mamas* fazendo do lar um local onde nunca havia uma palavra de desencorajamento. Os migrantes negros, felizmente, eram imunes à tentação de idealizar o bom e velho *Dixie* ou as suas infâncias. A massa de migrantes em direção às grandes cidades do Norte, no entanto, sem dúvida fez multiplicar a demanda por música "de casa". Em seu nível mais modesto, isso produziu o que se chamou de "circuitos de cantores de blues", salões de bares e "festas de aluguel"* no Harlem ou no cinturão negro de Chicago, servido por guitarristas desafiadores ou pianistas itinerantes. Em um nível mais alto, produziu o público de massa para os cantores clássicos de blues nos grandes teatros de *vaudeville*, além da demanda pró-jazz de Nova Orleans em cidades como Chicago. Comercialmente, esse fenômeno produziu uma grande safra de blues e outras peças de jazz, que receberam nomes de locais específicos no Sul: St. Louis, Beale Street, Perdido Street, Memphis, Dallas, Nashville Woman's Blues, Milenburg Joys, e assim por diante. No entanto, a demanda pela "velha música" era estritamente limitada, até pelo sentimento de desdém que o negro urbano do Norte sentia em relação aos sulistas. O modo de vida da cidade, a emancipação e o progresso eram o que eles almejavam, a não ser, talvez, com respeito à religião. O rápido declínio e queda dos grandes cantores clássicos de blues depois de 1927 ilustra a tênue lealdade para com a "velha música". Não é à toa que o público negro permaneceu imune ao movimento de restauração do jazz tradicional e do blues.

---

* As festas de aluguel eram organizadas por inquilinos que não conseguiam pagar o aluguel: contratavam um pianista, ofereciam bebidas e pés de porco, e cobravam entrada de amigos e vizinhos, na esperança de conseguir tirar algum lucro. A descrição clássica é feita por Bessie Smith em "Gimme a Pigfoot".

TRANSFORMAÇÃO

A segunda mudança crucial, quase uma consequência natural da primeira, foi o recuo da música tradicional diante da música pop comercial; ou, mais precisamente, a incrustação do pop no jazz. Uma vez fora de seu contexto tradicional, nada é menos resistente do que a arte folk, pois seus artistas e seu público não a praticam por preferência, mas por ser a única forma de arte que conhecem. O novo público, desprezando seu passado sofrido, queria novas formas de entretenimento. O músico desejava ganhar dinheiro. Essa indústria da cidade moderna fornecia o dinheiro e os padrões. Por que os músicos deveriam se opor? O jazz se tornou progressivamente cada vez mais infiltrado com elementos pop. No entanto, não se tornou música pop. Permaneceu, em aspectos importantes, o parceiro dominante no casamento com o comercialismo, pois o músico de jazz, embora aceitando a comercialização de bom grado, por outro lado inevitavelmente a rejeitava como cansativa e automática, uma atividade pouco adequada ao artista criativo: "Música de Mickey Mouse", como diriam os músicos do *hot* jazz dos anos 1930. Muito da evolução do jazz foi, portanto, determinada por essa atração e repulsa do pop.

Ambos transformaram a orquestra de jazz. Como vimos, a partir do início da década de 1920 em diante, a história do jazz é, em grande medida, um progresso em direção às grandes bandas de swing; mas as *big bands*, com sua instrumentação característica e seus "arranjos", são apenas o resultado da tentativa de fazer do jazz uma forma de entretenimento de mais sucesso. O jazz, porém, transformou a *big band*, que na música pop é uma mera coleção de zumbis musicais, que não ligam muito para o que tocam. A *big band* de músicos de jazz, que só tocam bem quando animados por uma centelha criativa, exigiu considerável inovação musical antes de dar certo. Alguns dos desenvolvimentos musicais mais importantes no jazz podem ser rastreados à necessidade de adaptar as *big bands* ao jazz; notadamente o desenvolvimento e a sofisticação, progressivos e constantes em termos de ritmo, sobre o qual toda a estrutura do jazz deve sempre permanecer. A evolução das sessões rítmicas, desde a antiga batida até o elástico swing do período médio, é um exemplo disso.

Novamente, a comercialização transformou o repertório do jazz, que, por motivos óbvios, se apoiava cada vez mais na música pop atual, a "balada". A história do jazz, desde 1917, bem poderia ser escrita como sendo a das tentativas de chegar a termo com os sucessos musicais. A balada não formava uma grande parte do repertório de Nova Orleans ou do velho blues; quaisquer canções pop usadas eram assimiladas às tradicionais marchas, *stomps*, blues etc., à maneira habitual, entre os artistas folclóricos. A conhecida versão de Bessie Smith de "Alexander's Ragtime Band" é um bom exemplo.* No extremo oposto, o repertório do jazz moderno se baseia quase que exclusivamente em baladas, com os principais experimentos dos *boppers* sendo apenas canções de sucesso transformadas, como "How High the Moon" ou "All the Things You Are". Mesmo quando toca blues, um trompetista moderno como Miles Davis pensa no mesmo instante em termos da maneira de tocar baladas, em vez de pensar em uma obra de blues tradicional.[2] O jazz, porém, transformou a balada a ponto de torná-la irreconhecível. Quando era tocada ou cantada "sem firulas", era ridicularizada, como no caso das canções satíricas para piano de Fats Waller, ou tomada ao pé da letra, transformando-a em uma expressão de emoção comovente e sincera, como nos casos de solos de trompete de Louis Armstrong e nas interpretações das grandes cantoras, como Billie Holiday e Ella Fitzgerald. Quando usada como base para a improvisação, ela era progressivamente elaborada, até que, em jazz moderno, o tema real da música como tinha sido a princípio escrita talvez nem aparecesse

---

* Era comum que uma antiga canção pop, assim assimilada, acabasse voltando – via popularidade que mais tarde alcançaram os cantores de blues – a figurar nas paradas de sucesso. Esse foi o caso de "Goodnight, Irene", uma canção da safra de 1892, levada para o repertório do menestrel folclórico Leadbelly, e redescoberta, graças a ele, nos anos 1940.

mais. Em ambos os casos, o jazz selecionava. Cada "estilo" escolhia, da massa de *hits* atuais, um determinado número de *standards*, obras que a prática tinha mostrado serem sobretudo adequadas para a elaboração do jazz, incorporando-as no núcleo de seu repertório permanente. Assim, dentre as quase oitenta canções pop lançadas em 1928, e listadas na *History of American Popular Music*, de Spaeth, apenas quatro se tornaram *standards* de jazz: "I Can't Give You Anything but Love", "Diga-diga-doo" (ambas escritas para o espetáculo negro *Blackbirds of 1928*), "Sweet Sue" e "Nagasaki".

Inevitavelmente, porém, a música comercial repelia e entediava o músico de jazz, e as grandes bandas impunham uma disciplina impessoal e estranha sobre ele. A história da banda de Duke Ellington, sem dúvida a menos medíocre das orquestras de jazz de sucesso, é de desilusão e descontentamento progressivos entre os músicos, quase desde o momento em que o pequeno grupo de solistas se constituiu em uma banda organizada com "arranjos": "nunca mais", diz o seu historiador, "tocar repetiu a expressão exultante e pessoal que havia experimentado".* Se isso acontecia em bandas de jazz que não faziam grandes concessões, acontecia mais ainda com aquelas que, deliberadamente, tentavam agradar às massas a todo custo, para não falar das bandas "doces", "piegas", nas quais muitos músicos de jazz brancos tinham de ganhar a vida.

O *terceiro* desdobramento crucial do jazz foi consequência dessa revolta. Os músicos de jazz aprenderam a conviver com dois mundos musicais diferentes: um no qual ganhavam a vida, e outro, após o horário normal de shows, no qual tocavam para agradar a si mesmos – o mundo das *jam sessions*. A não ser por aqueles que, como muitos músicos de jazz brancos de antes de 1935, trabalhavam apenas em bandas estritamente

---

* Barry Ulanov, em *Duke Ellington*, pp. 108-109, descreve com muita clareza a queda no moral da banda.

comerciais, esses dois mundos não eram tão diferentes como se poderia pensar. As *jam sessions* eram, em geral, vistas apenas como o laboratório experimental no qual ideias, que mais tarde seriam usadas em público, eram testadas e elaboradas. Além disso, todos os músicos de jazz ainda sonhavam, e continuaram a sonhar, com um estado combinado de coisas, onde poderiam tanto tocar como quisessem e agradar ao público; ou, de qualquer maneira, ganhar a vida e tocar para um público que não atrapalhasse demais. A história do jazz está entulhada de grupos desse tipo fazendo pequenas temporadas em clubes, que sempre acabavam em *jam sessions*, à medida que outros músicos apareciam para "dar uma canja" ou se reuniam para gravar em um estúdio. A grande diferença entre tocar para músicos e tocar para o público foi estabelecida; e assim se tornou cada vez mais precisa a distinção entre tocar música "comercial" ou por interesse:

> "Bem, Dizzy e Milt Hinton", diz Danny Barker, guitarrista, "entre os shows de duas horas e meia no Cotton Club […] se retiravam para o sótão. Dizzy tocava suas novas progressões harmônicas, e ele e Hinton experimentavam as diferentes ideias e padrões melódicos, e me convidavam a subir e me juntar a eles. Porém, depois de um show de duas horas e meia, algumas vezes eu ia, outras não. Porque o que eles faziam exigia muita concentração mental em harmonias. Era muito interessante, mas eu não conseguia subir e desperdiçar energia em algo não comercial."[3]

Portanto, o jazz – originalmente uma música folclórica urbana – se desenvolveu simultaneamente em direção à música pop comercial e em direção a um tipo de música especial para músicos, isto é, o embrião da música de arte. Os anos 1920 e 1930, na evolução do jazz, foram dominados por uma mudança em direção ao comercialismo (embora, como vimos, isso não tenha resultado em música pop, mas em um tipo de música independente, cada vez mais baseada em material pop). Os anos 1940 e 1950 foram igualmente dominados pela reação à música de músicos – a música *avant-garde*, semiarte dos músicos que tocavam bop e *cool*, em grande parte destinada a ser incompreensível pelo *não* expert. A despeito de esforços consideráveis, porém, até agora não se produziu música de arte no sentido ortodoxo do termo, mas um tipo de música independente, cada vez mais infiltrada por elementos de música clássica. Suspenso em algum ponto entre as origens de música folclórica e a música pop e de arte, em direção às quais ele é, simultaneamente, instado, o jazz continua a ser de difícil classificação.

Essa dificuldade – e com ela a maioria dos méritos do jazz – decorre do fato de, no fundo, o jazz nunca ter deixado de ser música folclórica. Ele simplesmente se retirou da comunidade mais ampla do público folk tradicional e do artista folk, para entrar numa mais estreita, porém real e vivida, do músico artesão profissional. Dentro dessa comunidade, a música continuou a levar o mesmo tipo de vida da música folk; flutuando e variando, pessoal, tradicional, com a divulgação feita "de boca em boca" e por meio de aprendizes, criada à medida que era tocada, refletindo todas as facetas das vidas dos músicos. Seus termos de referência eram mais restritos. Os títulos de discos de jazz, da metade dos anos 1920 em diante, refletem brincadeiras esotéricas e alusões, muitas vezes expressas em gíria do Harlem, do tipo hipster, deliberadamente designada para confundir os de fora. Os títulos cifrados dos números de Ellington no final dos anos 1930 são bons exemplos disso: "Hip Chic", "Old King Dooji", "Portrait of the Lion" (Willie "The Lion" Smith, um conhecido pianista nova-iorquino), "Little Posey" (apelido de um dos trompetistas de Ellington), "Weely" (apelido do arranjador), "Cotton Tail" etc. Por outro lado, a sua evolução foi grandemente acelerada, pois a vida do músico de jazz é semelhante à do jogador de xadrez, que faz lembrar aquele em sua devoção exclusiva à sua arte, em uma sucessão de jogos e torneios, sucessivas comparações de conquistas, uma mistura de cooperação e concorrência. A *jam session*, ocasião em que os músicos se reúnem, depois do trabalho normal, para seu próprio prazer, é ao mesmo tempo uma experiência coletiva e uma competição. Jo Jones, o baterista, escrevendo de Kansas City, recria um aspecto disso:

> Aqueles eram tempos bastante difíceis e, no entanto, os caras ainda achavam tempo para estudar, e quando encontravam algo novo, traziam para a sessão e mostravam aos outros músicos, qualquer que fosse o instrumento por eles tocado. Assim, eles tentavam aquele riff específico ou aquela concepção especial em uma sessão e o aperfeiçoavam. A ideia de uma *jam session*, portanto, não era mostrar quem tocava melhor do que o outro, era uma questão de fazer uma contribuição para a experimentação. As *jam sessions* eram a nossa diversão, a nossa válvula de escape.[4]

No entanto, Mary Lou Williams, a pianista, escrevendo sobre a mesma cidade, na mesma época, também recria o outro aspecto da sessão, mais competitivo – "interferir" ou tentar tocar melhor do que o outro:

> A notícia de que Hawkins [o melhor saxofonista do período – EJH] estava em Cherry Blossom se espalhou depressa e, em meia hora, lá estavam também Lester Young, Ben Webster, Herschel Evans, Herman Walder e um ou dois tenores desconhecidos se amontoando no clube para tocar.
>
> Bean (apelido de Hawkins) não sabia que os tenores de Kansas City eram tão bons e não conseguia se controlar, embora tivesse tocado durante toda a manhã. Naquela noite eu estava cochilando quando, às 4 da manhã acordei com alguém batendo na janela.
>
> Abri a janela e lá estava Ben Webster. Ele disse: "Levante-se, gatinha, estamos no meio de uma *jam* e todos os pianistas estão cansados. Hawkins tirou a camisa e continua tocando. Você tem de vir."[5]

A comunidade de músicos de jazz existia – e existe – em todas as cidades onde é tocado, como as antigas comunidades de artesãos; e como os antigos vendedores viajantes visitavam a casa comercial de cada cidade, para encontrar os colegas e saber das novidades e oportunidades de trabalho, os músicos que viajam, de Los Angeles a Londres e a Paris, sabem onde aparecer para encontrar as pessoas certas, que podem contar quem está tocando na cidade, que música está acontecendo e onde se pode tocar com um grupo. Pois o jazz é uma música coletiva, praticada e discutida em comum. A atmosfera especial dessas comunidades semiancoradas, semiflutuantes de músicos, que conhecem o estilo de vida uns dos outros, que é diferente dos "quadrados" ou dos "de fora", em termos musicais ou não, fez o jazz. Tem de ser experimentado, nem que seja indiretamente. Os de fora não irão de fato entender até verem um experimentado profissional de outra cidade, com vinte anos de excursões nas costas, deixar sentada no sofá a bela corista escolhida por ele para passar a noite, enquanto fica duas horas escutando e discutindo discos de jazz com uns poucos músicos e colecionadores da cidade. E não que sejam seus próprios discos, apenas discos interessantes dos quais os músicos podem aprender alguma coisa. Talvez uma descrição de um músico possa dar uma ligeira impressão desse meio:[6]

> Nas tardes de domingo, no início dos anos 1940, alguns caras se juntavam em minha casa [...], nós ficávamos ouvindo discos. Escutávamos muitos discos de Hawk. Ele estava gravando algumas coisas na Europa e a gente arranjava. E tocávamos coisas nossas [...]. Depois, no domingo à noite, íamos a Lewisohn Stadium, onde estava acontecendo a sessão da sinfônica. "Vamos à missa", dizíamos.
>
> Mais tarde da noite, íamos ao Savoy para ouvir Chick Webb. Era uma banda que tinha muito swing. Depois do Savoy, íamos ao Puss Johnson, um clube *after hours* na esquina da rua 130 e St. Nicholas, acho. Todo mundo aparecia lá. Todos os caras de todas as bandas da cidade. Eu me lembro de uma sessão em particular. Ben Webster e Pres (Lester Young) estavam lá, e todo mundo sabia...

A respeito da sessão com Ben e Lester, nunca se chegou a uma decisão. A casa estava dividida. A maioria do público era de músicos. Havia pouquíssimos não músicos, exceto alguns grandes fãs de jazz. Naquelas ocasiões vendiam muito frango frito e uísque.

Esse lugar em particular era especial para os domingos à noite, a noite de folga dos músicos em Nova York naqueles tempos. Começava por volta das três da madrugada e ia até as 9 ou 10 da manhã. Sempre estava dia claro quando nós saíamos. Era de cegar.

Naturalmente, a música tocada nessa comunidade de instrumentistas habilidosos não era música folk no sentido tradicional. Mas ela tinha surgido da música folk, pois era a partir desse molde que os músicos formaram sua técnica e todo o seu idioma, e acima de tudo porque os artistas permaneciam sempre criadores-intérpretes, e nunca se tornaram meros executantes. O orgulho do ofício dos intérpretes acrescentava a isso os poderosos elementos da concorrência, da experimentação e da constante busca por dominar problemas técnicos cada vez mais difíceis. (Ao fazê-lo, os músicos não ficavam restritos às ideias convencionais a respeito das possibilidades dos instrumentos.) Tocar trompete com a fluidez tranquila de um saxofone, um trombone com o esplendor e a rapidez de um trompete, fazer a bateria "tocar música" além de acompanhar o ritmo: essas eram as conquistas que punham à prova os especialistas, e que talvez mantivessem o bom músico adiante de um simples copista. "Vamos tocar algo que eles não podem roubar, porque não conseguem tocar" era o refrão corrente nas conversas dos revolucionários *boppers*. E, à medida que cada fase da música privada dos músicos alcançava sucesso comercial – algo em parte bem-vindo, em parte deplorado na época –, o incentivo para ir mais longe aumentava.

É por isso que a segunda metade dos anos 1930 foi uma fase tão importante na evolução do jazz. Até 1935 ele tinha pouco de comercial. O amplo público branco exigia uma música pop de colorações jazzísticas híbridas, os fãs do "verdadeiro" jazz ainda não se constituíam em um número grande o suficiente para compor um mercado, os negros eram pobres demais para compor um mercado que valesse a pena. O jazz antigo tinha desaparecido. O jazz do período médio levava uma vida submersa, prosperando mais nos modestos guetos negros como o Harlem e Kansas City, onde ninguém se importava com o que se tocasse, desde que tivesse balanço, e nos botecos e clubes noturnos onde ninguém ligava para o que se tocasse, desde que os músicos não parassem de tocar. Nessa altura, as *big bands* de jazz começaram a alcançar sucesso de público, embora isso tenha se dado mais pelas expressões menores (Goodman, Shaw, Dorsey, Glenn Miller) do que por suas estrelas genuínas – as bandas de Ellington, Basie, Lunceford e Chick Webb. Os amantes especializados do jazz formaram um público comercial, exigindo o impossível: ouvir jazz espontâneo e não planejado, encontrado nas *jam sessions*, executado nos palcos de concerto. A comercialização engolia uma porção cada vez maior do setor "privado" do mundo do jazz. Assim, músicos e público começaram uma busca interminável pelo jazz genuíno e não contaminado, que seria só seu; os primeiros avançando ainda mais o território revolucionário do bop, os últimos se recolhendo cada vez mais em direção à remota fortaleza do Delta do Mississippi. Esperanças fúteis! Assim que o valor comercial do "verdadeiro" jazz foi reconhecido, o povo do pop passou a adotar, avidamente, todas as novidades assim que elas apareciam. Poucos anos depois do fim da guerra, toda a *big band* comercial que se prezasse tocava arranjos bop, e os *boppers* avançaram ainda mais em direção aos Bartóks e Milhauds que, como bem se sabe, até agora nunca produziram um disco que figurasse na parada de sucesso, enquanto os "revivalistas" se retraíam entre Armstrong de 1925 e Oliver de 1922, de Oliver à Eagle Band, de Bunk Johnson, de 1913, e, dali, ao suposto som de Buddy Bolden. Mas a pressão pelo sucesso financeiro era forte. Não que os músicos profissionais se ressentissem disso. Eles se ressentiam, apenas, das inevitáveis limitações impostas às suas invenções, e seus experimentos, e à sua liberdade: a tirania, por exemplo, dos "pedidos de músicas" que os obrigava a repetir *ad nauseam* um limitado repertório de *standards*.

De 1935 até o presente, a corrida continuou, e não se vislumbra o seu final, embora o caráter dos corredores tenha mudado ligeiramente. Pois, enquanto no auge do swing eles se constituíam em uma massa de público "quadrado", a corrida passou a englobar uma massa cada vez maior de "verdadeiros" amantes do jazz, cujo peso tende a estrangular a música que tentam abraçar.

É fácil perceber por que o jazz do início dos anos 1940 tendeu a tomar a forma de manifestos contra o comercialismo, contra o público ou contra as atividades excessivamente exotéricas dos músicos: contra um ou outro aspecto da situação pouco saudável na qual a música tinha, inevitavelmente, se metido. No entanto, a revolução do jazz é maior do que isso. Do ponto de vista do público – o especializado público branco de jazz –, o *revival* foi a primeira revolta de larga escala dentro da estrutura da música popular contra a arte como produção de massa. Existe justiça histórica no fato de que no próprio coração da música "Mickey Mouse", em seu sentido mais literal, o Walt Disney Studio ilustra a revolta do indivíduo. Uma das bandas mais caracteristicamente "revivalistas", como Firehouse Five Plus Two, transbordando com improvisações coletivas e vida simples da música, era composta de técnicos, escritores e animadores. (Outro aspecto dessa nostalgia pela época anterior à produção de massa também encontrou uma válvula de escape inicial entre esses intelectuais californianos: a caça de automóveis com cantos arredondados. Um dos principais integrantes da banda também era um dos expoentes do Horseless Carriage Club – equivalente norte-americano da moda de carros antigos – e o nome homenageava uma viatura de bombeiros de 1914, comprada pela banda, com a qual desfilava em suas excursões.) Essa revolta contra o capitalismo moderno também não ficou confinada a uns poucos intelectuais. É justo dizer que o *revival* tornou-se um movimento de massa entre os jovens da Europa Ocidental tanto por sua atração anticomercial quanto musical. Era música feita pelas próprias mãos ou, pelo menos, música feita à imagem do amador. As suas bandas – na Inglaterra, ao menos – resistiram à profissionalização por quase dez anos. Além disso, na Inglaterra e na Austrália, em grande medida, elas tinham e mantinham ligações com a esquerda política. Os festivais de jovens, as marchas antinucleares, as demonstrações do dia do trabalho e outras expressões de hostilidade ao *status quo* raramente não contavam com imitações de músicos de jazz estilo Nova Orleans, blues, cantores folk e *skifflers*.*

A revolução moderna – bebop – que tomou corpo em Nova York, entre 1940 e 1942, era uma revolta dos músicos, e não um movimento do público. Na verdade, era uma revolta contra o público, bem como contra a submersão do músico em inundações de barulho comercial. No entanto, era também um manifesto muito mais profundo e mal definido, em favor da igualdade racial. Os inventores dessa música revolucionária eram, sem exceção, jovens negros, a maioria com vinte e poucos anos, em grande parte ainda desconhecidos: John Birks (Dizzy) Gillespie, o trompetista; Charlie (Bird) Parker, o saxofonista; Thelonious Monk, o pianista; Kenny Clarke e Art Blakey, bateristas; Charlie Christian, guitarrista (o único que já era famoso); Bud Powell (piano); Milt Jackson (vibrafone); Tadd Dameron (arranjador); Max Roach (bateria); Kenny Dorham (trompete) e outros. A natureza de sua postura é descrita mais detalhadamente no capítulo seguinte e no capítulo sobre os músicos de jazz. O que se segue é apenas um breve resumo, suficiente para situar a revolução do jazz no quadro geral.

---

* Como esse assunto costuma despertar reações exasperadas, gostaria de salientar que nada sei a respeito da postura política dos "revivalistas" norte-americanos em geral, e dos Firehouse Five em particular, e que não estou querendo dizer que eram simpatizantes da esquerda.

O revolucionismo musical do início dos anos 1940 é inconcebível sem os levantes políticos dos anos 1930, que deram aos negros norte-americanos uma confiança cada vez maior, ao mesmo tempo que os aproximou mais das barreiras aparentemente insuperáveis que havia entre eles e a igualdade. A revolução bebop era tão política quanto musical. A hostilidade feroz contra os músicos do *Uncle Tom* (referência negativa à figura literária do "Pai Tomás" e sua associação com a subserviência negra), que pela primeira vez dividiu a comunidade dos músicos de jazz em rivalidades amargas, a insistência apaixonada em inventar uma música tão difícil que "eles" – os brancos que sempre acabavam auferindo os lucros das conquistas dos negros – "não pudessem roubar", e mesmo as peculiaridades pessoais dos novos músicos não podem ser explicadas apenas em termos musicais. Elas significavam uma determinada postura do artista e do intelectual negro em seu próprio mundo, e dos brancos, cuja designação em gíria era *ofays* – uma variação para *foe*, "inimigo" –,indicação suficiente da tensão entre as raças. A sua música seria tão boa quanto a dos brancos, até mesmo em termos de música de arte, entretanto fundamentada na cultura negra. Elas também expressavam, porém, o ressentimento e a insegurança dos negros que tinham tentado a velha receita da igualdade – emigrando para grandes centros urbanos do norte do país – e que acabaram descobrindo que quanto mais se afastavam do mundo do "Pai Tomás" mais longe estavam de um mundo onde não haveria negros ou brancos, mas apenas cidadãos norte-americanos. Além disso, eles estavam isolados mesmo dentro da comunidade negra. Eles tinham se colocado, por meio de seu talento e de suas conquistas, acima do nível dos trabalhadores comuns de onde tinham vindo, ou esperavam fazê-lo como artistas e intelectuais: acabavam, no entanto, sendo excluídos não só pelo mundo dos brancos, mas até pela classe média negra, aquela massa mesquinha de burocratas que escondia a consciência da própria impotência atrás da tentativa de construir uma frágil caricatura da respeitabilidade burguesa branca.[7] Não é de espantar que o comportamento social desses músicos fosse anárquico e boêmio, e que a sua música se constituísse em um gesto múltiplo de desafio.

Estranhamente, porém, graças aos brancos, sobretudo, pois a classe média negra não chegou a reconhecer o seu valor,[8] as conquistas dos revolucionários do jazz foram logo reconhecidas. Os profissionais brancos do comercialismo, sempre alertas para o valor material das novidades, fizeram do bop um slogan. Os jovens intelectuais brancos e boêmios, reconhecendo aí um mal-estar e uma revolta semelhante à sua própria, fizeram do jazz moderno a música da *beat generation*, o equivalente norte-americano dos existencialistas europeus. As escolas de música, instituições e universidades, menos rígidas em razão da propaganda dos anos 1930, estavam preparadas para reconhecer uma contribuição importante à cultura nativa norte-americana, mesmo que vinda de uma fonte inesperada e "não respeitável". O próprio governo estadunidense, ciente do valor propagandístico do jazz como produto de exportação cultural, enviou Dizzy Gillespie para o exterior como embaixador cultural exatamente da mesma maneira que fizera com Louis Armstrong anos antes. De 1949 a 1950 em diante, o jazz moderno não foi uma arte de "fora da lei" mais do que o havia sido o cubismo nos anos de 1930. Talvez a mudança do estilo bebop para o *cool* no jazz moderno, que ocorreu por volta desse período, reflita essa maior aceitação. Certamente ajudou o fato de o período *cool*, desde 1949, ter sido uma época na qual o jazz tenha feito esforços mais intensos e persistentes do que nunca para se fundir com a música de arte ortodoxa, embora os resultados artísticos dessa hibridização tenham sido, em geral, medíocres em termos de conquistas de música de arte. Isso também ajudou, paradoxalmente, a tornar o jazz moderno – cujos fundadores eram sem exceção músicos negros de origem plebeia – a música favorita de uma série de músicos jovens, principalmente californianos (daí a denominação "Escola da Costa Oeste").

No final dos anos 1950, no entanto, o *cool* jazz tinha sido, por sua vez, substituído por uma revolta "músico-nacionalista" ainda mais consciente dos músicos negros, que pleiteavam a volta ao blues, tocavam um som chamado *hot* (ou *hard*, como se dizia), anunciavam as suas ligações com a música gospel e, às vezes, escolhiam temas que mostravam seu anseio pelo africanismo.

Quando o cronista de jazz chega a esse ponto, surge automaticamente, em sua cabeça, a pergunta: "O que virá a seguir?" Não me proponho a respondê-la. Este livro não tem um compromisso com as profecias e, além disso, os parcos sucessos dos críticos nesse sentido – embora não inferiores aos dos economistas, por exemplo – não encorajam a especulação. A evolução do jazz tem, de forma constante, capturado a vitória por conquistas de peso a partir de desastres comerciais e hoje, talvez, a partir de estiolamentos acadêmicos. Ela também fez algumas vítimas; isso, porém, é inevitável em uma arte que é, por definição, "impura", ou seja, que opera em um ambiente musical sujeito à contaminação permanente e cada vez maior. Os críticos de jazz expressaram o seu temor e a sua inquietação diante do perigo da afirmação invariável de que "o jazz está em crise". Quase todas as discussões críticas terminam nessa mesma nota de apocalipse potencial, mesmo aquela de A. Hodeir, porta-voz do Modernismo.[9] E assim é, inevitavelmente. Desenvolvendo-se a partir de uma série de contradições, ações e realizações, o jazz precisa estar em crise constante. É bem provável que uma dessas crises verá a sua evolução enfim se fundindo com a evolução comercial ou com a evolução da música de arte norte-americana. É mais do que provável que, qualquer que seja o jazz tocado no futuro, ele não seja palatável a muitos críticos, por razões musicais ou sociais. Atualmente, entretanto, não há motivo para crer que a história do jazz tenha chegado ao fim.

Mesmo que tivesse – isto é, se o seu progresso evolutivo como o conhecemos viesse a terminar – isso não significaria o fim da música. Enquanto homens e mulheres ainda cantarem blues nos bares de Chicago, saxofonistas e trompetistas ainda gostarem de se reunir tomando uísque e comendo sanduíches de frango para tocar em *jam sessions* para seu próprio prazer, artesãos e artistas de música resistirem às pressões para que se tornem meros executantes do produto de outra pessoa, algum jazz será tocado. Poderá ser tocado em estilos que pararam de se desenvolver, mas isso não o tornará menos genuíno. O jazz, como idioma e forma de tocar, é bem-estabelecido demais para desaparecer de cena por muito tempo, e o mundo é grande. Ele poderá se provar tão indestrutível quanto o Velho Oeste, que permanece presente na imaginação do mundo todo muito tempo depois de ter deixado de existir em seu país.

" "**PARTE 2**
MÚSICA

4. BLUES E JAZZ ORQUESTRAL

Neste e nos capítulos seguintes, proponho guiar o leitor através do labirinto de estilos orquestrais e instrumentais de jazz de forma um pouco mais detalhada. Ao contrário dos outros capítulos, estes, forçosamente, farão muito pouco sentido, a menos que o leitor tenha acesso a discos e deseje escutar jazz de maneira séria. Aqueles leitores que não atenderem a um ou outro requisito são aconselhados a pular a maior parte das próximas páginas. Meu estudo é muito condensado e elementar. Há, porém, uma quantidade considerável de literatura mais especializada, disponível para aqueles que desejarem ir mais longe.

O blues

O blues não é um estilo ou uma fase do jazz, mas um substrato permanente de todos os estilos; não é todo o jazz, mas é o seu núcleo. Nenhum músico ou banda que não possa tocá-lo alcançará o auge das realizações do jazz. E o momento em que o blues deixar de fazer parte do jazz será o momento em que o jazz, como o conhecemos, deixará de existir. Não há muito o que discutir sobre o assunto. Os modernistas mais sofisticados e avançados, cheios de ecos clássicos do século XVIII, professarão, da mesma maneira que John Lewis, a sua afinidade com o blues, e com razão. O grande e revolucionário Charlie Parker observou, no último dia de sua vida conturbada, que "é uma pena ver que muitos dos jovens músicos que estão começando a aparecer não conhecem ou se esqueceram dos seus fundamentos: o blues". "É a base do jazz", disse ele.[1] Os músicos de jazz vivem repetindo, mesmo que não lhes seja perguntado, por qualquer motivo: "O blues tem de estar lá o tempo todo: é como você se sente." Ele está para o jazz como a terra estava para Anteu, do mito grego. Se ele perdesse o contato com ela, perderia a sua força. Sempre que surgia um bloqueio nas sessões, um músico grita "Ei, Charlie, vamos tocar blues", e o contato se renova.

Com relação ao jazz, o blues é tanto um estado de espírito quanto um sentimento – não necessariamente de tristeza e depressão, embora na maioria das vezes seja assim – e uma forma musical ou linguagem – não necessariamente o clássico blues de doze compassos. O blues, porém, também existe como música folclórica, fora do jazz e além dele, com sua evolução própria, que segue paralela ao jazz, porém não independente. Aí, também, isso pode significar duas coisas: a linguagem geral das músicas folk negras e um tipo específico de canção secular. Quando Marshall Stearns fala de uma parede quase sólida de tonalidade *blues* na música gospel de Mahalia Jackson, ele se refere à primeira. Quando Sonny Terry, o cantor e tocador de gaita, diz: "Se Mahalia cantasse blues, ela seria a melhor de todas", ele está se referindo à segunda. Como o blues é muito abrangente, no entanto, e uma parte importante da música negra norte-americana e do jazz, a maioria dos músicos ou amantes do jazz usa a designação sem discriminação. Há pouco risco de mal-entendidos.

No sentido mais rigoroso da palavra, o blues é uma forma poética e musical rígida. Musicalmente, parece ter se estabilizado melhor como um tema de doze compassos, embora os mais antigos possam ter sido mais curtos, e os "compostos" possam ser mais elaborados, como "St. Louis Blues", que tem dois temas distintos de doze compassos cada e um de dezesseis compassos, e "Beale Street Blues", que tem dois de doze compassos e um de oito. Poeticamente, o blues (de doze compassos) consiste em uma espécie de copla de versos brancos, sendo que o primeiro verso é repetido duas vezes, por exemplo:

> *I looked down the road far as I could see*
> *Well, I looked down the road far as I could see,*
> *Well, a man and my woman, the blues sure had poor me.*[2]

O verso e o ritmo, como seria de esperar, são extremamente flexíveis, porém os cinco acentos principais permanecem. Os aspectos poéticos serão discutidos no capítulo "Jazz e as outras artes".

Em sua forma original, o blues é, em essência, uma música "acompanhada"; mais precisamente, uma música antifônica, na longa tradição africana de "canto e resposta". A voz pode fazer duas afirmações – de 2 compassos ou 2,5 compassos cada, em um blues de 12 compassos – com uma resposta do mesmo tamanho. Elas podem ocupar, por exemplo, os compassos 2 e 3,5 e 6,9 e 10. O restante é preenchido por quebras instrumentais. Na verdade, o blues acompanhado se torna um dueto entre a voz e o(s) instrumento(s), que ecoam e respondem a ele. Quando cantor e músico estão em sintonia e são bons executantes de blues, o resultado pode ser de uma extrema beleza para o amante desse gênero de manifestação artística: como nos duetos de Bessie Smith com Louis Armstrong ("St. Louis Blues", "Reckless Blues"), com Joe Smith, talvez o seu acompanhante mais sensível ("Weeping Willow Blues"), ou James P. Johnson ("Backwater Blues"). Os blues de instrumentos em solo derivam dos vocais e preservam, na medida do possível, as características de antifonia (por exemplo, o famoso "Five O'Clock Blues" ou "How Long, How Long", de Jimmy Yancey). Por ser frequentemente tocado no mais não vocal dos instrumentos, o piano, isso pode não ficar claro. Permanece, porém, o fato de que quase todos os solos iniciais de piano "são blues, como melodia, harmonia e extensão do tema".[3]

Existem algumas discussões a respeito da "escala de blues" e sua harmonia. Sua melhor definição é, provavelmente, a que a descreve como uma adaptação das escalas europeias às africanas, ainda que muitos blues dos primórdios e a linha vocal de muitos clássicos sejam quase que por inteiro africanos; pois é mais fácil cantar tais canções como um quarto de tom do que tocá-las em alguns instrumentos europeus. A maneira mais simples de reconhecer a escala é através do uso das *blues notes*, as terceiras e sétimas (aproximadamente) abemoladas na melodia, mas não na harmonia, que é europeia. O conflito entre as duas coisas produz os efeitos característicos do blues. Essa escala tem raízes profundas no som negro norte-americano. Os sermões em igrejas negras, os quais tendem a transitar naturalmente da oratória para o canto, costumam se estabelecer com base em duas ou três notas da escala do blues – por exemplo, a tônica e a terça "blues" acima dela.[4] No blues vocal, o tema é repetido, por estrofe ou *ad lib*, com uma infinidade de variações. Um bom exemplo disso é a versão de cinco versos de "Careless Love", de Bessie Smith. Essa canção, que existe em um sem-número de versões, não é, na verdade, um blues nativo, mas uma canção elizabetana e, mais tarde, dos montes Apalaches, transformada em um blues maravilhoso e obsessivo por cantores negros:

Love, oh love, oh careless love,
You go to my head like wine.

Não existe uma razão específica pela qual o blues de doze compassos deva ser vagaroso, ou triste. No entanto, como ele também é um estado de espírito, os blues seculares mais característicos são vagarosos e arrastados em seu ritmo, e *low down* na qualidade do sentimento. *Low down* é uma qualidade tão difícil de ser definida quanto "lírica", mas poderá ser reconhecida por qualquer pessoa que tenha ouvido uma gravação de Bessie Smith.

Essa forma, essencialmente simples, tem uma infinidade de possibilidades artísticas. Em sua forma vocal, ela produziu não apenas melodias de grande beleza – por exemplo, "See See Rider", "How Long?", "In the Evening" e "Trouble in Mind" –, porém uma extraordinária expressão emotiva intensa e sensível. O blues é, em seu âmago, expressionista. A técnica está demasiado subordinada ao conteúdo e é mesmo determinada por ele. Basta ouvir a maravilhosa flexibilidade do verso cantado ou tocado por um bom artista para apreciar a maneira pela qual qualquer leve variação na entonação, no ritmo ou na melodia expressa a emoção com a maior precisão e força, como nos movimentos de um grande dançarino. Eu não acho que tenha se desenvolvido qualquer outra forma de arte capaz de transformar a emoção comum, como todos nós a sentimos, em afirmações válidas, de maneira mais direta e com a menor perda possível de intensidade. Talvez seja essa a principal razão pela qual o blues vocal é uma das raras formas de arte que, como a dança e a representação, é perfeitamente adaptável às mulheres, para quem a forma mais natural de arte é aquela que menos se separa do corpo, do gesto e da voz. No blues, as mulheres comuns, aquelas que por costume pouco articuladas exceto quando retratadas em obras escritas, pinturas ou filmes, encontraram a sua voz: se Carmen tivesse falado por si mesma, ela não teria dito o que Mérimée e Bizet disseram, mas o que disse Bessie Smith em "Young Woman's Blues":

> *I'm a young woman, and I ain't done running round.*
> *Some people call me a hobo, some people call me a bum*
> *Nobody knows my name, Nobody knows what I've done.*
> *I'm as good as any woman in your town:*
> *I ain't no high yeller, I'm a deep yaller brown.*
> *I ain't going to marry, ain't going to settle down*

I'm going to drink good moonshine, and run these browns down.
See that long, lonesome road? Don't you know it's got to end.
And I'm a good woman and I can get plenty men.

Como disse Iain Lang, sobre essa grande e espantosa cantora: "*C'est Vénus toute entière à sa proie attachée*" [Aqui está Vênus, por inteira, presa à sua presa, em tradução livre]. Mas quantas vezes Vênus falou, em vez de falarem a seu respeito? Não é, portanto, surpreendente que as melhores cantoras de blues geralmente superem os cantores, embora esses também sejam bons.

Em um nível mais complexo, o blues mostrou ser uma base singularmente adequada para improvisação individual ou coletiva em jazz, vale dizer, para a composição jazzística.

Os blues vocais seculares passaram por vários estágios de evolução.[5] O country blues parece ter emergido como forma reconhecível pelo fim do século XIX, talvez entre os menestréis viajantes. Pode ser ouvido, por exemplo, nos discos de Blind Lemon Jefferson, de Galveston, Texas (*c.* 1875 a *c.* 1930). O country blues ainda aparece nas canções populares: vozes anônimas, distinguíveis apenas por um timbre, técnica ou truque especial, cantando os blues de alguém, ainda não como um indivíduo singular reconhecível. Gravados sobretudo por homens, os country blues continuaram a ser cantados, embora modificados pela migração para as grandes cidades, pelos estilos mistos e, ultimamente, por exigência do público de jazz. Bons exemplos gravados são os de Big Bill Broonzy, Leroy Carr, Brownie McGhee, Sonny Terry e, nos Estados Unidos, por Howlin' Wolf, Lightnin' Hopkins e outros trovadores com nomes esplêndidos, a maioria dos quais mais sofisticada, mais inibida e, para dizer a verdade, artisticamente mais desenvolvida do que os seus predecessores.

O blues "clássico" surge com Ma Rainey (1885-1939). Ele é, exclusivamente, uma forma de arte feminina, cuja expressão maior é

BLUES E JAZZ ORQUESTRAL

Bessie Smith (1900-1937), seguida da própria Ma Rainey e, muito tempo depois, de várias cantoras menores, dentre as quais podemos mencionar Clara Smith, Sippie Wallace e Bertha Hill. Estava praticamente morto por volta de 1928. Sendo as canções das estrelas de *music halls*, os blues clássicos são uma arte individualizada no sentido completo. Os puristas, dos quais o jazz está cheio, ressentiram-se da perda do anonimato e da grandeza impessoal dos folk-blues, que ainda ecoavam Ma Rainey, mas os ganhos em técnica, expressividade e individualismo mais do que compensam isso. Também contava com acompanhamentos muito mais complexos dos músicos maduros de jazz e das bandas que serviram a essas *prima-donnas* dos anos 1920.

Não há necessidade de me prolongar a respeito de Bessie Smith,[6] a artista mais magnífica que já surgiu em qualquer área do jazz, pois suas numerosas gravações formam uma espécie de autorretrato. Se dermos o devido desconto pelas deficiências técnicas (elas foram colhidas, em sua maior parte, entre 1923 e 1927), veremos que esses registros nos mostram Bessie Smith em sua inteireza, com exceção da densa radiação de poder e feminilidade com que ela hipnotizava o público ao vivo. Ela "dominava o palco", diz um antigo guitarrista. "Você nem mexia a cabeça enquanto ela estivesse se apresentando. Ficava só olhando para Bessie. Não se liam jornais em nightclub onde ela se apresentasse. Ela só deixava você triste." Ela era uma mulher grande, bela, estridente, bêbada e infinitamente triste: "Ela gostava de cantar blues devagar; não queria coisas rápidas." A cantora era aquela coisa rara no jazz, ou em qualquer outra parte, uma grande artista trágica, mesmo em seus momentos de exultação; e ninguém tinha mais poder de exultação do que Bessie, cantando "*Got the world in a jug, got the stopper in my hand*", ou "*I'm as good as any woman in your town*". Foi criada nos guetos de Nashville, Tennessee, e nos shows itinerantes (*travelling tent shows*) do Sul. Ficou sozinha a vida toda, e cantava a transitoriedade do dinheiro, dos amigos, da bebida e dos homens, com a amargura desconfiada das pessoas que sabem que "não se pode confiar em ninguém, o melhor é ficar só". Artistas menores, ou menos perceptivos, na alegria temporária dos "bons tempos", esqueciam-se das agruras da vida isolada fora das comunidades, do artista criado nos guetos. Isso não acontecia com Bessie, para quem o refrão padrão do cantor de blues, "*You must reap just what you sow*" – você colhe apenas o que planta –, era de uma realidade constante e terrível. Uma rebelde amarga e invencível, ela morreu em um acidente de automóvel no Sul. Nunca houve alguém como ela.

A partir do início dos anos 1930, as jovens que poderiam anteriormente ter se tornado cantoras de blues foram ser vocalistas de bandas, cantando essencialmente um repertório de "baladas" ou canções pop normais em um estilo e com uma técnica que acompanhou a evolução do jazz orquestral. Ella Fitzgerald (1917-1996) é o melhor exemplo de cantora desse tipo produzida pelos anos 1930, e talvez, com a artista de *music hall* mais velha, Ethel Waters (1896-1977), seja a cantora de jazz mais talentosa da qual se têm gravações; Sarah Vaughan (1924-1990) é a melhor cantora produzida no clima da escola do jazz "moderno". O blues clássico desapareceu do cenário ou se transformou, nos anos 1930, no que pode ser chamado de blues de cabaré, que difere das canções de *music hall* na mesma medida em que, por exemplo, as primeiras canções de Gracie Fields diferem das de Yvette Gilbert. A melhor cantora desse tipo mais íntimo e sofisticado é, incomparavelmente, a mágica "Lady Day", Billie Holiday, que, aliás, foi a única a conseguir um sucesso absoluto a partir de uma canção artística, o poema de protesto contra o linchamento chamado "Strange Fruit".[7] Entre as principais cantoras negras seculares, porém, a evolução deu-se fortemente fora do blues formal; tanto é assim que algumas delas são incapazes de cantar um blues clássico.

A tradição do blues pós-clássico recaiu em mãos do modesto cantor urbano, que provavelmente emergiu do country blues logo após a formação do clássico; digamos, nos anos 1920. Homens em sua grande maioria, embora também algumas mulheres – Bessie Jackson (pseudônimo) e Yas Yas Girl talvez mereçam citação. Eles o desenvolveram em especial como uma canção do submundo urbano. Musicalmente, talvez a principal conquista tenha sido acelerar o andamento, que adotou cada vez mais o ritmo insistente do jump, e que desde então fez fortuna como música pop. Os melhores intérpretes desse gênero são homens, quase sempre pouco conhecidos em termos de gravações inglesas, como Sonny Boy Williamson, que cantava e tocava gaita, e os *blues shouters* de Kansas City, que foi o primeiro grupo de cantores de blues a se integrar no jazz orquestral, e Joe Turner e James Rushing, vocalistas da banda de Count Basie. Aqui, novamente, a evolução se deu fora dos country blues tradicionais, em parte pela absorção das influências pop, em parte pelo cruzamento com o arrebatamento rítmico da música negra das igrejas urbanas.

As canções religiosas dos negros diferem do blues secular na medida em que permaneceram primordialmente coletivas. O coral de gospel e o grupo de gospel até hoje produzem muito mais música negra de igreja do que o cantor individual de gospel. A evolução dessa música não foi estudada nem de longe como o foi o jazz secular, o blues, em parte porque até pouco tempo atrás havia bem menos gravações desse tipo. É, portanto, impossível esboçá-la hoje em dia, ainda que esquematicamente, de uma maneira adequada. No entanto, alguns pontos genéricos devem ser notados.

O primeiro deles é que a religião, notadamente uma instituição conservadora, preserva as características arcaicas e muitas vezes africanas em sua música, de maneira muito mais clara do que todas as outras instituições, com exceção das canções de trabalho, *field hollers* e outros precursores do jazz, que desapareceram rapidamente. Em segundo lugar, ela opera em um ambiente urbano moderno. A base da música gospel está no inchaço dos guetos das grandes cidades, onde as igrejas – desde os meros tabernáculos de uma porta até os templos capitalistas da classe média – fornecem, de longe, o centro comunitário mais importante para o imigrante. Desde os anos 1930 e marcadamente nos anos 1950, esse grande mercado em expansão levou a uma comercialização da música religiosa, sendo a religião talvez a maior empresa isolada sob controle dos negros. O grupo de gospel profissional ou semiprofissional, cantando para igrejas e reuniões *revival* que não as suas próprias, para a estação de rádio local dos negros – com a sua programação contínua de encontros *revival*, canções gospel e rhythm and blues (R&B) – são conhecidos de todos os estudiosos do negro urbano de hoje. Em terceiro lugar, essa comercialização levou a uma modificação da música gospel. A minha impressão – e no nosso estágio de conhecimento atual, deve-se ter cautela – é que ela tendeu a produzir, de um lado, o grande coral cada vez mais europeizado e, do outro, o grupo explorando os truques mais óbvios para provocar a histeria do reavivamento, por exemplo, a repetição rítmica acentuada e infinita e os padrões de *hot-gospelling* de canto e resposta.

As músicas gospel em coral foram provavelmente pouco influenciadas pelo jazz secular, mas a sua própria influência foi profunda, notadamente, nas grandes orquestras de swing. Além disso, nos anos 1950 a técnica gospel comercializada era universalmente adotada para propósitos seculares, como o rock and roll. A grande voga das canções de igreja também ajudou – no final dos anos 1950 – a levar o patrimônio do blues de volta à corrente principal do jazz moderno, introduzindo-o em uma geração de músicos que havia aprendido a desprezá-lo por ser antigo e simples, e que ignorava quase totalmente o blues vocal, como a maior parte do jazz pré-moderno.

Alguns cantores itinerantes e isolados de gospel, semelhantes aos *bluesmen* seculares, ainda existiam. Um deles, Blind Willie Johnson, ganhou uma certa popularidade por um curto espaço de tempo durante a Depressão, quando a fome e o desconsolo ecoavam seus desesperados apelos a Deus.[8] No geral, porém, o cantor solo de gospel parece ter gradualmente se individualizado, a partir de uma mistura complexa de canções de coral e improvisação particular no serviço religioso negro tradicional, onde a única voz de fato pessoal era a do pregador, que ia, inconsciente, da prosa rítmica para o canto. Dentre esses, os mais relevantes eram as mulheres, que só começaram a gravar em quantidade na década de 1930. A melhor de todas é, de longe, Mahalia Jackson (1911-1972), uma grande artista que combinava uma voz soberba com uma emoção maravilhosa e um sentido inequívoco de construção de solo.

Formalmente, a canção gospel costuma estar distante do blues de doze compassos; porém, os cantores de gospel são, assim mesmo, tão "blues" quanto qualquer cantor secular, e os melhores deles podem recriar a extraordinária expressividade emotiva do blues clássico, mesmo que a emoção expressa seja a alegria da salvação, ou o fervor da fé, em lugar da tristeza secular. Como um integrante da Sanctified Church, em Mount Vernon, supostamente disse: "Mahalia, ela acrescenta mais flores e plumas do que ninguém, e todas elas exatamente certas." Isso é o blues. Pode muito bem ser, no entanto, que a tendência da canção gospel tenha sido no sentido de alcançar um estilo muito mais barroco do que o que se encontra no estilo clássico do melhor blues secular.

O blues instrumental pode ser mais bem discutido sob as nomenclaturas do jazz orquestral e dos estilos instrumentais.

Os estilos do jazz

No capítulo 3, enumeramos e esboçamos em linhas gerais os principais estilos de jazz. No restante deste capítulo e no próximo, tentarei explorar esses estilos com mais detalhes. Como todos os historiadores eruditos, os experts em jazz são, naturalmente, muito dados a discutir onde um "estilo" ou "escola" termina e outro começa, e as subdivisões usadas por mim estão abertas a muitas discussões desse tipo, das quais nem o leitor nem o autor precisam participar. O único ponto a ter em mente é que o aparecimento de um novo estilo não significa o desaparecimento do antigo. Hoje em dia, por exemplo, todos os estilos discutidos a seguir são tocados aqui e ali, exceto talvez o ragtime e os estilos da Costa Leste dos anos 1920. Alguns, no entanto, deixaram de se desenvolver.

O ragtime[9] era essencialmente um estilo pianístico em vez de um orquestral que, por se tratar de música "escrita" e mais exatamente de uma maneira de tocar música comum – quase qualquer obra pode ser *ragged* –, aos poucos ultrapassou as tradições do jazz. Sua característica musical fundamental é a síncope, na qual vários outros dispositivos rítmicos são superpostos. A forma de suas composições é, como sugere Stearns, uma espécie de rondo derivado de minuetos, *scherzos* e até marchas. No entanto, o ragtime foi adaptado para a banda de jazz no período antigo, notadamente pelo pianista arranjador e *band leader* extraordinariamente talentoso e dissoluto, Ferdinand "Jelly-Roll" Morton (1885-1941), em cujas gravações de seu conjunto Red Hot Peppers, de meados da década de 1920, pode-se ouvir essa adaptação feita à perfeição. Os *rags*, ou peças com tonalidades de *rag*, também se tornaram parte do repertório básico do jazz de Nova Orleans, mas, para ser mais exato, da música Dixieland que resultou daí, e podem ser ouvidos ainda hoje em qualquer banda de jazz tradicionalista, em músicas como "Maple Leaf Rag", "Eccentric", "That's a Plenty" ou "Muskrat Ramble", "Original Dixieland One Step" e "Ostrich Walk".

O primeiro estilo do jazz "antigo" foi o de Nova Orleans,[10] e suas origens na música de banda militar ainda são evidentes. Sua instrumentação consiste, normalmente, em uma corneta (a partir da metade dos anos 1920, também trompete), clarineta, trombone, tuba (posteriormente baixo), tarol e bumbo. O banjo (mais tarde a guitarra) foi acrescentado mais tarde, como o piano, que obviamente não tinha lugar nas carroças ou nas mãos de músicos itinerantes. Era um instrumento solo para ragtime ou blues. O saxofone nunca encontrou lugar na música de Nova Orleans. A técnica instrumental combina a vocalização africana dos negros da cidade com o estilo ortodoxo francês *créole*, especialmente, é claro, nos instrumentos de sopro de madeira. Assim, Johnny Dodds toca uma clarineta tecnicamente medíocre, porém maravilhosa no "blues" e vocalizada, enquanto Bigard ou Simeon tocam a clarineta *créole*. O repertório, que mesmo os mais lúgubres inimigos do jazz admitem ser alegre e melodioso, derivava mais uma vez das danças e marchas europeias, com a dominante influência francesa e uma "tonalidade espanhola" marcante, graças à proximidade do Caribe. As derivações reais foram, em muitas instâncias, estabelecidas, por exemplo, pelo "Tiger Rag", que vem de uma quadrilha. Embora Nova Orleans conhecesse o blues, esse parece nunca ter sido tão integrado ao seu jazz como ao dos músicos de Kansas City ou de Duke Ellington, anos mais tarde; talvez por causa da força dos *créoles*, com sua tradição musical dominante e muito pouco "blues". O blues em Nova Orleans era visto sobretudo como música de bordel. Apenas depois de 1914, aproximadamente, é que se estabeleceu um elo firme entre o blues e o jazz instrumental. Com respeito ao country blues, sua absorção na tradição de Nova Orleans é produto ou invenção dos fãs intelectualizados de jazz dos anos 1940. Quando Leadbelly, o trovador do campo, visitava a cidade, ele a odiava, e ela o mantinha no ostracismo.[11]

A principal característica do jazz de Nova Orleans era a polifonia vocal de três partes. A corneta sustentava a melodia principal e a banda, o clarinete, com a sua capacidade de se fazer ouvir por sobre uma massa de ruídos, enchia a sua própria melodia de maneira mais elaborada por entre as principais notas, respondendo a elas, e o trombone estabelecia um contraponto metálico à corneta. A seção rítmica estabelecia uma batida firme, normalmente acentuando duas das quatro batidas de um compasso, mas de início com pouca síncope ou sutilidade rítmica. A complexidade melódica e rítmica da música surgia do inter-relacionamento de todos os instrumentos que improvisavam coletivamente, sem muita oportunidade de longas pausas instrumentais individuais ou solos. Mais tarde, isso tendeu a se transformar em uma forma musical de três partes: uma seção de abertura, na qual os instrumentos, liderados pela corneta, tocavam juntos; uma seção média, na qual os músicos individuais podiam mostrar seu ritmo em solos ou duetos; e uma seção final, na qual todos voltavam a tocar juntos: um dos sons mais estimulantes do jazz. O estilo anterior é ilustrado pelas gravações (francamente tardias) de jazz negro de Nova Orleans do início dos anos 1920, da banda de King Oliver, e o último pelas muitas gravações arrebatadoras dos Hot Five de Louis Armstrong.*

O estilo negro de Nova Orleans foi adotado pelas bandas brancas da cidade, que o tocavam de maneira menos comovente e pouco lhe acrescentavam (o estilo Dixieland). Nos anos 1920, sob a influência do ambiente musical e social em mutação do Norte, o estilo evoluiu em direção a uma maior *finesse* instrumental e rítmica e a um maior individualismo. Esta evolução pode ser rastreada nas gravações de Louis Armstrong que, segundo os puristas do estilo, tinha deixado de tocá-lo em 1928. As únicas experiências interessantes em termos de um ragtime jazzístico de Nova Orleans, composto e ensaiado, também ocorreram durante esse período, sob o comando de "Jelly-Roll" Morton.[12] No geral, entretanto, o estilo era inadaptável. Sua única ramificação foi o "estilo de Chicago", de músicos brancos e do Meio-Oeste, desenvolvido entre os jovens que, deliberadamente, copiavam os músicos de Nova Orleans.

---

* Os especialistas em música de Nova Orleans observarão que esse esboço esquemático simplifica grandemente uma longa evolução musical, mesmo dentro do jazz primordial de Nova Orleans, mas aqui não há lugar para maiores detalhes.

BLUES E JAZZ ORQUESTRAL

O estilo de Chicago[13] difere do de Nova Orleans em vários aspectos importantes. Ele introduz, embora apenas de forma vacilante, saxofones na polifonia de Nova Orleans, deixa de lado o trombone e – outra absorção das influências da música pop – adota as canções pop como base do repertório de jazz: a maioria dos discos clássicos de Chicago é constituída de versões *hot* de *hits* da época, "Liza", "Sugar", "I've Found a New Baby" etc. No entanto, o problema de usar músicas pop como um fundamento adequado para o jazz não foi resolvido a não ser muitos anos mais tarde. O jazz de Chicago também é muito mais individualizado. É representado acima de tudo por músicos – Bix, Teschemacher, Tough, Spanier, Floyd O'Brien – mais do que qualquer outra coisa. Esta é uma das razões pelas quais, como Berendt observou com perspicácia, não existe banda grande ou pequena para representar esse estilo, pois King Oliver ou os Hot Five encarnavam o estilo Nova Orleans tardio. (A outra razão é econômica.) Existem apenas indivíduos tocando juntos, em conjuntos que mudam casualmente. Por último, embora seja difícil colocar o dedo nessa ferida, nas melhores gravações de Chicago, existe uma atmosfera peculiar e distinta, que pode ser descrita como "não relaxada" ou "pouco à vontade". As metáforas que surgem à mente para gravações de "I've Found a New Baby" ou "There'll Be Some Changes Made" pelos Chicago Rhythm Kings são literárias, da era de Scott Fitzgerald e Hemingway; o que Wilder Hobson chamou de "eloquência durona" do blues de Chicago, como "Home Cooking", é o estilo em prosa de Hemingway traduzido em jazz. Em última análise, porém, Chicago foi muito menos um estilo específico do que um lugar em que "o garoto branco [Bix] descobriu a corneta". A música de Chicago vai desde apresentações que são praticamente Nova Orleans branco ou blues branco, até aquelas como as de Bix e Teschemacher, que são desdobramentos brancos bastante originais.

O estilo branco *Eastern*, do Leste, da metade e do fim da década de 1920, é raramente chamado por esse nome, mas as gravações feitas por bandas sediadas no Leste, como Red Nichols and His Five Pennies, Miff Mole and His Little Molers, o Venuti-Lang Blue Four e outras, também foram influentes em sua época, e têm um caráter tão consistente que merecem um título especial. Suas origens encontram-se mais no ragtime e no jazz tipo Dixieland, do que no Nova Orleans tradicional, embora tenha havido um contato em segunda mão com esse, via migrantes de Chicago e do oeste que chegaram a Nova York no final da década de 1920. Era uma escola branca, produto de músicos brancos, mas sem dúvida "antiga", pois prosperou nos anos 1920 e não fez qualquer tentativa de tocar *hot* jazz, a não ser por alguns pequenos conjuntos característicos. Vários membros desse grupo, no entanto, tornaram-se líderes de grandes orquestras de swing nos anos 1930: os Dorsey, Glenn Miller, Benny Goodman – originalmente de Chicago. O estilo branco do Leste é uma espécie de jazz de música de câmara, uma linha que parece muito apropriada para músicos brancos, da qual gravações dos grupos Nichols, dos Blue Four e de Bix-Trumbauer são bons exemplos. Existe elegância e acabamento, mas praticamente nenhum sentimento do blues. As influências ortodoxas são marcadas, por exemplo, na suavidade instrumental. A instrumentação, embora tradicional (como no original do Memphis Five: trompete, trombone, clarineta, piano, bateria), também deriva ecleticamente da música pop leve e da ortodoxa. O violino, a guitarra, os saxofones, incluindo instrumentos novos como o sax baixo (A. Rollini), são comuns. Na verdade, a coisa mais próxima dos *easterners* [do leste] dos anos 1920 é encontrada nos pequenos conjuntos de *cool* dos anos 1950, embora estes abordem a música leve ortodoxa via ambições clássicas sérias do *hot* jazz, em vez de emergir um pouco fora dela por meio da influência do *hot* jazz.

Como as combinações Napoleon, Nichols, Mole, Venuti-Lang, que produziram muita música agradável e de bom gosto em seu tempo, os grupos modernos desse tipo desfrutam de uma reputação bastante exagerada ainda hoje (1958). Os *easterners* também são, hoje em dia, igualmente subestimados, de forma grosseira, em círculos de jazz. Suas conquistas mais interessantes encontravam-se na técnica instrumental, e é significativo que os tons suaves, leves, bem-educados de seus instrumentos tenham influenciado os músicos *cool* modernos, cujo ancestral, o saxofonista Lester Young, afirma ter imitado o principal músico branco, Trumbauer.[14] Pode-se argumentar que, se os *easterners* e alguns *chicagoans* [de Chicago] tivessem continuado a se desenvolver, estariam tocando música parecida com o bebop,[15] ocupando então um lugar importante na evolução do jazz. De qualquer maneira, a alegação de que o jazz branco fez contribuições realmente originais à música deve ainda se alicerçar sobretudo nas tradições da Costa Leste e de Chicago. Para dizer a verdade, no entanto, ambas levaram a becos sem saída.

Embora o "período médio" do jazz pertença aos anos 1930, certas transformações dos anos 1920 devem ser a ele ligadas, pois trata-se, essencialmente, da adaptação do jazz à grande orquestra. Por padrões ortodoxos, as bandas ainda não são muito grandes, quatorze ou quinze músicos, em contraposição a sete ou oito do estilo Nova Orleans. Uma configuração típica seria a da Orquestra de Duke Ellington no início dos anos 1930: três trompetes, três trombones, quatro palhetas, piano, baixo, guitarra, bateria. Esse ainda é o padrão básico de uma grande orquestra, com algumas variações ou o eventual acréscimo de um instrumento diferente. É óbvio que o uso sistemático dos saxofones e o aumento do número de integrantes provocaram mudanças musicais fundamentais, no mínimo porque é impossível se obter uma polifonia coletiva do velho estilo, improvisada ou não, com dez instrumentos melódicos. Como Borneman salientou, acima de quatro linhas melódicas isso se torna incontrolável. Em uma palavra, a ascensão das grandes orquestras coloca o problema do estilo instrumental, do arranjo e da composição.

Como esses problemas não foram resolvidos de maneira universal, fica difícil enquadrar as *big bands* em estilos e escolas. O pioneiro Fletcher Henderson (1898-1952)[16] começou com um grupo pop negro, que gradualmente foi transformado em jazz, importando músicos adequados ou utilizando repertório de Nova Orleans. A qualidade *hot* dos seus músicos fez com que o jazz se impusesse mesmo em arranjos que a princípio espelhavam orquestras *sweet* comuns, como a de Paul Whiteman. Seu talentoso arranjador, Don Redman (que mais tarde tornou-se o cérebro de grandes bandas negras como a McKinney's Cotton Pickers) desenvolveu o que mais tarde se chamaria de "fórmula do swing" e que consiste, essencialmente, em passagens de partitura conjunta (*scored ensemble*) para todos os instrumentos de sopro e grupos melódicos alternados – metais e palhetas, trompetes, trombones e saxofones –, construindo um pano de fundo rítmico antifônico sempre que se desejasse tal efeito dramático para os músicos que solavam. Dessa maneira, tratava-se da tradução da antifonia da canção gospel africana para as várias seções das orquestras.* A maioria desses arranjos de primeira fase era desajeitada e levava a marca da época, como um lavrador vestindo o seu primeiro smoking. A qualidade dos solistas, o balanço, e o vigor das passagens em conjunto emprestam às bandas, como as de McKinney, Luis Russell, Claude Hopkins ou a Blue Rhythm Band, qualquer interesse permanente que elas possam ter. Alguns conjuntos menores, extraídos das mesmas bandas, foram mais bem-sucedidos, como os admiráveis Chocolate Dandies, por exemplo. A prática de constituir subunidades temporárias a partir de integrantes de grandes orquestras se tornou comum a partir de então. Duke Ellington recorreu a ela com frequência.

Apenas uma das primeiras *big bands* foi mais longe: a de Duke Ellington, de 1926.[17] Ela se mantém, em relação às concorrentes, em uma

---

* Devo este ponto, como na verdade muitos outros neste capítulo e no próximo, a Charles Fox.

BLUES E JAZZ ORQUESTRAL

posição análoga à de Shakespeare em relação ao resto dos dramaturgos elizabetanos – *toutes proportions gardées* [respeitando as devidas proporções] –, não podendo, portanto, ser enquadrada em qualquer escola ou mensurada por outros padrões musicais. Ellington (1899-1974), que foi o talento mais importante produzido pelo jazz até hoje, resolveu de forma triunfante, na primeira tentativa, o triplo problema da *big band* de jazz: a composição do repertório, o problema da orquestração e (por uma seleção judiciosa de músicos) a questão dos estilos instrumentais. É bem verdade que ele fez isso de maneira extremamente individual, fora do alcance de outros, que não contavam nem com seus múltiplos talentos nem com seu instrumento singular, uma grande orquestra permanente. Embora sofisticadas, essas realizações são, quase que invariavelmente, deduções diretas dos princípios fundamentais do jazz improvisado original, popular e espontâneo.

    Ellington toca, em especial, composições próprias (que são, naturalmente, resultado da colaboração entre ele e seus músicos). Porém, ele também adaptou, de forma brilhante, formas padrão a seus próprios fins. Ele deu ao blues uma forma orquestral, baseando-se em suas harmonias, desenvolvendo a melodia e traduzindo as suas antifonias em termos orquestrais. O músico improvisador retém a sua antiga liberdade dentro de uma moldura de jazz "composto", mesmo que fique privado de um *break* ou de uma *cadenza*. Tanto a construção das obras de Ellington quanto as linhas escritas, ou deixadas em aberto para seus solistas, baseavam-se, principalmente, na antifonia do blues, de modo que as composições, muitas vezes, tendem para o dueto ou para o concerto em miniatura, e os solos dos músicos tendem, com maior frequência, para as improvisações breves em resposta aos acompanhadores de blues, do que para os longos *choruses* do músico que improvisa livremente. Com relação à balada pop, ele "deixou de lado a linha melódica, que geralmente não tinha nenhum sentido, e desenvolveu (suas) harmonias cromáticas diatônicas",[18] que, do ponto de vista da tradição do jazz, eram novas e interessantes. Embora a música de Ellington pareça estar adiante do jazz antigo em direção a um tipo de música erudita, ele não tentou introduzir nada da arquitetura intelectual da música clássica como fizeram alguns compositores de jazz moderno. A sua preocupação foi mesclar as cores da orquestra e a expressão dos estados de espírito, ambas tarefas às quais o jazz se prestava com facilidade. Entre os músicos clássicos, portanto, ele achou compositores como Debussy, Delius ou Ravel muito úteis, embora parecessem tê-lo influenciado de forma indireta e não em primeira mão. As composições de Ellington são essencialmente – se tivermos de usar analogias ortodoxas – românticas, mais do que clássicas. Elas tendem, se é que se pode dizer, mais a pintar pequenos quadros impressionistas que se transformam em suítes ("Creole Rhapsody", "Black Brown and Beige").

Para ser sincero, seu sucesso como artista é provavelmente menor do que como inovador. (O quanto isso pode ser atribuído às imensas dificuldades de se tentar construir música erudita séria a partir e dentro do entretenimento comercial de massa, e começar quase que sozinho, do nada, é assunto para discussão.) Embora nenhum compositor ou orquestra tenha mantido um nível tão alto de inteligência musical e de descobertas, e apesar de seus platôs – 1929-1933, 1939-1941 – terem sido de fato muito altos, poucas de suas gravações terão, individualmente, a imortalidade de algumas obras-primas de Bessie Smith ou Armstrong. Aquelas com essa eternidade assegurada devem tanto à planejada glória de seus solos quanto à sua composição, como é o caso do notável "Concerto for Cootie", para o qual A. Hodeir escreveu uma análise de 21 páginas. A música de Ellington é um processo de descoberta mais do que uma série de conquistas. É característica de alguém que, durante toda a sua carreira, retomou, desenvolveu e aprimorou suas primeiras composições. Assim, obras como a pioneira "East Saint Louis Toodle-Oo" (1926) ou "Black and Tan Fantasy" (1927) existem em uma série de versões. Suas principais fraquezas estão em uma eventual propensão à doçura e à ostentação – menos marcadas nas apresentações informais dos subconjuntos da banda de Ellington –, uma tendência inicial de utilizar efeitos *jungle* e, de fato, uma ocasional vulgaridade pretensiosa. Seu lugar na história da música, no entanto, está firmemente assegurado. "Ele pode ser chamado de Haydn do jazz, pois reconstruiu todo o antigo material do jazz em termos de um novo som exigido por seu tempo, como Haydn costurou os elementos de canções folclóricas, óperas cômicas, serenatas e música de rua, introduzindo-as na sinfonia florescente."[19]

Sua contribuição mais duradoura ao jazz orquestral foi a descoberta de que as orquestras podem ter um som "próprio", isto é, uma cor orquestral, com a palheta sendo mesclada pelo compositor-arranjador a partir das cores individuais dos músicos cuidadosamente escolhidos para tal propósito. O som de Ellington é inconfundível. Contém uma mistura de cores de Nova Orleans – especialmente a clarineta *créole*, que só ele, dentre todos os *band leaders* até hoje, usou de maneira consistente –, o som blues do metal cuidadosamente controlado, sobretudo quando tocado com surdina, e um som de palhetas bem mesclado, originalmente baseado no jogo entre o sax barítono (outro instrumento grandemente confinado a essa banda) e o alto. Ele desenvolveu essa mistura a partir da personalidade dos músicos, notadamente Bubber Miley e Cootie Williams, trompetistas; "Tricky Sam" Nanton, trombone; Barney Bigard, clarinete; Harry Carney, sax barítono; e Johnny Hodges, sax alto. O som, porém, sobreviveu à morte ou à saída deles. Muito depois de seu trabalho pioneiro, outras orquestras descobriram as virtudes de um "som" como marca registrada, e isso tem sido amplamente explorado – em sua melhor expressão em orquestras como a de Lunceford (1934-1939) e a de Basie (a partir de 1936), e da forma mais comercial em bandas como a de Glenn Miller.

O único outro estilo de jazz que, de maneira muito menos consciente, alcançou uma revolução semelhante, foi o de Kansas City.[20] Aqui, baseando-se não tanto no jazz de Nova Orleans e nos elementos da música de entretenimento metropolitana leve, mas no músico de jazz individual e no country blues urbano, aconteceu a segunda integração do blues no estilo das *big bands*. Esse processo foi exatamente o oposto do de Ellington: a simplificação ao invés da elaboração. A improvisação coletiva em contraponto de Nova Orleans reduziu-se a simples frases repetidas, uma base sólida que permitia aos músicos tomar pulso firme da melodia, das harmonias e do padrão rítmico antes de ir adiante nos caminhos de seus solos individuais. Os principais temas para essas improvisações eram músicas pop e, mais do que tudo, os blues de doze compassos, cujos acordes e forma todos conheciam, permitindo liberdade total para seu desenvolvimento. O blues assim adaptado tornou-se a base tanto para números rápidos quanto para lentos – não há nada na forma do blues que imponha a tristeza – e trabalhos de conjunto. Aí foi normalmente simplificado quase até o nível de riff, a frase melódica de blues repetida, tocada entre e depois de solos, que é tão característica do produto mais bem-sucedido de Kansas City, a orquestra de Count Basie.

Tendo sido desenvolvida pelos músicos para a sua própria conveniência, essa aparente regressão ao primitivismo tinha três vantagens musicais principais. Em primeiro lugar, fornecia uma estrutura flexível para o jazz de *big bands*, que poderia ser adotada mais amplamente do que a técnica individualíssima de Ellington, ou talvez até mesmo de Redman; e foi assim adotada. Em segundo lugar, e mais importante, permitia às *big bands* absorver diretamente os elementos mais prósperos e vigorosos da música folk negra, o blues cantado e o blues de piano. O estilo de Kansas City é o único que utilizou cantores de blues raiz como vocalistas de bandas e parte integrante da orquestra, por exemplo, James Rushing. Em terceiro lugar, e mais importante do que tudo, permitiu e até incentivou a mais apurada inventividade técnica e espírito de aventura entre os músicos. Por essa razão, o estilo de Kansas City, mais do que qualquer outro, tornou-se a incubadora da revolução musical no jazz, ao mesmo tempo que seus inovadores mais radicais, como Parker, permaneceram enraizados no blues. O estilo pode ser escutado em sua expressão máxima nas gravações da orquestra de Count Basie: uma combinação inconfundível do uníssono dos metais, movimento rítmico sólido e solos de blues.

Os outros estilos de jazz do período médio, criados principalmente no Harlem e em outros grandes guetos negros da região Norte, são menos facilmente classificáveis por tipo, exceto o *Harlem jump*, "o ritmo mais constante desenvolvido no jazz",[21] uma batida urbana, acelerada, fundindo o ritmo gritado da congregação de gospel da cidade com o ritmo de dança dos salões de baile dos grandes centros.[22] Geralmente vulgar e ostensiva, essa "música do Harlem", que costumava ser tocada por não nova-iorquinos, tendia ao comercialismo. Seus vocalistas são cantores de baladas e não de blues, seus músicos tocam truques acrobáticos e geralmente conseguem um frenesi rítmico como instrumento de venda. Em sua melhor expressão, como nas bandas de Chick Webb (1926-1939) e Lionel Hampton (a partir de 1934), gera um balanço irresistível, embora seus músicos tecnicamente brilhantes tenham, a não ser no caso dos *bandleaders*, menos liberdade do que em Kansas City. No entanto, os músicos dessas *big bands* também contribuíram para a revolução do jazz. A não ser por seu ritmo, o "Harlem" não pode ser visto como um "estilo", mas como uma vitrine, um ponto de encontro para músicos talentosos e agitados. A tradição nova-iorquina de solo (piano) seguiu um caminho muito diferente.

Os denominadores comuns de todos esses tipos de jazz do período médio são o virtuosismo técnico extremado e o swing, que é um outro aspecto da mesma coisa. Não há dúvidas a respeito do desenvolvimento do domínio da técnica, embora isso não deva ser confundido com um aumento da expressividade emocional. O jazz, afinal, se destina ao máximo de expressividade emocional, mesmo com bagagem técnica eficiente e, embora Louis Armstrong fosse provavelmente incapaz de produzir a pirotecnia de um Shavers ou Gillespie em seu trompete, ele nunca teve dificuldade de garantir seu posto como artista. No entanto, o jazz do período médio é para os virtuoses, e foi formado, em grande medida, pela primeira geração a explorar ao máximo as possibilidades técnicas de seus instrumentos. Uma sofisticação técnica semelhante aconteceu com a bateria. O jazz antigo (ragtime e Nova Orleans) tinha usado uma batida que ainda lembrava a música europeia, acentuando o primeiro e o terceiro tempos do compasso. Suas derivações – Dixieland, a música de Chicago etc. –, embora ainda fossem jazz de "dois tempos", tendiam a marcar os *off-beats*. Com o swing, no entanto, entramos em um período de jazz de "quatro tempos", com compassos marcados de maneira uniforme, mas ainda com uma tendência instintiva de acentuar os *off-beats*. Os ritmos resultantes e as variações rítmicas são muito mais sutis e produzem aquele balanço vibrante e vivo que é chamado, por falta de um termo melhor, de swing. Porém, como Hodeir observa, esse fenômeno essencialmente rítmico não se restringe à percussão. No jazz, todos os instrumentos têm funções rítmicas e melódicas, e é por isso que o swing, como fenômeno geral, era uma possibilidade remota até que se alcançasse um determinado nível de domínio técnico. Os novatos, com um pouco de sentimento, podem produzir uma imitação "passável" de uma banda de metais de Nova Orleans, ou mesmo um bom número de Dixieland, mas nenhum produz um "Flying Home" como o de Lionel Hampton.

Embora não se previsse àquela altura, hoje podemos ver que o jazz moderno se desenvolveu logicamente do período médio, parte como um prolongamento dele, parte como uma reação contrária.[23] Aqui devemos nos ater apenas aos aspectos estilísticos e musicais dessa revolução do jazz, que pode ser comparada às revoluções do século XX em termos de

BLUES E JAZZ ORQUESTRAL

pintura moderna e música clássica.* O público de jazz sempre esteve dividido, porém, antes da revolução modernista, essa divisão normalmente só se dava em termos de "puristas" e "impuristas"; isto é, entre aqueles que queriam preservar o jazz das inovações porque acreditavam que levava, em última instância, ao horror da comercialização, e aqueles que reconheciam com relutância que nem todas as inovações transformavam o jazz em música pop. O modernismo, porém, produziu escolas de "puristas" rivais, embora, em seus primeiros estágios, os defensores do jazz "puro" do velho estilo quisessem vê-lo apenas como mais um novo truque comercial. O jazz moderno, no entanto, estava longe de ter como objetivo o apelo de massa. Ao contrário, foi o primeiro estilo de jazz a virar deliberadamente as costas para o público comum e criar música apenas para iniciados e experts. Os perigos que o assolam não se referem à degeneração pelo sucesso comercial.** Até hoje o seu público permanece consideravelmente menor do que o do jazz pré-moderno.[24] A tentação tem sido escorregar para alguma coisa cada vez mais difícil de ser distinguida da música erudita (e, em circunstâncias normais, uma música erudita bem medíocre, por sinal).

A melhor maneira de explicar a sua gênese musical é dizer que os músicos se cansaram e se frustraram com a música cada vez mais padronizada e repetitiva das *big bands* dos anos 1930. (Os primeiros revolucionários do bop vieram, quase todos, dessas *big bands*: Gillespie era o trompetista de Teddy Hill e Cab Calloway; Charlie Parker era o sax alto de Jay McShann; Kenny Clarke era baterista de uma série de bandas; Charlie Christian era o guitarrista de Goodman.) Apesar de haver algumas grandes bandas de bop ocasionais, como a de Gillespie,

---

* Outros aspectos dessa revolução são discutidos nos capítulos 3, 9 e10.

** Embora ele tenha produzido alguns artistas que, por sua individualidade marcante, possam vender muito mais do que muitos músicos "populares", como Miles Davis.

Herman e Eckstine, o jazz moderno é, essencialmente, uma música de pequenos conjuntos. Tratava-se também de uma reação ao entretenimento do público leigo, grande ou pequeno: era música para músicos. Com isso, naturalmente, desenvolveu-se a tendência ao virtuosismo do período médio a níveis até então não sonhados: Parker conseguia manter o swing tocando 360 semínimas por minuto, algo até então tido como impossível.[25] Clarke e seus imitadores tentaram fazer com que as suas baterias não tocassem apenas ritmos, mas canções. Christian toca a sua guitarra elétrica como se fosse um instrumento de sopro, J. J. Johnson tocava o seu trombone como se fosse um trompete. Na verdade, não importa o que se ache do valor musical, as conquistas técnicas dos modernos em si são surpreendentes.

Da mesma maneira, os revolucionários assumiram um nível tal de sofisticação musical que automaticamente transformaram o jazz em atividade de elite. O ritmo bop não marcava mais o *beat*, a não ser por uma agitação do prato em *legato*, em uma espécie de tremor rítmico pelo qual a pulsação básica podia ser vislumbrada. Os músicos deveriam "presumir" o tempo, sobre o qual eram tocadas complexidades rítmicas de uma sutileza quase africana.* Esperava-se que eles soubessem qual era a melodia, pois os modernistas já não improvisavam em cima de um simples tema – normalmente a balada pop –, mas construíam um novo com base nas harmonias do antigo e improvisavam em cima disso, modificando levemente as harmonias enquanto o faziam, ou mesmo elaborando o processo. Em sua opinião, o músico realmente competente tinha de ouvir não apenas o tema final e a sua improvisação muitas vezes remota, mas, por trás disso, o tema original não tocado: um dueto entre a música efetivamente tocada e a música fantasma da qual havia

---

* Na medida em que a batida era efetivamente articulada, ela podia variar de um lugar para outro, de um instrumento para outro, embora a tendência fosse a de deixá-la com o baixo.

derivado. (Muitas vezes, eles não se davam nem mesmo o trabalho de indicar o título do tema original: esperava-se que o músico competente o conhecesse ou reconstruísse.) Tratava-se de um teste de conhecimento técnico tão complexo quanto seguir uma fuga de Bach sem a partitura. Se o músico conseguisse, ótimo. Se o músico ou o ouvinte não conseguisse, azar dele. Não é de admirar que os músicos modernos demonstrassem um desejo muito maior por construções intelectualmente mais exigentes em termos de música clássica. Para eles, nada de Delius e Debussy, mas Bach, Schoenberg e Bartók.

Essas tendências para a música arquitetural escrita, no entanto, foram conquistas posteriores. Os *boppers* originais eram essencialmente improvisadores naquilo que hoje reconhecemos como a antiga tradição do jazz, embora revolucionada. As *jam sessions*, nas quais cada artista construía sua estrutura musical própria a partir de uma série de *choruses* (baseadas, no fundo, no dispositivo musical característico do período médio, o riff), eram a sua base característica. Os músicos se aproximaram da composição principalmente na medida em que os solos totalmente desenvolvidos eram muito apreciados e costumavam ser repetidos, nota por nota. As inovações do bop nada tinham de arquiteturais ou orquestrais. Os inovadores revolucionaram a tonalidade e a harmonia, mas deixaram a obra bop típica tão simples em termos arquiteturais quanto as obras de pequenos conjuntos: um tema (aqui geralmente tocado em uníssono pelos músicos) seguido de variações e talvez repetido. Em alguns aspectos, o bop recuou dos complexos escritos orquestrais que "Jelly-Roll" Morton, Duke Ellington, Don Redman, Sy Oliver e outros compositores e arranjadores tinham trazido para o jazz, embora esse recuo tenha sido apenas temporário. A escola moderna desenvolveu, com o tempo, arranjadores extremamente hábeis que retomaram, por assim dizer, a escrita a partir do ponto em que Ellington a havia deixado: Tadd Dameron, John Lewis, Gil Evans.

O ouvinte que escutasse as complexidades rítmicas pouco familiares, os solos dissonantes e aparentemente desconexos, as mudanças de tom livres e contínuas, o extraordinário uso de instrumentos, bem poderia ver o bop não só como novo, mas também como caótico. A sua estrutura fundamental, porém, era bastante antiga, assim como sua matéria-prima fundamental: o blues ou a canção pop. O jazz moderno se concentrou mesmo, em especial, na balada pop, a qual ele transformou, pela primeira vez, em uma forma musicalmente utilizável. Ele o fez, em parte, usando-a, como vimos, como a base sobre a qual a nova contramelodia era construída, em parte contorcendo-a em formas audaciosas – adornando-a com pequenas figuras cromáticas ou acordes quebrados, modulando em tonalidades surpreendentes e remotas, transformando ritmicamente as suas frases. Ele também o fez, porém, extinguindo pela primeira vez na história do jazz a diferença entre balada e blues, pois o blues reside no coração do jazz moderno como no de todo jazz. Nós o reconhecemos, mesmo transformado, no maior de todos os músicos modernos, o trágico Charlie Parker que, como Finkelstein bem diz, "é quase totalmente um executante de blues movendo-se da sua própria maneira, como Johnny Dodds na velha música".[26]

A música bop inicial, como tocada entre 1941 e 1949 por seus pioneiros e, a partir de então, por alguns sobreviventes intransigentes, era um manifesto de revolta, embora hoje possamos ver que a revolta aconteceu dentro das fronteiras do jazz artesanal tradicional. Como tantas outras revoluções artísticas semelhantes, seu primeiro estágio foi, sob alguns aspectos, o mais radical. A mera existência de uma nova linguagem a torna familiar: os pintores abstratos nos anos 1950 já não são mais considerados revolucionários – pelo menos não em relação aos seus antecessores – porém tradicionalistas. O público, por sua vez, se acostuma a um novo som. As gravações Gillespie-Parker-Monk de 1946 a 1948, que pareceram aos ouvintes não iniciados totalmente incompreensíveis, são hoje aceitas com muita facilidade, embora nem sempre com entusiasmo. As frases que há dez anos teriam feito eriçar os cabelos do ouvinte comum hoje ocorrem tranquilamente em execuções de orquestras e solos que não se propõem um modernismo especial. Na verdade, os revolucionários começaram a sofrer a última indignidade de seus próprios colegas. Suas complexidades cuidadosamente elaboradas hoje parecem simples: apenas canções, embora canções de um novo tipo – música de fundo para sonhar, conversar, flertar ou mesmo dançar. E o jazz moderno, em certo sentido, domesticou-se, fez concessões ao público. Aos poucos ele reintroduziu um tipo de melodia menos revolucionária: o Modern Jazz Quartet, ou Miles Davis, principal solista da última fase do jazz, geralmente toca canções mais suaves e reconhecíveis, quase sempre não mais difíceis do que as de Ellington. A batida, essencial no jazz, é hoje mais facilmente identificável do que nos intrépidos anos 1940. Isso se deve, em parte, ao retrocesso, porém também à continuação da evolução para o chamado estilo *cool* dos anos 1950.

O estilo *cool* é o ponto mais extremo até hoje alcançado na evolução do jazz – ponto que fica quase na fronteira entre o jazz e a música erudita. O próprio nome é um paradoxo. O jazz do passado era, pela sua própria natureza, *hot* – sensual, emocional, físico – e "sujo" – instrumentalmente não ortodoxo, pois era emocional e expressivo (a palavra foi usada como sinônimo de *hot* nos anos 1920). Mesmo o bop, como vimos, retinha esse calor fundado na emoção e essa impureza musical. Com toda a sua insistência em virtuosismo musical, o que os *boppers* tocavam era música expressionista e não abstrata. O jazz *cool* buscava um ideal até então irrelevante de pureza musical, o que quer dizer, em muitos aspectos, uma reversão total da maioria dos valores do jazz. Os músicos *cool* tentaram fazer os instrumentos soarem como clássicos ortodoxos, com o mínimo de *vibrato*, por exemplo. Instrumentos clássicos, cujo principal apelo para o jazz estava em sua suavidade e apelo esnobe, foram usados pela primeira vez como algo mais do que simples excentricidade: flautas, oboés, flugelhorns. O principal esteio melódico do jazz, os instrumentos de sopro de metal ou madeira, tornou-se suspeito: pequenos conjuntos consistindo apenas em instrumentos como piano, baixo, bateria (talvez suplementados por um vibrafone ou por um sax com som de oboé, uma clarineta de som apurado ou mesmo de um violoncelo de arco) tornaram-se ocorrências comuns. O que Hodeir chamou de som *wispy* [etéreo] acabou se tornando o ideal de muitos músicos *cool*. Mais do que quaisquer de seus predecessores, os músicos e arranjadores *cool* também sonhavam com um jazz composto e instruído, capaz de concorrer com os clássicos. Os principais representantes desse jazz "progressivo", como o pianista Lennie Tristano e o saxofonista Lee Konitz, passaram mesmo a teorizar, fundando e ensinando nas academias, algo inédito para o jazz, no qual os músicos diziam o que tinham a dizer em notas e não em palavras, e faziam o seu aprendizado com os mestres, como os pintores aprendizes da Renascença. Esses são os músicos e compositores que se dizem inspirados por Johann Sebastian Bach e pelo classicismo do século XVIII – um modelo admirável, porém muito surpreendente. Intelectualizado e formalizado dessa forma, o jazz foi exaurido de muito de seu sangue vermelho antigo e, naturalmente, passou a ter um apelo forte para os jovens músicos brancos, que estão em condições muito melhores de competir com os negros em um território que, afinal, está mais próximo daquele no qual os músicos brancos são criados. O jazz *cool*, portanto, atraiu um número incrível e grandioso de jovens recrutas brancos, principalmente na Califórnia, onde Los Angeles se tornou o quartel-general da Escola da Costa Oeste.

Os músicos *cool* não desejavam abandonar o jazz, embora muitos críticos achassem que o trabalho de alguns deles – como Dave Brubeck na Califórnia ou do grupo de Tristano em Nova York – cruza, muitas vezes, a fronteira entre o jazz e a música erudita com tonalidades jazzísticas. Na verdade, nem os melhores deles eliminam a emoção poderosa e genuína, embora a tornem estranha, sonâmbula, onírica, como no mais aprimorado músico dessa escola, o trompetista Miles Davis. Eles mantêm o seu orgulho da tradição jazzística e especialmente do blues (mesmo os menos capazes de executá-lo). Originam-se diretamente dos estilos anteriores – notadamente via bop do período médio – pelo elo usual da evolução do jazz, o virtuosismo do artífice. Pois exatamente porque era tão mais difícil tocar *hot* por meio de uma técnica sóbria, escassa e pura, os músicos tentaram por muito tempo fazê-lo. Benny Carter no sax e clarineta, Teddy Wilson no piano, há muito tinham feito ataques menos contundentes, ou substituído o impulso pela delicadeza. Um dos músicos mais importantes em termos de formação nos anos 1930, Lester Young, sax tenor da banda de Count Basie, havia demonstrado que era possível produzir jazz notável evitando quase todas as características do som *hot*, principalmente através de uma flexibilidade extraordinária, produto do relaxamento muscular.[27] O som *cool* de Young foi um dos componentes da revolução bop; na verdade, ele é frequentemente apontado como o seu mais importante precursor individual. Mas, enquanto os *boppers* retinham o jazz *hot* ao mesmo tempo que assimilavam a técnica *cool*, seus sucessores desenvolveram o *cool*, a pureza e o relaxamento em um sistema exclusivo. Ao fazê-lo, levaram o jazz aos limites de suas possibilidades.

Seria lógico argumentar que a futura evolução do jazz moderno o levaria a ultrapassar a fronteira da música erudita; ou então que passaria por ela entrando no território onde ele se desintegra, enquanto os músicos eruditos absorvem os seus vários fragmentos em sua própria música, como os compositores nacionalistas do século XIX absorveram os elementos da música de seus povos no corpo geral da música clássica. Mas isso não terá, necessariamente, de ocorrer. Pois, embora o jazz moderno tenha tentado, cada vez de forma mais sistemática, escapar às limitações musicais do antigo – ou reagir contra elas –, a sua situação social ainda continua a atrelá-lo aos seus parentes musicais mais velhos e não reconstruídos. Pode realmente ser que uma parte ultrapasse permanentemente a fronteira, da mesma forma que um determinado tipo de *spiritual* negro entrou para sempre para as salas de concerto. Porém, assim como a música gospel no Mount Tabor African Strict Tabernacle continua a sua vida cheia de energia, de maneira bastante independente dos tipos de *spirituals* de Marian Anderson (embora não deixe de ser afetado pelos progressos musicais), assim o jazz, incluindo grande parcela do moderno, provavelmente continuará a existir, mesmo que algumas versões ultrapassem fronteiras. Na verdade, a concentração exclusiva no *cool* levou a uma reação estilística no final da década de 1950. Os músicos modernos, que nunca deixaram de soprar forte, os pioneiros da era bop original que haviam estado eclipsados, como o pianista-compositor Thelonious Monk, conquistaram seu espaço. Uma sucessão de saxofonistas vigorosos, com um som que pode ser qualquer coisa menos *wispy* e frágil, capturou a moda da *avant-garde*: Sonny Rollins, John Coltrane, Ornette Coleman e, mais amplamente conhecido, "Cannonball" Adderley. A reação contra o *cool*, a busca pelo calor e pela emoção, levou esses músicos de volta às fontes óbvias da paixão, o blues e o gospel, e muitas vezes até ao swing dos anos 1930, que começava a desfrutar, entre os mais avançados, de uma popularidade não vista havia muitos anos. Na verdade, enquanto o jazz *neo-hot* de 1960 (chamado pelos nomes *funky*, *hard-bop* ou soul-music) permaneceu maciçamente moderno e muitas vezes altamente experimental, a sua própria busca por calor e pelas raízes o tornou o primeiro estilo "tradicional" do jazz moderno. Seus slogans implícitos voltavam-se para o passado: de volta a Parker, de volta ao blues e ao gospel, de volta mesmo à tradição central da *big band*. As razões para essa reação foram, sem dúvida, tão ideológicas quanto musicais.

Se esse retorno à tradição principal do jazz será permanente ou não, é cedo demais para dizer. Pode bem ser que esta última fase (1960) leve mais uma vez a uma reação, e que o jazz moderno continue a oscilar entre a tendência *hot* e a *cool*. Porém, não é possível afirmar.

Uma coisa é clara: enquanto o jazz for jazz, ele sempre estará ancorado em uma espécie de padrão estilístico por necessidade de se constituir em música para dançar. Eu me lembro da observação de Sr. Gus Johnson, um baterista de Kansas City formado na melhor das escolas de jazz, a banda de Count Basie. "Diziam que o bop estava aqui para ficar. Eu não achava. Era algo novo: e isso, naturalmente, é bom. Mas pense em uma porção de garotas. Elas têm de dançar, e, se elas têm de dançar, elas têm de ouvir o ritmo, assim" – e Mr. Johnson batucava, firme e com swing, com os dedos. "Agora, esse ritmo tem de existir o tempo todo, ou então não se pode dançar a música." Pelos últimos doze anos, mais ou menos, muito jazz não foi tocado para ser dançado, mas para ser ouvido, geralmente em salas de concertos e recitais. Porém, enquanto o jazz não for apenas música de recital, isto é, enquanto não for tocado exclusivamente para um público iniciado ou esnobe, enquanto for tocado em salões de bailes, teatros, nightclubs, bem como em outros locais de concerto, alguns ouvintes também vão querer dançar, nem que seja nos corredores. E, enquanto existir a demanda pelo jazz como música para dançar, uma parte do jazz, de todos os estilos – antigo, período médio ou moderno –, se adaptará a essa exigência. E isso não será difícil, pois é uma música destinada a fazer mexer o corpo das pessoas, a despeito de quaisquer outras conquistas mais elevadas que também tenha a seu crédito.

5. OS INSTRUMENTOS

A não ser pelo piano, a evolução dos instrumentos de jazz faz parte da evolução de seus estilos orquestrais. Ela pode ser resumida, em termos gerais, da seguinte maneira: a clarineta alcançou o seu ponto máximo de desenvolvimento em Nova Orleans, e desde então vem caindo, progressivamente, para um pano de fundo. Os metais alcançaram seu auge de desenvolvimento na era do swing, e desde então vêm perdendo terreno. Os saxofones seguiram uma curva de ascensão desde o início dos anos 1920 até o período bop, quando alcançaram o topo, e permanecem estacionários. Os instrumentos de percussão seguem uma curva ascendente constante até o período *cool*, quando são, muitas vezes, os principais mantenedores da melodia, bem como do ritmo (por exemplo, o Modern Jazz Quartet: piano, vibrafone, bateria, baixo). Apesar das repetidas tentativas, ninguém conseguiu, até hoje, fazer mais com instrumentos de corda e arco do que usá-los para efeitos ocasionais. Se eles têm futuro no jazz, ainda não se sabe. Há sinais, como na utilização de um violoncelo por Oscar Pettiford ou pelo baixo com arco por vários artistas, de que os músicos atuais estão fazendo esforços para conquistar mesmo os mais recalcitrantes instrumentos para o jazz. Nesse quadro geral, no entanto, existe uma variedade infinita. O jazz é o que os músicos individualmente fazem dele, e cada músico tem a sua voz própria. Têm sido feitas tentativas para rastrear a evolução e os cruzamentos para maior fertilidade dos estilos instrumentais em forma de diagramas,[1] porém mesmo o mais lúcido dos diagramas parece um mero esquema de fiação para uma instalação elétrica complexa. Não me proponho fazer um relato detalhado dessas marchas e contramarchas aqui, mas apenas relacionar alguns dos principais músicos e suas influências.

Os dois estilos de clarineta de Nova Orleans – o *créole* líquido e o blues impuro – alcançam seus respectivos picos cedo no triunvirato de Jimmy Noone (1895-1944), Johnny Dodds (1892-1940) e Sidney Bechet (1897-1959), que é mais conhecido por sua adaptação da clarineta ao sax soprano, raramente usado de outra maneira. O time reserva de Bigard (1906-1980), Nicholas (1900-1973), Hall (1901-1967) e Simeon (1902-1959) é de certa forma menos forte. Todos esses músicos vêm de Nova Orleans. Entre os brancos de Chicago, Teschemacher (1906-1932) e Pee Wee Russell (1906-1969) desenvolveram o estilo *dirty*, enquanto Benny Goodman (1909-1986) é talvez o mais brilhante executante do instrumento em termos técnicos, branco ou negro.[2] Pode ser que, se fossem destruídas todas as gravações feitas depois de 1930 – à exceção daquelas de Bechet, que tinha uma qualidade ruim naqueles dias –, nossa visão geral das possibilidades técnicas e emocionais desse instrumento como até hoje usado pelo jazz não seria comprometida. A fabulosa maneira de tocar de Dodds com Louis Armstrong e seus New Orleans Wanderers, as contribuições de Simeon nas gravações de "Jelly-Roll" Morton e as de Bigard, com Morton e Ellington, demonstram as possibilidades do instrumento.

A corneta e, a partir de 1920, o seu sucessor, o trompete, são os reis hereditários do jazz, embora por um certo tempo o trompete tenha sofrido um semiexílio por parte dos modernos. Portanto, o número de trompetistas brilhantes ultrapassa o de estrelas de qualquer outro instrumento na história do jazz. No entanto, toda essa discussão tem de começar e terminar com Louis Armstrong (1900-1971), o maior jazzista de todos, em cuja arte a música de Nova Orleans alcança o auge e se supera.[3] Armstrong não é apenas um trompetista: ele é a voz de seu povo falando por meio de um trompete. Um gênio nato, que intuitivamente organiza a sua arte com a segurança automática com que as pessoas menos geniais respiram, ele contou ainda com uma tremenda dose de sorte. Tivesse ele nascido vinte anos antes, teria sido um excelente trompetista folk, líder de alguma banda de rua, mas sem disponibilidade tanto do equipamento técnico quanto da capacidade de se expressar com uma voz totalmente individual. Tivesse nascido quinze anos mais tarde, ou em qualquer outro lugar que não Nova Orleans, teria carecido das raízes firmes da música folclórica de sua cidade que permitiram à árvore de seu gênio crescer de forma constante. Pois Armstrong não seria o tipo de homem a encontrar o seu caminho no meio da selva eclética do jazz do período médio, ou dos labirintos intelectuais dos modernos: ele era um homem simples; pouco articulado mesmo, em termos de inteligência verbal. Porém ele nasceu exatamente na época em que podia passar logicamente do jazz folk de Nova Orleans para um individualismo completo em arte, sem perder o que tinha ou a maravilhosa e simples qualidade do seu canto, o toque comum de uma música feita para pessoas comuns. Não há nada mais a dizer a respeito de Armstrong, a não ser que ele tinha o raro dom da completa inocência que, por ler as emoções genuínas dos homens nas fórmulas fáceis das canções pop, pode até torná-las comoventes e totalmente convincentes. A evolução de Armstrong, a partir do jazz de Nova Orleans, pode ser seguida em suas gravações com King Oliver, no maravilhoso Hot Five e Hot Seven de 1925-1927, e na liberdade estonteante dos Hot Seven de 1928-1930, quando ele tocava uma música sem as amarras das tradições formais na companhia de músicos que tinham algum valor comparável ao seu: em "West End Blues" ou "Potato Head Blues", que bem poderiam vencer um concurso para eleger a melhor gravação de jazz já feita, em "It's Tight Like This", "Muggles", "Mahogany Hall Stomp", e assim por diante. Depois disso, embora a capacidade de Armstrong tenha aumentado, ele raramente voltou a tocar em conjuntos dignos de seu nome, exceto um pouco depois de 1940, quando, no entanto, ele estava de uma certa forma confinado ao gosto dos puristas do público "revivalista" que havia sido o seu maior apoio. Seus solos, nos anos 1930 e mesmo no final da década de 1950, são às vezes até melhores, mas a originalidade e a perfeição das gravações em geral são menores. Há muita discussão a respeito de Armstrong, porém, se há uma coisa certa no mundo do jazz, é que qualquer crítico digno desse nome, quando solicitado a mencionar uma só pessoa que pudesse personificar o jazz, votaria nele.

Há tantos bons trompetistas que é quase impossível mencionar mais do que aqueles que foram de alguma forma inovadores, a não ser talvez por Tommy Ladnier (1900-1939), um músico com limitações técnicas, e Joe Smith (1902-1937), que não devem ser deixados fora pela perfeição com que tocaram blues clássicos, Frankie Newton (1906-1954) e Buck Clayton (1911-1991), pois este autor os aprecia muito, e Cootie Williams (1908-1985) por causa do "Concerto for Cootie", de Ellington. Bubber Miley (1902-1932) foi um dos pioneiros no uso sistemático da surdina e do *growl*. Red Allen (1908-1967) e, mais importante ainda, Roy Eldridge (1911-1989), que desenvolveu o estilo de trompete mais brilhante da era swing. Charlie Shavers (1917-1971) chega perto do modernismo, que aparece totalmente desenvolvido em Dizzy Gillespie (1917-1993), tecnicamente o mais brilhante e revolucionário trompetista da era moderna. Miles Davis (1926-1991) é, antes de mais nada, o músico que representa o estilo *cool*, embora a morte de Fats Navarro (1923-1950) quase certamente nos tenha privado de um trompetista moderno à altura desses dois últimos.[4]

Entre os músicos brancos, pode-se mencionar um com essa mesma estatura, Leon Bismarck ("Bix") Beiderbecke (1903-1931), que é geralmente tido como o melhor músico branco de jazz até hoje.[5] A evolução de Bix, a partir de um estilo Dixieland modificado, foi interrompida,

OS INSTRUMENTOS

porém a sua admirável combinação de doçura melódica, vigor, sentido de jazz sofisticado e espontâneo, e uma melancolia velada constante, mesmo em seus solos mais alegres, ainda nos comovem. Os outros músicos brancos são esforçados, à exceção talvez de Bunny Berigan (1909-1942), um Bix menor, Bobby Hackett (1915-1976), um músico de swing menor, e Max Kaminski de Chicago (1908-1994). Não que em jazz "ser esforçado" seja um título desonroso. Músicos como Muggsy Spanier (1901-1967), que tocou uma corneta Dixieland honesta e comovente, não têm motivo para se arrepender de sua carreira.

O trombone mal havia vislumbrado todas as suas possibilidades instrumentais no jazz de Nova Orleans, embora pudesse, com Charlie "Big" Green (1900-1936), tocar blues e se fazer essencial para a polifonia. Jimmy Harrison (1900-1931), nos anos 1920, transformou-o, praticamente, em um instrumento de solo no sentido completo do termo, algo semelhante ao que fez Armstrong, ao emancipar o trompete das limitações da música coletiva de Nova Orleans. "Tricky Sam" Nanton (1904-1948) de Ellington explorou as suas possibilidades instrumentais totais no jazz de Nova Orleans, com a surdina com efeitos *growl*. Dickie Wells (1909-1985), talvez o melhor trombonista na história do jazz ao lado de Johnson, o menos importante J. C. Higginbotham (1906-1973) e Vic Dickenson (1906-1984) adaptaram o instrumento à era do swing e o levaram ao mais alto grau de desenvolvimento. J. J. Johnson (1924-2001) é o trombonista do estilo moderno, embora sua maior inovação talvez tenha sido a admirável capacidade de tocar o instrumento com brilhantismo e rapidez inusitados.

Entre os brancos, que ficam um pouco menos para trás nesse campo, Miff Mole (1898-1961) e Tommy Dorsey (1904-1956) desenvolveram as possibilidades técnicas do instrumento sem utilizá-lo para finalidades jazzísticas, enquanto o dinamarquês Kai Winding (1922-1983) deveria ser mencionado entre os modernos. Há poucos indígenas no jazz, porém os poucos que existem parecem ter uma predileção pelo trombone: Jack Teagarden (1905-1964) é o principal deles, o melhor músico não negro de blues nesse instrumento, embora lhe falte uma certa mordacidade.[6]

O saxofone entrou tarde no jazz. Os anos em que os jornalistas identificavam o jazz através de seus "saxofones gemendo" foram precisamente aqueles nos quais os poucos saxofonistas mal tinham se emancipado da clarineta tradicional de Nova Orleans. No entanto, da metade da década de 1920 em diante, uma série de instrumentistas brilhantes e sensíveis começou a desenvolver uma técnica própria para o instrumento e colocaram a sua notável flexibilidade a serviço do jazz. No swing, e especialmente no início de período moderno, o sax realmente se tornou o instrumento central, quase substituindo a clarineta e deixando em segundo plano até os outros metais. Isso certamente aconteceu porque ele se prestava a um virtuosismo técnico justificado musicalmente: ele representava as cordas no jazz. Os estilos naturais do trompete e do trombone são sóbrios. São fortes e rígidos em vez de serem instrumentos flexíveis. A pirotecnia dos modernistas não acrescentou nada de substancial às suas possibilidades, apenas mostraram que podiam ser tocados mais rapidamente e em uma tonalidade mais suave, e alcançavam notas mais altas do que antes, ou que podiam soar como outros instrumentos. Os saxofones, no entanto, tinham efetivamente algumas possibilidades não exploradas. Seu som varia do *vibrato* mais característico da palheta até uma suavidade semelhante à da flauta, combinando uma flexibilidade incrivelmente adequada à expressividade do jazz com uma força e vigor que podiam torná-los os principais propulsores de bandas menores. Talvez seja verdade que o seu estilo natural seja o de uma rapsódia romântica, ou de um floreio barroco, a julgar pela maneira como foi desenvolvido pelos pioneiros do instrumento – Hodges no sax alto e Hawkins no sax tenor, por exemplo – ou, com uma restrição deliberada à palheta

OS INSTRUMENTOS

musical do instrumento, pelo grande Charlie Parker. Os classicistas naturais entre os amantes de jazz sempre almejarão as linhas simples dos metais. Porém, se algum instrumento personificava o jazz entre 1930 e 1950, este era o sax.

Mais especificamente o sax tenor, que havia se tornado cada vez mais popular desde que Coleman Hawkins (1904-1969), praticamente sozinho, o transformou em um instrumento solo na década de 1920. Hawkins, cuja supremacia permaneceu inabalada por muito tempo, e que ainda é um sax tenor dos melhores, evoluiu para um som forte, porém suave, explorando em totalidade as características de instrumento de palheta e um estilo rapsódico de improvisação. Praticamente todos os músicos de sax da primeira geração foram seus seguidores: Chu Berry (1910-1941), Herschel Evans (1909-1939), Don Byas (1912-1972), Ben Webster (1909-1973), Lucky Thompson (1924-2005) e Illinois Jacquet (1922-2004). Enquanto isso, em Kansas City, um outro grande inovador, Lester Young (1909-1959), lançava a base para o estilo *cool* com uma tonalidade mais suave, deliberadamente menos bela, e uma tendência de tocar longas linhas melódicas consistindo em relativamente poucas notas. (Os músicos brancos Bud Freeman (1906-1991) e Frank Trumbauer (1900-1957) foram os pioneiros desse movimento.) Os discípulos de Young são numerosos: Wardell Gray (1921-1955) entre os negros, Stan Getz (1927-1991), Zoot Sims (1925-1985), Al Cohn (1925-1988), Gerry Mulligan (1927-1996) no barítono entre os brancos.[7] O grande Charlie Parker dizia não ter sido influenciado por nenhum dos dois, o que deixa aqueles que gostam de debater origens e influências totalmente livres para discuti-las à vontade.

O resto da família dos saxofones tem uma história menos coerente. O soprano, o barítono e o baixo nunca chegaram a se estabelecer. O soprano permanece a voz particular de Sidney Bechet, uma das glórias de Nova Orleans, e o baixo é uma extravagância raramente usada. O barítono foi, durante muito tempo, monopólio de Harry Carney (1910-1974) da banda de Ellington, mas se tornou mais popular no período *cool* entre músicos brancos como Serge Chaloff (1923-1957) e Gerry Mulligan (1927-1996), que o toca como se fosse um sax tenor.

O sax alto se estabeleceu no jazz por um trio de músicos notáveis: Benny Carter (1907-2003), Willie Smith (1910-1967) e Johnny Hodges (1906-1970) da banda de Ellington que, não fora pela existência de Charlie Parker, seria o rei inquestionável desse instrumento hoje em dia, bem como em 1929: uma maravilha de técnica, sensibilidade e flexibilidade, além de uma beleza melódica forte. "Pete" Brown (1906-1963) e Earl Bostic (1913-1965) o desenvolveram em um instrumento do swing, com um estilo grasnado, saltitante, muito apreciado no Harlem. Foi, porém, a casualidade que levou Charlie Parker (que também tocava tenor) a preferir esse instrumento de sopro mais leve e mais discernível individualmente, com o qual, a partir de 1941, ele pôde competir em influência com o tenor. Os brancos Lee Konitz (1927-2020) e Art Pepper (1925-1982) desenvolveram a tradição de Parker, embora geralmente, entre os negros, os discípulos mais típicos de Parker, como Sonny Stitt (1924-1982) e Sonny Rollins (nascido em 1930), reverteram para o sax tenor.[8]

Charlie "Bird" Parker (1920-1955), o grande inquestionável gênio do jazz moderno, é mais do que um sax alto.[9] Ele foi um revolucionário da música, cujas ideias dominaram praticamente tudo o que já foi escrito em jazz moderno desde o início dos anos 1940. Ainda, também foi uma alma vulcânica, cujas erupções jorravam, e ainda jorram, arrepios de admiração pela espinha de ouvintes e músicos. Seu caráter revolucionário deliberado fez obscurecer, temporariamente, suas raízes tradicionais, pois o que Parker toca é o blues não adulterado mais *low-down* que se pode conceber. Ele está para o jazz dos anos 1940 e 1950 assim como Armstrong está para a fase anterior. E essa figura quintessencial do jazz é, como Armstrong, originária do lumpemproletariado – nesse caso de Kansas City –, mas também, diferentemente de Armstrong, uma pessoa controvertida e deslocada. Um nômade, um adicto, um infeliz, um andarilho sem raízes que morreu aos 35 anos, o Rimbaud do jazz moderno.

Os instrumentos rítmicos

A evolução dos instrumentos rítmicos – mais uma vez, à exceção do piano, que em jazz deve ser incluído nessa categoria – dá-se, em primeiro lugar, visando a explorar possibilidades rítmicas mais sutis e, depois, em direção a uma espécie de fusão entre ritmo e melodia, algo totalmente novo na música europeia, embora haja muitos precedentes africanos desse tipo. Como o ritmo é a batida do coração do jazz e o meio de organização essencial dessa música, a importância desses instrumentos, principalmente a bateria, é clara. A fraqueza de todo o jazz europeu feito até hoje é, no fundo, a fraqueza de suas sessões rítmicas. Pois, enquanto a Europa produziu uma grande quantidade de músicos que poderiam integrar qualquer boa banda norte-americana e tantos outros que também poderiam fazê-lo se praticassem tanto quanto os norte-americanos, até hoje ela só produziu um ritmista de peso.* Ele, caracteristicamente, era um cigano – o guitarrista Django Reinhardt (1910-1953), que, também

---

* Entre os músicos de jazz não norte-americanos de peso, podemos mencionar os franceses Combelle e Lafitte (sax), o dinamarquês Kai Winding (trombone), os suecos Hasselgard e Wickman (clarineta) e Bengt Hallberg (piano), o belga Jaspar (saxofone), Dizzy Reece, das Índias Ocidentais (trompete), os britânicos Bruce Turner, Don Rendell (saxofone), George Chisholm (trombone), Kenny Baker (trompete) e o sul-africano Kippie Moeketsi (clarineta e saxofone). Existem, porém, muitos outros.

caracteristicamente, foi o único jazzista europeu a encontrar lugar, até hoje, no panteão do jazz.

A evolução do ritmo em direção a uma fusão com a melodia não deve ser confundida com o aumento de virtuosismo, embora as duas coisas andem juntas; nem com a transformação do ritmo em melodia. Há uma tendência, principalmente entre os músicos brancos, de separar essas coisas. Assim, o siciliano Eddie Lang (Salvatore Massaro, 1904-1933), que desenvolveu enormemente as possibilidades harmônicas de solo da guitarra no jazz, o fez à custa do swing. Os bateristas brancos costumam tocar com ritmo solo em detrimento do ritmo geral da banda, que é a responsabilidade principal do músico de ritmo, a não ser talvez quando há um interlúdio instrumental: o baterista Gene Krupa, de Chicago (1909-1973), tem essa tendência.

Os instrumentos menos rítmicos, a guitarra (banjo) e o baixo, podem ser considerados juntos. O baixo é tocado *pizzicato* em jazz. Ele fornece a base harmônica para as improvisações instrumentais, mas também – e cada vez mais – é a principal batida constante da música. Como nota Berendt, o fato de que o baixo substituiu a tuba, que no início havia sido usada com essa função, "nos diz mais a respeito do espírito do jazz do que muitas discussões teóricas: as cordas puxadas do baixo são ritmicamente mais precisas e claras do que as notas sopradas da tuba".[10] De qualquer maneira, o contrabaixista de jazz Pops Foster (1892-1962) em Nova Orleans, John Kirby (1908-1952) e aquela pedra fundamental do ritmo de Kansas, Walter Page (1900-1957), transformaram, cada vez mais, esse instrumento em um dos pilares constantes da cadência. O desenvolvimento melódico do baixo, até a metade dos anos 1940, é quase totalmente obra de Ellington, que tentou com persistência capturar a tonalidade especial do instrumento para a sua palheta orquestral (com o auxílio do microfone de gravação, que podia torná-lo audível para o resto da banda). Ele revelou para o mundo Wellman Braud (1891-1966), porém, mais do que tudo, descobriu Jimmy Blanton (1921-1942), com quem tocava duetos. Blanton revolucionou o instrumento. "Improvisava como se o baixo fosse um instrumento de sopro, em frases fluentes com corridas de oito ou dezesseis notas frequentes, usando ideias harmônicas e melódicas inéditas para o instrumento."[11] O sucessor de Blanton, Oscar Pettiford (1922-1960), também foi seu discípulo, como todos os músicos sofisticados e modernos desse instrumento, notadamente Charles Mingus (1922-1979), Percy Heath (1923-2005) e Ray Brown (1926-2002). O banjo (mais tarde, a guitarra) tinha, desde o início, duas possibilidades: fornecer a base rítmica e harmônica para a banda e – uma técnica desenvolvida pelos cantores de blues individuais – responder à voz do blues em notas isoladas ou acordes. Johnny St. Cyr (banjo, 1890-1966) forneceu a solução perfeita para o primeiro estilo de jazz de Nova Orleans, Freddie Greene (1911-1987) para a orquestra de Basie e para a era do swing. A autoabnegação e a falta de solos não devem obscurecer seus grandes méritos. O estilo de "nota isolada" tornou-se popular inicialmente nas bandas através do músico Lonnie Johnson (1889-1970), e foi desenvolvido por Teddy Bunn (1909-1978) e Al Casey (1915-2005), que combinam os dois enfoques, e por Django Reinhardt. Uma vez mais, porém, foi um único músico que revolucionou o instrumento no final dos anos 1930: Charlie Christian, (1919-1942), talvez o maior precursor individual do bop, em cujos experimentos tomou parte.[12] Dono de uma técnica deslumbrante, ele tornou a guitarra o principal sustentáculo da melodia – admitidamente à custa da amplificação elétrica –, sofisticou o seu ritmo e, imitando o sax tenor, que também tocava, desenvolveu uma maneira de tocar nela melodia em *legato*. Suas inovações harmônicas foram muito além do campo daquele instrumento.

O piano no jazz orquestral pertence, como a bateria e o baixo, à seção rítmica, porém é um instrumento poderoso demais para ficar confinado a ela. É também o instrumento solo genuíno do jazz, isto é, aquele cujas execuções podem ser desacompanhadas, embora se beneficie de acompanhamento rítmico. Outros solos vocais e instrumentais desacompanhados foram gravados em jazz, pelo trompete, por vários saxofones e pela guitarra (que pode funcionar como um piano em miniatura), porém essas são anomalias. Os solos de piano são os únicos que conquistaram um lugar permanente no jazz. A história do piano, portanto, é ao mesmo tempo diferente e mais complexa do que a dos outros instrumentos.

Os dois principais estilos pianísticos estão no início do jazz, um sendo extremamente sofisticado e o outro, extremamente simples: o ragtime e o piano blues ou *boogie-woogie*. O ragtime já foi descrito sucintamente no capítulo a respeito dos estilos orquestrais do jazz. O estilo e a técnica do ragtime evoluíram, em geral, por meio dos músicos ambiciosos e que tinham educação musical, talvez o único caso no gênero, se não considerarmos a evolução do estilo *créole* da clarineta em Nova Orleans. Ele logo desapareceu, mas deixou, além de uma ampla influência geral, duas linhas de descendência importantes. A primeira delas foi o estilo piano de bordel, para o qual o mais refinado mestre já gravado é "Jelly-Roll" Morton (1885-1941). O segundo, muito mais influente, foi o *Eastern*, do leste, ou do Harlem, que produziu a tradição pianística mais vigorosa no jazz. Suas principais figuras, no circuito de Nova York, são James P. Johnson (1891-1955), Willie "The Lion" Smith (1897-1973) e Fats Waller (1904-1943), todos pianistas do ragtime ou muito próximos disso, Duke Ellington (1899-1974) e Count Basie (1904-1984), menos famosos como solistas, porém mais importantes por seu uso orquestral do piano, e os descendentes modernistas remotos Bud Powell (1924-1966) e Thelonious Monk (1917-1982). Provavelmente deveríamos também contar o "circuito de Pittsburgh", extraordinariamente fértil, que produziu músicos inovadores como Earl Hines (1903-1983), Mary Lou Williams (1910-1981) e, entre os modernistas, Erroll Garner (1921-1977), com a "Escola do Leste", cujas origens remotas, dizem os especialistas, vão

OS INSTRUMENTOS

até aos gritos do gospel dos habitantes dos Apalaches do Leste. Estilisticamente, o mais brilhante virtuose do piano foi o saudoso Art Tatum (1910-1956), que pertence à tradição nova-iorquina, ficando entre Fats Waller e Bud Powell; embora também pertença à tradição do Nordeste do país, ele nasceu em Toledo, Ohio.[13]*

Todos esses descendentes do piano de ragtime são normalmente conhecidos por sua leveza, espirituosidade, sofisticação, virtuosismo técnico e domínio melódico. Em sua melhor forma, como em Fats Waller, eles produzem o que talvez seja o tipo de jazz mais apreciado em termos universais. Esses estilos de solos de piano parecem ter evoluído em duas direções. De um lado, com Earl Hines – um dos mais notáveis dentre um grupo de músicos notáveis –, no qual os músicos procuravam realizar o feito de adaptar o piano ao estilo de vocalização de outros instrumentos (o assim chamado "estilo trompete"); a associação de Hines com Louis Armstrong em 1928-1930 produziu algumas das gravações mais satisfatórias e impressionantes. Por outro lado, os músicos exploravam a capacidade do piano de combinar brilhantismo técnico e experimentos técnicos harmônicos, o que levou, logicamente, aos estilos pianísticos dos modernos. A capacidade do piano de combinar ritmo, harmonia e melodia, em qualquer circunstância, foi a base de sua execução em jazz.

O piano blues[14] (*barrel-house*, *honky-tonk*, *boogie-woogie*) é tão simples quanto o ragtime era sofisticado, embora mostre influências desse, provavelmente porque muitos pianistas de *barrel-house* aprenderam a tocar sozinhos, acompanhando o movimento produzido nas teclas pelos rolos dos pianos automáticos da época do ragtime. Parece ter surgido nos mais sórdidos *saloons* e espeluncas do Sul e do Sudoeste, onde os pianistas

---

* Esse monopólio que o Nordeste do país detém em termos de bons pianistas negros é surpreendente. Dos dez pianistas citados entre os "gigantes do jazz" na *Encyclopedia* de Feather, sete vêm dessa região dos Estados Unidos; e as exceções incluem um pianista de *boogie-woogie*, que pertence a uma outra categoria, e "Jelly-Roll" Morton, que pertence a um período histórico anterior.

gritavam o blues e martelavam um velho piano desafinado, em meio a uma nuvem de fumaça e barulho de trabalhadores braçais de barragens, construtores de estradas de ferro, estivadores e assim por diante. De todos os estilos de jazz instrumental, este é o mais popular e anônimo: mesmo uma pesquisa entre amantes do jazz não foi capaz de trazer à luz maiores informações a respeito de muitos de seus pioneiros gravados casualmente, exceto seus nomes, ligados a um determinado local, um blues ou dois, ou um maneirismo especial ("os repiques", "o rock", "os cinco", "os encadeamentos"). Não há, no piano blues, mestres comparáveis aos virtuoses do ragtime e seus descendentes. Muitos pianistas conhecidos do *boogie-woogie* – Meade Lux Lewis (1905-1964), Pete Johnson (1904-1967) são limitados, enquanto Jimmy Yancey (1898-1951), um músico de blues comovente, é bastante ruim em técnica. Alguns dos pioneiros esquecidos dos anos 1920 foram provavelmente, dentro de suas limitações, executantes de melhor nível, por exemplo Clarence "Pinetop" Smith (1904-1929), Cripple Clarence Lofton (*c.* 1900-1957) e Montana Taylor, da mesma forma que Albert Ammons (1907-1949). Como seria de esperar, o piano blues também é, de longe, o mais africano dos estilos de piano: pode-se até dizer que a tendência é tocá-lo como um instrumento de percussão, concentrando-se somente no ritmo, reduzindo a melodia a frases repetidas, algumas vezes com poucas variações. Embora o piano blues tenha tido uma influência considerável na orquestra de jazz, principalmente através da tradição de Kansas City, ele não se desenvolveu muito. Como o próprio blues, permaneceu um substrato do jazz. Até a metade da década de 1930, levou uma vida autocontida nos bares e espeluncas onde surgira, ou nas salas dos apartamentos dos imigrantes do Norte, permanecendo praticamente ignorado pela tradição principal do jazz fora de Kansas City.

Na música erudita europeia, a bateria é um dispositivo para produzir efeitos ocasionais; no jazz, ela é a base e o meio de organização de toda a música, o motor que impulsiona o trem do jazz em seus trilhos.[15] Mas a bateria e os instrumentos de percussão também são instrumentos na verdadeira acepção da palavra, pois, como vimos, se todos os instrumentos do jazz têm uma função rítmica, têm também uma função melódica. A bateria é, talvez, o instrumento mais difícil de ser apreciado e analisado por um ouvinte de formação europeia. Muitas vezes é realmente difícil desenvolver a capacidade de ouvir o instrumento, o que explica o fato de os solos exibicionistas de bateria serem geralmente mais aplaudidos do que deveriam: eles são a única forma de tocar bateria que os fãs que carecem de capacidade de discernimento conseguem reconhecer.

A evolução da bateria no jazz começou com um paradoxo. Embora o ritmo de jazz seja, graças ao africanismo, muito mais complexo, vital e importante do que o ritmo europeu, ele também foi, para começar – e em grande medida ainda é – muito mais cru e simples de que o de seus ancestrais africanos, graças ao seu caráter europeu. A história da bateria no jazz é a história da emancipação cada vez maior da banda de marcha militar, com a qual ela começou em Nova Orleans. Seus antigos bateristas – dentre os quais Warren "Baby" Dodds (1898-1959), Zutty Singleton (1898-1975) e talvez Kaiser Marshall (1902-1948) – já haviam transformado o ritmo da marcha pesada em um ritmo de jazz mais completo e dançável; seu estilo, porém, permanecia completamente determinado por suas origens. A mais usada é a grande bateria de metal, para a cadência principal, o tarol para o balanço nas cadências mais fracas, e o prato. A bateria é bastante austera, evitando solos, exceto por curtos espaços. O acento está no primeiro e no terceiro tempo do compasso de quatro tempos, como na música europeia, embora as inovações baseadas na música de Nova Orleans tenham a tendência de acentuar os tempos mais fracos (dois e quatro).

Curiosamente, essa inovação parece ter vindo mais dos músicos brancos de Dixieland e de Chicago, que também parecem ter sido os primeiros a desenvolver os aspectos exibicionistas de virtuoses dos solos de bateria (por exemplo, Gene Krupa, de Chicago). Embora nenhum instrumento mostre mais a inferioridade dos músicos brancos do que esse instrumento – Dave Tough (1908-1948) talvez seja o único músico branco no nível dos melhores bateristas negros –, a evolução dela dos músicos negros e brancos parece ter-se dado de forma paralela.

O próximo grande passo, e o mais difícil de definir ou de descrever, é a evolução da bateria no swing, que produz um ritmo ao mesmo tempo mais dinâmico e sutil, mais leve, e constitui a base do jazz do período médio. Dizer que o swing acentua os quatro tempos de maneira uniforme, ao mesmo tempo que tende a se apoiar um pouco nos *off-beats*, não ajuda muito. Dizer que a bateria principal fica liberada da tarefa de levar a cadência principal, deixando o resto da seção livre para tocar o ritmo de maneira mais sutil, também é verdade, mas não é adequado. A evolução do prato operado por pedal do tipo *high-hat*, que entrou no jazz por volta de 1928, é muito importante neste aspecto: tanto Jo Jones (1911-1985), do lado dos músicos negros (magnífico baterista da banda de Count Basie em seus dias de glória), e Dave Tough, do lado dos brancos, fariam esse prato o principal sustentador da cadência, dando ao resto do *kit* um alcance muito maior. Os grandes bateristas de *big bands* e swing dos anos 1930, no entanto, alcançaram a incrível combinação de tensão rítmica, relaxamento e sutileza com métodos mais antiquados. Os principais deles são Chick Webb (1907-1939), Cozy Cole (1909-1981), Sidney Catlett (1910-1951) e Lionel Hampton (1908-2002) (que também toca praticamente todos os outros instrumentos rítmicos com maestria instintiva extraordinária). É de estranhar que algumas das *big bands* de maior sucesso, principalmente as de Duke Ellington e Jimmy Lunceford, nos anos 1930, tenham sido responsáveis pela produção de uma quantidade considerável de swing, valendo-se de bateristas que não tinham nada de sensacionais; eram, porém, orquestras dominadas por arranjadores de um talento notável, Ellington e Sy Oliver (1910-1988), que podiam utilizar as possibilidades rítmicas de todos os instrumentos em combinações admiráveis. (De qualquer maneira, qualquer baterista negro medíocre pelos padrões norte-americanos é normalmente considerado muito bom pelos padrões europeus.)

A bateria do swing levou esse instrumento ao limite da revolução alcançada pelo jazz moderno, que é a revolução dos bateristas *par excellence*. Não houve, provavelmente, nenhum grupo de bateristas tecnicamente mais brilhante do que o formado por Kenny Clarke (1914-1985), Max Roach (1925-2007), Art Blakey (1919-1990), Chico Hamilton (1921-2013), e todos os outros modernistas.[16] O tipo de tarefa a que os bateristas "modernos" se propunham pode ser explicado melhor pelas palavras do pioneiro Clarke:

> Eu estava tentando tornar a bateria mais musical em vez de ser apenas uma cadência morta [...]. Por volta dessa época comecei a tocar coisas com a banda, usando a bateria como instrumento participante, com a sua própria voz [...]. Joe Garland, que tocava sax tenor, baixo e barítono [...] costumava escrever coisas para mim. Ele escrevia uma partitura normal de trompete para que eu lesse [...]. Ele deixava a meu critério que música tocar, de acordo com o que me parecesse mais eficaz. O que quero dizer é que eu tocava os padrões rítmicos, e eles eram sobrepostos à cadência regular.[17]

A tendência de fazer com que o baixo sustente a cadência básica deixou, cada vez mais, o baterista livre para tais atividades. Dessa maneira, ele pôde experimentar ritmos complexos africanos ou caribenhos, de formas raramente usadas em jazz. Se o leitor quiser tentar tocar, ou mesmo reconhecer, poderá imaginar quatro ritmos totalmente diferentes, tocados simultaneamente, em uma bateria operada a mão e pedal, e terá uma ideia das complexidades rítmicas aí envolvidas. Alguns bateristas cubanos, principalmente Chano Pozo (1915-1948), foram procurados pelo jazz com essa finalidade, por volta de 1948-1950, porém os próprios norte-americanos adotaram parte dessa complexidade, produzindo assim, paradoxalmente, o mais africano de todos os ritmos de jazz, com base nos estilos de jazz mais sofisticados e urbanos.

O ritmo fundamental do jazz moderno dá continuidade à evolução de Nova Orleans para o swing: marca os quatro tempos de maneira uniforme, sobrepondo os acentos conforme as exigências da ocasião. Também tende a utilizar a batida em *legato* da bateria, em substituição ao modo tradicional de tocar o instrumento, com as batidas definidamente separadas (*staccato*).

O restante dos instrumentos de jazz pode ser abordado sucintamente, pois não conquistou, até hoje, um lugar de presença constante. As cordas quase nunca foram usadas coletivamente em jazz, embora, seja pela qualidade adocicada, seja pelo prestígio "intelectual" que erradamente se acredita atrelado a elas, alguns músicos de jazz tenham feito uso como fundo, sempre com péssimos resultados. Será preciso que haja uma revolução poderosa para produzir uma orquestra de cordas de jazz. Violinos solos já foram muito usados, em determinadas épocas, sem que realmente se estabelecessem, com exceção de umas poucas combinações do tipo camerísticas, como a Venuti-Lang Blue Four, no final dos anos 1920, com Joe Venuti (1903-1978), e o Quintette du Hot Club de France, com Stéphane Grapelli (1908-1997) e Django Reinhardt (guitarra). Stuff Smith (1909-1967) e Eddie South (1904-1962) são geralmente tidos como os melhores violinistas de jazz. O jazz moderno, como era de se esperar, tendeu a fazer experimentações com sons de instrumentos de corda e arco – tanto o baixo quanto, ultimamente, o violoncelo.

Uma série de outros instrumentos foi usada, de época em época. O vibrafone (uma série de sinos tubulares eletrificados) se estabeleceu no lugar do antigo xilofone e, até certo ponto, da guitarra, principalmente graças ao magnífico talento de alguns músicos que, por uma série de razões, gostam desse instrumento adocicado, notadamente Lionel Hampton e Milt Jackson (1923-1999).[18] A celesta é, vez por outra, usada pelos pianistas, normalmente para acrescentar toques de tonalidade orquestral. O órgão já foi usado por alguns, principalmente Fats Waller, porém mesmo em suas mãos ele produz aquela impressão de um homem tentando escrever com um pincel de barbear. Ninguém ainda conseguiu produzir jazz de boa qualidade com o acordeão; muitos cantores de blues, porém, tocaram música muito rítmica e expressiva na gaita e no berimbau de boca. Os modernistas, como era de se esperar, foram tentados a experimentar instrumentos de sopro pouco comuns – flugelhorns (Miles Davis) ou flautas (Frank Wess, 1922-2013) –, porém instrumentos como o fagote, trompete Bach, clarineta contralto e o resto das maluquices marginais ainda estão à espera de seus descobridores.

Resta a voz humana. Embora usada de forma insubstituível no blues, não há assunto mais difícil do que o seu papel no jazz em si. Ninguém sabe realmente dizer o que faz um bom cantor de jazz, ou qual o som que ele deve ter; ou mais especificamente, o que distingue o cantor de jazz do cantor de música pop com tonalidades jazzísticas. A avaliação crítica isenta fica mais difícil ainda, porque o apelo dos melhores cantores de jazz está, em grande parte, em fatores não musicais; no caso das mulheres, em valores sentimentais e sensuais. Este observador afirma que desconhece qualquer cantor masculino de jazz digno de nota. Por mais admirável e grave que a voz do grande Louis Armstrong seja, parece grotesco comparar a sua produção vocal com a sua maravilhosa capacidade instrumental. No caso das cantoras, meus votos vão para Ethel Waters, Billie Holiday, Ella Fitzgerald e Sarah Vaughan, como cantoras de jazz de um nível soberbo, embora as últimas duas escorreguem muito facilmente para a música pop comercial, onde fazem tremendo sucesso em virtude de seu sentido rítmico excepcional, seu timbre e controle de linha vocal. No entanto, seria arriscado basear as propostas do jazz em qualquer grande conquista de qualquer cantor(a) que seja, com a provável exceção de Billie Holiday em sua melhor forma. O blues é um caso à parte. Embora seja uma manifestação artística muito profunda, cantar blues é algo inadaptável, e o cantor ou cantora de blues, incursionando por qualquer outra especialidade que não a sua, geralmente faz de si um espetáculo lastimável.

6. A REALIZAÇÃO MUSICAL

A primeira coisa a fazer ao se considerar a realização musical do jazz é esquecer a produção da música clássica ocidental. As duas não são concorrentes, a despeito das teimosas tentativas de classicistas adversários do jazz e de alguns jazzistas modernos e clássicos nesse sentido. Se perguntarmos se o jazz já produziu alguma coisa como a *Nona* de Beethoven, ou a *Missa em Si Menor* de Bach, ou *Don Giovanni*, a resposta é simplesmente não. E não é provável que venha a produzir música para competir com a tradição artística clássica ocidental, a não ser, talvez, no campo da ópera. Se julgarmos o jazz pelos padrões da música erudita ocidental, podemos dizer que ele produziu uma série de belas melodias – não mais belas, porém, do que a arte ocidental, ou mesmo que a música ligeira e pop* –, um gênero especialmente bem-sucedido de *lieder* acompanhadas, nos blues vocais, algumas suítes do tipo romântico da última fase, uma grande variedade de "variações sobre um tema", sem controle formal – porém, muito criativas –, e alguns exercícios na forma de fugas e cânones. Essa é uma realização menor, em termos de música arquitetural e absoluta.

Se julgarmos a execução do jazz pelos padrões da música erudita ocidental, o resultado será mais impressionante, pois nem os classicistas mais ferrenhos negarão que o jazz ampliou grandemente as possibilidades

---

* Não devemos ter uma atitude de superioridade a respeito da música leve e pop. Embora muito fraca em todos os outros aspectos, ela tem produzido no geral, em sua melhor fase, várias melodias esplêndidas, como podem testemunhar Stephen Foster, George Gershwin e outros. O fato de alguns de nós preferirmos outras melodias é um assunto à parte.

técnicas de todos os instrumentos que usou, com exceção dos pequenos instrumentos de cordas; poucos negarão também que, homem a homem, os melhores músicos de jazz – com exceção, talvez, dos pianistas – são consideravelmente superiores, em número, aos seus equivalentes clássicos. Aqui, no entanto, desejamos considerar o jazz não como pioneiro de novas combinações e cores instrumentais ou como introdutor de novas possibilidades instrumentais, mas uma música que tem, em si mesma, realizações.

Ele tem realizações, porém, não em termos de música erudita, cujos próprios conceitos lhe são alheios. Isso não significa que o jazz não possa influenciar a música erudita, ou se fundir a ela. Na verdade, ele tem, ultimamente, mostrado uma tendência marcante nesse sentido. Quando o faz, porém, deixa de ser jazz para ser música erudita com bases jazzísticas, da mesma forma que a *Carmen* de Bizet, ou mesmo a obra de De Falla, não é música espanhola popular, mas música erudita com coloração espanhola. O jazz já tem seu Bizet: *Porgy and Bess*, de George Gershwin, a maior contribuição norte-americana para a ópera até hoje, está para o jazz assim como *Carmen* está para a música espanhola; uma relação muito forte até, pois uma forma diluída de jazz fazia parte do idioma musical de Gershwin.* O jazz ainda não desenvolveu o seu De Falla, ou mais exatamente o seu Bartók ou Mussorgsky. Não há, porém, *a priori*, qualquer razão musical pela qual não possa fazê-lo um dia.

A unidade fundamental da arte ortodoxa é a "obra de arte" que, uma vez criada, leva a sua vida independente de tudo, a não ser do criador; algumas vezes, como quando os críticos objetam a Yeats ou Auden, revisando seus versos, a obra de arte independe até mesmo do criador. Se for um quadro, tem apenas de ser preservado; se for um livro, precisa ser

---

* Dessa forma, a melodia de "Summertime" é uma cópia literal, e sem dúvida não intencional, do *spiritual* "Sometimes I Feel Like a Motherless Child".

produzido. A música e o drama têm de ser executados, porém a nossa geração acadêmica tem, cada vez mais, pretendido com isso "interpretar [a obra] o mais próximo possível da intenção original de seu produtor". Praticamente todo o academicismo histórico musical não faz mais do que tentar recapturar essa autenticidade original e autoritária: há aqueles que se ressentem por não poderem escutar Handel exatamente da forma que ele queria que nós o ouvíssemos, pois, infelizmente, não se castram mais meninos cantores. À "obra de arte" especialmente apreciada chamamos de obra-prima, uma categoria totalmente independente da execução. Ninguém diminui o valor de *Fígaro* porque uma sociedade operística amadora de Lesser Wigston faz uma montagem execrável.

Com o jazz a coisa simplesmente não funciona assim. A sua arte não é reproduzida, mas criada, e existe apenas no momento da criação. O paralelo ortodoxo mais próximo está naquelas artes que nunca conseguiram realmente se livrar de suas origens populares, para não dizer vulgares: as artes de palco. Para os atores e para muitos de nós durante parte do tempo, a dramatização é o produto do que é feito por atores e outros profissionais do palco. Uma peça, por mais poética que seja, se não for ao mesmo tempo um "veículo", isto é, se não permitir que os atores atuem, estará morta. Um grande drama, representado de maneira abominável, é apenas um drama em potencial. Um Henry Irving, que provavelmente nunca em sua vida fez uma peça totalmente boa, sem qualquer defeito, produziu mais catarse emocional mais frequentemente do que o Sr. X, que só participou de peças de produção autenticamente shakespeareanas, porque Irving era um artista melhor. Quando se trata de artistas de *music hall*, admitimos livremente: um Chaplin ou uma Marie Lloyd produzem grande arte, mesmo quando o assunto em questão é, pelos padrões ortodoxos, arte menor, ou não é absolutamente arte.

É isso o que acontece com o jazz – embora a sua maior contribuição para as artes populares seja a combinação do individualismo com a criação coletiva, que há muito foi esquecida em nossa cultura ortodoxa. Contudo, graças ao toca-discos, partes desse processo contínuo de criação conjunta, que constitui a própria vida do músico de jazz em atuação, são separadas como "obras de arte" ou mesmo como "obras-primas". Não se trata, porém, de obras acabadas, mesmo que já estejam "compostas" ou "com arranjos". Um Louis Armstrong pode dizer para si mesmo, ouvindo um playback de "West End Blues" de 1928: "É uma boa versão, vou repeti-la sempre que eu tiver de tocar essa música daqui para a frente, com uma duração de três minutos"; e Duke Ellington ou John Lewis poderão dizer a respeito de uma gravação: "É quase assim que deve ser." Mas se pudermos ouvir todos os "West End Blues", "Across the Track" ou "Django" já tocados, mesmo por Armstrong, pela banda de Ellington e pelo Modern Jazz Quartet, ouviremos uma série de recriações e modificações, um fluxo tão grande quanto a vida. Além disso, a obra individual não é, para o músico ou o amante de jazz, a real unidade da arte. Se há uma unidade natural do jazz, ela é a execução – a noite ou ocasião em que uma música é tocada após a outra – rápida e devagar, formal e informal, o espectro total das emoções. A contínua criação é a essência dessa música, e o fato de que a sua maior parte é fugaz não preocupa o músico, na mesma medida em que não importa para o bailarino.

Se é verdade que não há autenticidade e permanência, no sentido das artes ortodoxas, também não há uma aguda distinção entre o gênio e o resto. O jazz não tem por objetivo produzir obras nem apresentações que possam ser classificadas numa categoria especial de excelência crítica, mas apenas fruir da música, e fazer que outros também fruam, enquanto ela é executada. Existem, é claro, os gênios: Armstrong, Bessie Smith ou Charlie Parker, por exemplo. Mas o caráter essencialmente coletivo e prático dessa música significa que o seu valor, mesmo que seja o de uma obra particular, independe em grande parte desses gênios, desde que haja um corpo grande o suficiente de artesãos profissionais de competência e criatividade adequadas. Ninguém pode elaborar uma lista das vinte melhores gravações de blues instrumentais. Depois de uma ou duas escolhas óbvias, existem centenas (e, ao vivo, milhares de performances) que seriam, à sua maneira, igualmente boas. O bom jazz, como o bom cozinheiro ou o bom costureiro, não é julgado por produzir obras que, mesmo na memória, se sobressaiam como as melhores que já existiram, mas pela capacidade de produzir uma variedade constante a um alto nível de excelência. O jazz, na verdade, é "música para ser usada", para lançar mão de uma frase de Hindemith. Não é música de museu nem foi feita para ser ranqueada por uma banca de examinadores.

Nada disso transforma o jazz numa arte menor como o são a música leve e pop; apenas significa que ele consegue os seus efeitos como uma arte maior de maneira diferente e formalmente mais econômica do que a música erudita. As canções de Stephen Foster ou George Gershwin são belas e agradáveis, mas ninguém espera extrair delas a emoção que se obtém com "Erlkönig" ou "In diesen heil'gen Hallen". No entanto, do "Young Woman's Blues", de Bessie Smith, *conseguimos* extrair emoção. Kreisler tocando "Capricho Vienense" apenas revela uma magnífica técnica executando uma obra agradável; mas Louis Armstrong tocando "It's Tight Like This" nos leva aos níveis dos monólogos de Macbeth. Mesmo a "Valsa do Imperador", de Johann Strauss, talvez uma das obras da mais alta qualidade já compostas para a música clássica leve, nos dá apenas um grande prazer e satisfação, porém vale a pena trocá-la, mesmo sendo executada pela Filarmônica de Viena, por "Parker's Mood". É verdade que a escala relativamente pequena na qual o jazz opera como arte faz limitar a sua abrangência: afinal, um monólogo de *Fedra* está dentro do alcance do jazz, contudo, enquanto a tragédia toda não está. O que existe em jazz, porém, em seus melhores momentos é potente: é pequeno, mas feito de urânio.

Os prazeres do jazz estão, portanto, em primeiríssimo plano na emoção gerada, e não podem ser isolados da música efetivamente tocada. Um exemplo disso está no preconceito persistente de todos os elementos ligados à música – músicos, críticos e fãs – em favor da improvisação. Não há qualquer mérito especial na improvisação, que afinal não passa de composição instantânea e, portanto, passível de ser menos boa do que aquela considerada e revista.* Para o ouvinte, é irrelevante musicalmente se o que ele ouve é improvisado ou se foi registrado. Se não souber de antemão, geralmente não poderá diferenciar entre uma coisa e outra. Por outro lado, a improvisação, ou pelo menos uma margem ladeando a maioria das composições "escritas" de jazz, é, e merece ser, festejada, pois representa a constante e viva recriação da música, o arrebatamento e a inspiração dos músicos comunicados a nós. Quase não há dúvida de que o efeito mais poderoso do jazz está na comunicação da emoção humana de forma intensificada. É por isso que os blues cantados da primeira fase conseguiram, indiscutivelmente, manter o seu lugar, e também porque os discos tecnicamente imperfeitos e primordiais do jazz de Nova Orleans se mantêm, desde que tenham força, enquanto as peças orquestradas e as composições envelhecem. E isso também é verdade com relação ao jazz moderno, apesar das alegações de alguns de seus partidários. O que sobrevive em Parker, e que conquistou até mesmo muitos daqueles que originalmente rejeitaram com veemência as suas inovações, é a "beleza torturada, cáustica, de seu sopro, que faz lembrar um grito de gospel das congregações do Sul".[1] As suas inovações passaram hoje para a história, e, se fossem a sua única marca, ele não seria mais importante do que W. C. Handy, o primeiro a passar o blues para a forma escrita.

---

* Claro está que o compositor de jazz – isto é, todo músico criativo – considera e revisa, durante o processo da execução, trabalhando e retrabalhando as partes lentamente até a forma final: isto é, presumindo que ele não mude de ideia e queira transformar uma obra elaborada em outra coisa.

A REALIZAÇÃO MUSICAL

O jazz é, portanto, a música dos intérpretes, a música expressando diretamente as emoções, e suas formas técnicas de criação e possibilidades musicais refletem as duas coisas. Ele não depende, por exemplo, de um "compositor" – pois mal podemos lembrar o enorme número de temas simples que compõem o repertório geral (os chamados *standards*). Podem ser músicas boas ou ruins, blues folclóricos ou baladas pop, ou podem ser outros temas, mas o seu mérito é irrelevante. Se as harmonias se prestarem ao desenvolvimento de jazz, elas servem. O blues sempre se presta, e felizmente é um tipo de música boa, mas o único mérito de "All the Things You Are" ou "How High the Moon", que se tornaram *standards* modernos, ou ainda de "I Can't Give You Anything but Love, Baby", e de outros *standards* dos anos 1920, é que são boas bases onde pendurar o jazz. A "composição" de jazz original – isto é, a performance – surgiu simplesmente a partir de vários músicos tocando um bom tema entre si, de acordo com certas regras simples de conveniência ou tradição. Uma composição "nova" pode surgir de três maneiras: tocando-se um tema diferente, juntando-se um grupo de músicos diferentes – desde que eles se conheçam o suficiente para cooperar sem atritos – e tocando-se o mesmo tema com os mesmos músicos em outra ocasião, quando um ou mais deles tiver outras ideias. O resultado é uma massa de "composições" variadas, da mesma amplitude e no mesmo idioma. É claro que a casualidade tem muito a ver com esse tipo de criação musical que, de certa forma, é como uma boa conversa ou uma boa partida de futebol, onde qualquer coisa – a combinação de um grupo específico de pessoas, a presença de alguém especialmente estimulante, um bom público, ou apenas um ambiente agradável – pode fazer toda a diferença do mundo. (O hábito há muito estabelecido de alguns artistas de beber, fumar maconha ou usar qualquer outro tipo de droga não passa de uma tentativa de eliminar essa casualidade, criando artificialmente essa "atmosfera agradável", na qual os artistas criam livremente. O quanto isso realmente acontece é outro assunto.)

Esse fator acidental permanece forte, mesmo quando as composições de jazz tornam-se mais sistemáticas, com os "arranjos". Os compositores mais inteligentes sempre reconheceram que o jazz não é composto de notas ou instrumentos, mas de homens e mulheres criativos. Como diz Hodeir, o melhor dos críticos de jazz de formação clássica, a "fusão das personalidades individuais" toma no jazz o "lugar da arquitetura". O bom compositor-arranjador imagina o seu som e depois procura um ou mais músicos cuja voz individual chegue mais perto de suas ideias, ou então deriva as suas ideias a partir das personalidades de seu time de músicos. O melhor dos compositores *créoles*, "Jelly-Roll" Morton, parece ter escolhido o primeiro caminho, uma tarefa relativamente fácil em um estilo de execução tão unificado como o de Nova Orleans. O jovem Duke Ellington inclinou-se mais em direção ao segundo: podemos observá-lo "descobrindo" o "rosnar" de seus metais a partir de Charlie Irvis (trombone) e do saudoso Bubber Miley (trompete), para mais tarde construir alguns de seus efeitos orquestrais mais característicos com base nesses sons. Em seus primeiros trabalhos, a "composição" geralmente não passa de um ajuntar e modelar de ideias produzidas espontaneamente pelos músicos. É por esse motivo que o compositor de jazz de sucesso quase sempre foi um *band leader* ou teve algum tipo de ligação permanente com uma orquestra; e é por isso que a maioria das composições elaboradas em jazz (as de Ellington, por exemplo) raramente foram repetidas – a não ser na forma de imitações diretas – por quaisquer outros. Assim que são tocadas por outros músicos, elas se modificam. Por outro lado, o próprio compositor fica limitado por ter que encontrar músicos com o estilo de sua banda ou então se sente obrigado a modificar o seu estilo. Assim, Ellington ficou visivelmente abalado com a perda de Barney Bigard em 1942, pois sua clarineta *créole* tinha se tornado parte de seu espectro de cores musicais, e as substituições que se seguiram não foram totalmente bem-sucedidas. É claro que músicos competentes, ao entrar em uma banda com um estilo próprio, bem marcado, com frequência conseguem se adaptar a ele. A composição em jazz se libertou apenas lentamente de sua dependência das personalidades de seus músicos. Talvez essa seja a principal razão pela qual até hoje não tenha surgido uma composição de jazz de grande escala como uma ópera. Gershwin, que mais próximo chegou desse feito, com *Porgy and Bess*, estava acostumado a trabalhar dentro da tradição ortodoxa, isto é, escrevendo notas no papel e não compondo para músicos específicos. Ellington, cuja ideia de "concerto" – aliás muito bem-sucedida, como demonstra o maravilhoso "Concerto for Cootie"[2] – era escrever uma peça para trazer à tona as qualidades especiais de cada um de seus solistas, achava, sem dúvida, o caminho da composição impessoal muito difícil de trilhar.

Se a composição em jazz está tecnicamente limitada pela necessidade de compor pessoas em lugar de notas, ela está igualmente limitada também pela natureza da criação jazzística. Resumindo, ela cresce ou esmorece de acordo com as emoções humanas que gera, e não por suas qualidades como música "pura". Para citar mais uma vez o sagaz Hodeir, é "este exato tipo de música que pode ser escutada sem que se tenha de enfiar a cabeça entre as mãos [...] em jazz, os interesses sensoriais ultrapassam de longe a paixão intelectual [...] uma sensualidade aguçada toma o lugar da elevação, e a fusão das personalidades individuais toma o lugar da arquitetura". Os compositores mais inteligentes perceberam, instintivamente, essas limitações. "Jelly-Roll" Morton deu à música de Nova Orleans uma forma e elegância deliberadas, porém não tentou mudá-la. Duke Ellington é quase exclusivamente um compositor de obras que expressam estados de espírito, ou que recriam impressões sensoriais, como os próprios títulos de suas gravações indicam: "Mood Indigo", "Misty Mornin'", "Creole Love Call", "A Portrait of Bert Williams", *Such Sweet Thunder*. Os compositores de jazz moderno encontraram campo fértil em música de fundo para o cinema, onde o dom do jazz para expressar estados de espírito e fazer uma pintura musical é usado com grande resultado, como na trilha para *A embriaguez do sucesso*, de Chico Hamilton, ou em *Sait-on Jamais?*, de John Lewis. E por que não? Já vai longe o tempo, mesmo no campo das artes clássicas, em que alguém interpunha objeção a Hugo Wolf por ter incorporado poemas em música, ou a Bizet porque uma seleção para concerto de sua *Carmen* não soa tão bem quanto um quarteto de Beethoven, ou a *Cinderella*, de Prokofiev, por ser música para balé. Há grandes precedentes em "música séria" de obras que se escoram em outras artes para reforçar a sua própria fraqueza arquitetural, e que acabam por reforçar essas outras artes por sua vez. Em obras de arte compostas – balé, ópera, cinema – existe um amplo espectro para o jazz, e isso parece até ser o caminho de desenvolvimento futuro para uma música que vem das artes populares, cujas realizações mais elaboradas sempre tiveram caráter de entretenimento "misto" – "variedade" em seu nível mais simples, e obras compostas de pantomima, alegoria, balé e ópera em seu nível mais alto.

O jazz certamente possui uma tendência "natural" em direção à música "pura", porém isso não deve ser confundido com as tendências da música erudita. Ele surge do orgulho que o músico comum tem de sua capacidade técnica, levando bons instrumentistas a disputarem com outros para tocar coisas cada vez mais difíceis. O jazz moderno é, em grande medida, produto dessas experiências técnicas, mas não arquitetônicas. Por si, os músicos farão experiências com todos os elementos, exceto as formas musicais. Se tocarem fugas ou cânones, será porque estão tentando imitar a música clássica. Quem estiver preocupado em perceber a diferença entre uma composição "pura" de jazz e uma composição apoiada em música clássica deve comparar, por exemplo, "Brilliant Corners", de Thelonious Monk, com, por exemplo, "Concorde", de John Lewis. No primeiro caso, encontraremos experiências com o ritmo e na combinação de sons de saxofones, como as explosões uníssonas em *vibrato*. No segundo, uma fuga ortodoxa relativamente simples. Não que essas composições "puras" careçam de arquitetura; porém, como seria de se esperar em uma música de executantes, trata-se da arquitetura do solo instrumental.

Isso não é uma crítica às tentativas cada vez mais numerosas de juntar o jazz à música clássica. Em primeiro lugar, não há nenhum mandamento contra isso. Em segundo, é perfeitamente normal, tanto para compositores clássicos quanto para músicos de jazz que ambicionem obras mais complexas e superar as limitações técnicas do jazz. Afinal, pode-se argumentar que uma música clássica norte-americana só poderá surgir quando os compositores norte-americanos tiverem assimilado a linguagem de sua música folk nativa (isto é, o jazz) da mesma forma que os espanhóis, húngaros, russos, checos, finlandeses e ingleses assimilaram a sua, a seu tempo. Em terceiro lugar, não há dúvida de que faz bem para o amor-próprio dos jazzistas (principalmente os negros) saber que a sua música tem a capacidade de satisfazer mesmo os ouvintes intelectualmente mais ambiciosos. Quero apenas estabelecer a importante diferença entre o tipo de jazz que se desenvolve em direção a um tipo de música mais elaborada e "legítima" em seu sentido, e o tipo de música que resulta do cruzamento do jazz com a música tradicional: a diferença entre "Deep Creek Blues" de "Jelly-Roll" Morton e o jazz sinfônico de Paul Whiteman nos anos 1920, ou entre Thelonious Monk e Dave Brubeck nos anos 1950. Até hoje, desses dois tipos de jazz, o primeiro vem produzindo resultados melhores e mais frutíferos do que o segundo, embora isso possa muito bem mudar algum dia.

Quais são, portanto, as realizações musicais do jazz? Sua maior e talvez a sua única realização real é existir: uma música que resgatou as qualidades da música folk em um mundo projetado para extirpá-la, e que até hoje a manteve protegida dos ataques enfraquecedores do pop e da música erudita. Vistas isoladamente, nenhuma das gravações do blues "How Long" é uma grande obra de arte, no sentido sério, embora muitas sejam extremamente comoventes, com melodia bonita e poesia de boa qualidade.

> *How long, long, has that evening train been gone*
> *How long, how long, baby, how long?*
>
> *I've got a girl who lives upon the hill*
> *If she don't love me, I know who will*
> *How long, how long, how long?*
>
> *If I could holler like a mountain jack*
> *Go up on the mountain and call my baby back,*
> *How long, how long, how long?*

O fato importante e artisticamente válido é que esse tema é capaz de produzir obras tão diferentes como a versão orquestral-vocal de Count Basie, o belo solo de piano de Jimmy Yancey ou o blues gritado de Joe Turner;[3] e que permanece vivo, capaz de estimular qualquer grupo de músicos que o toquem para produzir a sua própria música: alguns bons, alguns medíocres, outros ruins, porém, dentro de uma certa competência e sentimento, todos eles alcançam de fato a musicalidade genuína. Deixando de lado quaisquer outros méritos mais elevados que tenha ou venha a ter, seu principal mérito está em provar que a música genuína, mesmo a do século XX, pode evitar tanto os becos sem saída da música pop comercial, que estabelece seu relacionamento com o público em detrimento da arte, quanto a música erudita *avant-garde*, que, para desenvolver a sua arte, isola-se de todo público exceto um pequeno grupo de iniciados.

Produziu muito mais, como Hodeir demonstrou para os raros leitores que possuem tanto um bom conhecimento de jazz quanto de música ortodoxa, em seu excelente livro. (Especialmente nos capítulos sobre "The Romantic Imagination of Dickie Wells", "Concerto for Cootie", "Charlie Parker and The Problem of Improvisation".) Existem artistas de calibre magnífico e irresistível genialidade, trabalhos de valor permanente que podem ser tocados com o mesmo vigor, ou ainda maior, trinta anos depois da apresentação original, e uma série de novidades técnicas que praticamente ainda não foram utilizadas pela música ortodoxa, talvez por deficiência tanto de seus compositores quanto de seus músicos. No entanto, a mera tentativa de expressar as realizações do jazz em termos de música erudita, como já sugeri, distorce a natureza da realização.

Isso é, admitidamente, trabalho de pequena escala. O jazz é música pequena e não grande música, da mesma maneira que letras de músicas são poesia pequena e poemas épicos são grande poesia; cerâmica é arte pequena e catedrais são grande arte. A limitação da esfera de alcance e o tamanho relativamente pequeno da escala não fazem de uma determinada arte algo menos bom ou menos belo. Apenas colocam algumas realizações artísticas fora de alcance: um carro esporte não é um veículo pior do que um avião, mas um veículo destinado a um propósito diferente. O jazz tem muitos méritos, e muitas pessoas retiram dele um prazer contínuo e intenso, sentindo-se profunda e justificadamente emocionadas. Existem coisas, porém, que ele não pode fazer (e também existem coisas que a música clássica moderna não pode fazer) e, quando se afirma o contrário, não se faz senão reforçar a autoestima daquelas pessoas que são preguiçosas ou ignorantes demais para compreender as formas mais complexas de arte. O jazz, como a poesia na definição de Keats, é "simples, sensual e apaixonado", embora, ao contrário da definição de Keats, também possa ser bastante sofisticado e exigente. A aparente simplicidade das emoções geralmente esconde uma grande complexidade. Isso também acontece, é claro, na vida real, com emoções aparentemente simples. Mas há outras coisas na vida e na arte, e essas não podem ser supridas pelo jazz.

Ainda assim, o seu lugar na história musical, para não dizer cultural, de nosso tempo está assegurado. Ele demonstrou a vitalidade e as possibilidades de evolução da música de um povo; e, se houver uma saída para o impasse em que as artes ortodoxas se meteram, ela bem pode estar no estudo da natureza do jazz, de seus criadores e de seu público. (Isso não implica que as artes ortodoxas tenham de ser salvas pela imitação do jazz, da mesma maneira que o estudo da aerodinâmica dos pássaros não faz os aviões terem de ser construídos na forma de gaivotas.) Isso tem se tornado cada vez mais inevitável. Por menos que os músicos ortodoxos o estudem, eles não conseguem escapar à sua presença. Trata-se, sem dúvida, da maior realização musical dos Estados Unidos até hoje, e talvez a única a alcançar aceitação internacional. Não existe nenhum compositor ortodoxo norte-americano como figura genuinamente internacional, à maneira dos compositores clássicos em seus dias; todos são figuras locais, projetadas a partir do orgulho local, talvez um pouco apreciadas ou gozando de *succes d'estime* entre o público internacional musicalmente mais bem informado. Louis Armstrong, Bessie Smith e Charlie Parker, no entanto, são aceitos em todo o mundo, onde quer que haja um público de jazz, e onde quer que a cultura norte-americana seja discutida; da mesma forma, também é aceito o próprio jazz.

7. JAZZ E AS OUTRAS ARTES

Embora a partir de 1920 tenha sido praticamente impossível crescer no mundo ocidental sem ouvir algo influenciado pelo jazz, até pouco tempo atrás era muito difícil ouvi-lo em quantidade, no sentido estrito do termo. Afinal, talvez o mais famoso de todos os discos de jazz, *West End Blues*, de Louis Armstrong, constantemente reeditado desde 1928, não chegou a vender mais do que 20 mil cópias na Inglaterra nos primeiros vinte anos, um número modesto mesmo pelos padrões de artes de elite. Além disso, como vimos, seu público tem sido diverso do resto do público das artes ortodoxas, apesar de não manter uma atitude de superioridade com relação a eles. Não é de surpreender, portanto, que até há pouco tempo o jazz tenha encontrado muito pouco eco entre as outras artes criativas.

A relação de trabalhos influenciados, inspirados pelo jazz ou "sobre o jazz", portanto, não é nada excepcional. Naturalmente são, na maioria, obras musicais, embora todos os compiladores (e já houve vários) se vejam forçados a mencionar os mesmos nomes e obras, a maior parte dos anos 1920: *Golliwog's Cakewalk* de Debussy, *L'Enfant et les Sortilèges* e os concertos para piano de Ravel, *La Création du Monde*, de Milhaud, a *Histoire du Soldat, Ragtime pour Onze Instruments*, e *Piano Rag Music*, de Stravinsky, todos demonstrando a preocupação da *avant-garde* francesa pós-1918 com esse tipo de *exotismo*; *Jonny Spielt Auf*, de Krenek, e a música de Weill para Brecht, refletindo a preocupação da *avant-garde* alemã com os marginalizados, *Rio Grande*, de Constant Lambert, e outras do gênero.[1] Apenas nos Estados Unidos, e nos limites da música popular e leve, podemos detectar uma influência mais persistente, notadamente nos musicais (*Porgy and Bess*, de Gershwin, *The Cradle Will Rock*, de Marc Blitzstein e Leonard Bernstein). Para falar a verdade, a lista é pequena. A história da música clássica moderna ainda pode ser escrita quase que sem qualquer referência ao jazz. Dentre os maiores compositores contemporâneos – como Schoenberg, Berg, Webern, Stravinsky, Bartók, Prokofiev, talvez Shostakovitch, Vaughan Williams, Sibelius e Hindemith –, apenas um mostrou sinais de influências jazzísticas; e, como Hodeir bem nota, seu flerte com o jazz não teve maior importância: "Stravinsky fez história quando escreveu *Le Sacre du Printemps*; ele se colocou à margem da história quando escreveu *Ragtime*."[2]

A lista de obras literárias relacionadas com o jazz é menos esplêndida ainda e, antes de 1930, decididamente negligenciável, com exceção de obras do irrepreensível Cocteau. Alguns poetas no limite do neorromantismo e surrealismo escreveram poemas medíocres inspirados por músicos de jazz, e com títulos como "Uma Elegia para Herschel Evans" ("*The band will continue its music, as life its laughter: the world will be gay or sad with age or season; and the marvellous sounds of jazz will thrill or bless...*"), "A Measure for Cootie" ("*we play the way it comes to us, we play elegies for the past, blues for the present... a trumpeter as you, a poet as I*" ou "Piano – a Surrealist Prose Poem" ("*Piano shouting the lice of New York and the scabs of Nova Orleans the yellows and the browns and the blacks and the blues*").* Auden fez algumas experiências com o blues, em um caso – "Refugee Blues" –, e não foi totalmente malsucedido. Há uma série de romances, em geral medíocres, sobre jazz e seus músicos, além de uma certa quantidade de escritos que poderiam ser considerados como "inspirados em jazz", por exemplo, os da "geração *beat*" – Jack Kerouac *et al* – que combinam

---

* Por consideração aos poetas em questão, não lhes causarei embaraço citando seus nomes depois de tanto tempo.

uma paixão pelo jazz com a paixão pelo Zen-Budismo. Se o interesse sociológico desse tipo de fenômeno é real, quanto ao mérito literário, até agora não se sabe. A melhor obra inspirada em jazz provavelmente ainda é uma das primeiras – escrita, por sinal, por um poeta cujo estilo de vida era muito pouco literário, mesmo pelos padrões norte-americanos: *The Daniel Jazz*, de Vachel Lindsay.

No meio dos escritores negros, é claro, o jazz foi mais influente, embora apenas uns poucos – destacamos Langston Hughes – tenham recebido influência séria e consistente do blues. Muitos dos escritos de Hughes são blues, puros e simples, como poderiam ser compostos e cantados por qualquer violeiro.

> *Sun's a settin' this what I'm gonna sing.*
> *Sun's a settin', this is what I" gonna sing:*
> *I feels de blues a-comin', wonder what de blues'll bring*

Ou "Gal's Cry for a Dying Lover" (lamento da mulher pelo amado moribundo):

> *Hear de owl a-hootin', knowed somebody's 'bout to die.*
> *Hear the owl a-hootin', knowed somebody's 'bout to die.*
> *Put ma head un'neath de kiver, started to moan an' cry.*

> *Hound dwag's barkin', means he's gonna leave this world.*
> *Hound dwag's barkin', means he's gonna leave this world.*
> *O, Lawd have mercy on a po' black girl.*

> *Black an' ugly, but he sho' do treat me kind.*
> *I'm black an' ugly, but he sho' do treat me kind.*
> *High-in-heaben Jesus, please don't take this man o' mine.*[3]

Hughes está bastante consciente do jazz e do blues como componentes da vida negra norte-americana; porém, mesmo entre os escritores de seu povo, essa consciência nem sempre ocorre.

A escassez e pobreza de literatura inspirada nele se faz muito mais intrigante pelo fato de o jazz, como já vimos, ser excelente "material" para qualquer escritor com algum interesse em seres humanos. Além disso, o próprio jazz já produziu ao menos dois tipos de literatura de valor: a poesia do blues e a autobiografia narrada; para não falar do experimentalismo do *jive talk*, vocabulário do inglês vernacular afro-americano que se desenvolveu no Harlem. É de se estranhar que um ambiente capaz de produzir trechos como o que temos a seguir não tenha tentado poetas e escritores de prosa com maior frequência:

> Mas quando escrever sobre mim, por favor, não diga que sou um músico de jazz. Não diga que sou músico de jazz ou guitarrista – escreva só Big Bill era um famoso cantor e tocador de blues, e gravou 260 blues de 1925 a 1952; ele ficava feliz quando bêbado, e tocando com mulheres; ele era querido por todos os cantores de blues, alguns ficavam com ciúmes às vezes, mas Bill comprava uma garrafa de uísque e todos começavam a rir e a tocar de novo, Big Bill ficava bêbado e escapava da festa e ia para casa dormir...[4]

O saldo em termos de pintura e escultura é ainda menor, a menos que se inclua o próspero, porém recém-iniciado, mercado de criação de capas para long-plays. Felizmente para as artes (e não apenas àquelas ligadas ao jazz), as gravações populares se valem muito do apelo visual de suas capas, que tendem a ser muito mais interessantes e inventivas do que os horríveis desenhos de tantos discos clássicos. Felizmente para o jazz, uma grande quantidade de artistas comerciais sempre esteve entre os seus fãs mais fiéis e devotados. Dessa forma, as capas têm mantido um padrão bastante alto. Sem dúvida, muitas delas conseguem seu efeito por meio de montagem (principalmente de fotografias), layout e tipografia. Poucas, em termos comparativos, são pintadas ou desenhadas. É verdade também que as ilustrações desse tipo produziram uma série de clichês, como o do pianista negro, em mangas de camisa, sentado ao piano-armário, o mais comum deles. Mesmo assim, a "arte aplicada" do jazz é um negócio próspero. É a "arte pura" que esteve quase sempre definhando. O jazz chegou a tentar um ou dois abstracionistas (vários artistas tentaram recriar as sensações, em filmes abstratos), porém quase nenhum figurativista. Talvez isso aconteça porque sua iconografia seja um triunfo para a fotografia: quanto mais será preciso dizer, nos perguntamos, quando a câmera já diz tanto sobre esses semblantes concentrados, sérios, com olhos fechados, atrás de embocaduras instrumentais?

Pois a fotografia foi praticamente a única arte que levou o jazz a sério, e em seus próprios termos. A safra de filmes de jazz ou que tenham alguma relação com ele é realmente pequena; pois, durante a maior parte de sua existência, o tema não teve apelo para o público de massa indeterminado do qual vive a indústria do cinema. Apesar disso, os exemplos não são desprezíveis. Temos *Jammin' the Blues*, por Granz e Gjon Mili; ou *Momma Don't Allow*, por Karel Reisz, um dos raros filmes que também fala do público de jazz. Há *Jazz on a Summer's Day*, um documentário sobre o Festival de Jazz de Newport, e trechos e tomadas em meio a filmes comerciais, sem dúvida incluídos de contrabando por amantes do jazz ligados à produção. Os filmes comerciais a respeito de jazz, a maioria no estilo hollywoodiano "vidas famosas do showbiz", multiplicaram-se no final dos anos 1950, porém permaneceram desprovidos de conteúdo. Mas o mais significativo é que, desde o início da década de 1950 em Hollywood – e desde o final da década de 1950, na televisão norte-americana e no cinema europeu –, surgiu a moda de criar, para filmes sobre crime, sexo e gerações perdidas, trilhas de jazz sérias com poucas concessões, a maioria de caráter bastante moderno. Musicalmente, os franceses foram os mais bem-sucedidos nesse tipo de ligação, principalmente com trilhas feitas por Miles Davis e o Modern Jazz Quartet. A mais ambiciosa tentativa norte-americana, uma trilha de Ellington para uma história de assassinato, não figurará entre as principais obras do mestre. Por razões óbvias, no entanto, a combinação de jazz com James Dean, Marlon Brando e histórias de detetive para televisão nos Estados Unidos se transformou em algo como um casamento feliz, sem o caráter passageiro da maioria dos filmes europeus, pois o jazz, nos Estados Unidos, é uma linguagem comum e não apenas um tipo de gíria das classes altas, como é na França.

Talvez a combinação mais próxima do jazz com outro meio de comunicação esteja nos anúncios de televisão e nos desenhos animados. Esses são provavelmente os únicos gêneros de arte moderna totalmente impregnados pela sua influência, a exemplo do que acontece na nossa vida diária atualmente. No entanto, traçando um paralelo com épocas anteriores, o final da década de 1950 marcou um forte *reapprochement* entre o jazz e as únicas outras artes de massa do século XX: as das câmeras móveis.

Existe ainda o balé. Uma arte que se esperaria que fosse sensível ao jazz, pois afinal este é, essencialmente, música combinada ao movimento. No entanto, o balé clássico (mesmo aquele mais solto, como o de Diaghilev e outros) se utiliza de um vocabulário estilizado de movimento, que é extraordinariamente difícil de se combinar com o vocabulário totalmente diverso da dança negra. *Petrushka*, dançada por bailarinos do Harlem, seria algo tão estranho como um quinteto de clarineta de Mozart tocado por Sidney Bechet em sua entonação normal; uma *Petrushka* do Harlem, no entanto, não deixaria de ser uma experiência e tanto. Companhias de balé semi-heterodoxas, como a francesa Champs-Élysées, permitiram uma influência jazzística, sem maior sucesso. O jazz tem influenciado o balé mais fortemente – e com maiores frutos – onde ele não é uma arte ortodoxa: nas danças de cabaré, teatros de revista, shows musicais e filmes. (Não precisamos destacar as companhias que se especializam em temas exóticos ou no folclore negro, como a Katherine Dunham Company.) O jazz, sem dúvida, transformou aquilo que poderíamos chamar de balé democrático, por oposição ao balé clássico aristocrático. Mais precisamente, como todas as danças modernas de salão, os espetáculos musicais norte-americanos seriam inconcebíveis sem a influência do jazz.

No geral, a influência do jazz tem sido surpreendentemente pequena. Se considerarmos apenas os "forasteiros", ou seja, aqueles artistas que não foram criados no mundo do jazz, seja como músicos ou fãs, essa influência se torna desprezível. Outros gêneros exóticos produziram muito mais. O campo cultural está repleto de obras literárias e musicais inspiradas, ainda que remotamente, no equivalente espanhol do panorama jazzístico, de Gautier e Mérimée em diante. Seus sustentáculos visuais – os xales, pentes, castanholas e roupas tipo *vaquero*, equivalentes andaluzes do *zoot suit*, o gestual e movimentos característicos do flamenco – são conhecidos por todo burocrata com ambições culturais, de Cardiff a Vladivostok, através de quadros, balés, óperas e assim por diante. Isso não acontece com o jazz. Apesar de seu marcante poder de se expandir e fazer novos adeptos, ele raramente consegue angariar público, a menos que, como os jesuítas, apanhe os seus adeptos ainda jovens. Conheço homens e mulheres de grande inteligência, elevada sensibilidade e conhecimento musical, que se esforçam verdadeiramente para descobrir o que as pessoas veem de especial no jazz, e que não conseguem ver a diferença de qualidade entre duas obras, enquanto seus contemporâneos, que ouviram seus primeiros Fletcher Hendersons e Armstrongs aos 15 anos, não têm a menor dificuldade. É provável que um conhecimento profundo das artes ortodoxas seja um desqualificador real, pois, enquanto inúmeras pessoas ampliaram sua paixão original pelo jazz para incluir a música clássica, a evolução contrária é muito mais rara.

As realizações não musicais do jazz nas artes estão, portanto, em grande parte nas mãos dos *insiders* – músicos, cantores e público que cresceram com o jazz. Como muitas pessoas cresceram com o jazz, a sua infertilidade cultural é de surpreender, especialmente no campo da literatura. Pois, embora o cinema ainda não tenha produzido obras-primas literárias, não resta dúvida de que provocara uma torrente de obras escritas, técnicas e analíticas, uma considerável massa de poesia – a respeito de Charlie Chaplin, ao menos desde Hart Crane até Umberto Saba, passando por Rafael Alberti, Aragon e Mayakovsky, e um grande bloco de ficção, principalmente semissociológica, semissatírica, é verdade, expressando a autodilaceração dos roteiristas. No entanto, o mundo do jazz não é comparável ao mundo dos filmes. E no mundo das artes de palco, no circo ou na música clássica, o jazz é muito mais autocontido, para não dizer esotérico: um mundo de artesãos e críticos. Ele também se tornou autocontido na medida em que, durante a maior parte de sua história, seus músicos e seu público obtinham satisfação cultural quase que exclusivamente dele, e empenhavam o resto de suas energias nas cruzadas pelo seu reconhecimento. Entre o fã de jazz puro – cujo principal objetivo de vida (não importa a sua profissão) é divulgar a causa do jazz – e o adolescente – para quem o jazz simplesmente faz parte do ambiente, assim como guarda-sóis fazem parte dos cenários das praias – existe uma grande distância. Normalmente, aqueles que fazem obras de arte a partir de outras artes ou de mundos profissionais especiais estão situados no espaço intermediário: no mundo do jazz esse espaço encontra-se quase totalmente vazio.

Por outro lado, esse mundo tem a capacidade singular de produzir artistas com o dom da palavra. Grande parte do esforço dos "intelectuais do jazz" tem sido para torná-los loquazes, em vez de fazer que eles mesmos se tornem mais capazes de se expressar a respeito do jazz, mas isso não altera o fato básico. O músico de jazz geralmente não pinta ou esculpe, não faz filmes, mas uma coisa que faz bem – e quase não pode evitar – é usar as palavras. A sua prosa está incorporada em um grande corpo de "literatura falada", em especial de natureza autobiográfica, a partir da qual Nat Hentoff e Shapiro produziram uma montagem magnífica, o livro *Hear Me Talkin' to Ya* (o título é uma alusão a um disco de Louis Armstrong). Esse tipo de prosa não é citável com facilidade em pequenos trechos, pois tem seus efeitos – se é que esse termo significa alguma coisa aqui – por acumulação. Aqui e ali, principalmente na fala de cantores de blues, o diálogo adquire uma vivacidade irônica e rítmica que valeria muito nas mãos de bons dramaturgos:

> Leroy: É... Então tinha uns negros que não tinham medo de branco, nem de responder. Eles chamaram os caras de loucos...
> Natchez: ... Loucos... (Leroy: É...)... Por que loucos, se estavam exigindo seus direitos?...
> Leroy: É, chamaram de loucos.
> Natchez: Eu tinha um tio que era assim, e foi enforcado... foi enforcado, porque diziam lá que era louco e que podia acabar com os outros negros. (Leroy: É verdade.) Sabe, é por isso que ele foi enforcado, porque era um homem que trabalhava e queria pagar; e tinha pinta de homem branco, tão estudado que nem branco, melhor que muito branco lá. (Leroy: É...) ... porque muito branco vinha pedir conselho pra ele.[5]

Se a prosa é "a prosa da vida" – embora nem sempre encontrada em literatura – a poesia é única, especialmente quando possui aquilo que alguém já cunhou de talento especial dos negros para fazer poesia a partir de monossílabos. Os blues são, sem sombra de dúvida, o maior corpo de poesia folclórica viva no mundo moderno industrial. São formados basicamente por cinco dísticos rimados e acentuados, com a primeira linha repetida, combinada, modificada ou ampliada à vontade. Como outras poesias folclóricas, os versos são compostos exclusivamente de frases diretas, perguntas ou apelos, sem floreios ornamentais. Até suas metáforas são usadas mais para dar precisão do que para evocação:

> *Got the world in a jug, got the stopper in my hand*

ou:

> *Love is just like a faucet, it turns off and on,*
> *Love is just like a faucet, it turns off and on,*
> *Sometimes when you think it's on, baby, it has turned off and gone.*

Seus símbolos e esteios poéticos são diretos ou fórmulas padrão, como as usadas pelos trovadores para intercalação: o sol que nasce e se põe, a estrada de ferro, a casa, o vento, o cemitério:

> *Sun rises in the east, and I declare it sets in the west.*
> *Sun rises in the east, and I declare it sets in the west.*
> *Ain't it hard to tell, hard to tell, which woman will treat you the best.*
>
> *There's three trains ready, but none ain't going my way,*
> *I said there's three trains ready, but none ain't going my way,*
> *But the sun's gonna shine in my backyard some day.*
> *Blow, wind, blow, blow, my baby back to me*
> *Blow, wind, blow, blow, my baby back to me*
> *Since she's gone, nothing's like it used to be.*

Os blues, portanto, não são poéticos porque o cantor ou a cantora deseja se expressar de maneira poética. Ele ou ela deseja dizer o que tem de ser dito da melhor maneira possível, como na famosa "Make Me a Pallet on the Floor" – canção de uma pobre prostituta em Nova Orleans –, em que o único "efeito técnico" é o da repetição de versos e frases, que acabam por fazer o conteúdo da canção extremamente pungente; um "efeito" que surge naturalmente a partir do padrão repetitivo da fala popular comum:

Make me a pallet on your floor,
Make me a pallet on your floor,
Make me a pallet, baby, a pallet on your floor,
So when your good girl comes she will never know.

Make it very soft and low,
Make it, babe, very soft and low,
Make it, baby, near your kitchen door,
So when your good girl comes, she will never know.

I'll get up in the morning and cook you a red hot meal,
I'll get up in the morning and cook you a red hot meal,
To show you, baby, I' preciate what you done for me
When you made me a pallet on your floor.

Make it soft and low,
Make it, baby, make it soft and low,
If you feel like layin' down, babe, with me on the floor,
When your good girl comes home she will never know.

É notável o efeito complexo e sofisticado que pode ser alcançado meramente a partir de uma pequena variação de palavras, ritmo e contexto em versos repetidos.*

---

* Como as consoantes finais são engolidas no inglês falado no Sul dos Estados Unidos, as rimas são rimas verdadeiras, por exemplo "flo"-"do"-"know". Sempre que possível, escrevi as palavras de acordo com a norma culta, para evitar dar a impressão do chamado *coon English* [nome depreciativo dado a uma variante linguística negra e rural], termo usado como ofensa aos negros norte-americanos.

A maneira casual pela qual os blues conseguem os seus efeitos poéticos, da mesma maneira que os pedregulhos da margem de um rio são moldados pela água, pode ser ilustrada por um exemplo específico, o "Red River Blues", que Sonny Terry, cantor e tocador de gaita, me contou ter sido o primeiro blues que ele aprendeu:

> *Which way, which way, do that blood red river run?*
> *Which way, which way, do that blood red river run?*
> *Run from my back door to the rising sun.*
>
> *I hate to see that rising sun go down*
> *I hate to see that rising sun go down*
> *It make me feel I'm on my last go roun'.*
>
> *Which way, which way, do that blood red river run?*
> *Which way, which way, do that blood red river run?*
> *Run from my window to the rising sun.*

Aqui temos um desenvolvimento especial de um gênero bastante conhecido, o *river blues*, que geralmente trata dos efeitos das enchentes na vida dos ribeirinhos, ou – uma imagem poética conhecida – o rio que separa o homem de seu amor. (Fui informado pelo expert Alexis Korner que o cantor Josh White reconheceu uma canção de Big Bill Broonzy como sendo "Red River Blues", embora ela diga *"Mississippi River is so long, deep, and wide/ Can' see my good girl standin on the other side"* [Rio Mississippi, tão longo, fundo e largo/ Posso ver a minha namorada esperando do outro lado] e assim por diante, nessa linha.) A estrofe do meio dessa versão é um verso de blues mais conhecido como a abertura do "St. Louis Blues", de onde pode muito bem ter sido tirada. Não seria de todo improvável que a denominação "red river" tenha vindo da famosa canção cowboy "Red River Valley", que se refere à geografia e não à cor, como se sabe. A uma determinada altura, o rio Vermelho (que vai do Texas, pela fronteira com Oklahoma, atravessa Arkansas e Louisiana para chegar ao Mississippi) se transforma em um rio de cor, da cor do sangue. Como se deu a ligação com o sol? Talvez porque alguém tenha se lembrado do brilho vermelho na água, durante o pôr do sol? O rio vermelho-sangue, visto de uma casa, torna-se o símbolo da vida, o nascer e o pôr do sol de sua impermanência. Uma série de tijolos poéticos, cortados em tamanhos e formas que desconhecemos, em uma reflexão sobre a vida e a inevitabilidade da morte. Outros versos caem, até que o que sobra é o sumo de uma canção lírica.*

Os blues estão repletos de tais tijolos poéticos, montados pelos cantores ou coros: são estrofes e versos particularmente usados, que o trovador pode inserir sempre que não tiver outro recurso, ou quando quiser voltar para terreno um conhecido:

You see me laughing, just to keep from cryin'

ou:

Take me back, baby, try me one more time

ninguém que já tenha escutado esse verso cantado por Bessie Smith poderá esquecer a intensidade que ela colocava; ou:

I looked down the road, as far as I could see

verso característico do trovador viajante; ou a implacável:

---

* A canção é tão bela quanto "Trouble in Mind". Foi gravada, me informa Alexis Korner, por Brownie McGhee, Sonny Terry, e Leadbelly. Uma versão mais convencional por Josh White pode ser encontrada na Inglaterra (*The Josh White Story*, vol. II).

> *You must reap what you sow:*
>
> *I told you darling, long time ago*
> *You goin' to reap for what you sow*
> *And what you sow, gonna make you reap*
> *And what you reap, gonna make you weep*
> *Someday, sweetheart.**

Porém, por trás do aparato poético, elementar, mas muito eficaz do blues, há uma visão da vida, que deve ser expressa por esse aparato o mais diretamente e com a maior economia de meios possível. É isso que lhe dá uma tremenda força, mesmo quando são versos burlescos:

> *I'm going away, babe, just to wear you off my mind*
> *I'm going away, babe, just to wear you off my mind.*
> *If I stay around here, I'll be troubled all the time.*
>
> *So help me, honey, but I don't love you:*
> *So help me, honey, but I don't love you.*
> *Well, I just don't like them funny old ways you do.*
>
> *It's raining here, babe, storming on the sea:*
> *Raining here, storming on the sea:*
> *You mistreat a good man when you mistreat me.*
>
> *I'm sorry, baby, sorry to my heart.*
> *Sorry, baby, sorry to my heart.*

---

* Brownie McGhee. Não é preciso dizer o quanto devo a Brownie McGhee, Sonny Terry, Big Bill Broonzy e James Rushing, todos grandes cantores com os quais tive o prazer de poder discutir blues durante suas visitas à Inglaterra.

> *We've been together so long, now we've got to part*
> (Joe Turner, "Going Away Blues")

Essa visão da vida é adulta, verdadeira, totalmente destituída de ilusões e de farsas, e é por isso que muito dessa poesia soa como o verso de Brecht, que por sua vez inspirou-se na forma direta das canções populares:

> *Oh, life is like that,*
> *Well, that's what you got to do,*
> *Well, and if you don't understand,*
> *Peoples, I'm sorry for you.*
>
> *Sometimes you'll be held up, sometimes held down,*
> *Sometimes your best friends don't even woant you round, you know.*
>
> *Well, life is like that,*
> *Well, that's what you got to do...*
> (Do LP *Blues in the Mississippi Night*, Pye-Nixa)

A verdade é o conteúdo dos blues; a verdade é o que os cantores de blues mais prezam, assim como a palavra que aparece o tempo todo quando buscam explicar o que estão procurando, em uma tentativa de separar as suas canções daquelas feitas apenas para ganhar dinheiro.*

E é, sem dúvida, por isso que os adolescentes ingleses escutam a voz dos cantores de blues melhor do que a de seus próprios pais, professores, ou outros poetas, absorvendo "a verdade" no silêncio dos

---

* Assim, Saint Louis Jimmy, um cantor veterano tentando explicar por que os europeus gostam do blues: "Na Europa, eles gostam de histórias, gostam da verdade; é por isso que eles gostam do blues, não é essa bobagem [...] porque o blues fala a verdade sobre como as pessoas são maltratadas, é isso que é o blues." Afirmações do mesmo tipo foram feitas por Big Bill Broonzy, Lightnin' Hopkins e provavelmente muitos outros.

clubes noturnos ou nos quartos. Ninguém faz rodeios com o blues; nem sobre a vida, a morte, a bebida, o dinheiro ou o amor.

É tremendamente irônico e característico que o nome desse idioma duro como o diamante, lúcido e sem concessões tenha sido usado por Tin Pan Alley para descrever o estado de espírito de autopiedade e chateação superficial que se acredita característico daqueles que não conseguem rapidamente dormir com as suas namoradas (*"I'm feeling blue over you"* etc.). Pois a autopiedade e o sentimentalismo não são blues. Pelo contrário, a sua afirmação fundamental é que homens e mulheres têm de viver a vida como ela é ou, se não conseguirem, devem morrer. Eles riem e choram porque são humanos, mas sabem que isso de nada adianta, a menos que eles queiram se ajudar. Pois raramente se fala do céu, uma canção puramente secular, e também não há Deus, embora, algumas vezes, no "Blue Spirit Blues", de Bessie Smith, haja inferno. Neste mundo "é difícil encontrar um bom homem", e, quando encontrado, ele não trará apenas vantagens:

> *Now it's ashes to ashes, sweet papa, dust to dust,*
> *I said ashes to ashes, I mean dust to dust:*
> *Now show me the man any woman can trust.*

Como no mundo dos trabalhadores desorganizados e abatidos entre o qual esse maravilhoso idioma cresceu, o mundo do blues é trágico e impotente: como disse certa vez Bessie Smith, como sempre uma voz definitiva do blues:

> *You cain' trust nobody, you might as well be alone.*

E se permanece só. Pois quando os homens e mulheres que cantam os blues querem cantar a salvação coletiva, seja a secular, por meio dos sindicatos, ou a religiosa, por meio das igrejas, eles raramente usam o idioma do blues, preferindo os hinos e as canções gospel, que são seus irmãos espirituais. A sua realização poética é também real, porém, à exceção de alguns hinos "revivalistas" como o tristemente familiar "When the Saints Go Marching In", eles não pertencem tão intimamente ao jazz quanto o blues secular. Talvez porque haja poucos santos no jazz.

Como toda poesia folk, o blues deve ser cantado, e ninguém que tenha escutado Bessie Smith cantando "Reckless Blues", Ma Rainey em "See See Rider", ou a jovem Chippie Hill cantar "Trouble in Mind" poderá ler as palavras como algo mais do que uma leve sobra da verdadeira poesia do blues; pois é o timbre da voz, a paixão, a maravilhosa flexibilidade e a suspensão rítmica da linha vocal que transformam versos como "*When I wasn't nothing but a child*" ou "*Now that I am growing old*" em afirmações tão definitivas como:

> *Et la mort à mes yeux dérobant la clarté*
> *Rend au jour qu'ils souillaient toute sa pureté.*

Mas, mesmo como um esqueleto verbal, os blues são uma conquista literária de considerável relevância, e até hoje o subproduto não musical mais importante (ou melhor, o aspecto não musical mais importante) do jazz.[6]

PARTE 3
NEGÓCIOS

8. A INDÚSTRIA DO JAZZ

O jazz não é apenas uma forma de fazer música, mas também de ganhar lucro. Poucas foram as artes populares subsidiadas por patrocínio público ou privado. A maioria delas, como o jazz, é uma maneira de entretenimento comercial realizada por artistas profissionais contratados por vários tipos de empresários particulares. A bilheteria e a vendagem são os determinantes dos movimentos dessas artes e do destino dos artistas. O que o amante de jazz escuta, portanto, depende não apenas das necessidades criativas dos músicos e de outras variáveis do gênero, mas também da maneira como o jazz se organiza como negócio. Neste capítulo explicarei sucintamente como esse funciona em termos de negócio e empresa técnica, e como isso o afeta musicalmente e em outros níveis. Os leitores que acreditam que as gravações surgem sozinhas e que os músicos são alimentados por anjinhos mandados do céu, como o profeta Elias, devem escolher um tipo de música menos rasteira para admirar.

Os músicos de jazz são profissionais. O preconceito contra o "comercialismo", comum entre a maioria do público do gênero, torna necessário repetir essa obviedade. O jazz pode ser, em sua origem e por seu caráter, música folclórica, mas isso não quer dizer que seja uma arte de amadores. Mesmo fora dos grandes centros, a arte folclórica é, em grande medida, profissionalizada – a arte dos trovadores, malabaristas ou dos artistas itinerantes, para não falar de artistas praticamente especializados, como certos funcionários religiosos, ou do violinista que dá o tom para os *capstan shanties*, presos negros cujo trabalho consiste em "puxar o canto" para os que realizam trabalhos forçados. A pré-história do jazz está cheia desses profissionais primordiais, dos quais um, especialmente forte e mortífero, Huddie Ledbetter ("Leadbelly"), é amplamente conhecido graças às gravações feitas para a Biblioteca do Congresso em Washington. Todos os entusiastas podem enumerar grandes quantidades de artistas desse tipo, muitas vezes cegos, que combinando a mendicância com a música tornam-se, a exemplo de Homero, verdadeiros artistas: Blind Blake, Blind Boy Fuller, Blind Lemon Jefferson, Blind Willie Johnson. São itinerantes, pois não há nenhum lugar no interior com trabalho suficiente para que possam se estabelecer.

Mas a cidade oferece possibilidades de trabalho, e o jazz é, desde o seu início, uma música de pobres urbanos. A cidade não só fornece o espaço para o profissionalismo, como também o exige. Seu estilo de vida é mais especializado, menos tradicional do que no campo, onde as artes são geralmente vinculadas a eventos e ocasiões específicas da vida – quase que impensáveis fora dessas situações – e, portanto, geralmente amadoras. Não é por acaso que o guia WPA do Mississippi relatou, nos anos 1930, que, "por causa da influência cada vez maior da cidade sobre o negro e do resultante abandono da vida simples, o número de canções sociais aumentou proporcionalmente ao decréscimo do número de *spirituals* e canções de trabalho". A cidade tende a separar o artista do cidadão e a transformar a maior parte da produção artística em "entretenimento", uma necessidade especial suprida por especialistas. Além disso, as necessidades urbanas de entretenimento, por serem mais especializadas, são muito maiores do que no campo. Desde os tempos da antiga Atenas que se ouvem reclamações a respeito dos habitantes das cidades "sempre querendo coisas novas"; da mesma forma, pode-se dizer que a cidade quer sempre padrões mais elevados, porque tem maiores oportunidades de comparação e não precisa avaliar o artista por suas capacidades amadoras. De qualquer maneira, o entretenimento regular, mesmo na cidade pré-industrial, é quase sempre profissional:* isto se aplica aos cantores, músicos, esportistas, homens de espetáculos e sexo extraconjugal, pois a prostituição é um fenômeno urbano e não rural. Mesmo quando um movimento artístico começa como uma revolta deliberada contra o comercialismo e a profissionalização, como o *revival* de Nova Orleans nos Estados Unidos durante a guerra, e na Europa depois dela, ele não resiste à força dos fatos, pelo menos se tiver algum apelo para o público. Nos últimos anos, todos os líderes e músicos de bandas "Nova Orleans" de sucesso na Inglaterra tiveram de escolher entre a sua ocupação normal e a música. Alguns escolheram os empregos, outros se fizeram músicos profissionais completos. O ideal de uma música amadora permanente e amplamente popular não resiste à impossibilidade técnica de driblar a divisão social do trabalho.

Os artistas folk que fizeram o jazz não acalentavam bobagens românticas a respeito das virtudes do amadorismo. Eles se tornavam profissionais assim que podiam ganhar dinheiro com a música, quando não vinham de famílias que já estavam no show business. Nos primórdios de Nova Orleans, esse grupo de profissionais ainda estava emergindo de uma situação em que a música era apenas uma ocupação parcial. Pode-se dizer, no entanto, para efeito prático que o profissionalismo se estabeleceu a partir das primeiras décadas do século XX. Como vimos, esse desenvolvimento, a concorrência dos artesãos dentro de sua própria comunidade e a sua separação das pessoas afetaram a evolução real do jazz de maneira considerável.

Esses profissionais ganhavam a vida a partir de três situações econômicas diferentes, porém relacionadas: o entretenimento pré-industrial, a indústria de entretenimento moderna e o negócio do jazz. As duas

---

* O entretenimento ocasional ou limitado, como o proporcionado por espetáculos ao ar livre e representações religiosas das cidades medievais ou as coroações de hoje, não precisa ser profissionalizado no mesmo nível.

primeiras não têm grandes ligações com o jazz, a não ser por vendê-lo ao público quando há demanda, como se vendem espetáculos de mulheres barbadas imitando apitos a vapor, garotas com grandes seios mostrando ou não as pernas, o último assassino em massa ou gênios musicais. A última dessas situações diz respeito exclusivamente ao jazz, pois foi criada com a descoberta de que existe um público capaz de pagar por esse tipo específico de entretenimento. A maioria dos músicos europeus de jazz ganha a vida com a própria indústria, embora isso talvez ainda não aconteça nos Estados Unidos.

Se compararmos os pontos de distribuição comercial do jazz no auge da era de ouro de 1960 com aqueles do período de Nova Orleans, encontraremos três diferenças básicas: em primeiro lugar, alguns dos originais declinaram; em segundo, os novos meios de comunicação (toca-discos, rádios, filmes, TV etc.) cresceram tremendamente; em terceiro, e mais impressionante, surgiu um público específico para o jazz.

Ainda há muito jazz sendo tocado, em termos econômicos, da mesma maneira que nos tempos de King Oliver: em casas noturnas, para ser dançado, no palco. Na verdade, os inferninhos, bares e nightclubs – especialmente as casas menos refinadas – ainda permanecem como pilar essencial da música, especialmente nos Estados Unidos, onde o público de jazz especializado é menos organizado do que na Europa. É mais fácil para os músicos novos e experimentais iniciar carreira nesses locais. Eles tocam por pouco (em uma espelunca de Londres que conheço, músicos de primeira ordem "não comerciais" tocam cinco a seis horas por £ 3 cada), o público não se importa com o som desde que haja bebidas e mulheres. E, em todo bairro boêmio, sempre há donos de bares, nightclubs e bordéis que gostam realmente dos músicos e do tipo de música, apesar de eventuais dívidas ou de algum desgaste emocional. Assim foi com Tom Turpin em St. Louis, na época do ragtime (ele próprio nada mal como pianista), Lulu White, Madame Mame de Ware, "Ready Money",

A INDÚSTRIA DO JAZZ

a condessa Willie Piazza e outras cafetinas famosas no início do século, "Pee Wee", em Beale Street, Memphis, "The Chief", em Kansas City, Henry Minton, em Nova York (um ex-músico e integrante do Sindicato dos Músicos). Esses e outros patronos pouco conhecidos das artes alegres mostraram uma capacidade empreendedora maior do que seus contemporâneos ortodoxos.[1] Da mesma forma, músicos pouco famosos podem encontrar abrigo nesses locais. Na Nova York dos dias atuais, muitos dos grandes nomes da década de 1930 conseguem equilibrar o orçamento tocando em *saloons*. Por outro lado, aquele outro esteio dos músicos de jazz dos primórdios – os teatros de *vaudeville* e as casas de espetáculos musicais – declinou abruptamente. Nos Estados Unidos está praticamente extinto, e só sobrevive na Europa enquanto meio secundário de divulgação de artistas de jazz que conquistaram fama em outros lugares. No início dos anos 1930, os músicos de jazz convidados costumavam ser a principal atração em um espetáculo de variedades (como ainda acontece, ocasionalmente, no Olympia de Paris); agora, a menos que o artista tenha predicados específicos para essas casas de espetáculo, ele geralmente toca apenas para o público de jazz. Nenhum novo talento foi descoberto nessas casas de espetáculos europeias ou mesmo norte-americanas no pós-guerra.

Os novos meios técnicos de comunicação – discos, rádio etc. – foram de importância fundamental para o jazz, porém não por razões financeiras. Financeiramente, o rádio, a televisão e os filmes propiciaram uma fonte de renda para os instrumentistas que podiam tocar música pop e, em ocasiões bastante favoráveis ou em tempos de bonança, até para bandas inteiras contratadas para tocar jazz ou figurando em um filme. (No entanto, a proporção de filmes com jazz é minúscula até meados da década de 1950, e a maioria era de curta-metragem.) O rádio, com sua maior capacidade de atender ao gosto de minorias, tem sido mais condescendente, mas não no caso de gravações. Embora os cachês de filmes e de televisão sejam altos nos Estados Unidos, principalmente no caso de bandas famosas, os cachês europeus para transmissões ao vivo são modestos. Por outro lado, o valor da propaganda em meios de comunicação de massa é tão grande que qualquer músico inteligente se dispõe a aceitar um preço não comercial se isso lhe for oferecido. Desde o declínio do *vaudeville*, praticamente todas as carreiras foram feitas através ou com a ajuda das transmissões que, no caso da Europa, podem alcançar públicos de todo um país. Um programa no ar, uma menção por parte de um disc-jóquei conhecido, são, sem dúvida, as maneiras mais fáceis de divulgar músicos ou músicas especiais.

O disco também não é tão lucrativo quanto parece, pelo menos para os músicos, embora seja, sem dúvida alguma, o meio de comunicação mais importante no jazz. O destacado músico de jazz que chocou jornalistas ingleses quando disse que não lhe importava quantos discos venderia não estava blefando: o principal sustento de seu conjunto vinha das apresentações ao vivo. Os músicos de jazz, ou as fileiras de músicos que trabalham integralmente em sessões de estúdio em uma pequena minoria dos casos, só conseguem entrar na estratosfera dos "dez melhores" por acaso. No entanto, os discos são tão importantes para a indústria do jazz que vale a pena examinar o seu aspecto econômico um pouco mais de perto.*

O músico propriamente dito recebe um cachê fixo para uma sessão de gravação. Um artista britânico de nome pode receber 5% de direitos autorais, mais uma participação de 6,25% em "royalties mecânicos" negociados e coletados por entidades como a Performing Arts Society (PAS), ASCAP e BIEM de maneira complicada, desde que o músico também tenha seu nome no disco com outra função (arranjador, compositor etc.).

---

* As empresas costumam esconder habilmente os resultados e números reais, a menos que os discos estejam: (a) vendendo muito bem, e (b) não dando lucro algum. Devo as estimativas que se seguem – que reproduzo aqui fielmente – a um amigo com vasta experiência nessa indústria.

Estão incluídas aí as inúmeras execuções do disco em transmissões ou máquinas de música, filmes etc. O músico bem requisitado em estúdios – às vezes até funcionário regular de uma gravadora – pode ganhar extremamente bem. Nos Estados Unidos, por exemplo, um baterista, Osie Johnson, podia aparecer em 233 faixas diferentes em um só ano, gravadas em 46 ocasiões diferentes. O número de músicos que prosperavam com sessões de gravações, no entanto, é mínimo. No mesmo ano, bateristas igualmente bons, porém menos famosos como Shadow Wilson e Specs Powell, apareceram em apenas quatro e seis sessões, respectivamente,[2] e, no Reino Unido, uns poucos músicos são combinados e intercambiados para fazer 90% de todos os discos de jazz do país.

A renda proveniente de royalty (que só afeta substancialmente o líder do conjunto, o compositor, o arranjador e o solista principal) depende, naturalmente, da vendagem de discos, como ocorre com os lucros de diversos empreendedores. Por menor que a porcentagem seja na Inglaterra, e ainda menor em outros países, um campeão de vendagem genuíno, ou uma série de sucessos constantes, produz uma renda bem confortável. A dimensão desse conforto não costuma ser revelada, embora Jack Hylton, o ex-operário de Lancashire, tenha certa vez divulgado detalhes sobre o quanto ganhara durante o seu auge, na década de 1920 e início da década de 1930: ele ganhou £ 29.000 da HMV em royalties de gravação de 1929, e £ 58.000 garantidas pelos dois anos seguintes na Decca.[3] Hylton era não só indiscutivelmente o rei das bandas de dança da Europa como também alguém que sabia negociar. No outro extremo há discos de jazz que vendem bem menos de 1.000 ou 1.500 unidades, o que cobre apenas os custos de fabricação de um LP em 1957-1958; por exemplo, um disco por ano sob contrato com um músico de jazz moderno, que agora também é arranjador, vendeu exatamente 386 cópias na Inglaterra. O único consolo para todos os envolvidos é que a demanda é fixa, ao contrário de discos pop comuns. Se uma empresa quiser investir espaço e capital neles, continuará a vender para novas gerações de fãs. Existem os antigos discos de 78 rotações que nunca saíram de catálogo desde que foram lançados há dez ou vinte anos, embora talvez nunca tenham vendido mais do que 2 mil discos por ano em média.

Felizmente, os discos de jazz têm essa qualidade de permanência e são relativamente baratos para serem produzidos,* visto que geralmente requerem poucos músicos: permitem retomadas, e quatro ou cinco faixas ou lados de compactos podem ser feitos em uma só sessão. Desta forma, geralmente vale a pena produzir discos de jazz relativamente não comerciais, mesmo a preços e custos de produção inflacionados. Acredito que, mesmo em 1958, um compacto simples barato cobriria seus custos com uma venda de 2 mil discos ou menos, produzindo um lucro modesto com uma venda de 4 mil. As regravações de discos estrangeiros ou antigos são, naturalmente, muito mais baratas.

Os álbuns de jazz, portanto, tornam-se "comerciais" de duas maneiras: ou porque são vendáveis no mercado, como qualquer outro disco pop, porém com a vantagem de o estoque não vendido não perder valor em

---

* Para aqueles que gostam de números, as seguintes estimativas poderão ser úteis:

A. DISCO COMPACTO

    Preço de venda (1958) por unidade US$ 0,84
    Custo por cópia: distribuição 0,33
    embalagem 0,02
    marcas 0,02
    royalty do artista 0,03
    royalty do produtor 0,035
    Músicos (vendas de 2 mil unidades) total US$ 95.20 0,05 (por cópia)
    Custo do estúdio (US$ 28 por título a 2 mil unidades) 0,03 (por cópia)
    Imposto sobre as compras 0,21
    Margem do fabricante, despesas gerais, publicidade 0,14

Em 1958, US$ 95,20 seriam suficientes para meia sessão, de acordo com a escala do sindicato (US$ 12,60 por músico; US$ 19,60 para o líder). O custo de pessoal por compacto é, naturalmente, pequeno, mas a publicidade pode custar caro.

um ou dois meses; ou quando há um público grande o suficiente de aficionados para lhes garantir uma venda constante, ainda que modesta, de umas 1.000 ou 1.500 cópias, por exemplo. Até a última parte da década de 1930, essa última possibilidade dependia de convencer as indústrias fonográficas comerciais da existência de um público para o jazz. Isso era feito com considerável sucesso na Inglaterra, combinando-se pressão externa – especialmente da imprensa de dança e música – e interna, pelos amantes de jazz infiltrados na indústria de música para dançar, que tinha acesso às empresas. A partir do final da década de 1930, os amadores entusiastas norte-americanos começaram a reeditar antigos discos de jazz gravados ao vivo diretamente para o público de aficionados, em pequenas gravadoras, ou para "sociedades de gravações", uma prática posteriormente instaurada no pós-guerra europeu. Muitas dessas gravadoras particulares e seu catálogos foram mais tarde encampados por empresas comerciais ou se tornaram selos comerciais.

B. LONG-PLAY (LP)

    Preço de venda (1958) por cópia US$ 4,20
    Custo por cópia: distribuição (521/2%) 1,58
    capa 0,35
    impressão e marcas 0,28
    royalty do artista (5%) 1,1
    royalty mecânica (61/4%) 0,15
    Músicos (10 para 2 sessões) US$ 291,20 por venda de 1.000 (por cópia) 0,175
    Custo de estúdio US$ 224,00 para venda de 1.000 (por cópia) 0,13
    Impostos sobre as compras 1,05
    Margem do fabricante, despesas gerais, publicidade 0,30
    Ponto de equilíbrio: supondo 1.200

O custo de impressão da capa baseia-se em uma tiragem de 1.500. As estimativas são aproximadas e até pessimistas. Elas foram fornecidas por um produtor muito experiente. Uma estimativa norte-americana para 1960 é mais ambiciosa. Ela estabelece o ponto de equilíbrio para um LP feito por uma pequena empresa em 3 mil unidades e para uma empresa grande em 7 mil. (O nível médio de venda, no entanto, é dado apenas como 2 mil cópias, o que sugere que alguns LPs podem ser fabricados a um custo bastante baixo.)

O mercado de jazz de discos para gramofone também se beneficiou da internacionalidade de seu público. Até certo ponto, as pequenas vendas de um país eram suplementadas pelas vendas acumuladas em vários outros. Por exemplo, discos de King Oliver foram lançados nos Estados Unidos, Canadá, Argentina, França, Inglaterra, Alemanha, Suíça, Tchecoslováquia, Suécia, Dinamarca, Itália, Países Baixos, Austrália e Japão. Seu "Blue Blood Blues" foi lançado pela Columbia na França, Inglaterra, Austrália e Suíça; seu "Snake Rag" foi reeditado nos Estados Unidos, França, Inglaterra, Holanda e Austrália.[4] Um disco, que apenas alcance o ponto de equilíbrio na Inglaterra, pode, portanto, ainda coletar royalties em volume considerável de vendas escandinavas, holandesas ou japonesas.

Fora dos Estados Unidos, e no momento talvez até dentro, a fonte mais importante de jazz e de sustento para os seus músicos está no seu público especializado, ou nas instituições que partiram desse público: o clube de jazz (que começou, essencialmente, como um local para se ouvir, e não para dançar), o concerto e o disco de jazz especializado ou o programa levado ao ar. A maioria dessas execuções foi a princípio estabelecida em bases não comerciais, por amadores, para satisfazer à demanda de outros amadores, ou no máximo tratava-se de iniciativas comerciais motivadas pela insistência de amadores. À medida que o jazz se tornava uma possibilidade comercial, a estrutura empresarial cresceu em volta desse núcleo não comercial, permanecendo, porém, muito diferente do aparato normal do show business. Seus executivos, agentes, empresários, auxiliares de gravação, revendedores, organizadores etc. são, na grande maioria, antigos fãs, críticos e músicos que entraram para o ramo durante a maré de popularidade do jazz, em especial porque os executivos da indústria do entretenimento não tinham, inicialmente, o interesse, e mais tarde o know-how, para abordar o mercado de jazz. Os colecionadores da década de 1930 procuram catálogos de jazz das grandes gravadoras norte-americanas e inglesas. A principal agência para músicos ingleses está repleta de antigos colecionadores, críticos, músicos de jazz pioneiros e outros. Uma organização típica de fãs, a National Jazz Federation (sem fins lucrativos) era originalmente uma federação de clubes de jazz que se tornou um importante organizador de shows, turnês de artistas convidados e de clubes de jazz, enquanto, nos Estados Unidos, um aficionado com uma boa dose de esperteza, Norman Granz, conseguiu montar, dez anos depois da guerra, um império empresarial considerável, em cima de excursões permanentes de músicos de primeira grandeza (*Jazz at the Philharmonic*) e um catálogo de gravações de artistas que ele distribuía em termos bastante favoráveis (e com o seu próprio nome e selos), por intermédio das grandes companhias, sempre que elas precisavam de alguns títulos de jazz. É como se a poesia ficasse comercial e rentável de uma hora para outra, e os antigos poetas, resenhistas e organizadores de círculos de poesia se vissem de charuto na boca, viajando constantemente entre os Estados Unidos e a Europa (ou vice-versa), e gastando rios de dinheiro com bebidas e aparelhos de som. Negócio é negócio, mas os executivos de jazz continuam a mostrar algumas características reminiscentes de seu passado não capitalizado, uma grande hostilidade a bares onde se pratica a segregação, uma tendência a simpatizar com a política de esquerda e uma eventual propensão a patrocinar música totalmente não comercial, se for "bom jazz".

A medida da demanda "especializada" por jazz pode ser avaliada por uma edição da revista inglesa *Melody Maker* do início de 1958, escolhida aleatoriamente, e que relacionava *setenta* casas noturnas e locais diferentes para se ouvir jazz ao vivo em Londres e arredores, com apresentações entre uma e sete vezes por semana; sem contar outros nove concertos de jazz, artistas que se apresentavam em teatros, variadas sessões de *skiffle* em cafés e vários clubes não anunciados que empregavam músicos de jazz. Na mesma semana e na mesma área, houve cinco transmissões ao vivo de bandas de jazz pelo rádio e nenhuma por televisão. Nos Estados Unidos, essa demanda especializada foi sempre muito menor, e talvez mais concentrada nos meios universitários, que garantiram contratações sistemáticas para ousados grupos, porém mesmo aí, especialmente no final das décadas de 1930 e 1940, os clubes e outros locais que combinavam entretenimento comercial com amplo apoio de aficionados se constituíram em importantes pontos de divulgação do bom jazz: o Café Society Downtown, por exemplo, no Greenwich Village, que foi por muito tempo uma vitrine para novas descobertas de jazz, e o Nicks, que tinha uma clientela de intelectuais de meia-idade em busca do Dixieland de sua juventude. Na França, os clubes de aficionados se multiplicaram depois de 1944, no bairro de St. Germain e cercanias, mas logo se tornaram comerciais, cobrando altos preços de todos os clientes, com exceção de alguns estudantes que entravam de graça para ajudar a criar a atmosfera. No entanto, os chamados clubes *discothèque*, uma alternativa mais econômica onde só se tocavam discos de jazz, parecem ter tido mais sucesso naquele país do que em qualquer outro.

O mercado especializado também produziu uma série de instituições moldadas na indústria da "música erudita", de importância comercial variável: os "festivais de jazz" – em Newport, Connecticut, nos Estados Unidos, em Nice e Cannes, na França, em San Remo, na Itália e outros balneários europeus – mais recentemente, nos Estados Unidos, ocorrem o recital de jazz universitário e cursos de verão. Do ponto de vista do músico, esses eventos são mais satisfatórios espiritual do que comercialmente, como os eventuais recitais nos templos da música oficial, o Carnegie Hall, o Festival Hall ou a Salle Pleyel. Trata-se de uma espécie de reconhecimento cultural do jazz, porém são escassos demais para realmente representar alguma coisa. Por outro lado, temos as excursões de concertos organizados, que se constituíram no esteio de muitos grupos de jazz. Essas excursões, hoje, são muito mais especulativas do que

A INDÚSTRIA DO JAZZ

nos bons tempos de antes da televisão, quando a banda tocava parte do tempo em um show de variedades nos cinemas, protegida pela fama das grandes estrelas, e o resto do tempo para danças em paradas de beira de estrada ou salões de baile. O declínio do cinema e dos salões de baile nos Estados Unidos, porém, privou as bandas de jazz em excursão de seu público fixo e pôs um fim nas *big bands* cada vez mais caras: no auge delas era possível contratar um bom acompanhante para uma excursão por US$ 50, porém a taxa de 1960 (isto é, o salário mínimo estipulado pelo Sindicato dos Músicos) para uma orquestra de dezoito músicos é de US$ 2.700 por semana.[5] Em virtude do alto custo dos grandes nomes e da escassez de públicos de jazz fora das grandes metrópoles, as excursões são arriscadas, e um promotor cauteloso rejeitaria qualquer contrato que não lhe permitisse realizar lucro com 60% de lotação da casa. Consequentemente, poucos grupos ou shows de jazz poderiam viver apenas de tais excursões, mesmo que quisessem.*

É claro que o músico de jazz comum recebe a sua renda – que não vem na forma de salário – em bocados: um *gig* aqui, um contrato mais longo ali, um programa de rádio, uma gravação, com sorte, um salário de uma orquestra para garantir o básico. Mesmo se ele tiver isso, ele terá de se locomover constantemente, pois, apesar do grande aumento do público, uma banda quase nunca pode permanecer em um mesmo local por mais de algumas semanas. Não pelo público de jazz ou pela lealdade

---

* Para os leitores interessados no aspecto financeiro, aqui vai um exemplo interessante. Foi retirado da coluna de Ralph Gleason no jornal *San Francisco Chronicle*, 26 jun. 1960, e analisa um concerto feito por Duke Ellington e Sarah Vaughan.
Capacidade da casa: US$ 21.000
Gastos: US$ 10.043 (aluguel, US$ 435; luzes e iluminadores, US$ 150; sistema de orientação do público, US$ 87; entradas, US$ 132; porteiros etc., US$ 225; polícia especial, US$ 90; músicos de reserva, US$ 314; alvará, US$ 10; adiantamento de bilheteria, US$ 300; seguro, US$ 50; propaganda e publicidade, US$ 3.000; artistas, US$ 5.250).
Na verdade – tal é o risco do negócio – a renda foi de apenas US$ 5.100.

dos salões de baile, cujos fregueses dançariam ao som da mesma orquestra por décadas. Em Londres, à época da escrita deste livro, havia apenas *dois* clubes apresentando as mesmas bandas noite após noite, ambos profundamente "tradicionalistas", isto é, clubes que tocam música para dançar. Uma banda, ainda mais uma *big band*, tem de viajar. O trabalho eventual e as excursões fazem, portanto, parte da economia do músico de jazz, principalmente se ele quiser ganhar um pouco mais do que o mínimo.

Há ainda a agravante de serem demasiado frágeis os fundamentos de tal economia. O líder de um grupo de jazz hoje, como o ator principal, poderá estar esquecido amanhã. Nos Estados Unidos, os pequenos grupos de jazz, até bem pouco tempo, não duravam mais do que algumas semanas ou meses, embora depois da guerra a tendência de transformar o jazz em uma espécie de "música erudita", com apelo a um público semelhante ao de música clássica de câmara, apenas mais amplo, tenha produzido grupos pequenos mais duradouros: o Dave Brubeck Quartet, desde 1951, o Modern Jazz Quartet, desde 1954. O show itinerante de Norman Granz, muito habilmente batizado de *Jazz at the Philharmonic*, foi o primeiro a explorar esse público de concerto sistematicamente, desde 1946. Até agora, só houve um exemplo de uma grande orquestra permanente de jazz: a de Duke Ellington, que existe desde 1926 e que inclui pelo menos um músico que faz parte da orquestra desde a sua criação, e muitos outros com dez anos ou mais de casa. Em todas as bandas, com exceção de duas, o *turnover* – taxa de rotatividade – tem sido muito alto. (As bandas inglesas, como era de se esperar, têm-se mostrado muito mais estáveis, formadas que são, em grande parte, por fãs: a orquestra de Humphrey Lyttelton toca, sem parar, há doze anos, o que representa o maior tempo possível dentro da curta história do jazz feito na Inglaterra.) Existem razões tanto econômicas quanto psicológicas para essa instabilidade. É extremamente difícil manter um grupo de jazz que se pague, sobretudo uma *big band*, por qualquer período, sendo necessário contar com habilidades de organização, liderança e capacidade empresarial, qualidades que poucos músicos possuem.

A ligação permanente com uma banda também força os músicos a levar um dos piores tipos de vida profissional, a vida do artista em turnê, geralmente tendo de passar por uma série de espetáculos em uma só noite. E mesmo que esse constante desenraizamento apeteça aos músicos que detestam se sentir presos, ele é mais do que sobrepujado pela necessidade de rotina e disciplina sem as quais nenhuma organização permanente pode funcionar, mas que desagradam artistas do improviso. A banda boa e permanente tem geralmente um líder "militar" natural, com parte de sua atenção voltada para o público. Poucos músicos de jazz apreciam isso, pois seus instintos são anárquicos. Todos os acompanhantes "naturais" sonham com um combo no qual não haja líder, onde todos toquem sempre como desejarem, entre camaradas. A experiência, porém, tem demonstrado que esse é o caminho rápido e garantido para o fracasso e a desintegração.

A grande maioria dos músicos de jazz, portanto, tem o pé na estrada e uma carreira aleatória, mudando de uma banda para outra e de um lugar para outro, intercalando suas ligações temporárias com alguma organização e períodos em que atuam como freelancers, fazendo ao lado disso gravações, *gigs* informais e tudo o mais que aparecer como interessante. A biografia musical da maioria dos músicos mostra esse padrão. Em um extremo, temos alguns poucos integrantes sólidos e constantes, que ficam com o mesmo grupo ano após ano, o maior dos quais, provavelmente, seja Harry Carney, que está com a orquestra de Ellington há 33 anos, o que, certamente, é um recorde mundial; no outro extremo, temos os "antiorganizacionistas" como o clarinetista Pee Wee Russell, "que tocou com tantas bandas diferentes que seria impossível listar todas elas";[6] no meio está o restante, porém costuma ser mais próximo do extremo de Russell do que de Carney. Financeiramente, não é ruim a vida de um bom músico, renomado na profissão, que costume honrar seus compromissos (quer dizer, aqueles que não bebem nem usam drogas demais, ou que não são loucos demais ou irresponsáveis a ponto de fazê--lo). A irresponsabilidade é mais comum entre os brancos que entraram para a profissão como aficionados amadores e entre alguns grupos de revolucionários "modernistas" do que entre os músicos negros da velha geração ou dos brancos com um *background* de orquestras de dança, na qual a consciência profissional é incutida. As histórias comoventes a respeito de músicos de primeira linha que foram descobertos passando fome em bancos de praça geralmente não espelham apenas as condições econômicas objetivas, mas também a falta de previsão dos próprios músicos, ou de sua teimosia em não tocar outra música que não a sua, ou sua incapacidade de aguentar um emprego. Às vezes, bons músicos desconhecidos não conseguem acontecer; outros, inadaptáveis, tocando ou cantando em uma linguagem que saiu de moda, não conseguem se manter; e uma grande quantidade de músicos de segunda linha, semiprofissionais e eventuais, como existem ao redor do centro de qualquer profissão, costumam passar por temporadas bastante difíceis. Mas o jazz é relativamente pequeno e aberto, e pleno de camaradagem e perícia. Todos os bons músicos são descobridores de talento. Os bons músicos, em sua maioria, se conhecem e costumam se indicar para trabalhos que, mesmo aqueles que não têm tanto destaque, costumam pagar bem nos tempos de prosperidade. Por outro lado, essas considerações não vão ao cerne da questão. Uma pobreza secundária faz parte do mundo do jazz, pois, como no caso dos atores ou de outros integrantes do show business, trata-se de um mundo de trabalho eventual, que encoraja gastos e desencoraja o comportamento econômico racional. Esse mundo contém homens e mulheres que conseguem ganhar o bastante em tempos de prosperidade para sobreviver, ou que têm o bom senso de abandonar lugares fixos em orquestras por um tipo de trabalho menos inconstante – como arranjadores, em estúdios, estabelecendo-se no mundo dos negócios. Mas a grande maioria é de músicos que se esquecem de que um salário de US$ 280 por semana (que é o que se pagava por um músico de primeira linha em uma orquestra de dança na Inglaterra, no início da década de 1930) não dura para sempre, ou que não ligam para o fato de não durar.

O músico faz seu caminho através desse mundo solto, inconstante, anárquico, com a ajuda ou carregando o peso de uma complexa rede de executivos pagos por ele: agentes, empresários, relações públicas, programadores e tudo o mais. Antes da ascensão do público de jazz especializado, esses elementos eram geralmente empresários comuns, para quem os músicos eram mera "propriedade". Costumavam ser daquele tipo obscuro, que aparecem no espaço entre o mundo do dia e o da noite, no qual gângsteres, jogadores, cafetões, promotores de lutas e outros responsáveis pelos serviços e o entretenimento noturno existem. Na melhor das hipóteses, é uma zona de um certo paternalismo viciado e, na pior, de compradores, vendedores e intermediários que ganhariam dinheiro em cima das próprias irmãs e fingiriam ter ganho a metade. A hostilidade taciturna, prudente e velada dos músicos com relação aos empresários e intermediários é um reflexo de gerações de agentes que tomavam 30% e "taxas de agenciamento" de donos de clubes que eram gângsteres e riam dos valores e horários estabelecidos pelos sindicatos, de contratadores cujas listas restritas podiam colocar em risco a sobrevivência de um artista, de contratos com mulheres artistas que só eram assinados depois de uma série de relações sexuais. Um dos principais empresários estadunidenses iniciou sua carreira profissional como gerente de clubes noturnos na Chicago de Al Capone. Qualquer músico norte-americano é capaz de contar a respeito de cidades – inclusive Nova York – onde os contratos nas principais casas noturnas dependiam, e em alguns casos ainda dependem, do consentimento dos integrantes do crime organizado: é um meio que faz até a indústria clássica de filmes de Hollywood parecer um mundo civilizado, e que só pode ser comparado com aquele em que prosperam as lutas. Na Europa, o ambiente de negócios do jazz, mesmo nos primeiros tempos, talvez tenha sido menos dramático, porém não fica mais próximo da ética professada pelo catecismo. O surgimento de um público especializado, e junto com ele de executivos que – quaisquer que sejam as suas características – foram geralmente criados como fãs, melhorou um pouco a situação. Existem até mesmo exemplos de profissionais que, como John Hammond Jr., nos Estados Unidos, atuaram como caçadores de talentos, conselheiros, divulgadores e intermediários bastante eficientes para um verdadeiro exército de músicos, sem querer ganhar dinheiro com isso. Mas, se os piores exemplos de exploração ficaram restritos aos pontos mais remotos do jazz, eles ainda existem em número suficiente para conservar a atitude de suspeita e cinismo generalizada por parte dos músicos sobre aqueles elementos da indústria que não tocam instrumentos, mas de cuja boa vontade a vida dos músicos tanto depende. Isso pode ser mudado, mas não facilmente. É difícil para o músico não sentir que está sempre rodeado de tolos (os fãs ignorantes) e espertalhões (executivos, publicitários etc.), todos com direito ao sorriso profissional, à milionésima pose para uma fotografia que é exatamente igual a outras, à afabilidade fingida que pode garantir uma oportunidade, um trabalho, um aumento, uma renovação de contrato ou uma linha de publicidade gratuita.

Nada mais natural, portanto, que esse negócio tão anárquico tenha desenvolvido sindicatos e organizações de autodefesa, embora seja um tanto surpreendente que um corpo de profissionais tão intratável como os do entretenimento tenham conseguido organizações tão fortes: o sindicato inglês British Musicians Union e o norte-americano Federação Americana dos Músicos são realmente muito poderosos, como o são as sociedades de compositores, escritores e outros profissionais, a ASCAP e a Performing Arts Society. A força do sindicato, no caso da Inglaterra, provém, possivelmente, do passado trabalhista dos músicos; nos Estados Unidos virá provavelmente de técnicas que talvez seja melhor não explorar; pois, se a Federação Americana dos Músicos é forte, seu líder, James Caesar Petrillo (originalmente de Chicago), também foi um dos líderes de sindicatos do estilo antigo, com uma estratégia pouco ortodoxa. Na verdade, os próprios instrumentistas de jazz norte-americanos – uma pequena minoria dentro da profissão como um todo – fizeram muito menos para reforçar o sindicato do qual se beneficiaram do que os menosprezados colegas do fosso dos teatros e músicos que tocam música ligeira. E a mão de ferro da instituição serviu para manter todos organizados e impor a sua vontade na indústria. A diferença que uma organização poderosa, capaz de impor taxas mínimas, faz para o negócio é óbvia. Esses avanços, porém, foram conseguidos na Inglaterra e nos Estados Unidos por intermédio de uma política restritiva cruel ou pela criação de um campo garantido e protegido de emprego para músicos tocando ao vivo dentro da área do sindicato. No entanto, muitas vezes isso fez desviar todo o curso do jazz. A rigorosa proibição de importação de orquestras estrangeiras na Inglaterra, entre 1935 e 1956 – solistas podiam passar sob a regulamentação mais amena da Variety Artistes' Federation –, e o fechamento das gravadoras por dois anos imposto por Petrillo nos Estados Unidos, em 1942-1944, são marcos na história do jazz. Ambos, é bastante provável, muito fizeram para avançar o *revival* tradicionalista do jazz: a proibição do sindicato inglês deixando músicos ingleses à mercê de seus próprios recursos (isto é, deixando um campo aberto de influência para os críticos e amadores do jazz na Inglaterra), a proibição norte-americana trazendo para o público várias gravações já esquecidas de catálogos pré-1942, que foram relançadas por falta de novidades. Por outro lado, a proibição inglesa muito provavelmente postergou a evolução, privando nossos artistas da possibilidade de escutar bons músicos norte-americanos ao vivo, e de tocar com eles: a assombrosa aceleração da evolução do jazz tradicionalista em direção a uma música mais ambiciosa se deve, quase certamente, à influência de duas visitas da orquestra de Count Basie em 1957. A proibição norte-americana, por sua vez, retardou a posterior evolução do jazz "moderno", pois não deu chance aos jovens nova-iorquinos experimentalistas de fazer gravações e, dessa maneira, angariar maior público, até 1945.

Se os músicos e compositores formaram suas organizações, os executivos exerceram suas tendências naturais em direção ao monopólio, embora, em uma área tão incerta como a da música popular, isso raramente tenha sido estável. As companhias fonográficas se constituíram, durante muito tempo, em um grupo pequeno e coeso, no qual a concorrência não era excluída, mas encorajada. Contudo, enquanto a produção de toca-discos e discos pode ficar rigidamente controlada por um pequeno grupo de empresas – na Inglaterra existem dois grupos principais, a EMI e a Decca –, o mesmo não se dá com a produção de artistas de sucesso. Não se pode nunca excluir a possibilidade de uma gravação por um cantor ou uma banda desconhecidos merecer a atenção de um disc-jóquei popular e se tornar um sucesso, criando uma nova moda que deixará as empresas tradicionais loucas atrás de uma novidade para seus catálogos. Pois a produção em massa de artigos tão imprevisíveis e mutáveis quanto canções e artistas de sucesso ainda depende em grande medida de atenção, adivinhação, intuição ou mera sorte. Uma gravadora que detiver o monopólio do bom jazz ou dos *hits* em 1950 poderá chegar a 1958 tendo nas mãos apenas um catálogo com um punhado de músicas impopulares. Por motivos análogos, as agências que conseguem assinar contratos com boas bandas de jazz em determinado momento, enquanto estas ainda puderem ser obtidas a preços módicos, para mais tarde revendê-los em seus próprios termos, não têm garantia contra a possibilidade de se acharem presos a um bando de artistas fora de moda. A única forma segura de monopólio nesse negócio (além das técnicas, como instalações de gravação, material de discos, distribuição etc.) é o monopólio dos contratos de apresentações. É no meio desses agentes que os controles mais rígidos e permanentes são estabelecidos. Assim, as interações anglo-americanas de orquestras desde 1956 têm sido quase sempre feitas por uma ou duas agências inglesas em uma relação muito próxima às norte-americanas. No entanto, com exceção do aspecto das gravações, a indústria do jazz e do pop é tão fluida, requer um investimento de longo prazo relativamente tão pequeno, que essas tendências monopolistas fazem relativamente pouca diferença para o quadro geral, de uma concorrência sem trégua. O jazz e a música pop em geral estão entre os últimos baluartes da empresa privada. Nessas ondas rítmicas ainda é possível aos piratas da velha guarda navegar seus barcos como cavalheiros da fortuna: sendo mais espertos do que os outros, molhando a mão, pilotando habilmente por entre os rodamoinhos de promoções, produção de discos, lançamentos, gerenciamento, contratações, divulgações e tudo o mais. Este ainda é um mundo no qual jovens astutos podem alcançar o sucesso. O homem de organização, o psicólogo e o conselheiro econômico ainda estão longe dessa realidade. E enquanto o custo de produção de uma música ou canção de sucesso, sobre o qual se assenta a indústria, permanecer baixo como atualmente (sendo muito menor do que um filme, um programa de televisão ou um espetáculo de teatro), a selva continuará a prosperar, e as panteras continuarão a espreitar, a exemplo do que acontece com a indústria de confecções, se deliciando com a morte das presas na mesma medida em que se deliciam com a própria refeição.

Permanece uma questão importante: qual é o real efeito dessa teia de negócios e tecnologia, na qual está enredado o jazz, para a música propriamente dita? A resposta é: considerável.

Isso é facilmente percebido quando se leva em conta o mais importante meio de comunicação do jazz, o disco, sem o qual a evolução estilística seria inimaginável. O disco foi (e ainda é) para essa música aquilo que as galerias são para o estudante de arte ou o que os livros são para o aspirante a escritor: uma instituição educacional essencial. Até hoje, a maioria dos amantes e executantes de jazz aprende quase tudo o que sabe por meio dos discos, ao mesmo tempo que os músicos escolhem o seu estilo e treinam copiando seus modelos favoritos a partir das gravações. E isso não se aplica apenas aos movimentos deliberados de imitação estilística, como no caso do *revival* de Nova Orleans, que seria certamente inconcebível, não fosse a sorte que tornou até mesmo o jazz mais arcaico contemporâneo por meio do gramofone, e a prosperidade norte-americana dos anos 1920, que possibilitou até mesmo à população negra se tornar compradora de discos. (Poucos discos de jazz negro desse período eram feitos tendo em vista o mercado branco.) A influência educacional dos discos é universal. Sem ela, a evolução viva do jazz estaria confinada a grupos limitados de músicos profissionais ou a cidades específicas nas quais sempre houve bom jazz ao vivo, como se pode provar pela incapacidade do jazz "moderno" de exercer sua influência durante a Segunda Guerra Mundial, quando, conforme vimos, as gravações foram temporariamente interrompidas por alguns anos. Se os trompetistas de Londres e Tóquio são influenciados por Armstrong e os saxofonistas por Charlie Parker, isso se deve, sobretudo, aos discos.

Os discos também deram lugar a gravações permanentes de jazz muito mais flexíveis e experimentais do que teria sido possível de outra forma. As bandas regulares, populares ou de jazz estabeleceram estilos e repertórios em que havia pouco espaço para dissidência. Paul Whiteman e Ted Lewis nos anos 1920, por mais simpatia que nutrissem pelo *hot* jazz – e ambos fizeram grandes esforços para contratar músicos *hot* –, não podiam ter tocado, ao mesmo tempo, *hot* e jazz sinfônico, pois seu público não estava lá para ouvir *hot*. A banda especializada em um tipo de jazz tem problemas semelhantes: um *bopper* apaixonado por uma banda tipo Dixieland ou pelo estilo Nova Orleans em um grupo moderno (contingência muito menos provável) deve conter seu entusiasmo. Milt Jackson tem de tocar no estilo do Modern Jazz Quartet quando faz parte daquele conjunto, quer queira quer não. Humphrey Lyttelton, que foi corajoso o suficiente para transformar sua banda tradicionalista em um conjunto do "período médio", está engajado em intermináveis discussões com parte de seu antigo público, que vê nesse movimento uma traição. Mas as sessões de gravação com orquestras de "músicos de estúdio" ou com grupos duradouros de músicos que tocaram em outros conjuntos supriram essa lacuna. (Também tornou possível aos músicos sob contrato exclusivo em algum lugar tocar o que quisessem, protegidos por pseudônimos, o que causa grandes dores de cabeça aos discógrafos. Hoje, o nível de conhecimento do jazz e a sua popularidade são tão amplos que poucos teriam condições de fazer algo parecido, embora ainda haja alguns casos.) Tais grupos especialmente montados para gravações em estúdio apressaram consideravelmente a evolução do jazz, como comprovam os Hot Five e Hot Seven de Louis Armstrong no final da década de 1920. Eles também permitiram que artistas confinados a clubes ou bandas comerciais pudessem ser ouvidos em discos de jazz, como é o caso de Bix Beiderbecke. Durante a Depressão de 1929-1934, a história gravada do jazz está, em grande parte, confinada aos grupos de estúdio, gravados de tempos em tempos, como a Negra Orchestra de Spike Hughes de 1933. Na década de 1930, pequenos grupos *ad hoc* juntados por Benny Goodman – algumas vezes para apresentações ao vivo, outras apenas para sessões de gravações – foram igualmente importantes: o trio, o quarteto etc. Nos primeiros anos da revolução bop, a sorte da nova música dependia, em grande medida, dos grupos de estúdio. O amante do jazz tem por eles um sentimento especial, não só como fã, mas também como cidadão, pois foi nos estúdios que a barreira da cor foi de fato quebrada pela primeira vez, graças à coragem e à iniciativa de homens como Eddie Condon, na década de 1920, John Hammond e Benny Goodman na década de 1930.

O "Knocking' a Jug", de Armstrong, não foi apenas um disco soberbo e um belo exemplo da flexibilidade que a banda escolhida dava ao jazz, mas um monumento ao progresso humano na medida em que foi o primeiro grande disco de jazz feito por um grupo de músicos brancos e negros.

Do ponto de vista apenas comercial, os discos também impuseram uma forma musical especial à composição jazzística: a miniatura de três minutos. Pois até o final da década de 1940 os discos de 78 rotações com aquele tempo aproximado eram praticamente o único meio de gravação disponível, talvez porque os discos de 12 polegadas, de cinco minutos de duração, fossem caros demais, talvez porque as peças mais longas, que exigiam trocas de discos e quebravam a continuidade, não fossem adequadas à música de dança, quase certamente por se tratar da unidade de produção mais barata. Esse tempo de três minutos, porém, é bastante artificial para o jazz. Uma dança, unidade que seria mais óbvia para esse tipo de música, costuma durar por volta de dez minutos. Uma criativa apresentação ao vivo, como uma *jam session*, pode – sem enchimento artificial – durar quinze ou vinte minutos. Como por mais de um quarto de século as apresentações permanentes de jazz tiveram de ser comprimidas dentro do limite de três minutos, os músicos precisaram inventar uma forma extremamente densa, formalmente rígida e concisa. E eles o fizeram com sucesso extraordinário. Constant Lambert tinha razão em afirmar que nenhum compositor ortodoxo podia competir com Duke Ellington dentro desse limite. Basta, porém, ouvir qualquer boa gravação de jazz anterior à era do LP para ver que outros eram igualmente bem-sucedidos na produção de maravilhas de unidade e forma: Armstrong, Morton, Basie, a banda formada por Mezzrow-Bechet-Ladnier. O classicismo imposto ao jazz pela indústria teve suas vantagens, pois o advento dos LPs mostrou que os instrumentistas costumam ser tentados a se estender demais – ainda mais no caso de instrumentos que se prestem a monólogos contínuos, como no caso do saxofone. Ainda assim, quaisquer que sejam as vantagens ou desvantagens dessa camisa de força imposta pelos três minutos – e o próprio Ellington nunca se sentiu à vontade nela –, ilustram as repercussões de considerações puramente tecnológicas e empresariais na música.

Os efeitos mais gerais da estrutura do jazz como negócio na música são menos fáceis de serem descritos. A maneira mais fácil de abordá-los é considerar certos aspectos: o problema da educação musical, o problema do estilo e do repertório e o problema da criação musical.

A indústria do jazz opera na distribuição de um produto disponível: os músicos. Ela não lida com a sua produção. Como todo show business, ela sempre espera que os músicos vendáveis apareçam. Não houve nada parecido com o conservatório musical ou com a escola de balé clássico no universo do jazz. Os músicos fazem a sua escola primária aprendendo a tocar instrumentos, onde quer que os encontrem, e a secundária e a superior tocando com outros músicos. O fornecimento constante de músicos de primeira ordem, devidamente amadurecidos, depende, portanto, também da existência de bandas comerciais, que também se constituem em instituições educacionais sólidas. Consideremos a carreira de um músico de jazz de valor internacionalmente reconhecido – aquele que qualquer líder de orquestra gostaria de contratar, pois poderá de certo proporcionar uma admirável mistura de técnica e sentimento dentro de qualquer combinação, ou em qualquer sessão de gravação. O trombonista Vic Dickenson, por exemplo: não é um gênio, mas aquele tipo de músico sem o qual o jazz não poderia prosperar, da mesma forma que o teatro não poderia existir sem coadjuvantes de primeira grandeza. Ele nasceu em 1906, começou a tocar comercialmente aos 16 anos nas orquestras de Zach Whyte, Blanche Calloway, Benny Moten e Claude Hopkins. Na década de 1940, ele se estabeleceu como um talento individual e desde então tem sido a base de uma ampla variedade estilística de pequenos conjuntos, orquestras de estúdio e gravações maravilhosas, sendo igualmente admirado por músicos de todas as escolas.

Consideremos, por outro lado, um jovem músico europeu que se formou apenas pelo movimento jazzístico ou um estadunidense despontando nos dias de hoje. O jovem europeu, se começou a tocar depois de 1945, muito provavelmente o fez somente para um público especializado de jazz e com bandas do tipo tradicional ou "revivalista" compostas de outros jovens como ele, que aprenderam a partir de discos (os músicos de mais idade, que tiveram de tocar em orquestras para dança, geralmente tinham um preparo técnico muito melhor). Ele raramente foi obrigado a tocar com outros músicos que, embora conhecendo menos King Oliver, eram tecnicamente mais avançados do que os amadores. Ele não passou pelo aborrecimento nem pelo ganho educacional das leituras à primeira vista, dos ensaios e da rotina variada das orquestras que tocam música para dançar. Não há dúvida de que muitos músicos europeus se desenvolveram mais lentamente, e em alguns casos de forma mais tendenciosa do que deveriam, por falta desse profissionalismo. O jovem músico estadunidense de hoje sofre, de forma diferente, com o eclipse temporário das *big bands* que se constituíram, no final dos anos 1920 e na década de 1930, na principal escola musical de jazz. Ali, e só ali, poderiam os músicos adquirir aquela extraordinária capacidade que faz uma banda como a de Count Basie produzir um som tão extraordinário: a capacidade que permite ao músico não só ser "levado" pelo ritmo e pelos instrumentos rítmicos, mas também ter um balanço tanto individualmente quanto em seu grupo de instrumentos. Deixando de lado o jazz tradicional, praticamente extinto em seu país de origem, os pequenos conjuntos ou as *jam sessions* são o resultado dessa educação musical; se eles chegam a adquirir uma cultura musical, isso só acontece nos níveis mais altos e sofisticados. O músico tem de ser bom para poder se aprimorar por meio do trabalho de pequenos grupos. Norman Granz, de quem tomo algumas dessas considerações, vai mais adiante e diz que ninguém nascido depois de 1940 pode ter tido uma "educação" completa por esse motivo. Não acho que tamanho pessimismo seja justificável. As *big bands* poderão voltar ou desenvolver outras formas de treinamento. Mas não há dúvida de que o fornecimento de músicos de primeira ordem depende essencialmente de fenômenos comerciais.

O problema do estilo, repertório e criação pode ser discutido de uma só vez. O ponto essencial é que o jazz exige um público que não interfira muito com o modo de tocar dos músicos. Se os músicos e o público forem uma só unidade, como nos tempos clássicos de Nova Orleans, não haverá problema. Caso contrário, eles farão melhor atendendo minimamente aos anseios do público – seja de dançar, música de fundo ou clima – enquanto se divertem ou realizam seus experimentos. Isso era mais fácil quando a música pop era o principal fardo a ser carregado. Atualmente, no entanto, surgiu um público comercial que exige jazz como jazz, e é esse público que provê o sustento dos músicos. Eles são obrigados a tocar "estilos" específicos, mesmo que queiram fazer de maneira diferente. São assediados por pedidos de temas conhecidos e, portanto, forçados a repetir, várias vezes, um número limitado de *standards* até que *já* não aguentem mais: "When the Saints Go Marching In", "Trouble in Mind" ou "My Bucket's Got a Hole in It" entre os antigos, e "Cherokee", "How High the Moon", "Body and Soul" entre os modernos. Não há muito a dizer a respeito da "balada" pop, porém esta muda o tempo todo. Por mais execrável que seja o repertório da Tin Pan Alley, ele ao menos faz o músico se confrontar com desafios que se renovam com frequência: temas que ele tem de transformar em algo interessante e dos quais ele poderá talvez selecionar alguns que se prestem a um processo mais perene de transformação. Um estilo e um repertório de jazz impostos por um público supostamente especialista são tão constrangedores para o músico de jazz quanto a insistência exclusiva em Grieg e Tchaikovsky seria para orquestras clássicas.

O que é pior é que o público de jazz insiste, contra toda a lógica, na impossível realização de criações espontâneas sob encomenda. Todos os músicos de jazz são forçados a se transformar em poetas laureados todas as noites, garantindo uma certa quantidade de odes em datas e ocasiões pré-marcadas. Não adianta explicar que a expressão "*jam session* em concerto" é uma contradição em termos; que a maneira mais fácil de tornar a criação uma rotina é anunciar que ela acontecerá todas as noites entre as 20 e as 24 horas, em determinado local. Isso por si só não seria problema, pois é fácil para os músicos fantasiar a rotina para que pareça criação espontânea, especialmente com o contraste da estridência contida dos sopros e da batida forte da bateria em pequenos espaços reclusos. Os músicos podem muito bem simular, para depois ir tocar, como sempre fizeram, por prazer, em algum local *after hours*. Mas, ainda assim, a própria desvalorização da criação e do improviso que a ascensão de um público especialista em jazz impõe aos músicos durante as horas de trabalho regular coloca em risco a sua desvalorização fora desse espaço. Os músicos podem perder o interesse e escapar para o jazz cuidadosamente ensaiado e arranjado (que tem seus méritos próprios), como efetivamente ocorre com muitos deles. Ou então poderão levar os truques empregados rotineiramente nas horas de trabalho para as ocasiões em que eles realmente se sentem livres para improvisar.

A maré crescente do jazz que tem realmente de ser executado e gravado para atender à demanda serve apenas para intensificar esses problemas, especialmente com relação às gravações. Afinal, toda a produção dos Hot Five e Hot Seven de Louis Armstrong, responsável por uma série de obras-primas, consiste em sessenta lados de uma dúzia de apresentações, espalhadas durante quatro anos. Em um só ano, cinquenta faixas feitas por Armstrong foram lançadas na Inglaterra.[7] Ruby Braff, um bom trompetista, produziu mais de quarenta faixas entre março e outubro de 1955. Não quero com isso dizer que esse excesso de produção implique jazz de má qualidade. Os bons profissionais sempre produzirão um bom nível médio. Mas esse bom nível médio é apenas o arroz com feijão do jazz. E, pela própria natureza dessa música mutante, os músicos dependem, muito mais do que os "sérios", do "molho" para o seu prato: o clima, a inspiração e a combinação das circunstâncias que transformam a rotina em prazer.

Esses comentários não são feitos com a intenção de alarmar ou causar desânimo, apenas de mostrar como o caráter musical e as perspectivas do jazz não podem ser dissociados de seu caráter e pontos de vista como negócio. Se o jazz tiver algum dia de se padronizar em formas puramente compostas e "executadas" (quando deixaria de ser jazz, na acepção que hoje conhecemos), ele não teria de enfrentar tais dificuldades. Passaria então a não ter dificuldades como uma orquestra sinfônica que, da mesma forma que um revendedor autorizado da Ford, vende uma mercadoria de marca conhecida para a qual existe demanda fixa e relativamente uniforme. O repertório capaz de fazer encher uma sala de espetáculos poderá ser mais limitado, as versões que mais agradarão ao público talvez um pouco floridas demais para o gosto dos músicos, mas, dentro desses limites, eles estariam tocando o que consideram ser "boa" música. No entanto, os grupos de jazz não podem se deixar transformar em revendedores autorizados de mercadorias padronizadas, em parte porque a sua mercadoria (criar música ao tocá-la) morre se for como as outras, em parte porque o próprio músico está sempre se modificando e evoluindo. Mas, se ele for sensato, não terá problemas em tocar coisas padronizadas durante a maior parte do tempo, pois essa é a sua função, na qualidade de profissional de entretenimento; e, se tiver sensibilidade, também sentirá prazer em mudar, como um ator sente prazer em atuar, embora sua dependência do público seja menor. Mas geralmente ele também tem uma grande margem "livre" em que – durante e fora das horas de trabalho – pode tocar como quiser. Dentro dessa margem, com sorte, será eventualmente ouvido pelo público, embora esse não seja totalmente ou seja apenas parcialmente o motivo pelo qual ele toca. A conquista gradual que a indústria do jazz vem fazendo dessa margem (por você e por mim, como público de jazz) ocasionou o dilema dos últimos vinte anos, e do qual o jazz ainda não escapou.

PARTE 4
GENTE

9. OS MÚSICOS

O jazz é o produto de seus músicos e cantores. O intérprete é o centro desse mundo. É preciso, portanto, descobrir quem é esse homem ou, mais raramente, quem é essa mulher, artista de jazz. Isso, de certa maneira, é fácil, mas, por outro lado, é difícil. Nenhum outro aspecto do jazz é tão bem documentado quanto a biografia. Devem ter sido publicados dados biográficos de 2 ou 3 mil músicos, cantores e outros profissionais do jazz. Embora essas publicações arrolem dados detalhadíssimos da carreira musical dos artistas em questão, ao lado de eruditas discografias bem compiladas, elas negligenciam quase totalmente outros aspectos. Se não conhecermos pessoalmente o músico, dificilmente saberemos se ele é casado, e, desde quando, se tem ou teve filhos. As informações biográficas sobre as origens sociais são tão ocasionais e pouco sistemáticas quanto são meticulosas aquelas sobre a origem geográfica. Mesmo assim, o que sabemos é suficiente para reconstruir um retrato bastante apurado tanto dos músicos negros quanto dos brancos, mesmo nas fases mais obscuras do jazz. Eles devem ser abordados separadamente, embora o músico de jazz tenha desenvolvido um padrão de personalidade que independe da cor da pele; as origens sociais de artistas brancos e negros são muito diferentes, principalmente nos primórdios do jazz, como também o são os papéis que eles representam em suas respectivas comunidades. Louis Armstrong, como Joe Louis ou Sugar Ray Robinson, pode ser visto como símbolo e herói do Harlem inteiro. Nenhum músico branco conseguiu ser símbolo ou herói de mais do que um punhado de jovens rebeldes.

Consideremos, em primeiro lugar, o músico negro. O fator óbvio e dominante a respeito do jazz mais antigo é que se tratava de uma música da classe pobre, e mais, uma música de pobres indignos e pouco respeitáveis. Na virada do século, uma família de um respeitável pregador negro do Sul, como a do pai de W. C. Handy, escandalizava-se com a ideia de seu filho se tornar músico, tanto quanto ou mais do que uma família branca de classe média baixa ou classe média. No interior e nas cidades sulistas, talvez mais no interior, a linha que dividia a música de Deus da música mundana era tão bem-marcada quanto num povoado de convicções calvinistas mais ortodoxas. Os homens de Deus cantavam gospel e rechaçavam criações de satã, como o blues, com horror e desgosto. (Quando John e Alan Lomax coletaram canções folclóricas nas penitenciárias do Sul, tiveram grande dificuldade em persuadir aqueles antigos mundanos, que haviam se convertido em batistas ou pentecostais ortodoxos, a desenterrar seu passado musical moralmente maculado.) É uma grande ironia que o amante moderno do jazz tenha incluído tanto as canções de trabalho quanto os *spirituals* no seu repertório, o que não é compartilhado por artistas devotos como Mahalia Jackson, que se recusava terminantemente a cantar qualquer coisa que não fosse para a glória do Senhor, ou cantar onde também fosse executada uma música imoral. Naturalmente, a resistência ao jazz era menor entre os negros do que entre os brancos. Diante da esmagadora barreira da cor, em um país com discriminação racial, todas as outras parecem pequenas e transponíveis: o gueto produz sua maneira de fluir própria e seus compartimentos. Além disso, até hoje havia tão poucas oportunidades para os negros norte-americanos ascenderem em termos econômicos, realizações e status social, que mesmo um meio muito plebeu, como o jazz, não podia ser deixado de lado. Principalmente porque é notório que o mundo do entretenimento para os pobres é muito mais igualitário do que a cultura dos ricos. Hoje em dia, com orquestras mistas lideradas por um músico negro sendo um lugar-comum em jazz, quase não existem maestros negros à frente de orquestras sinfônicas ou líderes de conjuntos de música de câmara. Poucos são também músicos sinfônicos. É, portanto, natural que, desde o início, alguns negros de classe média tivessem entrado para o jazz. Na verdade, dentre os músicos para os quais a educação musical, a cultura geral, ou mesmo uma dose de autoconfiança inicial são dados importantes – compositores, arranjadores e líderes de grupos –, os negros de classe média tiveram um papel desproporcionalmente grande quase desde o início. Os principais compositores-arranjadores – Handy, Carter, Morton, Redman, Ellington, Sy Oliver – e muitos dos líderes de grandes orquestras negras famosas – Fletcher Henderson, Ellington, Redman, Lunceford, Count Basie – eram, em sua maioria, originários da classe média.* (O oposto ocorria com os líderes de grandes orquestras famosas de brancos, de jazz ou semijazz, que vinham em geral de um nível social bem mais baixo, como os irmãos Dorsey, que vieram das minas da Pensilvânia; Ben Pollack e Benny Goodman, que vieram de Chicago Hull House, uma escola de projeto habitacional; Harry James, que veio do circo; Glenn Miller, Woody Herman, Ted Lewis, Paul Whiteman. Os equivalentes brancos de Ellington ou Henderson tinham outras possibilidades de carreira diante de si além da de líderes de orquestras.)

No geral, porém, o jazz era no início música de pessoas pobres, ou música de shows folclóricos tradicionais, cujo nível social não estava muito acima da vagabundagem. É bem verdade que mesmo dentre os negros pobres existem diferenças. Os músicos instrumentais que não os guitarristas e pianistas já não eram de origem tão humilde quanto os cantores e intérpretes de blues, que representam claramente o segmento mais pobre, oprimido e errante do povo negro. Um repentista de violão errante, como Leadbelly, com suas passagens pela cadeia, era menosprezado e tido como caipira até mesmo pelos músicos de rua mais pobres

---

* Henderson (1897-1952) e Lunceford (1902-1947) tinham formação universitária, o que os colocava entre a mais exclusiva elite negra da época.

de Nova Orleans. O "cego da esquina" cantando "Beale Street Blues" ou os garotos que o conduziam pelas estradas do Sul, como o atualmente famoso Josh White, os pianistas de bar itinerantes com apelidos bombásticos como Pinetop Smith, Speckled Red, Cripple Clarence Lofton ou Little Brother, estavam à margem até da sociedade negra. Não foi por acaso que o primeiro executante e cantor de blues que W. C. Handy ouviu em 1903 era "um negro magrelo e descontraído que começou a dedilhar o violão enquanto eu dormia. As suas roupas estavam em farrapos; seus pés apareciam pelos buracos dos sapatos [...]. Enquanto ele tocava, passava uma faca pelas cordas à maneira dos havaianos, que usavam barras de metal".

E também não foi por acaso que ele cantava:

Goin' where the Southern cross the Yellow Dog,

isto é, ele ia para Moorehead, Mississippi, onde as estradas de ferro Southern e Yazoo Delta se cruzam, onde está a penitenciária, que o cantor provavelmente já conhecia por dentro. (Handy faria, posteriormente, um dos clássicos do jazz "Yellow Dog Blues" a partir dessa lembrança.) As cantoras, embora com um status musical muito maior do que os homens, vinham de camadas sociais semelhantes. Quando vinham de famílias que se dedicavam a shows folclóricos, como Ma Rainey, Ethel Waters e Billie Holiday, eram privilegiadas. Poucos grandes artistas vieram de um meio de pobreza tão abjeta quanto Bessie Smith; e o status social (e talvez a profissão original) de muitas cantoras de blues era o mesmo do apelido de Bertha "Chippie" Hill (pois *chippie* quer dizer prostituta).

Com exceção do grupo especial de *créoles* de Nova Orleans, os músicos instrumentais vinham de meios sociais igualmente modestos. Os *gens de couleur* eram "pedreiros e carpinteiros, fabricantes de charutos e pintores de parede. Alguns tinham um pequeno negócio – lojas de carvão vegetal e madeira",[1] isto é, eram trabalhadores qualificados e bons artesãos até se tornarem profissionais de tempo integral. Alphonse Picou (clarinete) era filho de um fabricante de charutos, foi aprendiz de latoeiro e depois marceneiro. Barney Bigard começou nos ramos dos charutos e da estamparia. Os conhecimentos de Sidney Bechet lhe permitiram abrir uma alfaiataria durante a Depressão. Mas os *créoles*, antigos homens livres relegados à posição dos trabalhadores braçais e imigrantes por força da segregação, eram um grupo local singular e, mesmo em Nova Orleans, aqueles cuja profissão não musical era dirigir uma carroça de carvão, como Louis Armstrong, por exemplo, ou trabalhar nas docas, como George Lewis, eram no mínimo tão numerosos quanto os músicos *créoles*, embora menos articulados.* Fora de Nova Orleans, os trabalhadores não especializados eram a grande maioria.

De qualquer maneira, os músicos de jazz originais pertenciam à classe trabalhadora, ou seja, eram trabalhadores braçais, não especializados.

---

* Outro fator que pode explicar a aparente proeminência de músicos da classe trabalhadora especializada em Nova Orleans: o sistema de castas que mantinha muitos músicos imigrantes sem especialização na área social não respeitada e não bem-vista dos cantores de blues. Um desses era o trompetista Chris Kelly, "que tocava para aqueles negros que trabalhavam na colheita do algodão, o que antigamente chamavam de *yard and field negroes*". "Eles eram realmente muito simples", diz Danny Barker, o guitarrista, ligado aos *créoles*, "trabalhavam nos campos, trabalhavam duro. Eles usavam aqueles ternos de caimento quadrado, e chapéu com fita de duas cores, sapatos com diamantes na biqueira, ou uma moeda de ouro de dois dólares na biqueira [...]. Chris Kelly tocava para essas pessoas [...]. Ele trabalhava em todas as cidadezinhas. Ele falava um *patois* bem fechado, quase africano. Os *créoles* não conseguiam entendê-lo. Não gostavam dele e não queriam vê-lo nas ruas, porque ele tocava para o que se supunha serem maus elementos. Quando ele tocava em um desfile de rua, principalmente para fazer publicidade, todos os mecânicos da cozinha vinham para a frente, mexendo o corpo. Os *créoles* não gostavam." *Créoles* e outros antigos músicos da cidade tinham o habitual sentimento de superioridade urbano com relação ao negro do interior (cf. a série *American Guides*, especificamente a de *Arkansas*, para esse fenômeno na década de 1930). Os antigos músicos da cidade estabeleciam os padrões em Nova Orleans e detinham as conexões necessárias para contratações de turnês e shows. Em outras palavras, coube-lhes decidir – via discógrafos e pesquisadores – quais músicos de Nova Orleans sobreviveriam à história e quais não. Buddy Bolden, hoje lendário, não tem nenhum disco gravado. Chris Kelly é um rodapé na página da história, resgatado graças à memória leal de alguns músicos menores de Nova Orleans. Veja *Hear Me Talkin' to Ya*, pp. 56-57.

Quando perdiam seus empregos ou saíam de moda, voltavam naturalmente à sua antiga ocupação. Papa Mutt Carey acabaria como carteiro e porteiro na Califórnia, Albert Nicholas foi trabalhar no metrô de Nova York e no correio, Natty Dominique foi carregador de malas em aeroportos, King Oliver foi recepcionista em um bilhar, Bunk Johnson, um homem da cidade alta (os negros mais pobres e menos respeitados moravam na cidade alta), voltou para o interior e para as plantações de cana. Eram trabalhadores e conscientes disso, pois como disse Johnny St. Cyr (banjo):

> O músico de jazz tem de vir das classes trabalhadoras, estar sempre ao relento, ser saudável e forte. É isso o que está errado hoje; esses caras de hoje não têm força. Eles não *gostam* de tocar a noite toda; não acham que *podem* tocar, a menos que tenham tomado alguma coisa. Um trabalhador, entretanto, consegue tocar *hot*, com ou sem uísque. O trabalhador médio, você sabe, é muito musical. Tocar música para ele é apenas relaxar. Ele curte tanto tocar quanto outras pessoas curtem dançar.[2]

Talvez o retrato de St. Cyr (Johnny) seja um retrato idealizado dos velhos tempos de transição para o profissionalismo, mesmo em Nova Orleans. A situação social que ele delineia, no entanto, é clara.

O artista surge dos trabalhadores não qualificados, e tocar, para os pobres, tem uma posição social peculiar. No mundo do qual ele vem e onde ele trabalha, "entretenimento" (que significa qualquer talento pessoal ou dom vendido para o público ver, ouvir ou usufruir de alguma outra forma, do corpo para a alma) não é apenas uma forma de ganhar a vida, mas muito mais importante, uma maneira de se criar um caminho individual no mundo, só equiparável ao crime e à política, seguida pela religião, do tipo que é concebida pelos próprios pobres para si mesmos. É essencial lembrar isso. O músico, o dançarino, o cantor, o comediante, o boxeador ou o toureiro que alcançam o estrelato não fazem sucesso apenas no meio do público do esporte ou da arte em questão, mas são, em potencial, os cidadãos de maior destaque de sua comunidade ou de seu povo. Um Caruso entre os pobres de Nápoles, uma Marie Lloyd no East End londrino, uma Gracie Fields em Rochdale, um Jack Johnson, Joe Louis ou Sugar Ray no Harlem, um Louis Armstrong – todos eles ocupam uma posição de muito maior importância entre o "seu" povo do que um Picasso ou uma Fonteyn na sociedade ortodoxa. Entre os povos oprimidos, como os negros e ciganos, o profissional do entretenimento é muitas vezes o único membro do grupo que alcança a fama fora de sua "raça". Mesmo em um nível menos exaltado, os profissionais de entretenimento de sucesso moderado estão entre os poucos que escapam da praga da pobreza e da eterna lida dos trabalhos não especializados, nem que seja temporariamente. Pois as receitas para "prosperar" que estão na base da sociedade ocidental respeitável desde Calvino, poupança, trabalho árduo, educação sistemática e coisas do gênero, não valem muito para aqueles que têm de começar literalmente do nada, sem outros bens que não o talento, a energia, a força ou a aparência. Qualquer investigação da origem social dos ricos, dos executivos ou das figuras públicas, ou de homens e mulheres responsáveis por altas realizações intelectuais, demonstra a extraordinária desvantagem em que se encontram os sem especialização ou analfabetos. O único campo em que essas pessoas podem concorrer em termos iguais, se não superiores, é o das artes, pois, da mesma forma que "o melhor lutador é o lutador faminto", o melhor profissional de entretenimento é aquele para o qual a arte é a única possibilidade de sair da miséria da opressão e alcançar uma relativa liberdade. Para os pobres, porém, as "artes" significam entretenimento comercial, e esse entretenimento no século XIX e no início do século XX significava trabalhar em um ou mais daqueles semiguetos que se desenvolvem em todas as grandes cidades como "bairros de diversão", e onde as salas de espetáculo, os bordéis, os nightclubs, os *saloons*, os ginásios para lutas de boxe, as agências de variedade e os seus frequentadores convivem: Beale Street em Memphis, a Sétima Avenida ou a Lenox no Harlem, as ruas Doze e Dezoito em Kansas City, de Montmartre aos bulevares de Paris, atrás do Paralelo em Barcelona, e assim por diante.

O músico de jazz, portanto, era um rei ou um duque em potencial, cujo Versalhes ficava na Place Pigalle, com súditos morando em favelas, seus rivais ou seus pares (negros) eram gangsteres e políticos velhacos, jogadores e lutadores profissionais, mulheres bonitas e, ocasionalmente, grandes pregadores, leigos ou religiosos. Ele era, naturalmente, um profissional e artesão; e, como vimos, o seu profissionalismo e a sua arte eram, de longe, os fatores mais importantes de sua vida, embora necessariamente o colocassem em contato com outras pessoas que trabalhavam à noite e que dormiam a sono solto durante o dia, separando-o assim do cidadão comum. Seu padrão de comportamento, no entanto, era igualmente determinado também por sua origem social e por seu papel na comunidade dos pobres ou, mais precisamente, dos trabalhadores e subproletários das periferias sobre as quais reinavam.

Seu comportamento frequentemente boêmio, por exemplo, não seguia o padrão da boêmia comum do mundo das artes do século XIX, que no fundo é a escala de valores da classe média baixa ao contrário, mas aproximava-se mais do padrão das classes trabalhadoras ampliado. Ele não tinha o horror que os boêmios do século XIX tinham com relação ao trabalho manual "honrado". Quando Sidney Bechet, grande clarinetista e saxofonista, ficou sem dinheiro na década de 1930, montou uma alfaiataria, e Tommy Ladnier, cujo trompete poderia sugerir mais blues com uma só nota do que qualquer outro, engraxava sapatos. Ele não reagia contra os valores de balconistas e donos de lojas, negligenciando a própria imagem ou se vestindo desleixadamente. Ao contrário, gostava de se vestir de maneira vistosa, vendo nas roupas um símbolo de riqueza ou status social, como o cowboy, o marinheiro e outras pessoas que desempenham funções simples, mas são ocasionalmente vistosas. Se gastava dinheiro livremente, era pelo mesmo motivo – ganhos eventuais dão lugar a gastos eventuais – e também porque a posição que tinham em seu mundo dependia de seu comportamento majestoso. Se tinha atitudes e hábitos exagerados – seu apetite insaciável por mulheres e bebida, paixões e caprichos dignos de uma prima-dona (ela própria vinda de um meio social semelhante) –, isso não acontecia apenas porque o trompetista de sucesso de Nova Orleans ou o cantor clássico de blues ou dançarino não precisavam pagar pelo uísque ou pelas mulheres que quisesse (ou, se fosse mulher, pelos homens), mas também porque ele tinha de fazer jus à sua parte. Pois a estrela representava o que toda criança periférica ou todo trabalhador braçal podia se tornar: o rei ou a rainha dos pobres, por ter conquistado notoriedade. Nós o vemos, primeiramente, rodeado de uma névoa de lendas, como Buddy Bolden, o barbeiro demoníaco da Franklin Street, o mais preto dos pretos, como diz a lenda, um "negro retinto" (pois pele retinta significa pouco status, mesmo entre os negros), que "achou o seu trompete na rua". Nós o ouvimos batendo com seu trompete no chão do Odd Fellow's Hall, para marcar o ritmo, segurando-o, fazendo uma pausa para acertar a embocadura, e liderando a banda no maravilhoso blues da mais pobre das prostitutas, "Make Me a Pallet on Your Floor", enquanto o público gritava: "Ah, sr. Bolden (atenção para o "senhor"), toque para nós, toque aí Buddy!".[3] Reza a lenda que ele tocava tão alto que, em "algumas noites, podia-se ouvir o seu trompete a 15 quilômetros de distância". Ele não sabia ler música, e as mulheres brigavam pelo privilégio de segurar o seu trompete. "Era louco por vinho e mulheres e vice-versa." Aos 29 anos, ele enlouqueceu e passou o resto de sua vida (até 31 anos) em um asilo para loucos com *dementia praecox*. Vamos encontrá-lo novamente, na versão clássica da exagerada estrela de shows, na figura de Fats Waller, o pianista que começava o dia com oito dedos de uísque e jogou o seu fantástico talento pela janela. "Eu via Fats Waller entrar em um lugar", disse Louis Armstrong, "e todo mundo no boteco (quero dizer, no local) ficava alucinado, a gente podia ver a alegria nos rostos..."[4] Ele compunha a melhor parte de um show musical enquanto as bailarinas ensaiavam a sua parte, transbordando "tantas histórias e comentários engraçados que as garotas mal podiam dançar do tanto que riam", "um vulcão, sem dúvida, único no gênero". Ele ganhava milhões e jogava tudo fora; "vivia duro porque estava sempre cantando e se divertindo, e não ligava o mínimo para nada".[5] Ele ria e chorava mais alto do que qualquer outro, bebia mais e fazia mais amor, dormia menos, era mais gordo, dava calote em pagamento adiantado e tocava música ruim melhor do que qualquer um. Morreu aos 39 anos, em 1943, no auge de sua carreira.

Por fim, e mais importante, ele não compartilhava, no início, da mais surpreendente característica do artista ortodoxo do século XIX, o desprezo pelo público. Seu modelo não era Rimbaud, mas Marie Lloyd ou Johann Strauss. A linha divisória entre as pessoas "descoladas" e as "quadradas" (embora não se possa dizer que esses termos fossem usados naquela época) não estava na diferença entre, de um lado, o artista e os poucos escolhidos capazes de "curtir", e, de outro, os idiotas e a burguesia. Estava entre o artista e seu público, os "pobres indignos" de um lado e o mundo respeitável de outro. Era a linha que, nos anos 1890, dividia os artistas de *music hall*, os *guardees*, as prostitutas, e os entusiastas do puritanismo, os abstêmios, os desmancha-prazeres não conformistas do Conselho da Cidade de Londres, que queriam emitir alvarás para as casas de espetáculo e tirar as garotas do Empire Promenade. Por que, na verdade, o artista deveria se sentir mal compreendido? É verdade que o público não percebia as realizações técnicas dos músicos, e eu diria até que, como hoje, costumavam aplaudir mais o barulho e a emoção do que a musicalidade. Mas os espectadores gostavam de música, dançavam como doidos e sempre havia bastante gente, desde garotas que trabalhavam em botecos depois do expediente até o público negro, para balançar e cantar blues. Quando gênios como Louis Armstrong e Bessie Smith eram espontaneamente reconhecidos como rei do trompete e rainha dos blues pelo aplauso do público e pelos mapas de vendagem das gravadoras de discos, não havia grandes razões para o artista se sentir isolado, a não ser pelo mundo "respeitável", no qual se faziam as reputações culturais oficiais. Mas sobre esse mundo, muitos nunca haviam ouvido falar, ou não ligavam.*

O divórcio entre o músico de jazz e o público começou, provavelmente, no final da década de 1920. De qualquer forma, há sinais claros de que, a partir de 1927 mais ou menos, a antiga música séria havia perdido a sua força: até os jornais negros indicavam que o jazz "estava saindo de cena". Essa mudança de preferência tocou mais fundo, sem dúvida, os artistas tradicionais. Bessie Smith começou a beber mais do que nunca, acrescentando a seus blues antiquados doses cada vez maiores de pornografia, mas nem esse artifício a poupou do desaparecimento das gravações e do triste declínio para shows em remotos locais do Sul, onde ela tinha começado a sua carreira. Nada deu certo para King Oliver depois de 1928, e a sua bondade simples e sua modesta resignação cristã – Oliver era um daqueles raros fenômenos, um músico pioneiro do jazz e um cidadão exemplar – só contribuíram para tornar a história de seus últimos dez anos mais patética. Seria doutrinação dizer que os novos estilos exigidos até pelo público negro não eram jazz, embora certamente fossem muito mais influenciados pelos padrões de entretenimento comercial branco; e não seria verdade dizer que a maioria dos músicos ligava muito para o que tocava, desde que houvesse balanço e oportunidade de improvi-

---

* Aqueles que ligavam se amarguravam com esse descaso. Assim, Fats Waller, músico de sólidos conhecimentos clássicos e técnica soberba, cujo instrumento favorito era o órgão, e cuja maior ambição era tocar as obras eclesiásticas de J. S. Bach, nunca teve chance de gravar nessa área.

sar à vontade. Muitos músicos continuaram a se sentir à vontade nesse mundo, mesmo resignados a um lugar mais modesto dentro dele. Os reis de Nova Orleans podiam ser os trompetistas, as rainhas de Nashville ou Atlanta cantoras de blues; mas os reis dos guetos negros do Norte, com um gosto mais sofisticado, eram mais dançarinos, como Buck e Bubbles ou "Bojangles" Bill Robinson, campeões de boxe ou, quando músicos, líderes de orquestras. As ruas tinham dado lugar ao palco. Mas o mundo dos músicos havia mudado. Para ter sucesso sob as novas condições, eles tinham de ser personalidades em salas de espetáculos, como Louis Armstrong e Fats Waller; ou ter um "truque", como o frenético Cab Calloway com seu vocal sem sentido;* e, mesmo nas bandas comuns, era preciso uma bagagem técnica e um conhecimento musical muito maiores do que antes, bagagem e conhecimento que seriam apreciados apenas por uma minúscula fatia do público.

Dessa forma, alguns músicos – os menos adaptáveis – entraram para um mundo vazio, onde apenas seus pares os apreciavam, e os outros tocavam para um público cujo aplauso era em grande parte irrelevante. O músico começou a ficar só com sua música. É significativo que, enquanto os reis do jazz instrumental pioneiro obtinham suas coroas por aclamação popular, Coleman Hawkins, cuja supremacia no sax tenor era praticamente incontestável entre os músicos desde a sua primeira apresentação no início dos anos 1920 por mais de uma década, não liderou nenhuma banda até 1939, e preferia mesmo ganhar a vida na Inglaterra e na Holanda durante a maior parte da década de 1930. O grande nome era, cada vez mais, um músico de músicos, ou uma estrela apenas para um público selecionado e não típico de "verdadeiros" fãs do jazz. O jazz já não vivia e prosperava melhor onde era aclamado, mas onde era tole-

---

* Felizmente para o jazz, no Harlem, um ritmo superlativamente vivo era, muitas vezes, "truque". Chick Webb, o pequeno baterista portador de deficiência, fez sua reputação e a de sua banda em grande parte por meio do seu swing.

rado e deixado em paz, como nos *speakeasies* e nightclubs de Kansas City. Quanto ao músico da velha guarda, apenas nos buracos e cantos do Sul ou nos mais pobres guetos negros do Norte – onde, como no sul de Chicago, os imigrantes se reuniam – é que ele podia querer algum sucesso.

Uma grande parte do jazz se tornou, dessa forma, música de músicos, e o músico de jazz passou a ficar cada vez mais confinado a um mundo social e intelectual especial. Tal era a sua situação quando os intelectuais brancos dos anos 1930 descobriram que o jazz gozava de prestígio intelectual, e quando, graças em grande parte ao patrocínio sistemático, tornou-se muito popular entre os brancos como tinha sido entre os negros.

Nesta altura, devemos considerar um fator na vida do músico negro de jazz que cresceu paulatinamente em termos de importância e consciência: as relações entre raças. Nenhum bar negro de jazz fazia sentido para aqueles que não compreendem a reação dos negros à opressão. Como vimos, porém, a maior parte dos músicos pioneiros do jazz não protestava abertamente contra sua condição.* Handy e Armstrong podiam escrever ou cantar músicas com termos como *darkies*, *pickaninnies* e *coal black mammies*, como se não percebessem que eram insultos e provocações para os negros conscientes. Eles raramente lutavam contra os espinhos: não competiam com os *ofays*. O fato de Al Jolson ganhar muito mais do que Bessie Smith, mesmo no auge de sua carreira, fazia parte da natureza das coisas, da mesma maneira que, para os artistas negros que tocavam no Sul, fazia parte aceitar a discriminação. Talvez só um homem orgulhoso como Fats Waller, cuja limusine vivia sendo sabotada, se recusava a continuar a turnê a menos que o seu agente lhe alugasse um vagão particular no trem; mas mesmo ele não se recusava a tocar nas áreas em que havia discriminação.

---

* Veja o capítulo 3 ("Transformação"). O assunto é mais amplamente discutido no capítulo 11 ("Jazz como protesto").

Uma geração que cresceu nos guetos do Norte, duas décadas tocando no Norte e no Oeste do país, e o maravilhoso despertar político de todos os oprimidos e desprivilegiados nos Estados Unidos de Roosevelt deram um tom novo ao instrumento do músico de jazz: o rancor aberto. Cada linha da autobiografia do veterano W. C. Handy irradiava um modesto otimismo e a convicção de um progresso gradual:

> Na Feira Mundial de Nova York, em 1939-1940, vi cumprida, em uma pequena medida, a máxima "Não há excelência sem trabalho árduo". Lá, no meio do Pavilhão Americano, havia placas contendo os nomes de seiscentos homens e mulheres de todas as raças, que contribuíram de alguma forma para a cultura norte-americana. E entre esses nomes estava o meu.[6]

Mas as novas gerações do Norte e as assimiladas, aqueles que foram aos milhões em direção ao norte, a partir de 1916, e seus descendentes não se contentavam tão facilmente. Eles não tinham escapado à discriminação, embora tivessem perdido a vida comunitária, estável e certa que tinham no Sul, pela qual até mesmo alguns dos maiores militantes ansiavam: Big Bill Broonzy, cantor de blues, afirma ter voltado para o seu pedaço de terra em Pine Bluff, Arkansas, depois de cada uma de suas idas ao norte para gravar ou se apresentar. E a desigualdade que eles conheciam era, para o músico, duas vezes mais insuportável do que no passado, porque agora eles sabiam que a sua música, a música dos pretos, não era apenas entretenimento, era arte; muitos brancos acreditavam (e com razão) que era a contribuição mais importante e original dos Estados Unidos para a música mundial.

O jazz sempre atraiu uma pequena parcela de músicos pretos de classe média e intelectuais, porém, com uma grande exceção (Duke Ellington), eles sempre haviam tocado ou feito arranjos para as músicas à medida que elas apareciam, sem qualquer tentativa de intelectualizá-las ou transformá-las em música erudita, isto é, competir com música dos brancos.*

A partir do final dos anos 1930, porém, o músico negro de jazz ficou cada vez mais ambicioso, tanto para estabelecer sua superioridade com relação ao músico branco, o que era normalmente aceito, como para aumentar o status de sua música, competindo com a música dos brancos em seu próprio terreno: o de uma estrutura elaborada e sofisticada, com especialização técnica e teórica. O jazz, na verdade, não começou a atrair jovens intelectuais negros como tal em quantidades expressivas até o estabelecimento das novas e ambiciosas versões. O Modern Jazz Quartet, por exemplo, com três de seus integrantes pertencendo à elite negra (John Lewis: formado em antropologia e música pela Universidade do Novo México; Milt Jackson, formado em música pela Michigan State University; Percy Heath, piloto militar e formado pela Granoff School of Music de Filadélfia), não foi integrado por nenhum músico cuja carreira tenha se iniciado antes dos últimos anos da guerra. Não obstante, a necessidade de intelectualizar e transformar o jazz em uma música erudita de vanguarda é nítida desde o final da década de 1930.

Os motivos dessa necessidade são bem explicados nas palavras de um intelectual anônimo e músico californiano, reproduzidas por J. E. Berendt:[7]

> Sabe, nós precisamos de música, sempre precisamos de música – nossa própria. Não temos mais nada. Nossos escritores escrevem como os brancos, nossos pintores pintam como eles, nossos filósofos pensam como eles. Só os nossos músicos é que não tocam como os músicos brancos. Assim, criamos a música para nós mesmos. Quando a tínhamos – o jazz do tipo antigo –, vieram os brancos,

---

* Entre os músicos mais velhos de classe média, além daqueles já mencionados, podemos citar Benny Carter, (1907-2003), clarinete, sax e arranjador (Wilberforce University), Teddy Wilson, (1912-1986), piano (Tuskegee), Billy Eckstine, (1914-1993), cantor pop e líder de banda (Howard), e Fats Waller, (1904-1943), piano e cantor pop.

gostaram e imitaram. Logo depois já não era a nossa música. Nenhum negro hoje pode tocar jazz de Nova Orleans de consciência tranquila. Alguns antigos ainda o fazem, mas nenhum negro escuta. Talvez toquem só para os brancos. Mesmo que os especialistas digam que não existe música mais negra.

Você sabe, sempre que temos uma música, o branco vem e a imita. Faz cinquenta anos que temos o jazz, e nesses cinquenta anos não houve um só branco, com exceção talvez de Bix, que tenha tido uma ideia. Só os negros têm ideias. Mas quando se pensa nos nomes de sucesso, são todos brancos.

O que fazer? Temos de continuar a inventar algo novo o tempo todo. Quando inventamos, os brancos vêm, nos tomam e temos de começar de novo. É como se estivéssemos sendo caçados.

Esse racialismo negro não era, necessariamente, a única atitude política dos jovens músicos revolucionários, mas ilustra o ressentimento bastante emocional e feroz que certamente prevalecia sobre pontos de vista mais maduros e sofisticados. Pouquíssimos artistas negros, durante e após os anos 1930, se associaram ao movimento trabalhista ou comunista, mas mesmo entre esse poucos não havia nenhum pioneiro do jazz moderno. É possível, no entanto, que alguns deles tenham tocado, entre outros símbolos de rebelião, com elementos da esquerda ortodoxa. Acredito mesmo que a política de esquerda se espalhou no meio altamente especializado e isolado dos músicos negros, em especial fora de Nova York, principalmente por meio do contato com o grupo de críticos e entusiastas do jazz "progressista"; e estes, como veremos no capítulo sobre o público de jazz, não apreciavam a evolução musical. No entanto, é importante lembrar que as inovações do jazz, por mais abstratas e formais que fossem à primeira vista, expressavam uma atitude política. O próprio slogan "arte pela arte" (ou, como disse John Birks Gillespie, "eu toco para músicos") deve ser traduzido, pelo menos em parte, por algo do tipo: "Jazz é uma música erudita, não é apenas entretenimento, e como negros exigimos que se dê atenção a isso."

O novo intelectualismo dos jazzistas encontrou expressão em uma série de maneiras, algumas delas surpreendentes. A roupa da moda do novo músico, por exemplo, já não era mais apenas uma variação da roupa dos novos-ricos, mas uma variação do modo de vestir dos intelectuais boêmios parisienses do século XIX. Óculos com aros grossos (mesmo quando não era preciso), um cavanhaque, boina, talvez uma longa piteira ou um cachimbo Meerschaum eram o uniforme do *bopper* em meados dos anos 1940. O descuidado e o desmazelo no vestir – o verdadeiro seguidor do bop não usava ternos passados a ferro – tornaram-se moda.[8] A leitura e a cultura ortodoxa nunca fizeram parte das qualidades essenciais do músico de jazz, mas na nova era tornou-se um atrativo poder dizer, como Thelonious Sphere Monk, um dos típicos pioneiros da nova música, que "gostávamos de Ravel, Stravinsky, Debussy, Prokofieff, Schoenberg, e talvez tenhamos sido um pouco influenciados por eles".[9] Essa era uma geração de músicos que começou a comprar Dalis quando tinha dinheiro, e na qual se falava de psicanálise e existencialismo.

A rebelião contra a inferioridade do negro e as formas tradicionais de jazz associadas a ela ("Música do Pai Tomás") é igualmente evidente no comportamento dos novos intérpretes. Entre alguns deles – especialmente a última geração, mais intelectualizada, que surgiu a partir de 1950 – ela tomou a forma de uma recusa deliberada dos sons meramente extrovertidos, as emoções espontâneas do músico tradicional, e os instrumentos que sempre as haviam expressado. Os trompetes começaram a ser tocados como se fossem flautas, a bateria foi reduzida a um sussurro, os instrumentos de sopro muitas vezes eliminados completamente. Os grupos, como o Modern Jazz Quartet, reagindo contra a imagem da boemia, apareciam no palco impecáveis e se curvavam rapidamente ante o aplauso de maneira introvertida. Eles não queriam ser *showmen* e palhaços, não queriam se comportar, mesmo fora do palco, como os músicos do velho estilo, que procuravam um bar, uísque e uma garota, uma banda para "dar uma canja", assim que acabavam o trabalho. Uma forma de revolta ainda mais óbvia contra a inferioridade, que um grupo importante de novos músicos compartilhou com outros negros de grandes centros do Norte, foi a conversão maciça para o islamismo. A nova música era tocada, entre outros, por Abdullah Ibn Buhaina (Art Blakey, o baterista), Sahib Shihab (Edmund Gregory, alto), Abdul Hamid (McKinley Dorham, trompete, tenor), Liquat Ali Salaam (Kenny Clarke, bateria), Ibrahim Ibn Ismail (Walter Bishop Jr, piano) e outros filhos do profeta Maomé, embora a maioria deles tenha feito pouco mais do que usar um turbante de vez em quando. Os novos muçulmanos estudavam o Corão, através de uma tradução, tentavam aprender o árabe e propagavam a fé. Seria fácil, porém não seria correto, fazer troça de tais gestos de revolta. O melhor comentário sobre eles está no diálogo entre Dizzy Gillespie e o arranjador Gil Fuller, que viram um desses grupos de *boppers* parar um ensaio para se curvar em direção a Meca:

> Os olhos de Dizzy encheram-se de lágrimas. "Eles foram feridos", explicou, "e estão tentando não pensar nisso".
> "É o último recurso daqueles que não sabem para onde se voltar", disse Fuller, impaciente.
> "Para o Oriente", disse Dizzy. "Eles voltam-se para o Oriente."[10]

A postura dos novos músicos, bem como de sua música, expressava, portanto, as ambiguidades peculiares dessa geração da rebelião intelectual negra. Era política, mas expressava-se de maneira abstrata e formal. Era negra, mas expressava-se, ao menos parcialmente, pela adoção de padrões e clichês da cultura ortodoxa (isto é, branca), fato que tornava a tarefa do *jazzman* duplamente difícil.

Assim, paradoxalmente, o novo músico e a nova música minavam o sentimento de raça que pretendiam propagar. Havia uma consciência de cor e uma tentativa desesperada de concorrer com os brancos através da música *negra*: a ambição "respeitável" do músico de jazz moderno não é mais, simplesmente, ser aceito como um executante de Bach ou um compositor clássico, mas como alguém que toca uma música tão complexa quanto Bach, *porém baseada fundamentalmente em raízes negras*, o blues. Ao mesmo tempo, essa revolta, mesmo quando ele procura esquivar-se desse efeito por meio de uma fuga para o islamismo ou outra manifestação cultural não branca, leva-o para longe da linguagem musical negra específica do antigo jazz e da situação cultural do antigo jazzista que, embora não fosse particularmente determinada pela cor da pele, era nitidamente diferente da cultura ortodoxa e respeitável. Seu paradoxo está em querer ser um desafiador muito mais consciente e completo da supremacia cultural do que seus predecessores. O seu próprio desafio o lança em um padrão branco. Os músicos de Nova Orleans, ou mesmo de Kansas City, representavam uma forma de arte, uma maneira de agir do artista criativo, um padrão de relações entre a arte e a sociedade tão diferentes do mundo ortodoxo das sinfonias, da música de câmara e das óperas quanto o pintor bizantino e o mosaicista da Bienal de Veneza ou o bardo heroico e o romancista moderno. O jazzista "moderno" representa o mesmo tipo de música de minoria *avant-garde* que seus equivalentes em Paris ou Nova York. Ele difere desses da mesma forma que, se pode dizer, o pintor não figurativo difere do expressionista. Dessa forma, o jazzista moderno está, rapidamente, tornando-se uma figura familiar para todo aquele que se interessa pela história da arte ocidental do século XX. A sua "cor" (isto é, as tradições especiais de um mundo culturalmente não ortodoxo, do qual ele veio) tem se tornado cada vez mais irrelevante.

Com uma exceção. O novo tipo de músico de jazz *avant-garde* pode se tornar uma outra versão do intelectual moderno ocidental, tendo partido, porém, do antigo profissional de entretenimento, pária, que se fez sozinho. O fator surpreendente a respeito do movimento "moderno" é que todos os seus pioneiros são ou foram jazzistas do antigo tipo plebeu. Dizzy Gillespie (1917-1993) era um dos nove filhos de um pedreiro de um lugarejo na Carolina do Sul, que surgiu do mundo comum das bandas de jazz. Charlie Parker (1920-1955) era um garoto de favela de Kansas City. Os bateristas Kenny Clarke (1914-1985), Art Blakey (1919-1990), Max Roach (1925-2007), Chico Hamilton (1921-2013) aprendiam a sua música conforme ela surgia. Charlie Christian (1919-1942), que revolucionou a guitarra, Fats Navarro (1923-1950), o trompetista, foram apenas músicos provincianos que cresceram no interior de Oklahoma e da Flórida. Não há dúvida de que alguns deles tinham um nível de escolaridade melhor, até mesmo com conhecimentos musicais, do que o pessoal da geração de Armstrong; mas não se pode, de maneira alguma, dizer que seu sucesso tenha sido em razão de conservatórios ou de vantagens de um passado de classe média negra, ou mesmo – como sua música era rejeitada pela maioria dos intelectuais do jazz – de influências externas. Foi com esses músicos que a revolução musical e social do jazz começou, por volta de 1941-1942.

Se quisermos entendê-la, temos de olhar para um outro fenômeno característico das gerações negras do Norte, o hipster, cuja evolução está entrelaçada com aquela do músico de jazz moderno. Hoje em dia existe já uma vasta literatura a respeito do hipster, que mais parece a leitura de diagnósticos de casos psicanalíticos, e com razão:[11] pois os hipsters não se explicam, só mostram ao mundo os seus sintomas, que têm de ser interpretados; mas não há dúvida de que eles existem. Ele começa a aparecer nas esquinas dos grandes guetos do Norte dos Estados Unidos, no período entre as duas guerras, embora não se descarte a possibilidade de que já existisse, em forma embrionária, no Harlem. De qualquer forma, não é um fenômeno do Sul. Eu diria que ele ainda pode ser visto nos equivalentes negros do Soho londrino ou de Saint-Germain-des-Prés, vestido com o uniforme da fraternidade – antes da moda do terno dos *boppers* havia o *zoot suit* com suas ombreiras exageradas, seu casaco indo quase até o chão e as calças de boca fina. Usava – e talvez ainda use – o rosto como máscara, pois a demonstração ostensiva de emoções era tabu. Falava uma gíria que ninguém devia entender. Vivia de curtições: jazz, sexo, maconha ou quaisquer outros estimulantes que rolassem. Ele não era como as outras pessoas, os "quadrados". Ele estava além da lei, além da emoção humana, além da ambição e do dinheiro, além do bem e do mal; era contra o *status quo* branco e negro, os "Pais Tomás", mas não sabia do que era a favor.

Hoje estamos bastante familiarizados com o tipo de revolta hipster – negativa, emocional e anárquica: os mais velhos viram o mesmo acontecer com as gerações do pós-guerra em vários países, desde que os "existencialistas" pós-liberação da Rive Gauche de Paris lhe atribuíram o primeiro endereço ortodoxo e um nome. (Seus equivalentes brancos estadunidenses, como bem disse Norman Mailer, apropriaram-se da linguagem do hipster negro: "No Greenwich Village formou-se um *ménage à trois* – o boêmio e o delinquente juvenil viram-se diante do negro, e o hipster [branco] passou a ser uma realidade da vida norte-americana.") Os símbolos internacionais dessa revolta, como o ator de cinema James Dean, são conhecidos de todos. Apesar dessa convergência, no entanto, o hipster original do Harlem não era, como a geração perdida de Saint-Germain-des-Prés, uma derivação da cultura da classe ortodoxa da elite, como vemos ainda hoje estranhamente refletida na vestimenta à almofadinha dos *teddy boys* da classe trabalhadora inglesa, ou dos estilos "pseudoescola de arte" das garotas trabalhadoras do East End, porém uma evolução especializada de trabalhadores e párias dos guetos.

O hipster do Harlem "funcionava" em alguns sentidos como o músico de jazz. As suas origens sociais eram certamente semelhantes: ele não tinha nada a ver com a escolaridade ou com a influência cultural ortodoxa. Ele era (Mezz Mezzrow está provavelmente certo a esse respeito) o jovem esperto e capaz, com ambições, "aliado ao esforço de ver e ouvir tudo ao mesmo tempo, pois é assim que os oprimidos têm de ser, a menos que queiram ficar perdidos na multidão".[12] Sua principal conquista, o *jive talk* – pois foi essa a única conquista dos hipsters – é uma improvisação coletiva digna de um virtuoso, contínua, e que está sempre se renovando, a qual depende de talento, rapidez, imaginação e uma espécie de bravura verbal indomável. Ninguém consegue aprender a falar dessa maneira, mesmo que tenha decorado todo o vocabulário necessário de ontem, ou de hoje, da mesma forma que não é possível tocar como Armstrong ou Charlie Parker, mesmo que se tente a duras penas. Pois a sofisticação e a rapidez hipster no entendimento são a chave. A sua expressão, já foi dito, era "a fisionomia da astúcia". Quem quer que precisasse da mais remota explicação, mesmo que fosse do gesto ou da expressão mais cifrada, estava por definição "por fora". Como no caso do jazz bop, só que em termos verbais, o *jive talk* consistia em uma série de variações sobre temas e ritmos não declarados, posto que presumidos. Dessa maneira, o Quinteto de Max Roach chamava a sua derivação da conhecida "All the Things You Are" de "Prince Albert". E quem não soubesse que o tema tocado era derivado da (não mencionada) "All the Things You Are" estava por fora em matéria de música.

Mezzrow está provavelmente correto em achar que o fenômeno hipster representava uma ambição maior, mais agressiva e urgente do que qualquer coisa do antigo Sul, algo totalmente dissociado do esforço apaixonado de mostrar "que eles não eram negros com cérebro de passarinho, que gaguejavam ou mal conseguiam falar, apresentados nas cenas de *vaudeville*, os preguiçosos dos quadrinhos ou os 'pretos velhos' dos latifúndios do Sul".[13] O hipster, à sua maneira, aspirava ao status do homem branco em termos profissionais, intelectuais, e a todas as realizações que estão fora do alcance de um garoto de gueto, sem dinheiro ou conhecimentos, com um arremedo de escolaridade e sem um passado ou uma tradição onde tais antecedentes ou ambições fossem desejáveis. Talvez seja por isso que as únicas pessoas que quase chegaram a alcançar seu objetivo em seu próprio terreno foram os músicos de jazz. E talvez por isso a ambição do hipster, normalmente um indivíduo sem carreira ou realizações, em vez de se sair da situação de inferioridade, tenha se convertido em se recusar a pactuar com ela. De qualquer maneira, o hipster descrito nos anos pós-1945 não é o mesmo da "ordem fraterna" à qual Mezz Mezzrow se associou por volta de 1930. Ele é o *"outsider"* coletivo. Ele não vive neste mundo, escapa dele para um mundo de música bop, que o "quadrado" não compreende, e fuma maconha, ou sente "baratos" – sensações – que o "quadrado" não consegue sentir. "Ele pode ganhar a vida cometendo pequenos crimes, como vagabundo, biscateiro ou passar de uma atividade a outra", não importa como, pois o hipster (cuja essência, segundo a descrição de Mezzrow, é *ação*) já não age mais, simplesmente existe. Mesmo sua única conquista, *o jive talk*, parece ter-se contraído a um vocabulário simplificado, sem características, de monossílabos, grunhidos e gestos tácitos, que serve quase exclusivamente para diferenciá-lo dos "quadrados". Apenas duas coisas de sua essência anterior permanecem: uma total recusa a se adaptar aos "quadrados" e uma integridade selvagem com relação aos seus próprios padrões e às coisas de que ele gosta.

Não há dúvida de que existem outros elementos na composição do hipster, sobre os quais a literatura de cunho psicológico já discorreu. De uma certa maneira, os jovens favelados ambiciosos da segunda geração de imigrantes negros do Norte dos Estados Unidos são, sem dúvida, desenraizados, tendo perdido o lugar inferior, porém óbvio, que o garoto de favela de Nova Orleans tinha em sua comunidade. A óbvia coesão desinformada dos hipsters contra os "quadrados" deve-se em parte ao desejo de pertencer a "alguma" comunidade, mesmo que seja a dos desenraizados sociais. Os observadores notam que o hipster classifica o que os outros chamam de bom como *solid* (sólido) ou *there* (lá) (isto é, *em algum lugar*) e o estado indesejável como *nowhere* (lugar nenhum), e podem ter razão. De uma certa maneira, ele não está em lugar nenhum em termos sociais ou como indivíduo. Se ele tiver sucesso no futuro, ainda não está em lugar nenhum; se falhar ou se desistir da luta, permanecerá em lugar nenhum, a não ser no mundo privado das drogas, do sexo ou de alguma sensação subjetiva.

É fácil ver como os jovens músicos revolucionários se encaixam no cenário geral hipster, pois ele nada mais é do que o mesmo intelectual ou artista de gueto do tipo cria da casa, só que com menos sucesso. As formas de comportamento dos revolucionários, deliberadamente chocantes não só para os não músicos mas também para os músicos mais velhos, eram as mesmas dos hipsters: a recusa de se curvar ao código de maneiras que obriga o solista que está para terminar o seu solo a assentir com a cabeça para o integrante seguinte, dando-lhe a dica; o aparente tédio com o qual as inovações musicais mais radicais eram tocadas; o hábito de tocar de costas para o público, entrando e saindo do palco a qualquer momento, sem se importar com o fim de um solo. Se o ideal dos antigos músicos era social, o dos novos tinha como modelos os Rimbauds e Modiglianis da arte ortodoxa; mais exatamente, eles reproduziam suas formas de ser de maneira independente. Eles tomavam drogas pesadas, para desgosto dos mais velhos, para quem uísque, mulheres e um baseado ocasional eram tudo de que um músico decente necessitava. Não resta dúvida – embora novamente aqui seria ofensivo citar nomes, mesmo aqueles que foram chamados pela polícia – de que o abuso de drogas era muito maior entre os modernistas do que entre qualquer outro grupo anterior de músicos de jazz. Existem histórias de vidas inteiras nesse meio, como a do primeiro e maior de todos os modernos, e talvez único gênio dentre eles, Charlie "Yardbird" Parker, com a horripilante inevitabilidade contra a qual nada se pode fazer, dos lobos solitários na cultura romântica moderna. Não houve mais prazer ou sucesso na vida de Parker do que na de Van Gogh, embora seu talento tenha sido mais prontamente apreciado. Havia simplesmente uma total incapacidade de chegar a um acordo com o mundo, e a compulsão de tocar o que tinha de ser tocado. O artista se tornou uma besta selvagem que, por definição, está sempre enjaulada, pois qualquer sociedade imaginável se configura uma prisão para ela.

Desde aqueles primeiros tempos de revolução do jazz, os contornos mais duros dessa revolta já foram suavizados, embora ainda existam alguns jovens que se veem – em termos de jazz – nos mesmos termos desafiantes e parcialmente autopiedosos de cada *avant-garde* de artistas ortodoxos. Dizzy Gillespie atualmente aceita missões culturais oficiais em nome do governo dos Estados Unidos, J. J. Johnson, o trombonista, está longe dos dias – entre 1952 e 1954 – em que tinha de ganhar a vida como inspetor de plantas, ocasionalmente tocando alguma coisa em suas horas de folga. O Modern Jazz Quartet foi resenhado por um crítico de música clássica para o *Sunday Times* e levantou violenta controvérsia entre os leitores do *Observer*. Na verdade, levou muito menos tempo para os revolucionários do jazz serem reconhecidos nos meios ortodoxos do que para um Benny Carter ou um Dickie Wells serem aceitos como artistas sérios, fora de um restrito círculo de entusiastas desconhecidos. No entanto, a revolução não pode ser desfeita. O jovem jazzista de hoje é, do ponto de vista social e individual, alguém diferente dos Armstrongs e das Bessie Smiths, ou mesmo dos Fats Wallers e Lionel Hamptons do passado.

O músico branco nos Estados Unidos não precisa ser tão longamente discutido. De uma certa maneira, desde o começo ele foi um "*outsider*", tocando uma música que sabia mal-entendida pelo público. "Quando conseguiremos ganhar a vida tocando *hot*?", perguntou Frank Teschemacher, famoso clarinetista de Chicago. A pergunta era retórica. Teschemacher e seus amigos sabiam muito bem, desde quando começaram a imitar os negros, que a música não era vendável para um público dançante de jazz nos anos 1920. O máximo a que poderiam aspirar seria tocar em alguns bailes de faculdade, onde alguns dos alunos talvez estivessem preparados para ouvi-los, ou em algum clube noturno ou sala de espetáculo onde o gerente e o público não se importassem com aquele tipo de barulho, desde que fosse alto, e gravar um disco de vez em quando. Se quisessem ganhar a vida com a música, pelo menos depois de 1927-1928, teriam de tocar em bandas *sweet* ou pop. O músico branco que não fizesse concessões se via diante do problema de ser, desde o início, um artista incompreendido e isolado; na verdade, não se sabe quantos deles haviam optado por tocar jazz por ser este o seu paraíso particular, do qual nem os pais nem os amigos "quadrados" podiam compartilhar, apenas um protesto contra a antiga geração e contra o americanismo 150% da época opulenta pré-1929. Howard Becker, sociólogo, descreveu um grupo desses músicos brancos de jazz na era *cool* de Chicago, porém a descrição, com algumas modificações, se aplicaria também aos anos 1920: eram filhos da classe média. Protestavam, total e absolutamente, contra todos os aspectos do "modo de vida norte-americano", tocando jazz, encontrando-se apenas com músicos e garotas de clubes noturnos, devorando filósofos existencialistas ou outros não burgueses.[14] Nenhuma geração de músicos brancos de jazz, desde o início (com a possível exceção dos pobres de Nova Orleans que tocavam apenas à sua moda e não pensavam mais nisso), foi totalmente destituída de rebeldes. E nenhuma delas ficou isenta de sua quota de artistas românticos autodestrutivos e destinados à ruína, que bebiam até morrer prematuramente, deixando apenas seus discos. Bix Beiderbecke, o maior dos músicos brancos, era um deles nos anos 1920, e foi motivo de um romance escrito por Dorothy Baker, *Young Man with a Horn*. Bunny Berigan, outro trompetista, seguiu o mesmo caminho nos anos 1930. Um viveu 29 anos, o outro, 33.

OS MÚSICOS

O clássico jazzista branco, um Hemingway ou Scott Fitzgerald de bolso, dividido entre o uísque, a piada, a *jam session*, era um refugiado do mundo burguês. No entanto, havia também o músico branco "não clássico", cuja situação lembrava muito mais a do negro. Era um profissional de entretenimento ou de música popular de profissão, e não em primeiro lugar um insurgente ou um exilado por vontade própria. Essa era, certamente, a situação da maioria dos músicos brancos originais de Nova Orleans, que vinham principalmente de camadas sociais como a dos imigrantes sicilianos, cuja posição na hierarquia do antigo Sul não era muito melhor do que a dos negros: eles também eram às vezes linchados.* "*Wingy*" Manone, por exemplo, um garoto de favela de Nova Orleans e vizinho do jovem Armstrong, tocava música como Armstrong, trabalhava nos circuitos habituais dos músicos de menor expressão do Delta – Louisiana, Texas, centro do vale do Mississippi, mais tarde Chicago, Nova York e a Costa Oeste – e ganhava a vida como comediante e como trompetista.

Do Sul ou do Norte, os profissionais genuínos parecem ter sido privados do purismo acossado dos músicos de jazz refugiados. George Brunies, por exemplo, um excelente trombonista de Nova Orleans, parece ter-se contentado com seu ancoradouro na terrível banda de Ted Lewis de 1923 a 1935, e não achava que seu status como jazzista ficava comprometido por deitar de costas tendo outro músico sobre sua barriga, enquanto puxava a vara de seu trombone com o pé. Ray Bauduc (bateria), outro músico branco de Nova Orleans dentre os profissionais, parecia estar satisfeito em ganhar a vida tendo três empregos sólidos de 1926 a 1942,

---

* Dentre os italianos do jazz de Nova Orleans inicial (ou Dixieland), temos La Rocca e Sbarbaro, Manone, Bonano, Rappolo e os Loyacanos, que provavelmente têm a distinção histórica (para a qual chamo a atenção em favor das autoridades da República Popular da Albânia) de serem os primeiros músicos na história do jazz de origem albanesa. Seus antepassados haviam fugido dos turcos para a Sicília, e a sua cidade natal ainda fala albanês e se considera daquela nacionalidade.

além de algumas poucas *gigs* e errâncias junto de combinações efêmeras, que são características do purista clássico. Como vimos no capítulo 8, no entanto, a economia do jazz é tal que uma grande quantidade de trabalho ocasional é inevitável, quaisquer que sejam os gostos ou tendências dos músicos, e os profissionais brancos pós-Nova Orleans, especialmente aqueles que começaram nos selvagens anos 1920, quando não havia falta de trabalho, tiveram sempre uma carreira variada e indefinida.

Na Europa, onde os músicos não ganhavam nem trocados, muito menos a vida, tocando jazz, pelo menos até a ascensão de um público específico entre 1930 e 1940, as bandas de danças profissionais comuns ou os músicos de variedade formaram um componente ainda mais importante. Socialmente, no Reino Unido ao menos, esse músico vinha de famílias de músicos ou ligadas ao show business, ou – o que era mais comum – vinha da classe trabalhadora, numa mescla usual de ex-funcionários e estudantes boêmios. As raízes proletárias eram inevitavelmente fortes, pois a escola mais óbvia para o músico aprender o ofício era aquela que, tanto como instituição militar profissional quanto como instituição civil amadora, há muito fazia parte da classe trabalhadora, especialmente entre os operários especializados: a banda de metais.[15] É por isso que vemos músicos de orquestras de dança que não se profissionalizaram imediatamente em funções caracteristicamente proletárias como gráficos, operários de fábrica, engenheiros, aprendizes de torneiros, em indústrias de algodão, jogadores profissionais de futebol e outras coisas do gênero, e também por que encontramos tantos que, mesmo entre os que começaram como funcionários administrativos – a maioria, diríamos, filhos de pais operários –, iniciaram as suas carreiras em bandas de metais.[16]

Esses homens não eram, necessariamente, jazzistas, embora geralmente entrassem em contato com o jazz através de músicos em turnê e cantores, da influência do jazz na música pop que tinham de tocar, ou porque o trabalho dos músicos em orquestras de dança é tão enfadonho que eles viam no jazz uma saída criativa para a rotina. Os poucos músicos da primeira fase que se formaram diretamente no jazz tinham naturalmente de se adaptar a esse meio, pois era o único onde podiam ganhar a vida tocando a sua música, pelo menos de vez em quando. A profissão de músico de orquestras de dança foi, portanto, o primeiro celeiro de músicos de jazz europeu, e o apoiava mesmo quando se tornou comercial. Dessa maneira, a banda de Jack Hylton, que tinha má fama entre os aficionados por dizer que tocava jazz nos anos 1920 e início dos 1930, irritando com razão os puristas, não só proporcionou refúgio para vários músicos de jazz de peso, mas também fez o que pôde para encorajá-los sempre que possível (por exemplo, a contratação de Philippe Brun, trompetista, André Ekyan, saxofonista, dois profissionais franceses que não faziam concessões, e o grande Coleman Hawkins). Henry Hall, da orquestra da BBC, contratou Benny Carter, estrela dos Estados Unidos, para fazer os seus arranjos. A profissão de músico de orquestra de dança, na verdade, viabilizou o que aconteceu em termos de jazz na Inglaterra – ao menos até a metade dos anos 1930 – e criou a primeira leva de infiltrados dentro da música comercial.

Desde o final dos anos 1930, a ascensão de um público especializado de jazz produziu um novo tipo de músico branco: o fã amador que, com o andar da carruagem, em geral acaba se tornando profissional. Como esse tipo compartilha as origens e a abordagem do aficionado que não toca jazz, ele pode ser discutido no capítulo dedicado ao público.

Qualquer que seja a personalidade dos jazzistas brancos, uma coisa – até recentemente, ao menos – sempre os diferenciava dos músicos negros: a liberdade de movimento. Os negros não tinham escolha. Tocar (para os autodidatas, tocando o *seu* tipo de música) ou participar de outro tipo de entretenimento eram as únicas maneiras de ganhar a vida, a menos que quisessem ser trabalhadores não qualificados, e a única forma de conquistar um lugar no mundo. Durante a maior parte da história do jazz, os homens negros acreditavam ser difícil encontrar emprego na cena do jazz, e por isso não tinham escolha de se juntar à equipe de uma orquestra de rádio ou de música clássica, ou ainda trabalhar como compositor e arranjador de trilhas sonoras, ou então apenas sossegar e se tornar vendedor de apólices de seguros, jornalista ou homem de negócio – como podiam fazer os músicos de jazz de meia-idade de Chicago, que ainda se encontravam anualmente como "Filhos de Bix" para celebrar o ídolo de sua juventude. A barreira da cor impedia os músicos negros. A maioria deles não podia nem fazer parte das orquestras pop comuns de sucesso – como as de Whiteman, Roger Wolfe Kahn ou Ted Lewis –, pois os equivalentes negros das grandes empresas brancas eram bem menos prósperos e muito menos estáveis. O músico negro era, portanto, obrigado a ficar com a sua música, que era o seu único esteio. Talvez isso ajude a explicar a sua superioridade em termos de execução e ideias com relação aos brancos; pois os músicos brancos *tinham* ideias. O grupo de brancos nova-iorquinos que gravou no final dos anos 1920, com ou sem o acréscimo de elementos brilhantes do centro-oeste, como Bix Beiderbecke, mostra sinais de ter se antecipado a muitas das ideias musicais do "jazz moderno", quinze anos antes dos negros, porém sem chegar a desenvolvê-las. O que aconteceu, portanto? "Miff" Mole, trombonista, entrou para orquestras comerciais e para o rádio, onde tocou principalmente música clássica por uma década. Eddie Lang, o guitarrista, foi para Hollywood fazer um filme a respeito de Paul Whiteman e se tornou o acompanhante de Bing Crosby. Frank Trumbauer, saxofonista, ficou com Whiteman de 1927 a 1936 e acabou por deixar completamente a música pela Aeronáutica Civil. E assim por diante. Eram bons músicos de jazz, mas não tinham a forte compulsão de se expressar e ganhar o seu lugar no mundo desenvolvendo o seu jazz e apenas através dele, a mesma compulsão que impulsionava os Charlie Parkers, os Gillespies e os Thelonious Monks. Apenas aqueles que eram "anticomerciais" de um modo congênito e implacável tinham essa compulsão. Mas, no caso desses últimos, teria sido sempre uma compulsão por fazer música, ou meramente de escapar, de recapturar seu paraíso de juventude no lago Michigan, de viver a vida boêmia do antiburguês? Talvez as duas coisas. Muitos, porém, cuja compulsão era claramente a do músico criativo, morreram, como Bix, Berigan, Lang ou Teschemacher.

Essas são as forças que fizeram dos músicos de jazz o que são. Pois eles não começaram como pessoas especiais. Certos tipos de atividades humanas, como a capacidade para cálculos relâmpago, que são distribuídas desigualmente pela natureza: para todos os efeitos, ou se tem tais capacidades ou não. O dom de se expressar musicalmente, no entanto, não está entre elas. Como St. Cyr disse: "Sabe, o operário médio é muito musical." Naturalmente, o fosso entre os melhores músicos de jazz e os piores é imenso, e há poucos entre os melhores; mas até o ponto em que se tornou uma música erudita autoconsciente, que requer antes de mais nada profundos conhecimentos, o jazz estava mais bem aparelhado do que qualquer outro tipo de arte do século XX para dar expressão artística ao homem comum, e especialmente (nos blues) às mulheres. Todo mundo tem algo a dizer, como descobriram os diretores de cinema com atores não profissionais. O jazz, que cresceu a partir da completa adaptação de sua técnica ao que as pessoas comuns tinham a dizer, a ponto de permitir que até aqueles que não sabiam ler música ou com técnica muito precária fizessem contribuições artísticas válidas, exige menor grau de seleção preliminar entre os seus músicos do que qualquer outra arte. Talvez existisse uma tendência de atrair pessoas pouco articuladas em outros meios de comunicação (inclusive com as palavras) mais do que outras, pois alguém que consiga dizer o que quer em prosa não pode ter a medida de quão extraordinário é o sentimento de felicidade e liberação, quando se consegue ser eloquente com um trompete ou uma canção. Louis Armstrong, sem o seu trompete, é um homem bastante limitado; com o instrumento, ele fala com a precisão e a compaixão dos anjos.

Dessa maneira, o músico de jazz estava, e ainda está, em grande medida, mais próximo do cidadão comum escolhido aleatoriamente do que qualquer outro artista, e o jazz foi capaz de recorrer a uma reserva de artistas em potencial muito mais ampla do que o fez qualquer outra arte de nosso século; em casos extremos, como em Nova Orleans, a partir de quase toda uma população. Apenas o modo de vida os diferenciava, e isso por sua vez causou a atração de certos tipos de recrutas – fossem aqueles com uma vocação especial para a música, fossem aqueles com um apreço maior pelo meio ou os que achavam esse tipo de profissão particularmente interessante. As fronteiras do jazz estiveram abertas para os não músicos. Essa foi uma das causas da força e do vigor do jazz. Se ele se tornar cada vez mais parecido com as artes ortodoxas, é provável que essas fronteiras se fechem, que a passagem só seja permitida a alguns escolhidos. Se isso acontecer, o espírito do jazz mudará de forma fundamental, embora não se queira prever o que se tornará.

10. O PÚBLICO

Todo amante de jazz tem duas ou três imagens claras, antigas e róseas no álbum de família de seu hobby. Uma delas é o desfile clássico de Nova Orleans: os músicos na carroça, cornetas brilhando, o trombonista sentado na ponta da caçamba para que a vara pudesse se movimentar livremente, "indo para a cidade", as prostitutas da Basin Street saindo de seus cubículos para ouvir, o pessoal da cozinha indo até a porta batucando e dançando, as feiticeiras parando de vender as suas poções mágicas. Outra é a imagem da pista de dança, em algum lugar das partes menos nobres da cidade: rostos negros e corpos elegantemente vestidos, e a palpitação dos metais acima da bateria. Uma terceira seria a *rent party* ou festa de aluguel das favelas do Chicago South Side ou do Harlem: pés de porco, cerveja, uísque e o ritmo hipnótico do piano:

> Give the piano player a drink because he's bringing me down.
> He's got rhythm: when be stomps his feet
> He sends me right off to sleep.

Uma quarta imagem seria sem dúvida a do *honky-tonk*, uma espelunca: um pianista corpulento, usando um chapéu-coco, diante de um piano sem cauda; os homens bebendo, as mulheres com seus cafetões – eles próprios, provavelmente, também pianistas, ou craques de bilhar, ou ambos – e o grito: "Toque aquela música, moço, ah, toque aquela." Quando se fala em "público de jazz", são imagens como essas que vêm naturalmente à mente dos fãs. É um engano. Pois embora seja verdade que o primeiro e original público de jazz fosse apenas assim, também é verdade, acreditamos, que esse é o seu público menos interessante. Pois o jazz tem a característica especial de ter conquistado um público "secundário" muito mais vasto do que o original. É como a cidade de Veneza, na qual os visitantes estrangeiros todos os anos superam em número os nativos. Naturalmente, o relacionamento dos nativos com a sua cidade é interessante; porém, ele é menos estranho e, portanto, menos intrigante do que o relacionamento dos forasteiros, que não são dali, mas aprenderam a gostar daquele lugar.

A grande maioria das pessoas que curtem jazz desde 1914-1918, quando se tornou um fenômeno norte-americano e, subsequentemente, mundial, era formada de forasteiros de um ou outro tipo. Isso se aplica menos aos negros norte-americanos e a uma parte dos brancos do Sul do que ao resto de nós, pois, como vimos, os negros pobres e sem instrução usavam uma forma inicial ou preparatória da linguagem do jazz em sua música folk normal, secular ou religiosa. Os devotos fervorosos das Carolinas, acostumados a louvar o Senhor à sua maneira, não achariam nada de estranho no jazz:

> "Quando James P. [Johnson] e Fats [Waller] e eu inventávamos de tocar uma legal", diz o famoso pianista do Harlem, Willie "The Lion" Smith, "era tocar no balanço, como os batistas cantam. Não se toca um acorde de acompanhamento – é preciso fazer balançar, os pianistas fazem a mesma coisa nas igrejas, e há ragtime na pregação. Quer ouvir um *ring shout*? Vá até a Igreja Batista da Covent Avenue um domingo."[1]

Não era só jazz, mas qualquer um que falasse essa linguagem musical teria tão pouca dificuldade em aprender jazz quanto um habitante de East Anglia em aprender inglês. De uma certa forma, toda a primeira geração de negros urbanos dos Estados Unidos pode ser vista como parte do público "básico" de jazz. Por razões ideológicas, alguns deles – notadamente os muito respeitáveis ou religiosos – poderiam não gostar, mas não deixava de ser a sua música. O público negro de jazz, portanto, nos põe diante de um problema diferente do público branco, ao menos até que surja um contingente maior de negros urbanos de segunda geração, ou com aspirações culturais e sociais que venham a menosprezar a linguagem antiga na qual o jazz se formou, ou o jazz simples que surgiu diretamente dessa linguagem.

Isso não ocorre com os brancos. Nas cidades do Norte e, *a fortiori*, nas da Europa, o jazz era uma nova linguagem. É quase certo que tenha começado o seu caminho pelas pistas de dança. Até o despontar da Segunda Guerra Mundial, os pioneiros do jazz dentre o público secundário vinham, invariavelmente, de dançarinos, para os quais essa música fornecia um acompanhamento especialmente adequado. O *cake-walk* preparou o caminho para o ragtime; um passo, dois passos, os foxtrotes para o jazz. Quando Benny Goodman, o "Rei do Swing", tentou explicar por que seu estilo de jazz ficou tão famoso, disse naturalmente: "Era um público que dançava – é por isso que eles gostaram."[2] O verdadeiro amante do blues e do jazz, que vê com desprezo a música pop comercial e não sonharia em dançar a sua música favorita, a menos que a sua namorada insistisse muito – e então, só o faria como concessão ao atraso cultural –, é um fenômeno recente. Como tipo, ele surgiu da massa de casais que queriam dançar e que não vinham procurar um tipo de arte criativa nos lugares onde se tocava jazz. A sua principal razão para gostar de jazz era ser uma boa música para dançar. Se perguntarmos a qualquer fã de meia-idade como ele começou a gostar dessa música, a resposta deverá ser mais ou menos parecida com a que este autor obteve de um diretor de escola de Newcastle, na casa dos 40, que gosta de jazz desde os anos 1930:

> Sabe, quando eu era jovem, saía muito para dançar, e isso me fez ficar interessado em música. De todas as músicas que havia para dançar, o jazz parecia a mais viva, a que tinha mais a dizer. Então comecei a comprar discos.

Pelas mesmas razões, os músicos que tocavam música para dançar foram atraídos pelo jazz "puro", mesmo em países como a Inglaterra, onde a linguagem nativa era bastante diferente e, na verdade, se desenvolveu um estilo de dança especialmente formal e extremamente popular nos "palácios de dança" que surgiram entre as duas guerras. Danças com "ritmo bem-marcado", base da moda de salões de baile para as massas entre a classe operária inglesa, com seus campeonatos e concursos, desenvolveram-se em direção diametralmente oposta ao jazz. No entanto, em 1932, ao escrever a respeito do público de jazz, um erudito jornalista estimou – sem dúvida com uma pitada de exagero – que 95% dos fãs eram músicos de bandas para dançar.

Mas o jazz não era apenas algo bom para dançar. Da massa de músicas pop comerciais e de dança, coloridas ou não pela linguagem do jazz, o jazz "puro" era a música mais interessante para tocar ou para ouvir, a que menos probabilidade tinha de se tornar insípida. Um crítico de jazz de meia-idade relembra seus tempos de escola em 1926-1927, quando começou a se interessar por essa música:

> O pai de um dos garotos era diretor da HMV e, dessa forma, tínhamos acesso a todos os discos que saíam. Nós os tocávamos várias e várias vezes, é claro. Depois de alguns meses, eu descobria que tinha me cansado de todos, menos dos discos *hot*. Foi assim que eu comecei a suspeitar que o jazz tinha algo de especial.

O "fã de jazz" surgiu da música popular, da mesma forma que o próprio jazz chamado *hot* surgiu da concorrência com a música de dança semijazzística comum, como algo que merecia atenção especial.

O amante de jazz no sentido estrito da palavra, portanto, surgiu da massa formada pelo público normal de música de dança e música pop, por uma espécie de seleção natural; mas a sua semelhança com esse público é tão pequena quanto a semelhança dos homens com relação aos macacos, dos quais descendem (comparação que, embora injusta, nos vem imediatamente à mente). Seu tipo, sempre e em todas as circunstâncias, apresenta características reconhecíveis, a primeira das quais é a teimosa recusa em ser confundido com o fã de música pop. Ele é um "anticomercial" apaixonado, a ponto de o mero fato de um artista atrair um público um pouco maior ser normalmente visto como prova *prima facie* de traição musical, ou então de, no caso de um músico se vestir adequadamente para uma apresentação, o artista receber olhares de desaprovação de seus fãs mais incorruptíveis. O fã normalmente só se sente feliz entre os iniciados. Para citar um trecho característico de dois deles:

> O colecionador, apesar do *revival* [volta do interesse por jazz – E.J.H.] *ainda encontra algum consolo* em saber que, se perguntar de fato a qualquer gerente de vendas de uma grande loja de discos, ele lhe dirá que o Sr. Público pode estar ficando um pouco mais informado, porém não houve nenhuma mudança avassaladora para melhor – a grande maioria ainda vem com os olhos sonhadores em busca do último disco de Dinah Shore. As salas dos colecionadores nos clubes de campo estão bem mais cheias do que antes, *mas ainda há um clima caseiro* [grifo meu – E.J.H.].[3]

Talvez por isso mesmo o fã faça, mesmo dentro do jazz, restrições a estilos. A chegada da meia-idade, a história e os interesses em jogo estão criando agora uma certa quantidade de amantes de jazz de gosto mais católico ou eclético, mas isso não acontece naturalmente. Pois para o fã típico, o jazz, como o sangue ideal de uma família aristocrata, é uma corrente bem definida e constantemente ameaçada de se poluir pelo contágio de enchentes da lama que a circunda. "O que é jazz?" é a única pergunta que se ouve o tempo todo nas discussões dos aficionados. Não é nem pop nem música séria. Normalmente, não é nem mesmo tudo aquilo que não faz parte desses dois territórios, presumindo-se que o fã de jazz tenha definido as vagas fronteiras desses dois gêneros a contento. Existe ainda um tipo especial de jazz "verdadeiro" que tem de ser protegido dos concorrentes impuros, desviacionistas ou obsoletos. Nos anos 1920 e no início dos anos 1930, o jazz "branco" lutou contra o "negro"; de meados até o final da década de 1930, o jazz das *big bands* também lutou contra o dos pequenos conjuntos. A partir da Segunda Guerra Mundial, essa guerra civil foi institucionalizada na batalha entre os tradicionalistas e os modernistas, cada um desses campos contendo ainda subcampos menores, cujos integrantes têm a firme convicção de que a maioria de seus companheiros se venderam. Os méritos e deméritos dessas discussões não devem nos preocupar aqui: nem todas são fúteis. O espírito calvinista é que importa, seja ele expresso no sotaque sofisticado dos críticos ou nos simples gritos de "Traição!" por parte dos jovens que veem a banda favorita começar a tocar um outro estilo.

O jazz para os fãs não é, portanto, apenas uma música para ser apreciada, como se apreciam maçãs, bebidas ou mulheres, é algo para ser estudado e absorvido com espírito de dedicação. Seus fãs não escutam a sua música para dançar, e geralmente evitam fazê-lo, a menos que pressionados por suas companheiras, que geralmente têm uma abordagem mais utilitária da música. Eles ficam ao lado do palco, imersos na música, assentindo com a cabeça, sorrindo uns para os outros em uma espécie de conspiração de aprovação, e batem os pés, a menos que a expressão manifesta de emoções esteja desaprovada por convenção. (No auge da briga entre os antigos e os modernos, uma maneira segura de identificar uns e outros em países anglo-saxões era observar que os antigos tinham um estilo de apreciação mais "báquico", enquanto os modernos, imitando os músicos *avant-garde*, mantinham o rosto impassível; entre os tradicionalistas, no entanto, os aficionados dos blues sempre tiveram tendência a demonstrar uma seriedade de igreja. Nos países latinos e principalmente na França, o contraste era menor, devido ao entusiasmo tradicional de todos os amantes das artes locais em demonstrar a sua fidelidade, não participando dos concertos de correntes rivais.) O jazz, para o verdadeiro fã, não é apenas algo para ser escutado, deve ser analisado, estudado e discutido. O espaço por excelência não é o teatro, o bar, nem mesmo o concerto ou clube de jazz, mas a sala de alguém, na qual um grupo de jovens tocam discos uns dos outros, repetindo as passagens mais importantes até que se gastem, discutindo e comparando indefinidamente seus méritos. Pois todo fã de jazz é um colecionador de discos, dentro de suas possibilidades financeiras. Em países como a Inglaterra, as comunidades de fãs surgiram em épocas em que não havia nada interessante em jazz sendo tocado ao vivo, quase exclusivamente a partir de discos, e muitos fãs (inclusive este autor) em uma primeira fase não ouviram nenhum jazz ao vivo, por uns dez anos pelo menos.

Além disso, o fã não está apenas interessado em jazz como música. Para ele o jazz é um mundo, e muitas vezes uma causa, da qual os sons que emergem dos instrumentos são apenas um aspecto. As vidas dos músicos, o ambiente no qual o jazz se desenvolveu, as implicações políticas e filosóficas desta música, os detalhes eruditos ou banais da discografia também são importantes. Não é apenas por culpa da falta de conhecimentos dos fãs de jazz que as discussões técnicas, em termos musicais, são tão raras, nem é por causa da forte influência marxista dos anos 1930 que tantas das críticas e resenhas consistem, na verdade, em escritos ou estudos da história social do jazz "rio acima a partir de Nova Orleans", ou mesmo fundamentalmente "do outro lado do oceano, a partir da África Ocidental". Essa mistura de interesses estéticos, sociais, filosóficos e históricos é parte integrante do fã de jazz. Foi só depois da Segunda Guerra Mundial que surgiu uma crítica ou apreciação puramente musical ou estética do jazz, como algo forte e merecedor de respeito. E, ainda assim, só entre alguns adeptos. Material biográfico e histórico, estudos de bandas isoladas, discografias, discussões sobre a natureza do jazz, impressões do panorama jazzístico, recriações de sua atmosfera social e resenhas de discos sempre foram o grosso do conteúdo da revista especializada de jazz, em que uma linha de música em pauta seria algo tão raro de se encontrar quanto uma linha em chinês ou hebraico em um livro comum.*

O fã de jazz, portanto, raramente é músico. (As publicações dirigidas aos músicos profissionais ou amadores são facilmente reconhecíveis pelos artigos do tipo "Como conseguir o máximo de seu trompete", "Como improvisar um *chorus*" e assim por diante; esses artigos normalmente não aparecem em revistas de jazz.) É verdade que sempre houve um grande entusiasmo pelo jazz entre os músicos amadores e músicos de dança, ou seja, um público bastante amplo, pois a Federação Americana dos Músicos, auxiliada por um expert de seguros, estimou que entre 1953 e 1954 havia, todas as noites, em todo o território estadunidense, 19.114 pianistas de jazz tocando, sem contar os amadores. (Para que esse número não nos leve a conclusões errôneas, devemos lembrar também que o número de pianistas "clássicos" ou acadêmicos de "capacidade superior" naquela altura era de 114.684.[4]) É verdade também que o entusiasmo pelo jazz levou muitos fãs a tentar tocar: o movimento "revivalista" no jazz foi, basicamente, um movimento de amadores, mesmo que muitos deles, posteriormente, tenham se tornado profissionais. Por fim, talvez também tenha acontecido de, nos estágios iniciais do movimento, a proporção de fãs que também tocavam ser maior do que a proporção de amantes de pintura que pintavam, ou de adeptos de música clássica que tocavam, embora talvez não fosse maior do que a proporção de amantes de poesia que escrevia versos, uma atividade bastante destituída de tecnicidades. Não sabemos realmente, pois não há estatísticas disponíveis, mas não é improvável. Tanto a experiência quanto a literatura especializada pare-

---

* Nos Estados Unidos isso está mudando.

O PÚBLICO

cem indicar que o músico praticante ou aspirante se tornou rapidamente uma pequena minoria dentro de público de jazz, que consistia, e ainda consiste, em sua grande maioria, de apreciadores.*

Em termos gerais, essa descrição se aplica ao público de jazz de qualquer lugar e qualquer época: não tenho dúvida de que se aplica às comunidades *hot* e *cool* de Tóquio, Rejkjavik e Buenos Aires, tanto quanto às de Los Angeles e Londres. Mas quem faz parte dessas comunidades?

Existem poucas estatísticas. Entre as poucas de que dispomos, existem aquelas coletadas por uma empresa de discos da região parisiense em 1948 (no auge do boom do jazz naquela área).[5] De acordo com essa pesquisa, 12% do público comprador de discos adquiria discos de jazz (30% com menos de 30 anos), e 69% desses compradores eram jovens – menos de 30 anos – e a sua composição social era a seguinte:

	Porcentagem
Classe média	34
Funcionários administrativos	22
Comerciantes em geral	7
Estudantes	4
Operários	26
"Colecionadores"	4
Músicos	2
Estrangeiros	1

---

* Se os leitores da *Downbeat* fossem uma amostra fiel dos fãs norte-americanos, isso não aconteceria nos Estados Unidos. De acordo com uma pesquisa com leitores feita pela revista (15/09/1960), 65% de seus leitores possuem e tocam dois instrumentos, enquanto 73% são músicos amadores, um panorama admirável. A propósito, os solteiros desse grupo de jovens gastaram US$ 172 por ano em discos, 80% dos quais são de jazz, 11% clássicos e apenas 9% pop. No entanto, *Downbeat* sempre foi uma publicação tanto de músicos quanto de fãs. Mesmo hoje em dia, os músicos perfazem o terceiro maior grupo de leitores da revista (depois de funcionários de escritório e estudantes).

Em resumo, o jazz na França era (e a julgar pelas pesquisas subsequentes, como a da *Arts*, ainda é) uma mania de minoria, sendo a maioria desses "maníacos" jovens – embora haja uma enorme proporção de pessoas de mais idade – geralmente integrantes das classes média baixa e média.

No geral, essa impressão deve ser verdadeira universalmente, guardadas algumas variações de país para país. Não resta dúvida de que todo o jazz é, e sempre foi, algo que atende ao gosto de uma minoria, mesmo levando em conta aqueles que apreciam uma música híbrida, apenas influenciada pelo jazz, que os puristas se recusam a aceitar. Isso não ocorre apenas na França, onde os compradores de discos de jazz ficam muito atrás numericamente daqueles dos discos clássicos ou operísticos (23%) e até de formas europeias nativas de entretenimento leve, como *chansons*, variedades, acordeão, música *bal musette* e operetas (um total de 55%), e apenas se equivalem ao público de música para dançar (12%). Dá-se também no Reino Unido, onde (antes do boom do jazz dos últimos cinco anos) a melhor banda de jazz "revivalista" podia atingir apenas 5 mil cópias de vendagem de cada um de seus discos de 78 rotações, e a empresa que lançou os discos de "Jelly-Roll" Morton ficou surpresa e satisfeita em saber que esse aclamado e propagado herói havia conseguido vender de 3 mil a 4 mil cópias por disco (78 rotações). O jazz, até pouco tempo atrás, não era uma grande indústria na Inglaterra, nos termos considerados por aqueles que preparam discos para as paradas de sucesso ou para "os dez melhores" ou "os vinte melhores"; ou mesmo nos termos do mercado fiel e constante da música popular – de Victor Silvester, Stanley Black ou Jimmy Shand na música escocesa, por exemplo. Por esse motivo, ele ficou quase sempre relegado a empresas amadoras ou marginais, e mesmo hoje, quando se tornou rentável, pode no máximo ser descrito como um negócio de pequeno a médio porte. Estima-se que o público estritamente de jazz esteja entre os 25 mil que compram o *Jazz News* (livros especializados de jazz vendem mais ou menos 8 mil cópias) e os 115 mil que compram

O PÚBLICO

o tradicional semanário favorito do amante de jazz, *Melody Maker*.[6] É verdade que estamos falando do público realmente fiel, o *hard core*, e que ele está normalmente rodeado de uma zona cinzenta de pessoas que, embora não sejam leitores regulares nem compradores constantes de jazz, provavelmente assistem a um ou outro concerto ou compram de vez em quando um disco. Mas mesmo considerando todos aqueles que comparecem aos concertos de famosas orquestras norte-americanas, como a de Count Basie, e admitindo que essas orquestras toquem para casas lotadas durante todos os espetáculos de suas turnês, o público de jazz em termos nacionais atualmente não chegaria a mais de 100 mil mais ou menos: uns 20 mil em Londres, 60 mil nas outras grandes cidades, e o restante em pequenos lugarejos.[7] Não são quantidades desprezíveis, mas espelham um público minoritário. Não que essa minoria não possa vir a se converter em maioria, mas a possibilidade é remota, pois os jovens, que sempre formam a maior parcela desses fãs, tendem a ser sempre minoritários, exceto em condições demográficas excepcionais. A Inglaterra é um exemplo extremo, pois o público de jazz lá é proporcionalmente muito maior do que em outros países, com exceção dos escandinavos e holandeses; proporcionalmente maior do que na França e, certamente, maior do que nos Estados Unidos.

Reconhecidamente, as linguagens de música popular com tonalidades jazzísticas fazem muito mais sucesso na Inglaterra e nos Estados Unidos do que na França, Alemanha ou Itália, onde as formas nativas de música ligeira sempre foram – ao menos até o advento do rock and roll – muito mais resistentes, pois suas bases são muito diferentes. Pode até acontecer de artistas estritamente de jazz se tornarem campeões de vendagem durante algum tempo no mundo anglo-saxão (isto é, nos Estados Unidos, venderem mais do que 250 mil cópias, e na Inglaterra mais do que 100 mil, dentro dos padrões de 1958). Mas mesmo assim, embora a música pop influenciada pelo jazz deva fazer parte do mundo do jazz do ponto de vista do historiador, ela não é jazz nem do ponto de vista do músico nem do sociólogo ou do homem de negócios. Ela está para o jazz assim como os grupos de cordas de Palm Court estão para a música clássica: na melhor das hipóteses, são uma versão ignorante de um artigo intelectual, na pior, mera música de fundo. Como disseram algumas crianças californianas de ginásio, adeptas da música pop em suas versões mais ritmadas: "O jazz é uma forma sofisticada de entretenimento, não é?".

Outro fato inegável é que o público de jazz é predominantemente jovem – e masculino. Entre os brancos, ele é, essencialmente, uma música que fala aos meninos e rapazes de mais ou menos 15 a 25 anos.* (A ofensiva comercial do pós-guerra, tendo como alvo estudantes, pode ter reduzido um pouco essa faixa etária, porém não muito. O jazz instrumental não é música de criança, mas de jovens adultos, e as crianças, por ele influenciadas mais facilmente, gostarão de músicas vocais simples, do tipo rhythm and blues [R&B] ou *country-and-western*.) Para essa afirmação não são necessárias estatísticas. Nos clubes ou concertos de jazz, o número de rapazes é sempre maior, visto que poucas moças vão a tais lugares, a não ser com os namorados, enquanto muitos rapazes vão sozinhos ou acompanhados de outros rapazes. A comunidade de entusiastas é quase totalmente masculina. Embora existam algumas mulheres aficionadas e entusiastas com conhecimentos bastante aprofundados – normalmente com ocupações em esferas intelectuais ou artísticas, ou ainda em ocupações noturnas –, uma pesquisa mais aprofundada quase sempre revelará que elas adquiriram esse gosto a partir de um antigo namorado, músico ou fã de jazz. E isso é fácil de acontecer, pois o jazzista é, ao mesmo tempo, um proselitista apaixonado e um seguidor inveterado de mulheres. De todas as artes da metade do século XX na Inglaterra, o jazz é, até agora, a única com uma tradição e caráter esmagadoramente heterossexual, apesar

---

* Noventa e dois por cento dos leitores da *Downbeat* eram homens em 1960.

O PÚBLICO

da tolerância praticamente ilimitada dos jazzistas com relação ao que se passa na vida particular das pessoas.*

Outro ponto igualmente claro é que muitos dos jovens amantes de jazz perdem o entusiasmo quando chegam à maturidade. Isso pode ser parcialmente explicado por razões materiais: homens casados não podem se dar ao luxo de comprar discos na mesma proporção que os solteiros, nem se sentem motivados a frequentar bailes, bares e outros locais de jazz. Mas existem outros motivos. A louca paixão e a efervescência do jazz casam bem com a adolescência. É mais fácil para os jovens, do que para as pessoas maduras, não levar em conta as limitações formais e emocionais do jazz, ou até mesmo a sua frequente mediocridade, pois eles despejam a sua própria emoção, vitalidade e dedicação para compensar as falhas da música. Com olhos apaixonados, o vidro colorido pode parecer diamante, e muito do jazz (embora não o melhor dele) não passa de vidro colorido cortado de forma a refletir a luz de seu público com o maior brilho possível. De qualquer maneira, a curva do entusiasmo pelo jazz na vida dos homens sofre uma brusca queda quando se aproximam dos 30 anos. Homens mais velhos deixam completamente de se interessar – os discos são tocados cada vez mais raramente e finalmente são vendidos – ou se contentam com um padrão menos apaixonado de apreciação, a menos que se tornem profissionais de alguma forma ligados ao jazz.

A figura do fã de mais idade existe, pois, mesmo dentro das perspectivas mais pessimistas, cada geração de entusiastas formada desde 1920 deve ter deixado pelo menos um resíduo de amantes permanentes de jazz. Muitas ve-

---

* Como sempre, isso se aplica menos ao jazz moderno da *avant-garde*, cujos seguidores – talvez menos na Inglaterra do que em algumas grandes cidades norte-americanas – contêm um número de pessoas que possuem ao menos uma certa ambivalência na orientação sexual. Veja Norman Mailer e a geração *beat* de São Francisco sobre o hipster. Sabe-se de alguns raros músicos homossexuais, mesmo entre os jazzistas pioneiros – por exemplo, Tony Jackson, pianista de bordel que inspirou "Jelly-Roll" Morton – e é fácil compreender por que o meio social dos clubes de jazz os atrairiam. Isso só faz o clima marcadamente heterossexual dessa arte ser mais surpreendente. Por tradição, o músico de jazz (e por imitação o seu fã) gosta de mulheres, assim como o tradicional tenor de óperas italianas.

zes até um lampejo de entusiasmo pelo jazz entre os jovens pode despertar o entusiasmo dormente do elemento de meia-idade: o jazz não existe há tempo suficiente para ter aficionados realmente velhos. Normalmente, o amante de mais idade é de uma fidelidade menos exclusiva e menos exigente para com a sua música: ele pode tocá-la ou não. Um concerto de vez em quando ou um clube – desde que o público não seja tão esmagadoramente jovem a ponto de fazer ele se sentir sozinho –, uma eventual sessão de discos e papos com seus coetâneos ("como nos velhos tempos"), discussões com os filhos sobre o gosto execrável deles em termos de jazz, um quarto de hora ouvindo calmamente uma transmissão do American Forces Network no meio da noite: são esses praticamente os seus limites. A coisa ainda pode comovê-lo. Na pior das hipóteses, será um som agradável e faz parte de sua vida; na melhor das hipóteses, ele sabe que para determinados estados de espírito e certas emoções não há nada mais tocante do que um bom disco de jazz. Para o amador de mais idade, o jazz é como a dose ocasional de poesia lírica para aquele que há muito deixou de ler poesia sistematicamente, um núcleo da juventude que sobrevive. O amante de jazz mais velho não é simplesmente, como sugere André Hodeir, jovem de coração. Ele pode muito bem saber, como Yeats, que não é, mas sabe o que é a juventude (inclusive a sua):

> *Labour is blossoming or dancing where*
> *The body is not bruised to pleasure soul,*
> *Nor beauty born out of its own despair,*
> *Nor blear-eyed wisdom out of midnight oil,*
> *O chestnut tree, great rooted blossomer,*
> *Are you the leaf, the blossom, or the bole?*
> *O body swayed to music, O brightening glance,*
> *How can we tell the dancer from the dance?*

A composição social do público de jazz apresenta um problema mais complexo e variações de país para país de maior significação. Talvez seja interessante examinar alguns países mais detalhadamente.[8]

O PÚBLICO

Por paradoxal que possa parecer, o público especializado em jazz nos Estados Unidos sempre foi relativamente, e provavelmente em termos absolutos, menor do que o da Europa, embora haja um número bem maior de indivíduos expostos a algum tipo de jazz. As vendas da *Melody Maker* na Inglaterra são substancialmente maiores do que as de suas equivalentes semanais norte-americanas. No que diz respeito à demanda de discos de jazz, a *Billboard* dá as seguintes estatísticas para o início da década de 1950:[9]

	Porcentagem
Música popular	49,1
Música clássica	18,9
Country e western	13,2
Rhythm and blues	5,7
Discos infantis	10,2
Música folclórica estrangeira	1,1
Música latino-americana	1,0
Hot jazz	0,8

Praticamente, só o último item representa o público de jazz "puro", pois, embora a maioria do rhythm and blues (ancestral da atual moda do rock and roll) seja jazz, seu público normal está entre os compradores negros inconscientes, e não entre os apreciadores de jazz conscientes. O mesmo se verifica com aquele tipo de música muito menos influenciada pelo jazz, porém bem mais folk, que é o *country-and-western* (*hill-billy*, músicas de cowboy e afins). Admitidamente, é provável que a "música popular" contenha uma certa quantidade de jazz do tipo "vendável", mas, mesmo assim, o público de jazz tem de percorrer um longo caminho para chegar ao nível do público de música clássica. O fã de jazz norte-americano, portanto, é uma espécie rara.

Nos Estados Unidos, os amantes de jazz (brancos) parecem ter surgido como grupo a partir da juventude de classe média do Norte do país, sendo essa classe definida como aqueles que frequentavam faculdade no período entre as duas guerras. O Sul produziu, proporcionalmente, um número muito menor de fãs e colecionadores, sem dúvida por motivos óbvios. De qualquer maneira, as universidades norte-americanas tiveram um papel desproporcionalmente grande como "berçários" de jazz. A história dos músicos brancos de Chicago nos anos 1920 pode ser escrita em termos de bailes de faculdade e, principalmente, baseada no gosto dos estudantes da Universidade de Indiana. As faculdades do Leste forneceram o público básico para as primeiras bandas de swing, principalmente a Casa Loma Orchestra. Os estudantes da Universidade da Califórnia (Los Angeles) fizeram a primeira turnê de Goodman se tornar um sucesso, e os de Berkeley e Stanford formaram mais tarde a espinha dorsal das prematuras bandas *revival* da Costa Oeste.[10] Desde a guerra, tornou-se verdade absoluta na indústria que o blues e o jazz intelectual vendem melhor no "circuito das faculdades", mas mesmo nesse meio o jazz permanece uma escolha de minoria, embora expressiva.*

Da mesma forma, não existe muita dúvida de que o primeiro grupo na história a mostrar as características dos entusiastas "modernos" foi

---

* A tabela abaixo mostra a preferência de discos nas faculdades, publicada pela *Billboard* em 1960:

Gênero de música	Todos os alunos (%)	Masc. (%)	Fem. (%)
Clássica	36,8	30,4	51,8
Popular	34,2	27,0	51,2
Jazz	22,3	20,0	27,7
Show	6,0	2,4	14,2
Ópera	3,5	3,8	2,6
Semiclássica	2,4	1,4	4,6
Folk	2,1	1,8	2,6
Mood music	0,8	0,7	1,0

Como os estudantes registraram mais de uma preferência, a porcentagem chega a mais de 100. Os números relativos à música folk hoje estão provavelmente maiores. A tendência das mulheres de nomear várias preferências (suas escolhas chegam a mais de 150%) faz a sua preferência por jazz ser menos expressiva do que parece à primeira vista.

o dos músicos brancos de Chicago, da metade da década de 1920, um grupo basicamente de classe média, de trabalhadores de escritório. (Eles diferem do fã moderno principalmente pelo fato de terem se tornado músicos em sua maioria.) Bix Beiderbecke, Hoagy Carmichael, a Austin High School Gang (McPartland, Teschemacher, Lanigan), Dave Tough, Floyd O'Brien, Pee Wee Russell viviam no lado "bom" da cidade, conforme podemos ver pela ausência de sobrenomes italianos ou eslavos entre eles. O jazz do Meio-Oeste não se confinava a garotos de classe média, embora, significativamente, a única escola operária que produziu uma tradição marcadamente jazzística própria foi a nada típica Hull House School, o Toynbee Hall de Chicago, isto é, uma fundação de trabalhadores de classe média.* De qualquer forma, os jovens de Chicago tinham todo o estigma essencial do fã: o desejo de tocar e ouvir apenas o jazz verdadeiro, a esmerada dedicação em copiar todo um estilo, a idealização eventual do negro (notadamente em Milton Mesirow, que ao menos se diz de origem de classe média),[11] o eventual rebaixamento de classe deliberado, os interesses e pretensões intelectuais – Bix gostava de Debussy e Schoenberg – e a óbvia revolta contra a respeitabilidade de classe média:

> "Foi o pequeno Dave (Tough)", escreve Mezzrow, "que me deu o toque a respeito de George Jean Nathan e H. L. Mencken. [...] Dave costumava ler *The American Mercury* de ponta a ponta, e especialmente a seção chamada 'Americana', onde todos os puritanos, preconceituosos e desmancha-prazeres de duas caras dessa terra livre recebiam a crítica que nunca mais esqueceriam. A *Mercury* passou a ser a bíblia da gangue da Austin High. Parecia que o Mencken, em sua revista, estava gritando a mesma mensagem que tentávamos passar com nossa música; suas palavras eram praticamente letra para o nosso jazz *hot*."[12]

---

* Produziu, entre outros, Benny Goodman e Ben Pollack.

O colecionar sistemático de discos parece ter começado no meio estudantil na última parte da década de 1920.[13] Os pilares dos primeiros clubes *hot*, em meados dos anos 1930, eram intelectuais de classe média – a filha de um rico industrial canadense, um advogado, um futuro professor de faculdade de inglês e assim por diante. O mais influente e ativo "freguês" do jazz nos anos 1930 era (e ainda é) uma ramificação radical de famílias extremamente respeitáveis e ricas do Leste. Da mesma forma, Howard Becker, que descreveu um grupo de aficionados modernos de Chicago, em um dos poucos estudos sociológicos a respeito do assunto, chama adequadamente atenção para as características de classe média: são filhos de antigas, respeitáveis e abastadas famílias anglo-saxãs norte-americanas, que renegam seu berço de ouro pela companhia de músicos e garotas de espeluncas e pela estética da vida marginal. O seu protesto é político, pois eles "rejeitam o estilo de vida americano *in toto*", embora o substituam por nada, a não ser a música, a filosofia existencialista *avant-garde* e um anarquismo pessoal, e essa talvez seja a razão pela qual aqueles que não se acabarem nessa vida e morrerem cedo provavelmente terminarão, como seus antecessores, como burgueses respeitáveis, com exceção daqueles poucos que se tornarão músicos ou revolucionários. O jazz era, e é, para os elementos rebeldes da sociedade de classe média estadunidense, o que o surrealismo e o existencialismo são para os rebeldes da mesma classe na França.

Esses eram os poucos pioneiros. Um público norte-americano mais amplo de entusiastas de jazz puro só apareceu entre os jovens de colégios em meados da década de 1930, e provavelmente em escala bem menor do que o público análogo europeu. Tanto as primeiras publicações dirigidas especificamente ao público de jazz (*Downbeat*, 1934) quanto os primeiros Hot Clubs (Chicago, 1935) eram mais recentes do que seus similares da Europa. O *revival* do jazz durante os anos da guerra acrescentou mais uma leva de recrutas, de modo que, por volta de 1944 a 1945, a comunidade de colecionadores de discos de jazz nos Estados Unidos era formada, principalmente, por dois setores: aqueles no final da casa dos 20 anos, que tinham sido convertidos em meados da década de 1930, e aqueles com apenas 20 anos, que tinham sido convertidos por volta de 1942-1944.[14] Certamente, o público ainda hoje é, em sua grande maioria, composto de elementos de classe média, quase exclusivamente entre 20 e 40 anos, com as pessoas mais jovens dando preferência a músicas mais rítmicas e as mais velhas não tendo tido oportunidade de exposição ao jazz ou o tendo abandonado. Uma pesquisa de mercado (1960) feita por uma estação de rádio da Califórnia que toca exclusivamente jazz deixa isso bem claro: 79,4% de seus ouvintes estavam na faixa de 20 a 40 anos, 90% tinham cursado ou estavam cursando faculdade, e apenas 6,6% eram artesãos, sendo 4,5% "operários ou desempenhando funções semelhantes".[15] Se esse público é maciçamente de esquerda, como eram os fãs de jazz da época do New Deal, dentre os quais havia provavelmente pouquíssimos republicanos, não sabemos.

Fora das mudanças políticas e ideológicas dos jovens norte-americanos do pós-guerra dentro da faixa etária que mais produz fãs de jazz, não parece ter havido grande mudança na composição dessa comunidade.

No entanto, o público norte-americano tem duas características peculiares. Em primeiro lugar, contém uma parcela maior e mais rica de adultos do que o europeu. Esses advogados, médicos, homens de negócios, cientistas ou jornalistas, chegando agora à meia-idade, nunca se recuperaram da infecção musical de sua juventude. Enquanto os mais garotos frequentam os clubes de jazz e os concertos, são pessoas de mais idade que frequentam os clubes de Dixieland, onde músicos mais velhos tocam como se o mundo fosse jovem, dando ao nightclub norte-americano uma atmosfera completamente diferente daquela do europeu, e criando espaço para cantores, satiristas socialmente corrosivos e impregnados de jazz.

Eles também fornecem o público de que Duke Ellington precisa – o mais adulto dos artistas de jazz não tem tanto apelo entre os adolescentes. Esses indivíduos mais maduros dão ao jazz aquilo que tem de mais próximo de apoio financeiro. Será por acaso que alguns nightclubs reconhecidamente associados a gângster de meia-idade contratam bons conjuntos de jazz, não por sua lucratividade, mas porque seus donos gostam dessa música? E esse público não é desprezível. Mesmo em 1960, com o mercado de música pop em grande parte voltado para os adolescentes, 20% a 30% das seleções escolhidas em jukeboxes nos Estados Unidos eram "compostas de discos de artistas que têm, por sua nostalgia ou familiaridade, um apelo exclusivo para o mercado adulto" e "a maioria dos discos dessas orquestras – Glenn Miller, Artie Shaw, Benny Goodman, os Dorsey – têm entre 15 e 20 anos".[16]

Isso nos leva à segunda peculiaridade do público de jazz norte-americano. E é a seguinte: enquanto o jazz veio para a Europa através dos canais regulamentados pela importação de discos que, por sua vez, eram controlados pelos primeiros aficionados e críticos e que, portanto, impuseram seu gosto e seus padrões a um público mais amplo, o jazz nos Estados Unidos era uma música viva que escapava completamente ao controle intelectual da minoria. Com exceção do caso de pequenos grupos de sectários rígidos, a linha entre o público de pop e de jazz era, nos Estados Unidos, muito menos definida do que em outros lugares, e o poder da publicidade comercial era imensuravelmente maior para atrair o interesse de um público marginal à determinada banda ou estilo que por acaso estivesse em voga. A julgar pelas pesquisas periódicas que as publicações de jazz vêm fazendo desde a metade dos anos 1930, o gosto europeu (até o final dos anos 1950) refletia, de maneira consistente, o gosto dos críticos, a ponto de permanecer fiel durante anos a artistas cujas realizações são tidas pelos críticos como permanentes. O gosto norte-americano, por outro lado – talvez por depender menos de discos e mais da proeminência temporária de músicos ao vivo –, tem sido sabidamente instável: na verdade, mesmo o público de jazz "autêntico" nos Estados Unidos tem-se comportado mais como público pop do que o europeu.

Isso pode ser exemplificado pela escolha do melhor trompetista. Praticamente todas as pesquisas europeias desde o início apontam Louis Armstrong em primeiro lugar, e, mesmo depois do racha entre tradicionalistas e modernistas, ele é equiparado aos principais trompetistas modernos, como Gillespie ou Miles Davis. As pesquisas norte-americanas têm apontado sucessivamente uma variedade de trompetistas de mérito bastante discutível, e em alguns casos não chegam sequer a indicar Armstrong entre os dez primeiros.*

O público do continente europeu também é, provavelmente, mais marcadamente intelectual e de classe média do que o norte-americano. E também, de longe, o mais antigo, consistente e organizado público de jazz do mundo. O primeiro clube de jazz norueguês parece ter sido fundado em 1928, e, embora o periódico *Le Jazz Hot* tenha surgido na França apenas em 1935, em 1933 já havia revistas que tratavam prioritária ou exclusivamente de jazz, ao menos nos Países Baixos, na Suécia, Bélgica, Suíça, França e Alemanha. Na Europa, o jazz tinha a vantagem de se adequar de maneira suave ao padrão de intelectualismo *avant-garde*, entre os dadaístas e surrealistas, os românticos das grandes cidades, os idealizadores da era das máquinas, os expressionistas e outros grupos semelhantes. Dessa maneira, na França, Jean Cocteau e Max Jacob patrocinaram *Le Jazz Hot*, enquanto Marianne Oswald, *diseuse* [intérprete] favorita dos intelectuais, cantava poemas de Prevert sobre os destituídos e as prostitutas com acompanhamento de jazz "sério". Após

---

* Sete pesquisas europeias entre 1937 e 1957, feitas em quatro países, apontam Armstrong sete vezes, Gillespie duas, Miles uma. No mesmo período, a pesquisa da revista norte-americana *Metronome* escolheu pelo menos seis outros trompetistas sem incluir Armstrong (Berigan, James, Eldridge, Gillespie, Davis, Chet Baker).

a guerra, teóricos do jazz moderno publicaram suas ideias a respeito na revista *Les Temps modernes*, de Sartre. Essa autoconfiança e a propensão latina a escrever manifestos provavelmente foram responsáveis pelo fato de a França ter se tornado o quartel-general da crítica jazzística antes da metade da década de 1930, dominando o gosto dos amantes do jazz com artigos e resenhas periódicas de Hugues Panassié e as atividades dos colecionadores da *Hot Discography*, de Delaunay, da mesma forma que hoje a estética da crítica de jazz moderno é dominada por André Hodeir. Os franceses podiam saber bem menos a respeito do jazz real do que os norte-americanos, que estavam na cena. Eles podiam até mesmo saber menos do que o necessário para escrever livros inteiros a respeito, como aconteceu no caso do pioneiro *Le Jazz Hot*, de Panassié (1934), cujo conteúdo foi praticamente renegado pelo autor, em sua totalidade, cinco anos depois. Mas as proverbiais certeza e lucidez gálicas os ajudavam, e o resto do mundo escutava.

Na Inglaterra, a situação era bem diferente, e de certa maneira mais interessante. Nesse país, também, o crescimento do público de jazz passou pelos estágios usuais. Até 1927, os fãs do "autêntico" jazz eram apenas uma meia dúzia de indivíduos espalhados, mas em 1927-1928 surgiu um público reconhecidamente de jazz, grande o suficiente para justificar o lançamento regular de discos *hot* norte-americanos, principalmente do tipo nova-iorquino branco. Uma tentativa de lançar uma série de discos basicamente negros falhou, pois até mesmo os aficionados mais fervorosos os acharam fortes demais para seu gosto, a julgar pelas resenhas de discos da época.* Novamente, com base nos lançamentos de

---

* *Melody Maker*, de 1927, p. 469. Os discos lançados por uma pequena empresa, Levaphone-Oriole, incluindo *Lil's Hot Shots* (Louis Armstrong), solos de piano de "Jelly-Roll" Morton, os Hot Six de Russel e outros, foram recebidos com grande falta de entusiasmo pelos críticos da época. Ainda assim, o lançamento de tal seleção de discos em 1927 é, por si só, significativo.

O PÚBLICO

discos, esse público permaneceu constante e cresceu nos anos seguintes, parecendo não ter sido afetado pela Depressão, que praticamente acabou com as gravações de jazz durante um certo tempo nos Estados Unidos. Na verdade, como vimos, o pouco que sobreviveu na América foi, na prática, subsidiado pelo mercado europeu – isto é, particularmente pelo público inglês. Em 1933, o público inglês de jazz tinha crescido o suficiente para tornar possível um recital de grande escala de uma orquestra norte-americana para fãs "sérios" em Londres: o concerto de Duke Ellington no Trocadero, Elephant and Castle. Até então, e por um longo tempo depois, os artistas estrangeiros se garantiam com músicas comuns para casas de espetáculos ou músicas para dançar, ou seja, atraindo um público bem mais amplo do que simplesmente os aficionados por jazz: a emergência dos shows, bem como dos clubes especificamente de jazz, marca o surgimento de um público como força independente.

Grande ou pequeno, o público inglês se tornou cada vez mais autoconfiante durante esses anos. Seu primeiro profeta de linguagem articulada fora um espanhol cheio de energia, Fred Elizalde, que formou a primeira banda de jazz "pura" inglesa, integrada por alunos de Cambridge, em 1927; Oxford, como sempre, lar das causas perdidas, se absteve. O segundo mais influente foi um jovem irlandês cosmopolita com uma feliz combinação de talento musical e literário, que descreveu todo o início de sua carreira de maneira encantadora.[17] Patrick "Spike" Hughes formou uma orquestra para gravações, compôs e, o que é mais importante, assumiu a sessão de resenhas de jazz da *Melody Maker*, que passou, a partir de então, a ser a bíblia do inglês amante de jazz. Na mesma época, os fãs ingleses de jazz começaram a desenvolver uma instituição característica, os Rhythm Clubs, que se multiplicaram rapidamente depois de 1933. No final de 1935, havia 98 desses clubes, dos quais pelo menos cinquenta funcionavam. Seu centro mais importante era Londres e arredores (onde havia mais de vinte deles), o sul e algumas grandes cidades espalhadas.

Eles parecem não ter penetrado no norte e na Escócia com força, senão bem mais tarde, e no País de Gales nem chegaram a entrar.* A metade da década de 1930 também viu aparecer o primeiro dos periódicos especializados, que fazem tanto parte do mundo do jazz quanto do da poesia.

O público era pequeno. Não creio que muitos discos de jazz tenham vendido mais do que 1.500 cópias. Ele também era formado, a despeito do impecável status social de profetas como Elizalde e Hughes, predominantemente pelas classes média baixa e média. As classes média e alta estabelecidas – aqueles que tinham cursado *public schools* e faculdades – eram bem menos numerosas do que os seus equivalentes nos Estados Unidos e no restante do continente europeu. O contingente da classe trabalhadora entre os amantes de jazz ingleses era formado principalmente por – ou se transformava rapidamente em – músicos de orquestras de dança, um grupo de origem marcadamente proletária que sempre contou com um núcleo de entusiastas de jazz. Na verdade, uma publicação de seu sindicato reclamava, em 1927, que eles "atendiam demais às suas próprias preferências em vez de atender às do público e tocavam muita música *hot*".[18]

Entretanto, as pessoas mais forte e diretamente afetadas pelo jazz estavam naquela zona social em que os filhos de operários especializados, já eles próprios detentores de funções burocráticas, se encontravam com os filhos de funcionários de escritórios, comerciantes, pequenos empresários e afins: da classe média baixa. Atendentes, pequenos negociantes, desenhistas, contadores, artistas comerciais, os escalões mais baixos do jornalismo e arredores do show business eram a área profissional prin-

---

* Resumi esses dados de vários exemplares da *Melody Maker*, entre 1934 e 1935. As áreas de Londres que fundaram Rhythm Clubs até a metade de 1935 foram: centro de Londres, norte de Middlesex, Croydon, Forest Gate, Ealing, East Ham, Barking, Richmond, Willesden, Sutton, Walthamstow, Greenwich, Uxbridge, Edgware, Muswell Hill, Lewisham, Edmonton, South Norwood, Carshalton, Hornsey, Wembley, Woodford Green. O estudioso notará a falta de Rhythm Clubs em Hampstead, Kensington ou Chelsea.

cipal dos amantes do jazz: quem conhecer "fãs" dos anos 1930 poderá, imediatamente, identificar entre eles três ou quatro contadores ou artistas comerciais. Eram autodidatas culturais. A respeitabilidade contra a qual se revoltavam era a das casas semigeminadas de bairros de classe média, de três quartos e duas entradas independentes: mas eles também se ressentiam, e se revoltavam contra o mundo de cultura das classes altas, ao qual se chegava por meio das *public schools* e das faculdades. Se H. G. Wells fosse adolescente no início dos anos 1930, teria frequentado os primeiros Rhythm Clubs e encontrado outros como ele, pois os fãs de jazz vinham desse mundo. Provavelmente por isso os jovens escritores pós-1945, que, liderados por Kingsley Amis e John Wain, glorificavam o suposto "provincianismo", escreveram o jazz entre outras palavras rudes de suas bandeiras. Eles estavam atrasados quinze ou vinte anos em sua descoberta, mas seu instinto estava correto.

Seu mundo era muito mais o das escolas comuns e das bibliotecas públicas do que o das *public schools* e das universidades, muito mais das casas de chá e dos restaurantes chineses do que das *sherry parties*; e quando os tempos eram difíceis, como de fato o eram na década de 1930, era algumas vezes dos restaurantes populares de *fish and chips*. Eles não se opunham à cultura oficial. O jazz para eles não era – como o era para muitos dos intelectuais do continente que aderiram – uma reclusão não intelectualista. Ao contrário, era parte de uma conquista intelectual por um caminho independente (e muitas vezes duro) pela autodidática. Os clubes *hot e rhythm* dos Estados Unidos e do continente europeu gastavam grande parte de sua energia patrocinando o jazz ao vivo. Os ingleses não estavam muito interessados nisso – não existe um equivalente inglês do Quintette du Hot Club de France ou da Dutch Swing College dos anos 1930 –, eles gastavam grande parte do tempo discutindo jazz, seu passado social e sua história. A preferência dos primeiros fãs em termos de arte ortodoxa não era significativamente diferente da preferência oficial. Intelectualizados, liam Eliot, Pound e Empson e D. H. Lawrence, embora também Oscar Wilde e Bernard Shaw e, muito provavelmente também, quinze anos antes, ficção científica em folhetins. Não há dúvida de que o jazz lhes apetecia por ser *sua* descoberta e *sua* arte, e não as das classes altas cultas; mas também lhes interessava porque, graças ao seu apelo imediato, era a introdução ideal à música séria para aqueles que não tinham qualificações ou conhecimentos anteriores. Se posteriormente passavam à música clássica, geralmente o faziam através de Delius, cujo apelo sensual é igualmente direto, e especialmente via Debussy, cujo *Après-midi* fazia a ponte para os clássicos para muitos fãs. É fácil para aqueles que vêm de ambientes intelectualizados, e que passaram por processos de instrução completos, esquecer que mesmo os filhos adolescentes dos professores de Oxford não começam a estudar Bach e Piero della Francesca porque se sentem especialmente atraídos por suas obras, ou porque elas façam sentido para sua faixa etária, mas porque existe uma considerável pressão tácita para dizer que são coisas de classe alta, a respeito das quais se deve ter uma opinião positiva.

O fã de jazz pioneiro, portanto, era culturalmente ativo, enérgico e em geral tinha ambições de criador: talvez por essa razão houvesse tantos artistas comerciais, jornalistas e pessoas no âmbito do show business em suas fileiras. Como Clifford Kellerby, um motorista de ônibus nada atípico em suas atividades extracurriculares: tocava em bandas de jazz e militar, editava o *Leeds Transport Magazine*, desenhava pôsteres, pintava (nossa informação a seu respeito vem de uma grande profusão de obras, infelizmente sem grande sucesso, de pinturas simbólicas a respeito do passado, presente e futuro do jazz)[19] e "viajava pelo continente europeu". Tenho poucas dúvidas quanto a ele ter também escrito uma boa quantidade de poesia em versos livres. Se fosse menos ambicioso, provavelmente teria a veia do colecionador, o pendor para o hobby, que seria satisfeito pela compilação de discografias elaboradas e eruditas, coleções de material biográfico e experiências (se tivesse meios) com equipamentos de som. É quase certo que fosse politicamente consciente, pois a mera apreciação do jazz implicava, no mínimo, um entendimento da discriminação racial, isto é, do fascismo. Em 1930, isso significava quase sempre ser de extrema esquerda ao lado dos jovens músicos desempregados, dos jovens judeus levados a essa posição por Hitler. Não que a esquerda reconhecesse o fã de jazz como tipo, mas ele era parte integrante dela, e isso deu à forma de todo o jazz da fase anterior à Segunda Guerra Mundial uma tendência permanente à extrema esquerda.*

A partir da metade dos anos 1930, o jazz começou a permear camadas mais altas da sociedade, principalmente em algumas *public schools* e nas universidades mais antigas. A julgar pelas minhas próprias lembranças de Cambridge nos últimos anos antes da guerra, suas conquistas foram modestas. Um entusiasmo pelo jazz ou pelo blues era considerado uma excentricidade respeitável, mas nem por isso normal ou especialmente encorajada socialmente.

Afetava alguns (porém não todos) dos que idealizavam os Estados Unidos de Roosevelt e a maioria de seus subprodutos, porém nunca na

---

* Não é nossa intenção aqui compilar tabelas estatísticas ou estudos sociais, porém as notas a seguir, tiradas de uma análise feita por colaboradores de uma revista de jazz inglesa da metade dos anos 1940, nos dão uma boa ideia do clima dessa primeira geração de fãs ativos: 1. desenhista; 2. jornalista freelancer; 3. editor de um periódico literário escocês; 4. "colecionador"; 5. jornalista; 6. artista; 7. "redigiu obras experimentais" (posteriormente jornalista e negociante de discos); 8. jornalista de jazz e de bandas de dança, "estudante de filosofia"; 9. jornalista de bandas de dança; 10. expert em agricultura, colaborador do periódico *Juventude Comunista*; 11. pequeno empresário, "muito interessado em literatura"; 12. desenhista, "interessado em literatura, arte, poesia moderna e música"; 13. começou a escrever sobre jazz para o periódico *Juventude Comunista*; 14. surrealista e boêmio; 15. "estudante de história, sociologia e economia norte-americanas, membro atuante do movimento de *Rhythm Club*, começou a escrever sobre jazz no periódico *Juventude Comunista*; 16. anarquista, "interessado em poesia moderna, literatura, surrealismo, música clássica e filosofia ocidental"; 17. ator e jornalista (ligado a atividades comunistas); 18. ex-poeta de Cambridge; 19. físico; 20. fazendeiro; 21. médico; 22. estudante de Londres; 23. técnico de filmagem; 24. jornalista; 25. jornalista freelancer; 26. freelancer (*scripts* de rádio comercial, material para shows de teatro do Windmill Theatre etc.); 27. surrealista, pintor, escritor; 28. jornalista anarquista, escritor *(Jazz Music, passim)*.

medida em que os filmes norte-americanos nos pegaram, por exemplo. Não era parte integrante da fase de entusiasmo literário da *New Writing* de Auden-Spender-Isherwood, que dominou os anos da Guerra Civil Espanhola. O primeiro grupo de adeptos do jazz do qual me lembro em Cambridge era daqueles que estavam nas adjacências do Partido Comunista nos anos imediatamente anteriores à guerra, porém cujas preferências os levavam a um tipo de poesia neorromântica, quase surrealista (o Novo Apocalipse, Dylan Thomas etc.), que viria a ser dominante nos anos 1940: eram os rousseaunianos mais do que os voltaireanos dentre nós. É ao lado desse tipo de amigos que me recordo de passar horas arrebatado não só por Mahler (outra de suas "descobertas"), mas também por Basie e Rushing, Turner e Johnson e, acima de tudo, "Strange Fruit", de Billie Holiday: o jazz da safra de 1938-1939.

A modesta expansão do público de jazz refletia a moda do swing que varreu os Estados Unidos depois de 1935, bem como as correntes políticas da época. O swing, porém, punha os ingleses amantes de jazz de mais idade diante de um dilema. A comunidade de jazz existia em grande parte, como vimos, graças ao seu exclusivismo e à sua hostilidade ao comercialismo. O swing era popular e alcançava sucesso comercial. As fileiras de aficionados se estilhaçavam em guerras civis ideológicas entre os puristas e os não puristas, guerras facilmente vencidas pelos puristas. Suas preferências – que vieram a dominar a preferência do público de jazz, pois os primeiros fãs tornaram-se seus escritores e críticos – podem ser definidas grosseiramente como pendendo para qualquer jazz apreciado antes de 1935, ou feito em linguagem pré-1930, com uma marcada preferência pela música tocada por negros. Os livros de Rex Harris da Pelican refletem essa postura, exacerbada pelo fanatismo por Nova Orleans que se seguiu, com grande fidelidade. A força desse purismo era ainda mais admirável, pois não era apenas racional e musicalmente indefensável, como sequer era compartilhada pelos principais críticos e promotores do jazz. Panassié, com sua crescente paixão pelo evangelho puro de Nova Orleans, aclamava cada nova descoberta da era do swing com seu entusiasmo e bom gosto usuais: Billie Holiday, Lionel Hampton, a Lunceford Orchestra. John Hammond nos Estados Unidos, que descobriu e lançou todos os músicos e orquestras de importância na era do swing, era, ele próprio, ferrenho opositor do comercialismo. Os puristas eram puros não porque alguém assim determinasse ou porque tivessem justificativas para isso, mas porque o sectarismo e o exclusivismo estavam em seu sangue.

Era, portanto, natural que a extraordinária expansão do público de jazz, que ocorreu em toda parte durante a guerra, não fosse um prolongamento direto do swing, mas uma reação a ele: o movimento "Nova Orleans Revival". No Reino Unido e em todos os outros lugares, isso é difícil de ser analisado em termos puramente sociais. Foi um grupo etário, mais do que de uma determinada camada social, que recebeu a revelação de "Jelly-Roll" Morton e King Oliver: garotos que tinham de 15 a 22 anos em 1945, embora alguns de seus líderes, e todos os seus mentores críticos, pertencessem à geração de 1930. De quinze principais músicos "revivalistas" ingleses, um (o primeiro deles) tinha nascido em 1917, três entre 1920 e 1921, dois em 1926 e nove entre 1928 e 1932 – seis deles entre 1928 e 1929.* Todos vindos das fileiras dos fãs de jazz, nenhum deles músico profissional. Suas origens sociais eram várias: alunos de *public schools* e faculdades se convertiam ao "revivalismo" tão facilmente quanto quaisquer outros elementos. O centro de gravidade do movimento, no entanto, estava nos subúrbios, especialmente em torno de Londres e seus arredores, cada vez mais infiltrado por trabalhadores especializados. As bandas "revivalistas" se formavam na periferia e mar-

---

* George Webb, 1917; Wally Fawkes, Pat Hawes, 1920; Humphrey Lyttelton, 1921; Cy Laurie, Eric Silk, 1926; Ken Colyer, Mick Mullingan, 1928; Alex Welsh, Sandy Brown, George Melly, Johnny Parker, 1929; Chris Barber, 1930; Lonnie Donegan, 1931; Ottilie Patterson, 1932.

chavam para o centro da cidade, como exércitos de rebeldes depondo imperadores romanos. Os Dixielanders de George Webb levantaram a bandeira da revolta no Red Barn, em Bexleyheath, Kent, em 1944, o Crane River Jazz Band – celeiro de numerosos profetas de Nova Orleans – vindo de Cranford, Middlesex, e até hoje o "Calendário de Clubes de Jazz" da *Melody Maker* registra os bastiões dessa música como tendo sido Chadwell Heath e Southall, Croydon e Wood Green, Ealing, Hanwell, Harringay e Dagenham. Logo Leeds produziria a Yorkshire Jazz Band, Manchester produziria os Saints (homenagem à música que melhor se adapta à função de hino nacional dos "revivalistas", "When the Saints Go Marching In"); Liverpool criaria a "Merseysippi Band" [sic], enquanto da Escócia surgia uma grande profusão de músicos. Por que os escoceses aderiram ao jazz tão mais prontamente do que qualquer outra área da Grã-Bretanha não se sabe, mas uma coisa é clara: desde o início até a metade dos anos 1930 eles forneceram, sem sombra de dúvida, o maior contingente de bons músicos de jazz destas ilhas.

A julgar pelo caráter dos fãs londrinos, os jovens de classe média baixa continuaram certamente a ser a principal base do público de jazz. A atmosfera geral do "revivalismo" neste país, ao contrário do que ocorria na América e no continente europeu, era bem mais "proletária" do que a das modas anteriores.* É possível que isso se deva ao fato de o movimento *revival* ter sido muito mais voltado para tocar do que os movimentos anteriores, e mais baseado em recursos "da casa". Seus heróis não eram tanto os grandes e muitas vezes falecidos músicos negros de Nova Orleans. Esses eram como verdadeiros deuses vislumbrados pelos mortais através de espelhos, obscuramente, pois seus batidos discos acústicos de 1920 geralmente soavam tão estarrecedores que era preciso um bocado de fé para reconhecer seus méritos. (Isso acontecia principalmente com alguns

---

* Ver Apêndice 1.

antigos músicos ressuscitados para o benefício do jovem público branco: ninguém, a não ser um historiador, ouviria as gravações do pobre Bunk Johnson mais de uma vez, gravações que serviriam de inspiração para um sem-número de jovens.) O público "revivalista" de jazz na Grã-Bretanha logo seria composto de admiradores de Humphrey Lyttelton, Ken Colyer e Chris Barber, em vez de King Oliver e George Lewis, de pessoas que conheciam Ottilie Patterson (de Newtownards, Irlanda do Norte) e Lonnie Donegan (de Glasgow), em vez de Bessie Smith e Huddie Ledbetter, a quem esses cantores imitavam escrupulosamente. E o clube de jazz dos anos 1940 e 1950 não era, como os Rhythm Clubs dos 1930, um local para aprendizagem, onde discos eram escutados e dissecados, mas essencialmente um local onde se admirava e encorajava jazz ao vivo feito por bandas de músicos britânicos. O público "revivalista", portanto, era menos "instruído" do que seus antecessores e menos "intelectualizado".

De qualquer maneira, o tom social do movimento era dado pelo músico amador e semiprofissional, e o fã especializado comum era geralmente um garoto em idade escolar ou um estudante universitário. Esse tipo de música simples, não intelectual, tinha seu apelo para os intelectuais, para não falar dos jovens aristocratas que frequentavam colunas sociais. Arrebatava estudantes de arte, jovens atores e escritores, especialmente aqueles que viam nele a revolta latente, porém indefinida, que eles próprios sentiam. Não é por acaso que o jazz do tipo "revivalista" serve de música de fundo para *Look Back in Anger*, de John Osborne, cujo herói sai de vez em quando do palco para praticar seu trompete e tinha, no passado, a ambição de se tornar trompetista de jazz. Por diferentes razões, entretanto, também o jazz capturava cada vez mais a juventude provinciana operária. Em Glasgow, Belfast, Newcastle, o Mississippi, em termos musicais, estava inundando tudo, e os que nele nadavam eram, principalmente, jovens da classe operária.*

---

* Empresários inteligentes nas províncias logo aprenderam a programar as apresentações de forma a permitir que os fãs tivessem a oportunidade de assistir a elas no contraturno ou depois de um dia de trabalho.

O "revivalismo" permaneceu um fenômeno de minoria, embora em meados dos anos 1950 houvesse provavelmente poucos estudantes ou atendentes de organizações e clubes de jovens que não estivessem familiarizados com ele. Curiosamente, apesar da mudança geral do clima político, ele reteve suas fortes ligações com a esquerda comunista, sem dúvida, por razões históricas. Poucas das principais bandas "revivalistas" não tinham elementos comunistas entre seus integrantes, e muitas delas eram lideradas por jovens vindos do pequeno movimento comunista jovem ou de seus arredores, enquanto os Festivais Internacionais da Juventude de 1947 a 1957 foram também comícios internacionais e plataformas de propaganda para o jazz "revivalista". Contudo, uma ramificação igualmente – se não mais fortemente – ligada à esquerda do *revival* deu origem a uma moda musical praticamente universal entre os jovens da Grã-Bretanha: o *skiffle* (1956-1958), que era uma modificação do jazz "revivalista" para se adequar a um público leigo ainda menos iniciado. O movimento foi bastante espontâneo. Esquerdistas, há muito tempo, foram os pioneiros em sessões de blues e baladas dos dois lados do Atlântico, produzindo uma moda *avant-garde* e política de modestos cabarés para artistas como Josh White, Leadbelly, Burl Ives, Woody Guthrie, Pete Seeger – ou na Grã-Bretanha, Ewan MacColl e Isla Cameron. As bandas "revivalistas" na Grã-Bretanha tinham permitido a entrada de guitarristas-cantores com acompanhamento rítmico para cantar blues e canções (principalmente do repertório Leadbelly) entre os sets: o arranjo era chamado de *skiffle*, um termo desenterrado dos mais obscuros confins da história do jazz norte-americano e praticamente sem sentido para qualquer pessoa fora dos Estados Unidos. O gosto pelo blues já fazia parte da abordagem "revivalista" há muito tempo, embora comercialmente fosse uma proposta sem futuro. De todos os fãs de jazz, o amante de blues tem sido, sempre, o mais esotérico. Até hoje um admirador de Sonny Boy Williamson ou Bessie Jackson, Roosevelt Sykes "The Honeydripper" ou Lightnin' Hopkins, tem de recorrer a discos importados de segunda mão dos Estados Unidos, pois comercialmente ainda não valeu a pena lançar uma seleção representativa de discos de blues na Grã-Bretanha.*

Como e por que esse material, até então confinado a coleções de canções folclóricas e a catálogos de rhythm and blues das gravadoras norte-americanas, conquistou o público não se sabe, mas na metade da década de 1950 isso já havia acontecido tanto nos Estados Unidos quanto na Grã-Bretanha (sob os respectivos nomes de rock and roll e *skiffle*). Ninguém criou ou previu essa moda: Lonnie Donegan na Grã-Bretanha, cuja "Rock Island Line" – originalmente uma canção de campo de prisão negra – explodiu em vendagem na primavera de 1956, tinha gravado o disco como parte de suas atividades rotineiras com uma banda "revivalista" de prestígio. Sua versão da canção estava disponível havia dois anos. Na verdade, o disco original de Leadbelly tinha sido lançado quase uma década antes. A ascensão das estrelas de rock and roll na América do Norte foi igualmente não premeditada, embora a premeditação de astutos homens de negócios como o coronel "Tennessee" Tim Parker e Hank Saperstein (que foi o responsável pela sorte de Elvis Presley) logo tenha surgido. Embora a tendência das preferências fosse igual dos dois lados do Atlântico, a versão britânica tinha duas peculiaridades importantes. Em primeiro lugar, ela era muito mais claramente um produto do movimento do jazz "revivalista". Em segundo, tornou-se um movimento tanto de produção de música amadora quanto de audição; na verdade, o maior movimento desse tipo de que se tem memória. Em poucos meses o país estava coberto por uma rede de grupos de *skiffle*, formados por guitarras e instrumentos rítmicos improvisados a partir de tábuas de lavar, dedais, bules de chá e coisas do gênero, acompanhando jovens que gritavam canções a respeito de prostitutas do Tennessee, presos do

---

* Em 1960, essa situação tinha melhorado um pouco.

Mississippi e jogadores do Alabama, no que poderia ter sido um sotaque híbrido, se fosse possível ser reconhecido pelo ouvinte. O *skiffle* era, inquestionavelmente, a música universalmente mais popular de nossa geração. Ele rompeu todas as barreiras, exceto a da idade. Poucas foram as pessoas entre as idades de 8 e 18 na Grã-Bretanha, de todas as classes, todos os níveis de educação e inteligência – até os imbecis –, que não derivaram algum prazer, pelo menos durante algum espaço de tempo, dessa música. A mente do estudioso tenta em vão mapear as fronteiras desse apelo a partir de uma música simples, gritada e de pancadas; pois até um fazendeiro galês, que substituiu os discos clássicos que usava para acalmar as suas vacas por outros de rock and roll, descobriu que a produção de leite aumentou em cinco galões diários.[20]

O jazz "revivalista", como vemos, progrediu de maneira uniforme e com velocidade cada vez maior, a partir de um status de minoria para chegar a um de maioria. No final da década de 1950, ele tinha praticamente deixado de ser música de minoria: o *skiffle* havia triunfado. Porém, mesmo depois de exaurir sua curta moda, o jazz instrumental de Nova Orleans permaneceu mais forte do que nunca. Na verdade, ele se tornara a dança popular padrão para jovens de 15 a 25 anos que, se inquiridos, teriam dito que King Oliver era o rei da Dinamarca. Essa tendência não se verificou só na Grã-Bretanha.[21] Inevitavelmente, portanto, os verdadeiros aficionados procuraram posições mais esotéricas para ocupar. Alguns se refugiaram nos recessos da música folclórica negra, até perder de vista a sua ligação com os berros do rock and roll. Outros fugiram para os territórios não explorados do jazz "moderno" ou "cool".

O jazz moderno já existia no cenário norte-americano e europeu desde meados da década de 1940. Seu apelo sectário teria sem dúvida se feito sentir se não fosse por dois aspectos: era muito mais difícil de escutar do que o gênero antigo, e grande parte dos críticos e intelectuais de jazz estabelecidos, formados na escola dos anos 1930, hostilizavam-no, por razões políticas e sociais. O que eles encorajavam no jazz era a música do "povo", ou seja, uma música que tivesse apelo para as pessoas comuns e, por sua natureza, também fornecesse um padrão alternativo de arte para aquela cultura esotérica de minoria. O jazz moderno dava-lhes a impressão de ter-se vendido: uma versão da música esotérica *avant-garde* poderia ter seus méritos, mas isso não era o que eles originalmente buscavam no jazz. Muitas vezes, compreensivelmente, eles também se sentiam repelidos pela atmosfera que rondava os revolucionários modernistas – drogas e tráfico, o fenômeno hipster e uma atmosfera geral de Montparnasse 1919 com desconto. E não ajudou muito também o fato de os homens de negócios, pensando no quanto a novidade poderia render, terem adotado bop como um slogan para "jazz atual", apesar de a propaganda não ter dado certo. Mesmo com toda a fanfarra do final dos anos 1940, bop, *cool* e "jazz moderno" não foram capazes de se transformar em gêneros de ampla vendagem. Nos anos 1930, tinha sido possível inventar um "rei do swing", mas nem mesmo Woody Herman, com todo o seu entusiasmo pela linguagem moderna e pelos músicos modernos do final da década de 1940, conseguiu ser reconhecido como "rei do bop".

O jazz moderno conseguiu angariar uma espécie de público próprio, derivado em parte de músicos profissionais (sempre prontos a apreciar música tecnicamente interessante), em parte dos vários equivalentes nacionais dos hipsters e dos tipos encontrados nos arredores de Saint-Germain, e em parte da camada de jovens intelectuais que, como na França, são propensos a aceitar tudo o que possa plausivelmente ser chamado de revolucionário. Parece certo, porém, ao menos na Europa, que a principal expansão tenha ocorrido só da metade dos anos 1950 em diante, quando o jazz "revivalista" e tradicional era aceito demais para ser confortável. Acho que o processo não foi sempre deliberado. Entre os músicos britânicos, ele geralmente aparecia na forma de um mal-estar geral, um enfado com a música tradicionalista cujos limites pareciam ter sido explorados completamente, um desejo de tocar algo mais interessante. (Em geral assumia um ponto médio entre a música tradicional dos anos 1920 e a música dos anos 1930 e início dos 1940, um meio caminho para o modernismo.) A tendência, no entanto, era clara e grandemente ajudada por duas situações que se desenvolveram nos Estados Unidos: a virtual seca da fonte norte-americana de discos "tradicionais" (exceto os eternos blues), e a corrente cada vez maior de discos modernos que as gravadoras britânicas tinham de lançar por contrato ou achavam que valia a pena lançar por causa do princípio estabelecido, segundo o qual o que vende nos Estados Unidos vende subsequentemente na Europa. Pois nos Estados Unidos o jazz moderno, na metade dos anos 1950, adquiriu status cultural reconhecido, talvez porque a linha divisória entre o fenômeno hipster e o intelectualismo tenha se tornado muito tênue na era de McCarthy e da apoteose da General Motors. Em um ambiente onde o intelectual se arriscava a ser um forasteiro ou um dissidente secreto escondido sob um corte à escovinha e terno tradicional, a música dos *outsiders* podia florescer.

A evolução do público de jazz não está mais definida do que a do jazz em si. No entanto, não é cedo demais para esboçar algumas conclusões gerais a respeito da sua história até agora. A primeira delas é que, apesar de diferenças consideráveis de um país para outro, esse público é surpreendentemente semelhante em todos os lugares. Trata-se, invariavelmente, de um público jovem, pois o jazz, com a sua capacidade de expressar emoções inequívocas da maneira mais direta e com a sua galeria de heróis e símbolos em potencial, é a música mais adequada para a adolescência. Com a possível exceção da Grã-Bretanha, o núcleo original de fãs é sempre composto de "filhos de boas famílias", estudantes e similares, em rebelião contra os mais velhos. Isso acontece até mesmo nos países socialistas, onde o jazz (graças à oposição oficial) é muitas vezes uma bandeira de rebelião para grupos como os *stilyagi* da União

Soviética, que costumam ser filhos de pessoas convencionais ocupando altos postos. Por ser rebelde, a comunidade de aficionados encontra afinidade com movimentos e ideologias de oposição, e algumas vezes, como aconteceu nos países anglo-saxões dos anos 1930 em diante, pode se impregnar dele. Normalmente, no entanto, sendo vago e individualista, ele permanece às margens da atividade e tende a atrair tanto aqueles que almejam se desvincular das convenções quanto aqueles que desejam derrubá-las. O jazz dos anos 1920 era apolítico; o dos anos 1930 e 1940 aliou-se às esquerdas e, sem dúvida, se sobrepôs um pouco aos ativistas, da mesma maneira que em alguns países socialistas ele talvez seja vagamente antissocialista e se sobreponha um pouco às atividades antissocialistas. Em termos gerais, porém, não devemos esperar que muitos fãs ou trompetistas amadores construam ou até mesmo se coloquem atrás de barricadas. A maioria deles terminará por se retirar para um outro tipo de ortodoxia oficial, lembrando seu turbulento passado da mesma forma que o proverbial jovem executivo norte-americano se lembra da garota italiana por quem teve uma ardente paixão em Roma antes de voltar para casa, para a vida profissional e a guerra dos sexos.

Na Grã-Bretanha (e possivelmente em outros países sobre os quais não estou informado), o núcleo do público de jazz representava uma outra rebelião e mais séria: as aspirações dos jovens cultural e educacionalmente desprivilegiados por reconhecimento oficial. Talvez seja por isso que as conexões e atividades políticas perpetuaram-se muito mais aqui do que em qualquer outra parte.

Em volta desse núcleo existe um outro público, mais amplo e mais vago, que surgiu com a divulgação do jazz. Para esses jovens, o jazz não é tanto uma causa ou uma bandeira (embora todos os adolescentes se façam símbolos de sua separação de seus pais) quanto uma moda e convenção. É parte de suas vidas em uma determinada idade, como jogar tênis, ir acampar ou frequentar barzinhos. Existe uma grande diferença entre a atmosfera do rebelde de jazz, com a sua tendência tanto para a vida de *bas-fond*, degradação, quanto para a música, e a atmosfera do clube de jazz de massa típico inglês do início e da metade dos anos 1950, quando ninguém bebia ou queria beber nada mais forte do que Coca-Cola, ou fumar nada mais forte do que tabaco, e onde as canções sobre prostitutas, homens extravagantes, jogadores e durões ecoavam uma atmosfera muito menos parecida com Storyville do que com clubes de juventude à antiga, exceto por seus organizadores. De uma certa forma, esse tipo de público estava e está muito mais próximo do público para o qual o jazz foi feito do que qualquer outro. Poucas ocasiões em jazz recapturaram o espírito de Nova Orleans (e não o ambiente de Nova Orleans) melhor do que as chamadas *riverboat shuffles* ou jazz *carnivals* que vieram a ser organizadas na Grã-Bretanha: um ou dois barcos a vapor eram alugados para fazer o percurso de ida e volta a Margate, com várias bandas tocando, ou músicos que se revezavam para tocar no Albert Hall, cheio até o teto de um público de adolescentes da classe operária se divertindo a valer. Por padrões dos aficionados, poucos desses adolescentes poderiam ser considerados sérios fãs de jazz. Para eles, o jazz apenas era o que as valsas vienenses haviam sido para os seus avós, ou os *shimmies* e foxtrotes para os seus pais: um tipo normal de música para dançar e se divertir.

Um terceiro tipo de público (se é que podemos chamá-lo assim) se desenvolveu em redor do núcleo original de fãs: aqueles que não têm nenhum interesse especial por jazz, mas reconhecem que ele se tornou parte do cenário cultural e deve ser tratado como tal. O jazz tem sido vagaroso em se estabelecer dessa forma, exceto nos países escandinavos, onde (na Dinamarca pelo menos) aulas de jazz parecem ter sido organizadas nas escolas e existem concertos subsidiados desde o início da década de 1930. Mesmo nos Estados Unidos, o reconhecimento oficial de que o jazz é a sua contribuição musical mais original feita à civilização tem vindo lentamente. (Felizmente, pois é pouco provável que o jazz prospere melhor do que a música folclórica em ambientes de escolas de música acadêmicas e seminários ou concertos sinfônicos.) Contudo, aos poucos, o apelo patente do jazz tem se refletido nas instituições da cultura ortodoxa. Resenhas começaram a aparecer em jornais conceituados e programas em rádios conceituadas. No fundo, isso significa apenas que hoje se reconhece o jazz como um tema que a pessoa bem informada deve conhecer o suficiente para disfarçar a sua ignorância. Mas isso já é alguma coisa.

11. JAZZ COMO PROTESTO

A atmosfera que envolve o jazz desde praticamente os seus primórdios é tão carregada de emoção que fica difícil explicá-la em termos puramente musicais. O primeiro escritor inglês a abordar o assunto com seriedade, ainda que de forma inadequada, R. W. S. Mendl, já havia feito essa observação em 1926. Ao contrário da música ligeira que havia antes, comentou, o jazz era efetivamente detestado e estava "sujeito aos ataques mais violentos e severos",[1] e isso, segundo ele, explicava o fato de nenhum compositor de primeira linha o adotar. O jazz era antipatizado daquela maneira, argumentava, porque nos "perturbava" e tocava emocionalmente mais do que os outros tipos de música ligeira de antes. E isso ainda é verdade, mas essa perturbação não é, de maneira nenhuma, apenas musical.

Consideremos apenas o extraordinário fervor que o jazz tem quase sempre conseguido gerar entre seus devotos, e que leva seus jovens amantes a tratar os músicos famosos como se fossem modelos, heróis ou santos, e os mais maduros a transcender as barreiras da lealdade não musical com incrível facilidade. O tenente Dietrich Schulz-Köhn, do exército alemão, gastava seus períodos de licença em Paris, durante a guerra, trabalhando na edição de 1942 da *Hot Discography*, de Delaunay, embora a comunidade francesa de amantes do jazz, por razões óbvias, fosse extremamente antigermânica. Quando capturado em Lorient, ele interrompeu as negociações de capitulação das tropas alemãs para perguntar se alguém colecionava discos de Benny Goodman. É difícil imaginar adeptos de outros hobbies igualmente internacionais indo tão longe em sua paixão. Mais uma vez, o ponto de vista das autoridades soviéticas a respeito do jazz é conhecido desde meados dos anos 1930. Eles não gostavam de jazz e o viam (muitas vezes não sem razão) como um fenômeno da decadência burguesa. Quando opiniões desse tipo eram expressas pelos líderes do socialismo mundial, os comunistas nos países ocidentais normalmente as presumiam sensatas ou justificáveis, esforçando-se extraordinariamente para convencer a si mesmos e aos outros a respeito disso, muitas vezes em franca oposição à sua predileção por Rilke, Braque ou Alban Berg, por exemplo. De qualquer maneira, eles geralmente faziam poucas tentativas de expressar pontos de vista opostos em público. Mas não é exagero dizer que nenhum comunista amante de jazz – e houve uma quantidade desproporcionalmente grande deles – levava muito a sério a hostilidade soviética à sua música. Ela era vista como uma aberração, por ignorância ou, na melhor das hipóteses, como algo justificável apenas dentro de condições russas puramente locais – atitude, aliás, que os comunistas teriam feito bem em adotar em outras áreas também. Assim, longe de levar em conta o ponto de vista russo, os periódicos comunistas britânicos continuaram a publicar resenhas de jazz com frequência, mesmo no auge do "jdanovismo". O jazz, sem dúvida, faz aflorar emoções incrivelmente poderosas e tenazes tanto entre os seus seguidores quanto entre os seus opositores.

Neste capítulo, quero sugerir que isso acontece porque o jazz não é apenas uma música comum, ligeira ou séria, mas também uma música de protesto e rebelião. Não que ela seja necessariamente ou sempre uma música de protesto consciente e declaradamente *política*, e menos ainda um tipo especial de protesto político, embora suas ligações políticas no Ocidente, sempre que ocorreram, tenham sido entabuladas com a esquerda. (É difícil imaginar como poderia ser de outra maneira, pois mesmo o amante de jazz mais apolítico deve se opor à discriminação racial, que só é defendida publicamente pela direita.) Muitos dos protestos e rebeliões que o jazz incorporou em uma época ou outra, porém, não foram capazes de sensibilizar ou angariar a simpatia dos políticos. Os jovens franceses que, em 1942, foram presos pelos alemães no metrô de Paris "vestidos em roupas berrantes, impertinentes e provocativas, e com uma faixa com as palavras '*une France swing dans une Europe zazoue*' [Por uma França de swing em uma Europa *zazou*]", só podem ser classificados, com algum esforço, como resistência antinazista, embora muitos dos infelizes tenham ido parar em campos de concentração.[2] Tais protestos podem se tornar políticos pelo fato de que as pessoas contra as quais os amantes de jazz protestam (por exemplo, pais, mães, tios e tias) detêm pontos de vista convencionais, alguns dos quais políticos (republicanismo nos Estados Unidos, por exemplo). Ou podem ser rotulados de subversivos simplesmente porque aqueles contra os quais eles se rebelam compreendem que uma rebelião contra algumas de suas convenções configura um ataque a todos os seus pontos de vista: uma atitude antiamericana. O importante não é saber que o jazz pode ser enquadrado neste ou naquele compartimento da política ortodoxa, embora geralmente possa – principalmente nos de esquerda –, mas registrar que essa música se presta a qualquer tipo de protesto e rebelião, mais do que qualquer outra forma de arte. Há justiça histórica no episódio dos sete grevistas mineiros de Nottinghamshire que, no final de 1926, tiveram de pagar uma multa de £ 3 cada por "formar uma banda de jazz" e, com ela, dificultado a vida de um fura-greves.[3] É uma música para expressar fortes sentimentos e antipatias.

Isso se deve, em primeiro lugar, a uma característica que o jazz compartilha com a Tin Pan Alley: é uma música democrática. Como escreveu um órgão de divulgação dos músicos populares britânicos em um de seus primeiros editoriais, no início de uma carreira de apoio constante e apaixonado ao jazz:

> O jazz é um novo culto. Provavelmente uma grande arte que se inicia, tendo como vantagem sobre a música "tradicional" o fato de que seu apelo não atinge apenas os camarotes, mas também a galeria. Ele não faz distinção de classe.

O jazz era originalmente uma música para ser apreciada pelos menos intelectuais ou especialistas, pelos menos privilegiados, menos instruídos ou experientes, tanto quanto por outras pessoas – embora os aficionados e especialistas tenham relutado muito mais em admitir isso do que os músicos. Ele também se destinava a ser tocado por pessoas que o houvessem aprendido "de qualquer maneira". Seu ouvinte não precisa do tipo de preparação necessária para se apreciar uma fuga; o músico de jazz pode se apresentar sem o treino necessário para se cantar em *coloratura*, embora isso não signifique que ambos não se beneficiassem de uma educação musical. Mais ainda: o jazz é um manifesto musical de populismo. *A viúva alegre* pode ser a grande ópera do cidadão musicalmente modesto, mas a real ou pseudobanda de jazz nunca se propôs à imitação de um gênero mais ambicioso ou respeitável. Forte, estridente (mesmo sem acrescentar toques pseudojazzísticos como som de panelas, buzinas e chapéus estranhos), totalmente inusitado, parecendo nada além de uma banda de metais indisciplinada tocando em um local pequeno demais para a própria música, o grupo de jazz dos primeiros tempos conseguiu marcar seu lugar com as cores da "vulgaridade". Seu apelo não acontecia apenas porque as pessoas gostavam do som, mas por ser uma conquista popular sobre a cultura de elite, como a dos Irmãos Marx, que interromperam a apresentação de uma ópera para fazer os músicos tocarem "Take Me Out to the Ball Game".

Várias coisas podem advir desse populismo, boas e más: pois é preciso reconhecer as desvantagens consideráveis da arte popular da mesma forma que de governos populares. Em seu aspecto mais positivo, a democracia do jazz produziu um ideal de arte em sociedade mais amplo e socialmente mais sólido do que a cultura da elite, embora não se deixe de reconhecer e admirar as realizações dessa última. Deu, por exemplo, àqueles que estavam fadados a permanecer como eternos ouvintes ou simples executantes de música clássica a oportunidade de efetivamente fazer – isto é, criar e não apenas reproduzir – música. Produziu erudição e sérias discussões críticas a respeito de arte entre pessoas que nunca poderiam ter sido levadas a isso por caminhos ortodoxos: públicos que nos meios mais esnobes seriam chamados de "não os mais inteligentes do mundo", capazes de ouvir com total atenção, em silêncio absoluto, aos milhares, manifestações artísticas equivalentes a complexos recitais de música de câmara; e mais, capazes de discuti-las como o público vienense de antigamente costumava discutir os méritos de um Furtwängler ou de um Bruno Walter. Foi a arte que mais perto chegou de derrubar as barreiras de classe. Não me lembro de nenhuma outra que fosse capaz de fazer algo semelhante a uma mesa composta por saxofonistas de um orfanato das Índias Ocidentais, soldados norte-americanos de um bairro negro dos arredores de Cleveland, jornalistas, faxineiros, vendedores e *souteneurs* discutindo acaloradamente as diferenças entre as escolas das costas Leste e Oeste de jazz. Em sua melhor forma, o protesto democrático do jazz significa apenas que essa música reivindica o direito à participação no mundo das artes para um povo que, se não fosse por essa música, não teria direito a ela; e o seu apelo para essas pessoas não poderia deixar de ser forte.

Em seu aspecto mais negativo, ele degenera em filistinismo. Pois, se o jazz deve agradar ao cidadão menos intelectual ou especializado, ao menos preparado, privilegiado e experiente bem como a outros, isso significa também que seu apelo atinge os mais estúpidos, ignorantes, preguiçosos e inexperientes, que não gostam do que não entendem ou do que exige esforço, conhecimento ou profundidade. É verdade que esse tipo de filistinismo ronda os tipos de música pop influenciados pelo jazz muito mais do que o jazz em si, cujos adeptos fervorosos ficam geralmente estarrecidos diante da perspectiva de apenas sentar e se divertir; os críticos, mais do que os músicos. Os filmes de Hollywood nos quais o herói, depois de um flerte malsucedido com a música clássica, leva o seu saxofone à boca, faz movimentos convulsivos com o corpo e encontra a mulher, o dinheiro e o caminho para o sucesso, dizem respeito às estrelas da Tin Pan Alley. Para esses, o desprezo do público de jazz é tão grande quanto o do clássico. Mas, se o jazz chegou a influenciar e modificar a música pop da maneira que o fez, isso aconteceu principalmente porque o público pop aderiu prontamente a uma linguagem que ostentava a sua "vulgaridade". Por essas mesmas razões a música "Take me Out to the Ball Game", tocada no meio de um teatro de ópera, soa muito mais "escandalosa" se tocada por metais do que por uma orquestra de cordas. E não há como negar que muitos jazzistas não veem a sua música como um acréscimo ao corpo de música séria, mas como uma concorrente direta dos "clássicos".

Em segundo lugar, o jazz é uma música de protesto, pois era originalmente a manifestação de povos e classes oprimidas: mais das últimas do que dos primeiros, talvez, embora as duas categorias não possam ser rigidamente separadas. O seu apelo mais forte aos aficionados de classe média e alta pode ter acontecido, sem dúvida, por causa dessas origens sociais: ninguém jamais iniciou um movimento de adesão emocional aos exercícios do Czerny, que não são menos interessantes do que alguns *boogie-woogies* ao piano (embora de maneira diferente), porque nunca ninguém sentiu vontade de exaltar as classes médias baixas do século XIX *en masse*. Os negros, porém, foram assim exaltados, para seu grande e compreensível desgosto.

A crença de que o negro norte-americano representava, de certa maneira, elementos desejáveis que faltavam à civilização branca foi amplamente espalhada na América do Norte e na Grã-Bretanha, desde que os primeiros shows de menestréis *blackface* se tornaram um tipo de entretenimento popular, a partir de 1860. A busca da contrapartida pura, inocente e natural para a sociedade ocidental burguesa é tão antiga quanto a própria sociedade, refletindo a permanente consciência que ela tem de suas falhas fundamentais. Muitas vezes isso tomou a forma de um exotismo e de um primitivismo simples: a busca do bom selvagem, que pode ser encontrado, dependendo do gosto, no Taiti, no planalto corso, no Cáucaso ou nos desertos árabes. Muitas vezes, principalmente entre os integrantes das classes médias e superiores, tomou a forma mais complexa de uma espécie de idealização parcial de grupos sociais que eram, em outros aspectos, odiados, desprezados e oprimidos: trabalhadores (principalmente os não especializados) e camponeses, mulheres, párias sociais, como criminosos e prostitutas, povos oprimidos, como negros e ciganos. Em tais casos, a admiração se misturava ao desprezo, outras vezes ao medo, que em muitas ocasiões se traduz apenas em uma forma não reconhecida de admiração por algo que nós mesmos não podemos fazer. O cigano era sujo, ladrão, supersticioso e traiçoeiro, mas também "espontâneo" e "livre" como na *Carmen* de Mérimée e Bizet, numa mostra exemplar desse tipo de atitude; o negro do Sul é, para William Faulkner, um sub-humano merecidamente dominado, mas também, por sua força, fervor emocional e "simplicidade", uma espécie de condenação.* Entre as minorias mais rebeldes, principalmente os intelectuais e artistas, a idealização era muito mais simples: o *milieu* de gângsteres, cafetões e prostitutas, como representado no filme *Casque d'Or*, de Becker, era simplesmente mais heroico, livre, apenas porque era um mundo de párias e de elementos que protestavam contra as convenções sociais. Em termos de jazz, o jazz é música de boa qualidade porque acredita-se que provenha não apenas dos negros, mas da zona licenciosa de Nova Orleans.

A tendência emocional, e muitas vezes irracional, em favor dos negros e de seu submundo habitado por vidas subjugadas sempre se mostrou extremamente forte entre os amantes sérios do jazz. Aficionados politi-

---

* Como esses são assuntos a respeito dos quais muitas pessoas são ultrassensíveis, é provavelmente necessário ressaltar formalmente que qualquer pessoa que pense que tais descrições dos ciganos e outros grupos nacionais e sociais representam a realidade, ou a opinião deste autor, está enganada.

camente de esquerda tentaram se opor a isso argumentando que o jazz é uma música tanto de brancos quanto de negros oprimidos, embora, por razões históricas, os negros a tenham formado e desenvolvido mais e a praticado melhor e, por razões sociológicas, a zona mais marginalizada das grandes cidades tenha sido o seu melhor berçário. Embora esse ponto de vista tenha conquistado algum apoio intelectual, ao menos quando não era colocado de forma extrema demais, ele não chegou realmente a abalar a tendência "negra" da maioria dos amantes de jazz de mais idade.[4] Essa tendência, principalmente entre alguns puristas tradicionalistas, pode chegar às raias da mania, como no caso de um historiador (branco) dizendo que essa música "não pode ser tocada por brancos". Outro deles argumenta que:

> Devo dizer que o jazz autêntico só pode ser criado por negros; qualquer outro tipo de jazz por brancos [...] não é autêntico. Eles não conseguem emular o sentimento e a expressão de seus contemporâneos negros, pois estão alheios às inspirações místicas e profundas que motivam o músico negro.[5]

O desejo de se tornar um "negro branco", cuja melhor expressão literária pode ser encontrada em *Really the Blues*, de Mezzrow, é apenas a forma mais extrema desse tipo de postura. Devemos lembrar que essa não passa de uma versão invertida do tipo mais ortodoxo de visão racial daquelas pessoas "cuja reação hostil à música e dança sincopadas é atribuída por elas a tudo o que diz respeito ao negro".[6] O fato de que um tipo de postura leva a um comportamento civilizado entre as raças enquanto o outro leva ao nazismo ou ao barbarismo sul-africano não deve obscurecer a igual irracionalidade de ambas as posições. Grande parte da crítica de jazz é permeada por versões menos extremas desse mesmo sentimento racial pró-negro, o que muitas vezes chega a afetar os padrões da crítica.

JAZZ COMO PROTESTO

O preconceito reverso (o que os intelectuais negros chamavam de *Crow Jim*) não deve ser confundido com o óbvio reconhecimento – que não implica crença no misticismo do sangue – de que a origem e a evolução do jazz estão mais intimamente ligadas à história dos negros norte-americanos do que a qualquer outro grupo, e que, até o presente, a supremacia dos músicos negros em jazz é tão óbvia, e talvez mais difícil de ser contestada, do que a capacidade dos judeus para o xadrez. (É claro que se pode argumentar que isso decorre do fato de críticos, desde 1930, estabelecerem como critério de bom jazz as realizações dos músicos negros, mas não acredito que a superioridade geral de Armstrong, Bessie Smith e Charlie Parker, por exemplo, com relação a qualquer de seus contemporâneos e antecessores, possa ser totalmente explicada dessa maneira.) O que quero dizer não é que o papel dos negros no jazz tenha sido exagerado, porque não foi; porém, o apelo do jazz para muitos admiradores brancos de classe média é o de uma música feita por pessoas que, segundo os padrões da classe média, pertencem a uma camada inferior. A dama sai do castelo com os ciganos esfarrapados não porque sua música seja suave, mas porque *não são* damas e cavalheiros – são, verdadeiramente, ciganos.

Além disso, o elemento de protesto no jazz deve menos do que seria de se supor ao seu caráter negro, pois, paradoxalmente, o protesto musical do próprio negro contra o seu destino foi um dos elementos menos importantes no apelo do jazz, e um dos últimos a se tornar influente. Todos os negros norte-americanos, como todos os integrantes de povos oprimidos e desprivilegiados em todas as partes, sempre protestam contra a sua situação de uma maneira ou de outra, pelo seu próprio padrão de comportamento, ainda que nem sempre de maneira consciente e deliberada. Contudo, em épocas de relativa estabilidade política como aquela na qual se desenvolveu o jazz, tais protestos são geralmente indiretos, alusivos, complexos, esotéricos e extremamente difíceis de serem reconhecidos pelos de fora como protesto, por não lhes serem dirigidos. As piadas sobre judeus, que facilmente podem ser vistas como antissemitas se contadas por um não judeu, são uma forma extremamente elaborada de expressar o ressentimento contra a antiga situação dos guetos judeus, ainda não apta a se tornar a base de uma rebelião contra não judeus. Da mesma forma, as alusões altamente autodepreciativas da cultura negra do Sul serão provavelmente vistas não só pelos de fora como também pelos negros politicamente mais avançados como "atitudes de Pai Tomás". E não sem razão, pois uma das principais funções desse tipo de protesto é liberar pressão sem produzir explosões – linchamentos e *pogroms* – que a rebelião incauta sempre pode desencadear. De qualquer maneira, a fase inicial do jazz, que foi a de maior influência geral, o "estilo Nova Orleans" e as suas derivações e diluições, é quase certamente a música socialmente mais "bem ajustada" que já surgiu entre os negros norte-americanos, produto de uma sociedade cruel e injusta, porém um lugar onde o negro tinha espaço para uma considerável certeza emocional e segurança, desde que "ficasse no seu lugar" dentro do gueto, onde tocava para outros negros. "Pacífico, feliz, quase complacente" não é uma descrição pouco precisa do jazz Nova Orleans do estilo antigo.[7] Isso não durou muito, porém a sua influência na música pop, para o jazz sério e para o público de jazz, não pode ser descrita como um protesto social. Só no fervor dos *spirituals* e nos blues de cortar o coração, sem autopiedade, é que surge uma nota de protesto genuíno. A voga desses gêneros, entretanto, não fez grandes progressos até os socialmente conscientes anos 1930.

Mesmo um tipo de música do povo comum, que não quer a guerra, no entanto, tem seus elementos de protesto; e estes não ficam restritos ao povo negro. Não é apenas o seu tipo de música que sai diretamente do homem ou da mulher não instruídos para um ouvinte nas mesmas condições, no qual as pessoas tocam como se fala, como se ri ou como se chora, apenas de maneira mais contundente; e a qual, em razão dessa postura direta, é um protesto vivo contra as ortodoxias culturais e sociais das quais ela tanto difere. É qualquer música feita *especificamente* pelos pobres e para os pobres, por menor que seja a intenção de protesto político. Isso bem pode ser ilustrado pelo exemplo de uma instituição que tem afinidades com a arte e que, aliás, tem a mais profunda influência na evolução do jazz, a "igreja dos pobres".

Nos países protestantes, os trabalhadores destituídos muitas vezes desenvolvem sua própria religião de maneira separada, e muitas vezes oposta, à das classes altas.[8] Essas religiões quase que invariavelmente têm certas características. Costumam minimizar o valor das coisas difíceis para as pessoas ignorantes ou pobres – como o intelectualismo, as tecnologias elaboradas e assim por diante – e maximizar o valor daquelas coisas nas quais eles competem em termos iguais ou superiores – por exemplo, fervor emocional, entusiasmo moral, austeridade. O pastor culto, com apelo para as congregações episcopais e presbiterianas da classe média da Nova Inglaterra (ou do centro), era impopular entre os homens de fronteira, operários, mineiros ou marinheiros, que admiravam o homem ou a mulher que batia forte na Bíblia prometendo sangue e fogo do inferno no estilo "gospeliano *hot*" do ator-orador-cantor. Todas as seitas de protestantes pobres, brancos ou negros, são essencialmente seitas de declamação, seja ela a dos metodistas primitivos de Durham do século XIX, a dos batistas caipiras, ou as modernas igrejas pentecostais, dos adventistas ou Testemunhas de Jeová. Novamente, essas seitas são muito dadas à democracia. A congregação tomava parte ativa nos procedimentos, cantos corais, améns e aleluias, "falando em línguas" e "testemunhando" sempre que tocados pelo espírito e por outros meios. A distância oficial entre o pregador e o público era a menor possível, e a distância física não era maior, pois qualquer integrante que se sentisse "tocado" e tivesse fervor e eloquência – e quem não se sentia assim de vez em quando? – podia se tornar um pregador. Aqui, mais uma vez, e praticamente pelas mesmas razões, a adoração religiosa foi desformalizada e desritualizada, tornando-se espontânea e coletiva. Uma vez mais essas características aparecem em sua forma mais pura nas igrejas negras, e podem ser escutadas nos valiosos discos de seus serviços religiosos e músicas, podendo também ser encontradas nos serviços de brancos de todas as nacionalidades, desde que refletindo situações sociais semelhantes. Tal religião, mesmo quando não se constituía intencionalmente em um gesto político ou social, era um protesto. Cada elemento dela exalta os caminhos e as aspirações dos pobres, dos ignorantes e oprimidos, dos trabalhadores, depreciando os padrões dos ricos, dos poderosos, dos instruídos, das classes superiores.

O paralelo desses serviços com o jazz dos primórdios não é arbitrário, mesmo se não levarmos em consideração as fortes ligações entre o *hot-gospelling* das igrejas negras e os ritmos do blues que faziam da infância passada na Igreja Pentecostal Holiness ou nas Churches of God in Christ uma educação tão valiosa para os futuros músicos de jazz. Como essas igrejas, o jazz sistematicamente *não* era uma cultura ortodoxa, e exaltava os dons e caminhos dos músicos ignorantes e os dançarinos de maneira semelhante. Assim como elas, ele ia "direto ao coração" das pessoas comuns, porque a sua técnica era projetada com esse objetivo. A realização técnica mais notável do blues, a sua capacidade de arrebatar o ouvinte para o estado de espírito desejado literalmente a partir do primeiro compasso, algumas vezes pela primeira nota, é também uma capacidade das canções gospel. As técnicas do *hot-gospeller* na prosa, do cantor gospel nas canções e do solista improvisador do jazz são fundamentalmente semelhantes (e designadas pela palavra *hot*). Essas técnicas têm paralelos apenas ocasionais nas artes ortodoxas, que se fiam muito mais em um elaborado sistema de engrenagens e correias de transmissão entre as emoções do artista e a expressão artística. Apenas quando nos deparamos com um artista como Van Gogh (aliás, ele também um evangelista pobre), que tem por objetivo o impacto imediato da emoção, é que encontramos um procedimento análogo ao do jazz.

Por sua própria natureza e por suas origens, portanto, o jazz expressa alguns tipos de protesto e heterodoxia, e se presta à expressão de outros. O simples fato de ter sua origem em meio aos oprimidos e desconsiderados, e de ser visto com desdém pela sociedade ortodoxa, pode transformar o mero ato de escutar discos de jazz em um gesto de discordância social; talvez – como descobriram gerações de adolescentes – o mais barato desses gestos. O que eles fariam se o jazz se tornasse domesticado e oficialmente aceito, como o balé, por exemplo, é assunto para especulação.

Não tenciono fazer um levantamento dos vários tipos de protesto que o jazz ajudou a expressar no curso de sua história.* O assunto já foi tratado por psicólogos e bem pode ser deixado a seu cargo. Meu objetivo é mostrar não por que as pessoas precisam de maneiras de fazer protestos usando a música, ou de válvulas de escape, mas por que, tendo tais necessidades, elas encontrem no jazz um veículo tão adequado. E isso se dá porque é "música de pessoas comuns", que, tanto por suas origens sociais quanto por suas associações e peculiaridades musicais, se presta a tal interpretação mesmo quando esse não é o seu objetivo. Se o jazz não existisse no cenário norte-americano, alguma outra forma de tradição popular tomaria, sem dúvida, o seu lugar de veículo de protesto – embora as canções *hillbilly*, as músicas de cowboy, ou o democrático produto da Tin Pan Alley inicial, semifolclórico, não teriam sido substitutos à altura. Pois o jazz deve

---

* Os capítulos 3, 9 e 10 contêm material relevante a esse respeito.

ao menos isso a suas origens e ligações com os negros: o fato de não ser apenas música de pessoas comuns, mas música de pessoas comuns em seu nível mais concentrado e emocionalmente mais poderoso. O fato de os negros serem e terem sempre sido pessoas oprimidas, mesmo entre os pobres e destituídos de poder, tornou seus gritos de protesto mais comoventes e esmagadores, seus gritos de esperança mais poderosos do que os de outros povos, e fez que encontrassem, mesmo em palavras, a mais irresponsível das expressões: "Ninguém sabe dos problemas por que passei", "Às vezes eu me sinto como uma criança órfã", "Bom dia, blues, blues, como vai você?". Por ser uma linguagem afro-americana, a linguagem do jazz é mais heterodoxa e deve menos aos ecos da ortodoxia do que as outras formas de música popular. Além disso, por suas origens musicais, ele usou o mais forte dos dispositivos musicais de indução de emoções físicas poderosas, o ritmo, como nenhuma outra música conhecida em nossa sociedade. Ele não é apenas uma voz de protesto: é um alto-falante natural.

O motivo do protesto do jazz é, para nós, secundário. Os protestos que os intelectuais vadios da Califórnia, ou os adolescentes ingleses, os africanos de Johanesburgo ou os *stilyagi* de Moscou procuram expressar através dele variam de um grupo para outro e para os diversos grupos negros norte-americanos. Eles também são de níveis de seriedade variável. Seria tolice reduzir todos a um denominador comum; no entanto, eles têm esse ponto em comum. O jazz, por si só, não é consciente politicamente ou revolucionário. As vozes que gritam "Não gostamos disso" não devem ser confundidas com "Isso não pode continuar" e menos ainda com o slogan "Temos que revolucionar isso". Nem a não ortodoxia musical deve ser tomada por uma não ortodoxia em todos os outros aspectos; da mesma forma que a não ortodoxia do ladrão com relação às leis criminais não implica pontos de vista não convencionais a respeito de política. Na verdade, antes de ser adotado por grupos de intelectuais, o jazz prestava-se muito menos à revolução política do que outros gêneros de música popular, como os hinos religiosos, por exemplo. E há uma forte razão para isso.

As raízes do jazz estão plantadas em meio àqueles pobres que, embora extremamente oprimidos, são menos dados à organização coletiva e à conscientização política, e encontram sua "liberdade" se esquivando da opressão e não fazendo frente a ela: são os pobres trabalhadores pré-industriais sem qualificação. Sendo pobres e oprimidos, eles cantam e tocam músicas a respeito da pobreza e da opressão como se fossem algo corriqueiro. Os experts em canções folclóricas de esquerda nunca tiveram qualquer dificuldade em descobrir canções flamencas que exprimissem ódio amargo a policiais e juízes, baladas napolitanas idealizando saqueadores rebeldes ou blues de significado social de esquerda. Mas também nunca puderam negar que a grande maioria dessas canções, por mais persistente que se mostre o tom subjacente de ressentimento contra a pobreza e a opressão, dizem respeito à vida privada e às relações interpessoais: o blues típico ainda é a canção que fala dos problemas entre uma mulher e o seu homem, ou de um homem e sua mulher. Em um certo sentido, a força das favelas, dos bordéis, dos *music halls*, como berçários de artes populares, vem do fato de que aqueles que vivem e frequentam esses lugares não têm comumente outra válvula de escape para a sua tristeza senão o fazer e viver impressões estéticas, *living for kicks* [viver em busca de emoção], como diz a expressão. Para aqueles que se organizam e lutam, o êxtase é normalmente um subproduto da ação coletiva, e a arte uma parte disso, como uma música em coro que, tanto como o hino quanto em sua forma secular, tanto caracteriza esses movimentos, com sua frequente – possivelmente generalizada – tendência ao puritanismo. O jazz, porém, é antipuritano, e os corais não têm qualquer relevância para ele. Foram os críticos que classificaram o jazz secular, o blues e as músicas gospel sob a mesma categoria:

historicamente e socialmente o "povo gospel" se opôs fortemente ao jazz entre os negros e a tudo o que ele representava, e muitos músicos de jazz e cantores de blues assumiram uma postura de ressentimento e superioridade diante dos grupos religiosos. De maneira análoga, o movimento trabalhista britânico, em geral, mostrou-se pouco entusiástico com relação aos antigos *music halls*, enquanto os artistas de *music halls*, apesar das suas ideias preconcebidas francamente em favor dos pobres e contra os ricos, raramente se encaminharam para a militância política. O velho contraste britânico entre o "mineiro do pub" (que era, na maioria das vezes, o tipo menos organizado) e o "mineiro de igreja" (que fornecia os melhores elementos para os organizadores de sindicatos) tem um paralelo menos formal no mundo do jazz. Poucos militantes políticos negros eram genuínos admiradores de jazz, ao menos até que lhes fosse incutida a ideia (geralmente por intelectuais brancos) de que essa música era uma "realização de sua raça", da qual deveriam se orgulhar.

Foi fácil associar o jazz à política revolucionária e radical e, em tempos de fermentação política, os músicos de jazz norte-americanos se mostraram simpatizantes com essa ligação: afinal, se os pobres, por mais desorganizados e desmoralizados que fossem, tinham uma postura política, eles tinham de se colocar "ao lado desses pobres". (Em outros países, onde o movimento de jazz teve outras bases sociais, em geral surgindo em meio à esquerda política, as ligações foram muitas vezes mais fortes.) Mas, quando deixado a si mesmo, o protesto em jazz permaneceu vago e ambíguo, porque o que ele combate está muito mais claro do que o que ele apoia. O jazz é contra a opressão, contra a pobreza, contra a desigualdade e a falta de liberdade, contra a infelicidade. Ele é – de uma forma vaga e anárquica, que foi mal compreendida pelos intelectuais anarquistas que o levaram a peito – contra a polícia e os juízes, contra as prisões, os exércitos e a guerra. (Não há nenhum blues tradicional louvando as batalhas, ainda que pacíficas, só *spirituals*.) O ódio a essas coisas não implica militância. Muitos músicos de jazz norte-americanos expressaram seu ódio e ressentimento com relação à sociedade injusta, ainda que de maneira privada. Poucos tiveram qualquer ligação até mesmo com as lutas organizadas e produtivas contra a desigualdade racial, a exemplo de muitas figuras de destaque das indústrias de entretenimento mais comercial e popular, notadamente Hollywood.* A Europa do período pós-45 teve contato com muitos intelectuais norte-americanos expatriados; no entanto, embora muitos músicos negros tenham se estabelecido aqui, em parte pelo tratamento mais digno e humano que recebiam no Velho Mundo, não me ocorrem nomes de refugiados "políticos" na área do jazz, brancos ou negros, em face dos inúmeros refugiados "políticos" de Hollywood ou Nova York em outras áreas artísticas.

O que o jazz é contra pode estar razoavelmente claro em teoria, embora isso possa encontrar uma expressão bastante passiva, evasiva e individualista fora da música. A mais notável dessas expressões talvez esteja nas diatribes desbragadas dos humoristas de nightclubs encharcados de jazz, que se tornaram famosos no final dos anos 1950, Mort Sahl, Lennie Bruce e assim por diante. Aquilo de que ele é *a favor* é muito menos claro. Sem dúvida a liberdade, igualdade, fraternidade, e uma galinha na panela todos os domingos, ou até mesmo todos os dias, dando espaço para o padrão de vida norte-americano. Esses slogans grandiosos, no entanto, são menos autoexplicativos até do que acreditam muitos daqueles que não são músicos ou fãs de jazz. E o protesto em jazz, bem como muitos outros protestos individualistas e espontâneos, sempre foi assolado por uma grande tentação: a de aceitar ganhos positivos muito

---

* Existe uma certa desculpa no fato de músicos negros de jazz serem muito mais facilmente vitimados do que profissionais brancos de entretenimentos mais populares, que ganham muito dinheiro. Como o período do macartismo demonstrou, porém, essa não é uma desculpa totalmente válida.

pequenos – o reconhecimento oficial, a satisfação pessoal. Ou, mais precisamente, a tentação de oscilar entre o descontentamento que nunca pode ser satisfeito porque, como a "flor azul" dos românticos alemães ou o pote de ouro no fim do arco-íris, ele está, por definição, além da satisfação, e outro que pode ser facilmente saciado quando se cresce, ao ser enviado em turnê como "embaixador cultural" pelo governo dos Estados Unidos, ao tocar com a Filarmônica de Nova York ou ganhar muito dinheiro.

A ânsia por reconhecimento oficial talvez seja a parte mais perigosa dessa tentação, pois ela afeta não só o apelo geral do jazz, mas também a música. Ela sempre existiu, mesmo quando os músicos de jazz se contentavam em "lavar a alma" tocando seus instrumentos como profissionais de entretenimento para um público interessado em dançar, e os fãs vociferavam seu desdém pelas artes respeitáveis. Foi ela que fez os músicos de jazz insistirem, vez por outra, em tocar com seções de cordas (pois os violinos simbolizam a aceitação de status cultural para a música), apesar dos resultados sempre desastrosos dessas experiências. O filme *St. Louis Blues*, como tantos outros filmes norte-americanos, é um compêndio de ficções amplamente aceitas, todas igualmente infelizes, e ilustra isso muito claramente: relatando a turnê mundial de Louis Armstrong, ele termina com uma apoteose de jazz, em uma grande sala de concerto, cercado por muitos violinos.* Os rebeldes das artes no jazz se contentam em serem admitidos no que seria a sua versão da Royal Academy, ao contrário de rebeldes de artes mais sofisticadas, que são mais sagazes. Da mesma forma, os amantes de jazz, tanto na Grã-Bretanha quanto nos Estados Unidos, mostraram um ressentimento desproporcional contra a negligência para com a sua música pelos guardiães do som ortodoxo. Gerações deles cresceram repetindo as mesmas migalhas de louvor ao jazz

---

* O inteligente empresário Norman Granz sabia o que estava fazendo quando batizou sua série de espetáculos de jazz em várias cidades de *Jazz at the Philharmonic*.

por músicos clássicos (de primeira ou segunda categoria) e saudando com comovida gratidão o reconhecimento eventual do jazz por um programa qualquer da BBC ou por outras instituições culturais estabelecidas.* O fã e o crítico de jazz foram, até agora, criaturas acuadas. Poucos são os livros sobre jazz que não começam ou contêm uma defesa dessa música contra seus detratores.

Esse sentimento de inferioridade, reconhecido ou não, faz parte do protesto do jazz. Ele produziu fenômenos como a tentativa de transformá-lo em algo equivalente à "música séria" – o jazz "sinfônico" dos anos 1920, as ornamentações derivadas de Bach e Milhaud no jazz moderno, o vestir-se em casacas e agradecer aos aplausos com reverências formais, a recusa sistemática em se comportar como os *entertainers* extrovertidos de antigamente. Tudo isso é compreensível, talvez inevitável, mas é lastimável, pois a força do jazz não é a força do sentimento de inferioridade entre os músicos ou admiradores, mas a de uma linguagem que, embora limitada, é radicalmente diferente da cultura ortodoxa de minoria. O palco inglês não se tornou melhor porque os atores receberam honrarias de cavaleiros. De certa forma, o influxo de filhos e filhas das classes médias e altas o enfraqueceu visivelmente, como reconheceu Bernard Shaw: quantos atores e atrizes britânicos podem interpretar um Rei Lear, Otelo, Cleópatra ou Lady Macbeth com naturalidade, como faziam as trupes de "não cavaleiros" do século XIX?

Paradoxalmente, o jazz mais simples e menos "político" foi o que mais resistiu às tentações de fazer concessões por respeitabilidade e reconhecimento oficial. Bessie Smith, que nunca cantou em teatros para brancos e que não teria mudado o seu estilo de vida se tivesse cantado, é – como o blues – a parte menos corrompida e corruptível do jazz e, portanto,

---

* Assim, durante os anos 1930, uma manifestação de apreço casual a Duke Ellington por parte de Percy Grainger era quase invariavelmente citada, e uma outra, bem mais apurada, de Ernest Ansermet sobre Sidney Bechet, em 1919, sempre era repetida em todas as discussões de jazz tradicional.

a mais pura detentora do protesto em jazz. (Pode ser significativo o fato de que entre todas as biografias e autobiografias de artistas de jazz, as das figuras femininas são as que expressam a amargura irreconciliável do oprimido de forma mais persistente.[9]) Isso não se dá porque artistas desse tipo sejam mais imunes à tentação. Muitas vezes, na verdade, os músicos primitivos e elementares estão muito mais dispostos, do que os sofisticados e emancipados, a tocar o que o público quer, ou a agir em público como este deseja que o façam, provavelmente, porque eles não sabem cantar ou tocar de outra maneira, sendo de difícil adaptação. Se Armstrong tocasse o "Trumpet Voluntary", de Purcell, provavelmente ainda soaria como o blues.

Mas esse fato torna mais difícil, para aqueles que não têm sentimentos de inferioridade a respeito do jazz, a defesa de seus méritos radicais e singulares. Eles podem facilmente ser acusados de idealizar os simples, analfabetos e não emancipados. "Vocês querem nos manter em inferioridade" é um ataque sempre feito contra aqueles que simplesmente querem manter a independência do jazz. É inevitável. A lógica da luta pela emancipação e igualdade leva aqueles que lutam por elas a demonstrarem duas coisas: em primeiro lugar, que podem competir com sucesso com aqueles que se dizem superiores em seu próprio território; segundo, que eles podem abandonar um modo de vida que até então foi associado à inferioridade. As primeiras feministas tentaram mostrar não só que podiam obter resultados tão bons quanto os homens em exames universitários, mas também que podiam dispensar os "artifícios femininos" – vestir-se de maneira elegante, usar maquiagem e assim por diante. Os judeus sionistas tentaram mostrar que os judeus são bons agricultores e lutadores, ocupações que até então não eram tidas como típicas suas, rejeitando a preciosa cultura ídiche do leste europeu como um estigma de seu passado inferior. Autoridades de universidades africanas nutrem grandes suspeitas a respeito dos conselheiros europeus que sugerem que não deem muita atenção ao grego e ao latim. Os clássicos não pertencem à cultura mais elevada dos europeus, e não será esse plano de eliminá-los um mero reflexo do desejo de privar os africanos, ainda hoje, da melhor educação?

Existe algum fundamento em todas essas suspeitas e rejeições, por mais exagerados que sejam seus resultados práticos. Afinal, aqueles que mantiveram as mulheres em situação de inferioridade realmente idealizaram muitas vezes os aspectos do comportamento feminino que não concorriam com as realizações masculinas: "seja bela, doce donzela, e deixe-me ser o esperto". Os antissemitas nunca negaram que os judeus fossem inteligentes ou bons em negócios, mas sim que fossem corajosos, trabalhadores ou honestos. Os defensores da inferioridade africana são os primeiros a idealizar "tribos de homens não corrompidos" por oposição a "intelectuais de educação pela metade". Os gritos de "Viva o Pathan, abaixo os *baboos* bengaleses!", "Viva o nobre beduíno, abaixo o professor egípcio!", "Viva o corajoso e burro masai, abaixo o kikuyu corrupto!" ainda ecoam na história da opressão racial, da mesma forma que os aristocratas e os patrões nunca se cansam de contrastar o antigo servidor, ou velho e leal colaborador, com os espécimes inferiores de camponeses e operários do cenário político atual. É natural, e necessário, que aqueles que se sentiram oprimidos se ressintam, e que demonstrem a sua igualdade fazendo o que lhes foi dito que não seriam capazes de fazer.

Mesmo que às vezes haja essa tendência a jogar fora o bebê junto com a água do banho, deve se tomar cuidado para devolvê-los ao lugar a que pertencem. (Não há uma razão técnica para que isso não aconteça, a menos que tenham caído de cabeça, durante o processo.) Mulheres emancipadas há muito deixaram de evitar roupas bonitas, judeus emancipados já não menosprezam histórias e piadas ídiches. E a seu tempo, sem dúvida, os negros norte-americanos terão o seu próprio *revival* de Nova Orleans, estando distantes o suficiente do velho Sul para separar a realização cultural original de seu povo das condições de opressão na qual ela se deu.* É muito provável que, quando isso acontecer, os críticos estejam prontos a avisá-los de que um retorno ao passado morto não é o mesmo que a continuação de uma tradição viva, uma admoestação até hoje feita principalmente aos músicos brancos. Nesse meio tempo, aqueles que não nutrem sentimentos de inferioridade por gostar de jazz ou por tocar essa música poderão apenas continuar a defender a sua originalidade genuína e as suas realizações, mesmo quando elas estiverem mescladas a coisas que outras pessoas prefeririam esquecer ou abandonar. Mas existe ainda outra coisa que podem fazer. Podem ajudar a emancipação daqueles que são oprimidos e desprivilegiados, e que se sentem inferiores, pois essa, provavelmente, é a maneira mais rápida de atingir o seu alvo.

---

* É com satisfação que posso registrar a realização dessa previsão. Embora não tenha ainda ocorrido um "*revival* de Nova Orleans" no sentido exato do termo, desde 1958 tem havido um extraordinário retorno "às raízes" – blues e músicas gospel – sobretudo entre os músicos negros mais conscientes racialmente. São exatamente as qualidades mais folclóricas que hoje (1960) são valorizadas, talvez até de maneira excessiva, como o funky e o soul. Contudo, a grande faixa do jazz que está entre o *proto-jazz* e a revolução bop ainda está para ser descoberta por muitos modernistas.

PARTE 5

Artigos selecionados das revistas *The New Statesman* e *The New York Review of Books*

12. *THE NEW STATESMAN*, 1958-1965

Basie

Como todos os artistas, os músicos de jazz tocam principalmente para o único público cujo julgamento respeitam, que é aquele formado por outros músicos. Como todos os artistas, eles colocam a sua arte em apuros ao se afastarem do controle do público pagante comum, que sabe do que gosta, desde que esse público não pague demais nem saiba demais. Se pagar demais, a tentação da Tin Pan Alley pode se tornar excessivamente grande: os roqueiros do Sr. Bill Haley talvez sejam músicos de jazz competentes, mas não têm condições de demonstrá-lo em público. Se a plateia achar que sabe demais, vai atrapalhar os músicos. De longe, o melhor tipo de público é aquele que não se importa muito com o que os músicos tocam, desde que, em termos gerais, façam o tipo certo de barulho e exibam alguma pirotecnia ocasional. Um público que, aliás, permitirá que músicos e arranjadores satisfaçam as suas próprias consciências.

Poucos lugares proporcionaram melhores condições deste tipo do que Kansas City entre 1920 e 1940, uma cidade dura e "escancarada" que revolucionou o mundo do jazz, em grande parte graças à banda de Count Basie, que dali emergiu em 1936, e chegou ao Festival Hall nessa terça-feira. Sejamos gratos a Kansas City. Count Basie e os seus dezesseis homens formam a melhor orquestra de jazz que já visitou este país desde que Duke Ellington esteve por aqui em 1933. Dois dos *bandleaders* britânicos que marcaram presença na estreia foram entreouvidos propondo um para o outro, no intervalo, saltarem da ponte de Waterloo no rio com suas bandas. São realmente dignos de compaixão, embora a situação não chegue a exigir medidas tão extremas. O jazz tal como é tocado pela banda de Basie está simplesmente fora do alcance dos músicos britânicos e, quando eles se reconciliarem de novo com o fato, poderão continuar a nos divertir e a si próprios de forma mais modesta, como antes.

A banda apareceu num cenário que parecia um projeto de piscina para leões-marinhos e que deveria simbolizar sua música. Quem viu os intérpretes, grisalhos e vencidos pela fadiga após a viagem, enfrentando a imprensa por algumas horas antes de subirem ao palco sem ensaios, apreciará como foi um verdadeiro feito que tenham conseguido sobreviver àquela noite. Sabe-se lá o que pensam esses homens de fala mansa, nada simples, com sorrisos publicitários impassíveis, enquanto as câmeras tiram as fotos que se parecem exatamente com outras tiradas em cem cidades, ou enquanto eles tocam "Low Life" mais uma vez, de forma admirável. Mas eles nada demonstram. Uma combinação de ritmo natural extraordinário, flexível, controlado e tranquilo, e de habilidade igualmente extraordinária, faz desta banda não apenas uma máquina rítmica e de sopro magnífica – talvez a melhor do mundo na atualidade – mas vibrante e nada forçada. Isto provavelmente se deve à total confiança dos homens em sua própria bagagem técnica e em seus companheiros. Não há dúvida de que esta banda chega até nós como um conjunto perto do auge de sua forma coletiva. Parte disso também se deve aos excelentes arranjos escritos para esta combinação específica de músicos e nenhuma outra, embora a falta de ensaio com os microfones tenha levado a um certo exagero nos metais. Mas a banda não se apoia apenas na rotina, pois um grupo deles improvisou o tradicional

"Royal Garden Blues", que está longe de seu repertório normal, com uma facilidade quase desdenhosa.

Seja como for, esta é realmente uma banda de altíssimo nível. Seu ritmo se espalha com uma facilidade maravilhosa, desde os acordes enganosamente simples com os quais o próprio Count Basie abre ao piano, até o resto da seção rítmica e daí aos metais e às palhetas até que, como disse um músico britânico cheio de admiração, "todo homem parece ser sua própria seção rítmica". Os solistas são elegantíssimos, com destaque para Joe Newman, um trompete fino e elegante, Frank Foster, um saxofone juvenil ostentando o pequeno cavanhaque do músico vanguardista, e o trombone de Henry Cocker. E toda a banda se abstém, com uma confiança quase insolente em seus poderes, dos truques vulgares e simples do *métier* que leva os adolescentes à loucura. Não precisa deles. No máximo, ela se permite a provocar suas emoções com uma massa de som descarado, mas seus melhores números não são os mais ruidosos, e a banda sabe disso. Além de alguns números com espaço para o virtuosismo do baterista e do baixista, Basie faz apenas uma concessão ao seu vocalista, Joe Williams, um homem alto e impassível que esconde seus pensamentos. Williams é um cantor de jazz de considerável talento, que aumentou muito a popularidade da banda nos Estados Unidos, mas para um crítico, pelo menos, ele não consegue fazer Basie tocar blues como James Rushing fazia nos dias distantes em que ele e a banda nos emocionaram pela primeira vez com "Sent for You Yesterday".

Qualquer um que queira ouvir uma banda negra de primeira linha, no auge de sua forma, deveria ouvir Basie. Até Duke Ellington regressar a este país, os amantes do jazz britânicos terão sorte se conseguirem ouvir qualquer outra coisa que atinja ou supere este padrão de excelência.

Jazz parisiense

Artisticamente, o jazz, como a *haute couture* [alta-costura], é um produto bastante desnacionalizado. Para o ouvinte casual, uma banda de "Nova Orleans" soa praticamente da mesma forma, seja composta por escoceses ou japoneses. Um quarteto *cool* será idêntico, seja composto por cingaleses ou suecos, o que é bastante natural, uma vez que todos estão essencialmente imitando os norte-americanos. (A única escola local de jazz que parece comportar-se com verdadeira autonomia estilística é a das *jive bands* nas favelas de Joanesburgo.) Do ponto de vista musical, portanto, o amante do jazz britânico que visita Paris não atravessa fronteiras. O jazz "tradicional" que se ouve por lá é, na maior parte dos casos, pior do que o nosso. O jazz do período médio e o do moderno são bem melhores – graças à presença constante de músicos norte-americanos expatriados de alto nível – mas, fora isso, há poucas surpresas. O Sr. Kenny Clarke, baterista, reúne uma variedade de combinações modernas no Club Saint Germain, como fez em Nova York (incluindo um pianista francês surpreendentemente bom, Martial Solal). Michel Hausser, Henri Renaud e seus parceiros no Chat Qui Pêche soam como o Modern Jazz Quartet, só que não tão bons, porque são uma imitação do Modern Jazz Quartet. M. Guy Laffitte, um sax tenor tão bom quanto qualquer outro na Europa, lembra claramente o expatriado parisiense Don Byas. Quanto ao trompete arejado e suingante do veterano Bill Coleman e do blueseiro Mezz Mezzrow, que se apresentam no Trois Mailletz, eles pertencem a Paris apenas porque moram lá e devem a maior parte da sua reputação internacional à defesa promovida pelos críticos franceses na década de 1930.

Do ponto de vista social, por outro lado, nada poderia ser mais diferente do mundo do jazz de Londres do que o de Paris. Embora o jazz tenha penetrado profundamente no universo dos intelectuais britânicos consagrados e reconhecidos, o fã de jazz característico daqui ainda é um eletricista adolescente ou um aprendiz de ferramenteiro, um desenhista ou técnico de laboratório, um compositor, um bancário ou um tecnólogo júnior. Se H. G. Wells fosse jovem nos dias de hoje, quase certamente pertenceria a algum clube de jazz, e não é sem relevância que a ficção científica tem sido um interesse extracurricular dos jazzistas britânicos desde antes da guerra.

O mesmo não acontece na França, onde o jazz é quase exclusivamente um puxadinho do intelectualismo da Rive Gauche, e a venda de discos cai de um modo acentuado e regular todo mês de junho, na época de exames, quando os ginasianos e os universitários têm outras coisas em que pensar. Lá ele tem sido há muito tempo perfeitamente respeitável. Jean Cocteau e Max Jacob apoiavam a revista *Le Jazz Hot* em seus primeiros dias. *Les Temps modernes*, de Sartre, há muito abre as suas colunas a André Hodeir e Lucien Malson – desnecessário dizer, um *professeur de philosophie* – e pelo menos um baixista profissional competente começou a vida musical como sociólogo formado. Quando um grupo de vanguardistas deseja fazer um documentário sobre o Palais Idéal do carteiro Cheval – um Xanadu de araque construído por um Douanier Rousseau provençal com tendências blakeianas, que há muito tempo é um hobby dos ex--surrealistas –, é natural que seja acompanhado por uma trilha sonora de jazz moderno. Muito boa por sinal, de autoria de André Hodeir. Exceto quando formado por turistas, o público do jazz francês parece ter sido arrebanhado nos terraços do Quartier. Exceto quando são negros norte-americanos, os músicos de jazz franceses parecem os intelectuais que são: isto é, ou como o jovem Clemenceau ou (considerando os óculos e a ausência da tonsura) como o jovem Abelardo, vestindo um cardigã azul.

O mundo do jazz parisiense tem alguns postos avançados na margem direita, remanescentes de suas origens em torno de Montmartre, mas existe fundamentalmente entre o rio e St Sulpice. Praticamente todo o jazz que vale a pena ouvir pode ser encontrado entre o Club Saint Germain (bem localizado a 10 metros dos cafés Flore e Deux Magots) e o Trois Mailletz, na rue Galande, onde os intelectuais são vizinhos dos norte-africanos. Se o jazz não fosse tocado em porões, seria bem possível se guiar orientando-se pelo som de um ou outro baterista: passando pelo Tabou (rue Dauphine), para onde os músicos vão depois do expediente, ladeado por cartazes anunciando a arte abstrata alemã, pelo Caméléon (rue St. André des Arts) e a rue de la Huchette, que percorreu um longo caminho desde *A Narrow Street* de Elliott Paul, pois contém agora a sede da dramaturgia de M. Ionesco e a maior concentração de clubes de jazz da cidade, incluindo o Chat Qui Pêche e Caveau de la Huchette, de Maxim Saury, o mais animado da moribunda tribo dos porões de "Nova Orleans". Ainda que os exploradores encarem o Cigale (Bd Rochechouart), um café de rua onde músicos africanos buzinam produzindo mais barulho do que elegância, e que instrumentistas visitantes apareçam no Mars (rue Robert-Estienne) para saber o que está acontecendo, no fundo tudo se resume à Rive Gauche.

É um mundo estreito, economicamente insustentável, que deixou de se expandir: há três anos a rádio francesa abandonou os concursos anuais de jazz amador. As províncias e as classes trabalhadoras ainda não vieram em seu socorro, e seu interesse se resume à música de Nova Orleans de Sidney Bechet, que faz 250 concertos por ano no interior num estilo desprezado pela vanguarda parisiense. Os nightclubs cobram preços excessivos e estão sendo rapidamente substituídos por discotecas sem músicos ao vivo. Os instrumentistas, a menos que sejam estrelas (norte-americanas), competem por trabalho ocasional por F 3.000 a F 5.000 por noite e podem ter que tocar por F 1.500. Não há dúvida de que a atual depressão – que os observadores locais atribuem à política, embora afete também a Grã-Bretanha, que não tem coronéis argelinos – piora as coisas, mas não tanto. O jazz parisiense, portanto, recua para um profissionalismo marginal: concertos ocasionais e trilhas sonoras, que ultimamente se multiplicaram graças ao sucesso comercial do filme de Vadim com trilha de John Lewis, e de *Ascensor para o cadafalso* de Louis Malle com Miles Davis. A mais ambiciosa orquestra de jazz experimental, o Jazz Groupe de Paris de André Hodeir (com dois trompetes, trombone, três saxofones, vibrafone, baixo e bateria), não conseguiu se estabelecer comercialmente e continua a ser um grupo para as horas livres, cujos membros ganham a vida noutras partes.

Na verdade, tal como a costura, o jazz de vanguarda parisiense é um gosto minoritário que depende daqueles que podem pagar preços de artigo de luxo por ele ou se fiar na exportação. Mas o público do jazz francês não é rico, embora os pais desses apreciadores às vezes sejam, e só existe um verdadeiro mercado de exportação para os excelentes livros de críticos e teóricos franceses do jazz: é surpreendente como são poucos os discos de jazz franceses lançados neste país. Restam os turistas, que adoram bares de reputação duvidosa em subsolos, com quem os clubes de jazz podem continuar a contar, pelo menos até que os visitantes comecem a exigir garotas e shows. E mais: enquanto o jazz francês mantiver a intensa vibração intelectual, e Paris, a atração pelos músicos norte-americanos, de uma forma ou de outra os metais continuarão a soar no estilo mais avançado da época.

O Duke

Sempre que se menciona Duke Ellington, os críticos de jazz tiram a poeira dos seus superlativos. Como a maioria deles já foi usada para comemorar sua visita atual, algumas declarações categóricas servirão para informar os leitores mais conservadores da *New Statesman*. Eles podem, portanto, ser informados de que Ellington é certamente a figura mais ducal do jazz – ele usa o título, conquistado por sua elegância desde os

8 anos de idade – e provavelmente o compositor mais original dos Estados Unidos. Sua banda não é apenas a melhor, mas também a mais antiga orquestra de jazz em funcionamento contínuo desde 1926 – um recorde admirável para quem conhece o ramo –, executando principalmente as composições de seu líder. Todas estas coisas são quase tão surpreendentes para os admiradores convictos de Ellington como para quem está de fora, pois, embora não pairem dúvidas sobre as suas realizações, elas são tão enigmáticas quanto o seu charme, ou quanto a postura do seu principal solista, que parece e se comporta como o mais impassível dos indígenas de Orozco até erguer o saxofone alto e produzir a invenção mais lírica da história do instrumento.

A estatura de um montanhista não é avaliada pela altura dos picos que ele escala, mas pela dificuldade que encara. Os críticos de jazz admiram Ellington profundamente porque conhecem a natureza das rochas musicais que ele galga. Ele é mais do que apenas o *petit-maître* de Constant Lambert, um pintor de quadros musicais com um notável domínio técnico na mistura precisa do som orquestral e na interação de solo e orquestra. Ele foi o primeiro a reconhecer e resolver o problema incrivelmente difícil que é transformar em composição uma música folk viva, mutável e improvisada, sem perder a espontaneidade. Qualquer um pode usar recursos do jazz em composições ortodoxas ou deixar *cadenzas* em branco para solos improvisados. Ninguém, exceto o Duke (numa simbiose peculiar e anarquicamente controlada com seus músicos), produz música que é *ao mesmo tempo* criada pelos músicos e totalmente moldada pelo compositor. Ele tem sido tão singular e tão à frente de seu tempo que até os músicos de jazz às vezes deixam de apreciar sua originalidade, surpresos ao encontrar algum recurso revolucionário do jazz moderno antecipado no início dos anos 1930, ainda mais por um homem que não vê razão para romper com a tradição jazzística. Por exemplo, Ellington, sozinho nisto como em tantas outras coisas, manteve consistentemente na sua música dois dos sons mais antigos do jazz: o clarinete líquido de Nova Orleans e as vocalizações comoventes do trompete de blues sulista.

Este homem notável está conosco novamente durante três semanas. Uma vida inteira no mundo noturno do show business – onde os negros fazem números e não são considerados homens, e o que conta é apenas as cédulas de dinheiro dobradas – ensinou-o a esconder seu intelectualismo por trás da máscara de cortesia e elegância, e de um especialista em mulheres. Isto emerge em uma certa ambiguidade branda de seu estilo (Ellington é um prato cheio para os estudantes de ambiguidade) e em sua persistente sagacidade musical. Talvez ele também tenha aprendido a subestimar seu público, pois no Festival Hall ele nos brindou com o equivalente jazzístico ao que uma orquestra sinfônica faria se fosse chamada para um concerto numa colônia de férias. Mas os fãs de jazz britânicos são provavelmente mais exigentes do que a banda de Ellington, ou talvez mais conscientes de uma distinção que Duke – com sua ocasional predileção por música de fácil assimilação – não reconhece. Como a banda não tem um programa preparado, ela certamente se adaptará às demandas locais. Ainda é única e maravilhosa, embora um dos músicos de Ellington tenha sentido que, após uma pausa de uma semana, ela ainda não estava totalmente "aquecida". Isso foi, acho eu, de uma modéstia equivocada e desnecessária. Os músicos de Ellington tocam como o Teatro de Arte de Moscou atua – em uma categoria própria.

Blue Note

Numa época em que Nova York relata que "os LPs religiosos viram grande negócio" ("o interesse subitamente se concentrou no impulso religioso"), estamos propensos a procurar nervosamente por grãos de conforto nos campos rarefeitos do jazz e da música pop. Podemos encontrar alguns no fato de que a lista atual dos dez LPs/EPs de jazz mais vendidos na Grã-Bretanha contém dois discos de cantores de blues autênticos, intransigentes e descomprometidos: Leroy Carr (*Treasures of North American Negro Music*), e o grupo Terry-McGhee, acompanhado por Chris Barber. Este avanço do blues não é inesperado. No entanto, é um triunfo para o pequeno, porém influente, grupo de fanáticos que, há anos, vem sistematicamente tentando contaminar um público indiferente com sua própria devoção a esta difícil arte; entre eles, Humphrey Lyttelton, que se juntou duas vezes a Jimmy Rushing, e Chris Barber, que seguiu uma política determinada de importar cantores de blues e gospel para sua banda. Até onde se pode ver, o Sr. Barber não obtém nada além de satisfação espiritual com essas importações: são os cantores de blues que se beneficiam pela chance de cantar com aquela que é (para perplexidade de vários críticos) a banda de maior sucesso no show business da atualidade. Poucos daqueles que vieram à apresentação da banda Barber em St Pancras Town Hall na segunda-feira já tinham ouvido ou mesmo ouvido falar de McKinlay Morganfield ("Muddy Waters"), que também fazia parte do programa. Mas é seguro apostar que doravante este cantor de blues, tal como os seus antecessores, terá um público próprio.

Muddy Waters, como sugere seu extravagante nome comercial, pratica um tipo de canto ainda desconhecido por aqui. Rushing se apresenta fincado no chão, balançando o corpo robusto suavemente e cantando letras lindamente balanceadas, com tranquilidade, descontração e equanimidade, de preferência ao lado de uma *big band* (*Little Jimmy Rushing and the Big Brass*, Philips LP). Big Bill Broonzy cantava pelo sentimento das palavras. Muddy Waters é um cantor de gestos calculados, para não dizer maneirista, que constrói padrões de voz e guitarra elétrica, que produzem efeito emocional ao bombardear sistematicamente o público com os sons mais altos e mais blues dos blues: um *bluesman* que soa como o flamenco. É um artista grande e elegante com cabelos lisos e ar meio cigano. De todo modo, ele tem o ar calculista do músico cigano debruçando-se sobre a plateia, pensando até que ponto e em que direção liberar as emoções. Não é o que acontece com seu acompanhante e meio-irmão, Sr. Otis Spann, um pequeno e rechonchudo músico projetado pela natureza para tocar blues ao piano, se é que existe alguém assim, e que nos arrebata com naturalidade, assim como Muddy Waters o faz com artimanha. Uma dupla impressionante.

Não há como escapar do blues: os músicos mais sofisticados e modernos retornam a ele. O fascinante Thelonious Monk arrasta um Gerry Mulligan um tanto intimidado para dentro deles em *Mulligan Meets Monk*. *Trio Blues*, do falecido Art Tatum, só pode ser descrito como a escola superior do blues de piano, como Ulanova apresentando danças folclóricas russas: o disco inteiro é sensacional e tem lugar garantido em qualquer coleção. Não há como escapar do blues: ainda bem.

Count Three

O homem sábio que entra em um concerto formal de jazz se benze, bate na madeira, ou, se for racionalista, simplesmente acalenta a esperança de que desta vez dê certo. Mas geralmente não dá. Há pouquíssimas combinações de jazz capazes de garantir exatamente o que o público espera ao comprar seus ingressos, quer dizer, se as expectativas do público forem elevadas. Uma delas está novamente entre nós, e este crítico, um pessimista por natureza, tomou seu lugar no Festival Hall com confiança perfeita e justificada. A banda de Count Basie não nos decepcionou. O que fazem é musicalmente modesto, mesmo pelos padrões do jazz. A fórmula "Kansas City" para o jazz de *big band*, da qual Basie é o mestre, e que é claramente a mais viável já descoberta, é baseada na simplificação e não na complexidade. (Alguns dos arranjos mais bonitos de Neal Hefti não me impressionaram.) Fora do "riff", a frase de blues simples e repetida contra a qual o solista improvisa, surgiu o que André Hodeir chama de "frase maciça", que é a base de tudo que Basie faz. Talvez haja coisas mais elevadas no jazz, mas, quando se trata do swing do conjunto, não há, e talvez nunca tenha havido, nada como esta banda. Individualmente, os solistas não costumam ser de primeira classe. Na verdade, em geral estão bem abaixo do padrão da clássica banda de Basie, nos primórdios. Mas, como grupo, têm uma perfeição rítmica implacável. Aquela banda, mesmo tocando *pianíssimo*, é capaz de tirar o público dos assentos com a força de um guindaste.

Compará-la com a orquestra de Ellington, como fizeram observadores superficiais, é grotesco. Além do fato de ambas serem "*big band*s" para os padrões do jazz – dezesseis homens, neste caso – as duas nada têm em comum. Basie não é mais parecido com Ellington do que Cobbett, em estilo, lembra James Joyce. Ambos escrevem bem prosa, mas um está tentando fazer algo bem mais difícil do que o outro. Ellington é um compositor sutil, Basie é o líder de um grupo que desenvolveu uma versão infalível do blues para *big band*. A banda de Ellington é um grupo de *primadonnas* melindrosas, a de Basie é uma equipe de artesãos superlativos, com o orgulho coletivo de um regimento de elite. (Deve ser a única banda que multa instrumentistas que se atrasam.) Num bom dia, a banda de Ellington é incomparável, mas seu dia é imprevisível. A banda de Basie, mais modesta nas ambições, é totalmente previsível e, consequentemente, elogiada de forma mais consistente. O que é igualmente pertinente é que Ellington é um individualista, Basie está na corrente principal do jazz. A coisa mais notável sobre o seu sucesso é que ele o alcançou tocando jazz puro e não adulterado, sem truques nem acrobacias, um jazz independente de estilo na medida em que consegue absorver músicos de qualquer escola (por exemplo, os marcadamente modernos Thad Jones e Joe Newman) com perfeita facilidade. Até Joe Williams, que não me impressionou muito na primeira visita, há dois anos, tornou-se um cantor de baladas de *big band* de primeira classe, embora ainda não seja meu ideal de cantor de blues.

Viajar só

Billie Holiday morreu há algumas semanas. Até agora não consegui escrever sobre ela, mas, como ela vai sobreviver a muitos que receberão obituários mais longos, um pequeno atraso numa breve apreciação não trará prejuízos a ela nem a nós. Quando morreu, nós – os músicos, os críticos, todos os que ficaram paralisados pela voz mais comovente da geração passada – sofremos amargamente. Não havia razão para isso. Poucas pessoas buscaram a autodestruição com mais entusiasmo do que ela, e quando a busca chegava perto do fim, aos 44 anos, ela havia se transformado em um desastre físico e artístico. Alguns de nós tentaram galantemente fingir o contrário, consolando-se nos momentos ocasionais em que ela soava como um eco devastado de sua grandeza. Outros nem tiveram coragem de ver e ouvir. Preferiram ficar em casa e – se tiverem idade e a sorte suficientes para possuir os discos incomparáveis do seu apogeu, de 1937 a 1946, muitos ainda indisponíveis em LP na Grã--Bretanha – recriar aqueles sons ásperos, sinuosos, sensuais e insuportavelmente tristes que garantiram a ela seu quinhão de imortalidade. Sua morte física exigia, no mínimo, alívio em vez de tristeza. Que tipo de meia-idade teria ela enfrentado, sem voz para ganhar dinheiro para a bebida e os vícios, sem a aparência – e em seu auge ela era assombrosamente bonita – para atrair os homens de quem precisava, sem senso comercial, sem nada além da desinteressada adoração de homens idosos que a viram e ouviram em sua glória?

E, no entanto, por mais irracional que seja, a nossa dor expressou a arte de Billie Holiday, a arte de uma mulher de quem devemos sentir pena. As grandes cantoras de blues, com as quais ela pode ser comparada com justiça, recorriam à força. As leoas, embora muitas vezes feridas ou encurraladas (Bessie Smith não se autodenominava "um tigre pronto para dar um bote"?), tinham Cleópatra e Fedra como suas equivalentes na tragédia. Billie era uma Ofélia amargurada. Era a heroína de Puccini entre as cantoras de blues, ou melhor, entre as cantoras de jazz, pois, embora cantasse incomparavelmente uma versão cabaré do blues, seu idioma natural era a canção pop. Sua realização singular foi ter transformado isso em uma expressão genuína de grandes paixões, por meio de um total desrespeito pelas melodias açucaradas, ou mesmo por qualquer melodia que não fossem suas poucas notas alongadas e delicadamente chorosas, num fraseado de Bessie Smith ou Louis Armstrong em penitência, cantado com uma voz fina, áspera e marcante, cujo humor natural era o acolhimento não resignado e voluptuoso às dores do amor. Ninguém cantou ou cantará as canções de Bess, em *Porgy*, como ela. Foi essa combinação de amargura e submissão física – como a de quem fica deitado imóvel enquanto vê suas pernas serem amputadas – que tornou arrepiante o seu "Strange Fruit", o poema de protesto contra o linchamento que ela transformou numa canção inesquecível. (Nem preciso dizer que essa excelente gravação, acompanhada pelo blues "Fine and Mellow", não está disponível em discos britânicos.) O sofrimento era sua profissão, mas ela não o aceitava.

Pouco precisa ser dito sobre sua vida horrível, que ela descreveu com verdade emocional, mas nem tanta verdade factual, na autobiografia *Lady Sings the Blues*. Depois de uma adolescência em que o respeito próprio de uma menina era medido pela sua insistência em pegar com as mãos as moedas que os clientes lhe atiravam, ela estava claramente além de qualquer ajuda. Ajuda que não faltou, pois contou com o talento e a honestidade escrupulosa de John Hammond para lançá-la, com os melhores músicos dos anos 1930 para acompanhá-la – notadamente Teddy Wilson, Frankie Newton e Lester Young –, além da devoção ilimitada de todos os conhecedores sérios e de muito sucesso de público. Nascer com beleza e respeito próprio no gueto negro de Baltimore em 1915 era uma barreira grande demais a ser superada, mesmo sem o estupro aos 10 anos e o vício em drogas na adolescência. Mas, enquanto se destruía, ela cantava, sem melodia, de uma forma profunda, comovente. É impossível não chorar por ela, nem odiar o mundo que a fez ser como era.

Em busca de status

A cada dia que passa o jazz se torna mais respeitável do ponto de vista cultural. Para ser mais preciso, duas coisas bastante diferentes estão acontecendo simultaneamente. Por um lado, existem as tentativas habituais – mais comuns nos Estados Unidos do que em qualquer outro lugar, por razões óbvias – de dar ao jazz o reconhecimento de cultura consagrada, colocando-o em programas sinfônicos, cursos de verão, estudos universitários e afins. Por outro lado, existem as tentativas mais numerosas e significativas de tornar outros artigos culturais mais atraentes, tomando emprestado o apelo do jazz. Entre esses, o programa de TV dominical conhecido no ramo como *Jumping with Jesus* [Saltando com Jesus] é o mais óbvio. Christopher Logue e Charles Fox, cujas experiências com jazz e poesia ainda ressoam nos discos, usam francamente o jazz, entre outras coisas, para aumentar o público escasso da poesia, provavelmente sem sucesso. Mas, de longe, a tentativa mais sistemática de trazer o jazz para a órbita de outras artes foi feita pelo cinema. Nos últimos dois ou três anos, a prática de encomendar partituras de filmes a músicos de jazz sérios entrou em voga quase tanto quanto os musicais socialmente conscientes. Vários exemplos estão diante de nós: a trilha sonora de Ellington – a primeira – para *Anatomia de um crime*, a de Mandel e Mulligan para *Eu quero viver!* e, claro, os filmes franceses, das quais a mais recente e malsucedida é a trilha sonora de Thelonious Monk para *Ligações perigosas*, de Vadim e Vailland.

O que há de errado com esta colaboração, à primeira vista empolgante, é simples e instrutivo. Roger Vadim é um diretor tecnicamente brilhante que, apesar de ter uma boa noção elementar da atmosfera, seja relativa ao clima, ao sexo e à decadência, sempre careceu de qualquer sensibilidade para com o mundo ao seu redor. Ele apenas observou que as pessoas que são tema de seus filmes ouvem jazz entre um ato amoroso e outro e às vezes durante e, portanto, parecem considerá-lo pouco mais do que um ruído de fundo adequadamente escolhido. E assim, sem dúvida, deve ser, mas isso não basta para uma trilha sonora de cinema, especialmente para *Ligações perigosas*, mesmo que seja uma versão desprovida da maior parte daquilo que tornou aquele livro terrível e assustador em sua versão original, a transposição da crise revolucionária em termos sexuais. Quando Vadim contratou o Modern Jazz Quartet para *Sait-on jamais*, John Lewis fez o trabalho de ajustar a música ao sentido e ao movimento do filme. Mas, ao contrário de John Lewis, Thelonious Monk, um compositor excêntrico e original, é também quase puramente independente, que, como se pode imaginar, não está muito interessado em expressar ou seguir estados de espírito diferentes dos seus, mesmo que fosse capaz de compreender ou de simpatizar com o que os personagens deste filme buscam. Em resumo, tudo o que observamos é a busca da lógica absoluta por meio do sexo, com acompanhamento ocasional da música de Thelonious Monk. Boa música: invariavelmente vale a pena ouvir Monk. Mas não numa trilha sonora de cinema.

A cultura faz apenas algumas incursões vacilantes no enorme programa do Festival de Jazz de Newport que começou no Festival Hall no sábado passado, e isso principalmente na performance de Dave Brubeck, cujo piano se inspira fortemente em técnicas clássicas que talvez não sejam familiares ao público de jazz, mas que por outro lado não são tão impressionantes. Disseram-me que num concerto subsequente o Quarteto Brubeck ganhou vida. A minha opinião de que os seus méritos são modestos não é modificada por uma segunda audição, embora não se possa negar o talento e a devoção de Paul Desmond, que comanda suavemente seu saxofone, como um professor de economia que desenvolve uma teoria do comércio internacional. Joe Morello é um baterista lindamente delicado e elegante, embora muito acadêmico. Brubeck foi seguido por Dizzy Gillespie com um boné somali, terno cinza-claro, óculos de aro de tartaruga e trompete torto. O Sr. Gillespie (ninguém que toca um instrumento com tamanho domínio técnico e inteligência musical deve ser tratado com condescendência, mesmo pelos críticos) é um *showman* tão antiquado e vulgar quanto Louis Armstrong: um assaltante, um ladrão de cenas, um comediante de *music hall*. Ele é ao mesmo tempo um intelectual, e sem dúvida a única razão para que não seja mais, como no passado, o líder reconhecido da vanguarda, é porque está em moda um tipo mais sério, introvertido, com um comportamento sem humor. Ele botou no bolso todos os outros participantes do programa com uma facilidade desdenhosa. Prefiro pensar que ele é um grande homem.

O Buck Clayton All Stars, grupo de veteranos da década de 1930, teve alguma dificuldade em se estabelecer depois de Gillespie, mas em pouco tempo seu swing profissional e direto reconquistou o público. O próprio Buck Clayton, soprando leve e forte, um mestre artesão com sentimento; Dickie Wells, ainda um trombonista maravilhoso; Emmett Berry, claro como só um trompete de jazz consegue ser, e o resto da trupe permaneciam no palco como convidados em um coquetel, movendo-se casualmente para uma linha de frente à moda antiga, para levantar o público de seus assentos. O nobre Jimmy Rushing, depois de um começo ruim, terminou forte com os imortais blues "Goin' to Chicago" e "Sent for You Yesterday". O material antigo continua irresistível.

A cultura quase não entra na música de Brownie McGhee e Sonny Terry, os cantores de blues que estão mais uma vez entre nós. Quem não for ouvi-los é um tolo.

Cool demais

Para aqueles de nós que são hindus, judeus ou (como tantos modernistas do jazz norte-americanos) muçulmanos, os anos 1950 não existiram. Pelos nossos próprios calendários, temos mais alguns anos de espera antes de fazermos generalizações sobre o "caráter" da última década. No entanto, como estamos rodeados de homens que tentam resumir os últimos dez anos, talvez seja falta de educação divulgar a nossa heterodoxia. Muito bem: o que, do ponto de vista do crítico de jazz, vem acontecendo desde 1950?

Não vou fazer rodeios. Artisticamente, os anos 1950 foram decepcionantes, embora tenham produzido uma quantidade muito maior de jazz num número bem maior de países do que qualquer década anterior. O jazz norte-americano, que ainda é o único que realmente conta, permaneceu parasitário em relação às conquistas dos anos anteriores. Os jovens modernistas fizeram experiências sem objetivo e de forma eclética, com os resultados incidentais (familiares aos estudantes de pintura e poesia modernas) de tornar um experimentador *cool* indistinguível de várias dezenas de outros. Porém, as únicas inovações que mantiveram a força foram aquelas de Parker, Gillespie, Monk e dos homens dos anos 1940. O músico de jazz mais importante da década, e aquele que melhor a exemplifica – Miles Davis – é totalmente inferior aos que dominaram anteriormente: um Armstrong ou um Parker. Ele é um individualista belo, melancólico e tecnicamente bastante limitado, mas está longe de ser um *chef d'école*, embora comande um pequeno grupo excepcionalmente frutífero. O mais talentoso compositor-líder da época, John Lewis, do Modern Jazz Quartet, limitou os seus grandes dons à decoração interior de algumas salas musicais. Comparadas com as vastas mansões que ainda estavam a ser construídas e mobiliadas por aquele velho leão vindo dos anos 1920, Duke Ellington, e ladeadas pelas explorações implacáveis à moda Bauhaus daquele pioneiro dos anos 1940, Thelonious Monk, as estruturas de Lewis parecem bastante frágeis.

Os anos 1950 não chegaram sequer a produzir muitos novos músicos de grande estatura, fato sublinhado pela longa lista de obituários eminentes durante a década: Bechet, Lester Young, Billie Holiday, Tatum, Catlett, Baby Dodds entre os estilos mais antigos; Parker, Navarro, Clifford Brown entre os modernos. Antigos talentos foram redescobertos ou apreciados – Monk entre os modernos, Buck Clayton, Vic Dickenson e vários veteranos dos anos 1930 –, mas houve poucos rostos genuinamente novos.

A maior parte desta esterilidade deveu-se a um desejo totalmente desastroso de intelectualizar o jazz, de torná-lo academicamente respeitável e à vontade em conservatórios, cursos de verão e bienais. A respeitabilidade é a morte de uma música que existe por ser um protesto contra a ortodoxia artística e social, e que funciona de uma forma totalmente diferente da música "pura". (A respeitabilidade nem paga dividendos: o homem que, nos anos 1950, se tornou – com Paul Robeson e Kwame Nkrumah – o negro mais respeitado do mundo, era um artista de jazz à moda antiga, Louis Armstrong.) Felizmente para o jazz, o fracasso musical na busca por status se tornou cada vez mais óbvio. A tradição jazzística, expulsa pela porta da frente, reentrou pelos fundos. A reputação dos anos 1950 foi, pelo menos parcialmente, salva pelo que, em retrospectiva, parecerá o fenómeno mais importante da história do jazz no período: o retorno ao blues.

Ao contrário do movimento de "renascimento" dos anos 1940, que se extinguiu nos anos 1950 (exceto para o público jovem europeu), esta não foi uma reconstrução arqueológica do passado. O blues que fertilizou o jazz, incluindo o mais experimental e "extravagante", foi a música folk negra urbanizada contemporânea e a canção gospel que, graças ao vasto boom comercial adolescente de meados dos anos 1950, desfrutou de uma fantástica moda popular na forma degradada do rock and roll. Não é por acaso que muitos dos mais vigorosos saxofonistas modernos tocam perto deste estilo, que novos músicos (como Coltrane e Ray Charles) se inspiraram no campo do rhythm and blues (R&B), e que as ligações com seitas gospel sejam hoje uma qualificação valiosa para um músico de jazz. O jazz acontece quando os homens sopram suas almas, e não apenas notas musicais. É por isso que Bix Beiderbecke é lembrado, não porque ele "usou intervalos mais altos de um acorde como uma linha melódica e os apoiou com mudanças apropriadamente relacionadas", antecipando assim Bird Parker. É mérito do jazz dos anos 1950 que, sem abandonar a sofisticação técnica, ele tenha começado a redescobrir este fato.

Miles Away

O mais esquivo dos músicos de jazz mais uma vez nos escapou. O trompetista Miles Davis, que recentemente iniciaria uma turnê britânica, continua sendo o único grande artista de jazz vivo que não ouvimos pessoalmente, por razões que são tão vagas e complexas quanto todas as desculpas para não aparecer no show business. Em circunstâncias normais, isso não seria motivo para escrever sobre ele, mas Davis é o tipo de artista fantasmagórico cujas características são meramente enfatizadas pela sua ausência. Que diabos há com ele? Claramente há alguma coisa, caso contrário ele não teria encabeçado inúmeras pesquisas de popularidade e de preferência de críticos em vários países – ultimamente até mesmo na tradicional Grã-Bretanha – à frente de Louis Armstrong ou mesmo de Dizzy Gillespie, tecnicamente bem superior. Mas o que é isso? A questão é, à sua maneira, tão difícil de responder a respeito de Davis quanto sobre Lawrence da Arábia, e por razões análogas. A "imagem" de ambos os homens parece muito maior do que as suas realizações mensuráveis.

Davis é um instrumentista de alcance técnico e emocional surpreendentemente estreito; fora os intérpretes de blues tradicionais, ele talvez seja o artista mais limitado a ter alcançado uma reputação tão elevada. Além disso, como já foi apontado, mesmo dentro desse seu terreno, a maioria de suas gravações não é muito boa. Algumas faixas em 1949-1950 o estabeleceram. Uma série de discos cuidadosamente espaçados desde 1957 o confirmou; mas mesmo esta última fase de sua arte, que por consenso é a mais frutífera, contém alguns fracassos notáveis, como seu pesado e arrastado *Porgy and Bess*. (Por outro lado, em grande parte de *Milestones* e em um tanto de *Kind of Blue*, há coisas genuinamente imperecíveis.) E, no entanto, o que até mesmo o pior de seus discos maduros irradia, e o que quase com certeza explica o notável sucesso de Miles, é um som e uma atmosfera absolutamente inconfundíveis. O som, em sua forma mais característica, é um lirismo muito lento, fantasmagórico, abafado e distante, muito parecido com o que poderíamos esperar se Tennyson tivesse tocado um solo de jazz em vez de escrever "Tithonus". A atmosfera é de total introversão e varia de uma melancolia reflexiva à desolação nua, mas soa como se fosse sentida por alguém que, embora não sofra de pesadelos, nunca está totalmente acordado. É uma arte sonâmbula, um som solitário que toca antes, depois e ao lado, mas raramente *junto a* outros músicos. É inesquecível. Os críticos de cinema têm uma capacidade quase infinita de ignorar as trilhas sonoras, mas, quando Miles Davis fez o acompanhamento de um thriller francês recente (gravado como *Lift to the Scaffold*, como sempre na Fontana), a Srta. C. A. Lejeune percebeu. Disse que havia metal demais. É um tributo genuíno, embora pouco ortodoxo, ao poder de Miles de se projetar, ainda mais porque há apenas um trompete na trilha do filme, e Miles raramente o eleva acima de seu habitual eco remoto.

O que mais existe além desta estranha personalidade cujo poder reside na hostilidade intransigente de Davis para com o mundo exterior? Um talento genuíno para improvisar árias longas, simples e muitas vezes assustadoramente belas, às vezes contra fundos criados por Gil Evans. Um dom, inesperado num artista tão essencialmente pouco cooperativo, para inspirar os músicos que com ele tocam nos pequenos grupos que são o seu habitat natural. A rara capacidade de sugerir vistas além do som de seu instrumento, estendendo-se até uma triste espécie de infinito. Não creio que seja um grande artista, porque ainda lhe falta tanto a dimensão trágica quanto a cômica. Mas há poucos poetas tão genuínos no jazz, e nenhum instrumentista capaz de fazer melhor música de fundo para uma exposição de arte romântica. É justo que ele esteja na moda, mas eu me sentiria mais feliz se os jovens, homens e mulheres, para quem o jazz é a única expressão adequada da sua visão de mundo, escolhessem como símbolo um músico cuja arte estivesse menos próxima da autopiedade e da negação da vida.

Solo em Manhattan

Quando os bons norte-americanos morrem, eles vão para Paris, mas, quando os bons fãs de jazz morrem, eles vão, sem sombra de dúvida, para Nova York. E é de se esperar que tenham muitas notas de dinheiro celestial guardadas no bolso, pois esta cidade não é uma pechincha. Em qualquer noite, em algum lugar entre Battery e o rio Harlem, cerca de três quartos de todos os músicos de jazz vivos com nomes conhecidos por um estrangeiro podem ser ouvidos ou vistos. Como tudo o mais nesta surpreendente cidade que é um navio de guerra de pedra – os picos gêmeos dos arranha-céus de Midtown e Downtown são suas torres – a concentração do jazz é assombrosa. E, no entanto, como tantas outras coisas em Nova York, há pouca conexão orgânica com a cidade. O jazz está simplesmente lá, uma minoria entre as outras minorias cuja soma compõe a cidade, embora a crescente conversão de Manhattan em um bairro negro e porto-riquenho faça com que ele soe mais alto com o passar do tempo.

Para ser mais preciso, o jazz de Nova York é composto por pelo menos duas minorias, e é perturbador que elas tenham tão pouca relação uma com a outra. No *uptown*, há o jazz do Harlem (aquele que nem chega a ser anunciado na *The New Yorker*, que costuma ser um guia fiel da música). Este é o tipo de som que você ouve vindo do ventre escuro do L Bar na Broadway com a rua 148 oeste, o som visceral da execução rítmica do órgão de Marlowe Morris, um pouco como cola cristalizada, ou no Top Club na 145 oeste, que é um lugar simplório onde os homens vão beber, as garotas se viram e os bartenders servem doses modestas. Uma pequena banda, liderada por um ex-dançarino, opera num tablado entre o bar e as mesas com dois saxofonistas fracotes, um esplêndido trombone chamado Buster Cooper e um belo e suado artista de cabeça raspada, Titus Turner, que canta baladas, dança, mas acima de tudo grita um blues urbano muito gratificante e veloz com efeitos cômicos. Não é uma música muito ambiciosa, mas, por Deus, o lugar vibra e os clientes do bar riem e batem os pés como os homens devem fazer quando estão se divertindo. Quem ouve esta música não é "fã"; são apenas pessoas que gostam de algum entretenimento enquanto bebem. Quem toca são artesãos e *showmen* que aceitam os fatos da vida na selva com uma calma desconcertante. "Os melhores bateristas", diz um eminente trompetista enquanto toma uma bebida, "ou estão trabalhando ou estão na prisão." Talvez seja verdade, mas este é o tipo de afirmação que visitantes ingleses precisam de tempo para digerir.

 A poucos quilômetros do centro da cidade, está outro tipo de jazz, o de vanguarda. Vou ser claro. Este é de longe o jazz mais impressionante tocado em Nova York na atualidade. Sem dúvida, boa parte é decepcionante. John Coltrane na Jazz Gallery está, como tantos saxofonistas, com necessidade urgente de ser editado. Dizzy Gillespie, no mesmo lugar, faz concessões à cultura superior ao não fazer palhaçadas, mas ainda se abstém de usar aqueles dons incomparáveis que o tornam potencialmente o maior músico de jazz vivo. Mas Ornette Coleman no Five Spot (nos confins do Bowery) é um artista realmente impressionante. Os radicais fazem-lhe uma injustiça ao insistir no carácter revolucionário dos sons que, desafiando todas as regras de todos os jogos musicais, ele produz a partir do seu sax alto de plástico, e que só podem ser descritos em palavras que carregam conotações indesejadas de depreciação: guinchos, relinchos, buzinas e coisas do gênero. Ampliar o alcance técnico de um instrumento não é suficiente para tornar um músico mais do que uma aberração. O inesquecível desse homem negro de mãos macias brincando com uma dobra vertical sobre o nariz está na paixão com que ele sopra. Não ouvi nada parecido no jazz moderno desde Parker. Ele pode tocar e toca o refrão de um número consagrado sem firulas – com um sentimento intenso, sonoro e lamentoso pelo blues que deixou este crítico estatelado. Ele tem swing. Ao lado dele, seu trompetista e aluno Don Cherry soa como uma flautista débil em exercícios experimentais. Coleman é uma grande estrela do jazz, e é um mérito de Nova York tê-lo reconhecido em poucos meses, depois de anos tocando solitário na imensidão do Oeste.

Mas quem o reconheceu? O público do Five Spot é predominantemente jovem, branco e intelectual ou boêmio. Aqui estão os fãs de jazz (brancos ou pretos) com os botões "Nomeie Stevenson", ocupados com sua cerveja de US$ 1,50. Se Coleman soprasse no Small's Paradise, no Harlem, o local ficaria vazio em cinco minutos. Músicos como ele estão, ao que parece, tão afastados dos ouvintes comuns entre o seu povo como Webern está do público do Filey Butlin's. Eles dependem daqueles que são eles próprios alienados, os emigrantes internos da América. E o seu trágico paradoxo é que o valor daquilo que eles executam não reside no local para onde vão, mas de onde vêm. A tragédia do jazz moderno, como da maior parte da arte moderna, é que ele se afasta cada vez mais das suas raízes.

O Oeste radical

Os intelectuais, no momento, favorecem São Francisco mais do que nunca. É uma cidade muito bonita e, no que diz respeito às cidades estadunidenses, atípica. Khrushchov foi aqui bem recebido, os estudantes locais organizaram manifestações tanto contra o Comitê Antiamericano como contra a Legião Americana (que retaliou reafirmando a culpa de Sacco e Vanzetti), e do outro lado da baía, em Berkeley, chegaram a criar uma espécie de policiais corteses, em vez de mafiosos. São Francisco tem, na beira do cais, um sindicato dirigido por vermelhos. Seus *beats*, que parecem indistinguíveis dos equivalentes europeus, produzem a maior concentração de poesia ruim por quilômetro quadrado do mundo, mas ainda é poesia. Diz o consenso que é um bom lugar para se viver e uma pausa na competição desenfreada do mundo do trabalho. Um lugar ainda acossado pelas sombras da era anterior à "união", pelos gigantescos barões ladrões do Pacífico, pelos imensos heróis trabalhistas da década de 1930. Ora, desafiando toda a sociologia sensata, pelo menos uma estação de rádio local ainda direciona os seus anúncios francamente para "o trabalhador". (Nem preciso dizer que não toca jazz, mas 24 horas por dia de música caipira.)

Se outro aspecto de São Francisco, que afeta o amante do jazz, desperta simpatia ou não, depende do gosto: é "uma cidade coesa". Houve um tempo em que este lugar era tão aberto quanto qualquer outro no Ocidente. Os cidadãos ainda se recordam com orgulho da ocasião em que Eisenhower, ao regressar da Coreia, fez uma saudação especial a um grupo particularmente delirante de eleitoras que, por acaso, eram garotas do principal bordel da cidade. Porque havia ação às margens da baía, muita ação. Não é mais assim. O prefeito Christopher (grego – a polícia e a marginalidade são irlandesas –) fechou o lugar, e os elementos previdentes já estão preocupados se a pressão combinada de Reno e Las Vegas, que têm todo o interesse em ver outras cidades moralizadas, manterá a tampa permanentemente semicerrada. Mas é um fato bem conhecido que o jazz floresce melhor em cidades abertas, pois é onde há mais trabalho para os músicos.

Para uma cidade que goza de reputação mundial como centro de jazz, São Francisco possui surpreendentemente poucos músicos residentes, sendo pouquíssimos entre eles muito notáveis, e não mais do que meia dúzia de clubes de jazz, incluindo os espaços de jazz e poesia de North Beach. O que ela realmente possui é um público de jazz enorme, entusiasmado e bem-informado – na sua maioria jovem, intelectual ou boêmio – e, portanto, com o poder de construir reputações, o que é muito apreciado no ramo. Consagrou Brubeck e Cannonball Adderley. Mais recentemente (e de forma característica), fez a fama das estrelas da sátira social selvagem e impregnada de jazz que floresce em casas noturnas, como Mort Sahl e Lennie Bruce. Sahl representa inteligência, intelecto, consciência e ódio à direita. Bruce, que desaparece atrás de suas mímicas, é pela emoção, sem qualquer autocrítica, com horror e ódio aos quadrados. Sahl pode, num piscar de olhos, ser compreendido por qualquer pessoa que conheça os Estados Unidos e a psicanálise. Bruce é quase incompreensível, exceto para aqueles que estão mergulhados no mundo daqueles que o romance da Broadway de Bernard Wolfe chama de "os que acordam tarde": os agentes e os artistas, os músicos e adictos, os traficantes. Mas, tal como os outros artistas criados por São Francisco, estes também seguiram o dinheiro em direção ao leste e são, agora, apenas visitantes ocasionais.

Há uma exceção a este êxodo. São Francisco reviveu o estilo de Nova Orleans no início da década de 1940, mas os músicos permanecem aqui, vivendo à custa de publicitários e das fileiras sólidas, mas minguantes, daqueles que eram jovens em 1940: uma comunidade fechada e apaixonada. Este público tem proporcionado um refúgio para veteranos admiráveis que se estabeleceram aqui: Kid Ory no Embarcadero, Marty Marsala no Kewpie Doll e o ainda maravilhoso Earl Hines no Hangover, embora ele tenha tido que se camuflar como um tipo de Basin Street, que combina tão bem com seu estilo de piano quanto a música de *Petrushka* se adequa a um verdadeiro parque de diversões. Mas não há limite para o que um público com noções preconcebidas imporá a um artista. Recentemente, observei o lendário cantor de blues Sam "Lightnin'" Hopkins se apresentando para uma plateia cheia, jovem, limpa e saudável no Festival de Música Folclórica da Universidade da Califórnia. Hopkins, uma figura magra, silenciosamente lupina, em calças muito claras, sapatos branco e preto, jaqueta escura, gravata-borboleta e óculos escuros, claramente estava perdido. Deram-lhe uma guitarra de estilo folclórico adequada, em vez de uma elétrica. Estavam selecionando um repertório para ele, em sintonia com os folcloristas. Ele ainda não estava muito bem adaptado ao novo estilo, que fazia dele algo parecido com o pregador negro do Sul, idoso, frágil e cheio de sabedoria popular. Ele cantou bem, embora não estivesse animado o suficiente para estar realmente em alta velocidade, casualmente, com uma voz ao mesmo tempo áspera e suave, com uma guitarra leve e melódica. Ocasionalmente, a voz picava como um espinho. Mas ele não berrava. Aquele grito do blues, rebelde e desesperado, vindo dos trilhos do Texas já não estava mais lá.

De resto, o jazz em São Francisco é o que acontece nos locais frequentados pelos *beats* (inovadores, mas não tão bons quanto em Londres), é o que toca nas duas estações locais especializadas, o que vem em turnês – principalmente a banda de Ellington, que sucedeu as meninas com 111 centímetros de busto em *Facks II* (negócio é negócio) até o lugar ter sido fechado por não pagar impostos. Este era o jazz de nossos sonhos, no lugar onde ele pertence, comovendo uma plateia exigente de advogados, médicos, jornalistas e intermediários de meia-idade como se fossem noivas tradicionais. Isso me reconcilia com boa parte dos Estados Unidos e até mesmo com a lembrança de Louis Armstrong, às vésperas de seu sexagésimo aniversário no comercial de Studebaker, dando uma de Pai Tomás, como eles dizem, "do fundo do coração".

A velha escola

Nos Estados Unidos, fariam ao contrário, mas em nosso país tradicionalista, o *Jazz at the Philharmonic* (no Festival Hall) respeita os mais velhos. A abertura ficou por conta do Quinteto de Cannonball Adderley: um grupo promissor comandado por um bom saxofonista que tornou o jazz moderno palatável para o público de massa e que é capaz de nos dar mais do que mostrou até agora. Uma coleção de nomes veneráveis e famosos fechou a apresentação. O mais espetacular entre eles foi Jo Jones, um baterista careca e extrovertido, de reputação vasta e merecida, de inabalável confiabilidade rítmica, que deveria inspirar diversos novos clichês ("leve como o toque das vassourinhas de Jo Jones"), e Benny Carter. Críticos de jazz se sentem em relação a Benny Carter como artistas se sentem em relação a um mestre do porte de um Ingres, por exemplo: uma admiração ilimitada, mas um tanto vaga e distante. É por isso que, nos últimos tempos, ele raramente recebe toda a merecida atenção da crítica. Ele se colocou diante de nós, observando a plateia por trás de seu sax alto como um *maître d'hotel* no salão do restaurante, e soprou uma única linha de som, firme e perfeitamente equilibrada, da mesma forma que um campeão de patinação executa suas manobras. Se o príncipe Esterhazy, de Haydn, tivesse solicitado alguma vez a presença de um músico de jazz para animar seus saraus musicais, ele não teria se enganado ao escolher esse artista extraordinariamente original, sofisticado e elegante, que esteve conosco pela última vez antes da guerra, quando a *The New Statesman* ainda não noticiava shows de jazz.

Coleman Hawkins, semelhante a um embaixador num anúncio de vodca que por acaso segura um sax tenor, tocou como um jovem insatisfeito com todas as abordagens anteriores empregadas com o instrumento – inclusive as suas, em certa medida. E praticamente o inventou. Nesta noite não foi totalmente bem-sucedido, mas a grandeza deve ser saudada. Ao contrário dele, Don Byas não lutou contra o lirismo natural do tenor. Roy Eldridge, talvez inferior a seus melhores momentos, estava no trompete.

Os instrumentistas mais impressionantes da noite, do ponto de vista técnico, foram J. J. Johnson, que toca o trombone como se fosse um trompete, e o inimitável Dizzy Gillespie (trompete), o homem misterioso do jazz. Nada está fora do alcance desse músico fantasticamente talentoso e inteligente, o primeiro *chef d'école* dos revolucionários do jazz moderno. Então por que será que seu falecido contemporâneo, Charlie Parker, é uma lenda, e seu cúmplice revolucionário, Thelonious Monk, é mais uma vez reconhecido como inovador musical de grande estatura, enquanto Dizzy é apenas o mais brilhante trompetista do mundo? Por que Miles Davis, um iniciante no instrumento quando se compara com Gillespie, impressionou os críticos e o público na sua recente turnê como poucos visitantes foram capazes, enquanto Gillespie apenas cria uma impressão de brilhantismo insuperável? Será por que este artista extremamente reticente e astuto hesita em fazer a única coisa que é capaz de levar um músico de jazz ao topo, que é revelar sua alma? Não sei. Mas, se ele nos entregasse aquilo que existe dentro dele, uma boa parte das críticas que prevalecem seriam severamente revistas.

Mahalia

A era de Billy Graham e MRA não é ideal para uma grande artista religiosa. De qualquer modo, depois da terceira canção de Mahalia Jackson, se deu a saída de duas senhoras idosas que pareciam mais familiarizadas com cultos religiosos do que o resto da plateia, deixando o Albert Hall entregue aos pecadores que conseguem reconhecer a mais majestosa voz da fé que pode ser ouvida em nossa geração.

Mahalia Jackson, uma mulher enorme, de carnes firmes, cujo rosto em repouso irradia uma beleza interior, se contorce de amor ao Senhor quando canta. É uma daquelas artistas que estão além do bom ou do mau gosto. Em termos de música e letra, a maior parte das canções gospel é de uma lamentável pieguice, distintamente inferiores aos blues ateus que a Srta. Jackson se recusa a cantar. Há muitos músicos que forneceriam um acompanhamento com mais swing do que a Srta. Mildred Falls, cuja enorme silhueta em azul-claro se senta ao piano próxima da imensidão de Jackson em lilás cintilante. Nada disso importa, pois Mahalia tem o assombroso dom de comunicar o significado original e verdadeiro das palavras. Quando canta a palavra "soul" [alma], sabemos do que se trata. Quando canta *"Oh Lord my God"* [Ah, Senhor, meu Deus], liberando sua voz leonina de contralto como se fosse um gigantesco chicote, ou *"You never walk alone"* [Nunca andarás sozinho], firmando cada sílaba em separado como um pilar de aço, estamos com ela no Sião. Quando canta *"I Found the Answer"* ("Agora o sol brilha para mim a cada dia"), nós acreditamos nela.

Sua resposta é a alegria, uma emoção bem mais rara do que se poderia imaginar, pois requer de nós não apenas a aceitação da vida (coisa que a maioria acaba fazendo), mas também a crença de que ela é ou que poderia ser boa. O repertório de Mahalia, que é na maioria próprio, embora como showwoman poderosa ela ouça conselhos sobre preferências da plateia, contém no momento pouco sobre o céu e nada sobre o inferno, mas muito sobre confiança, certezas e exaltação. Mesmo os *spirituals* tradicionais que ela canta no momento, com o balanço obstinado de uma *big band*, são aqueles que falam de confiança e não de anseios: "Down by the Riverside", "Joshua Fit the Battle of Jericho", "Elijah", "Jesus Met a Woman at the Well" e especialmente a carga de cavalaria gospel de "Oh, Didn't it Rain". Sem dúvida a alegria da canção gospel é ainda maior porque ela contrasta com a incerteza da vida real. Sem dúvida é religiosa, porque apenas em espírito os pobres e sofredores podem verdadeiramente ser livres. Como canta Mahalia (numa variação de um verso conhecido de uma canção folk inglesa), *"If religion was a thing that money could buy, the rich would live and the poor would die"* [Se a religião fosse algo que dinheiro pudesse comprar, os ricos viveriam e os pobres pereceriam]. Mas é alegria, de qualquer maneira. É inequívoca pela vida, um trompete raro que produz determinado som.

Sua voz assombrosa consegue produzir qualquer coisa, desde um som arredondado, pequeno, convincente, no registro superior, até as notas mais profundas, que saem de um peito que comunica imediatamente o êxtase e aquele inesquecível e jubiloso chamado do arcanjo. Como boa profissional, ela conhece seu instrumento, cuidando de concluir cada canção com um efeito característico – em geral, um som profundo, áspero e torto, colocado de modo um tanto oblíquo à nota que representa. Como boa cantora de blues, ela canta exclusivamente pelas palavras, guiada apenas pelo pulso básico da batida gospel. Talvez use um pouco menos floreios e exiba mais tranquilidade do que no passado, com uma tendência menor a construir seu solo como uma série de refrões cada vez mais intensos. Mas seu senso nato de swing jamais falha, como sempre, e continua grande, como sempre, seu poder de anunciar as boas-novas na linguagem que nosso século melhor desenvolveu para comunicar a emoção. Podemos nos congratular por dois motivos: que essa grande mulher e artista seja universalmente apreciada como a rainha das cantoras gospel e que ela tenha nos dado a honra de visitar este país.

Monk, o relutante

Na França, o salão teria sido destruído. Como se tratava de Londres, aqueles que claramente consideravam o Sr. Thelonious Monk como um tédio inconveniente simplesmente saíram de maneira bem-educada, mas marcada. Era compreensível, pois o Sr. Monk, sarcástico e enigmático em seus melhores momentos, evidentemente perdeu o interesse muito depressa, ou então se recolheu por trás de suas fortificações particulares. No entanto, quem deixar de ouvi-lo perderá um dos poucos nomes verdadeiramente originais do jazz.

Entre três ou quatro autênticos compositores de jazz, Monk é o mais arcaico e limitado, porque está mais próximo do solista que improvisa. Alguns grandes instrumentistas, em especial aqueles que são tecnicamente bem-sucedidos, logo descobrem o que podem fazer e continuam a fazer a mesma coisa, como Johnny Hodges, que toca hoje como tocava em 1931. O que é fortuito. Alguns, como Parker ou o Beiderbecke do bop – Fats Navarro, sofrem fisicamente por conta da incapacidade de saltar o abismo que separa o homem que toca daquele que também consegue que os outros expressem suas ideias. Monk, talvez porque sua técnica pianística seja inadequada para suas ideias, precisou dar aquele salto. Mas o que o preocupa como compositor é o que fascina o solista inovador: experimentos com o tempo – como aquele ritmo retardado e claudicante dele; aventuras instrumentais. Ele faz seu baixo soar, durante longo tempo, como uma guitarra de blues. Mas acima de tudo está a exploração incessante do fraseado e da harmonia. Por sorte, suas próprias composições são na maioria baseadas em temas simples, que não perdem a forma nem quando são desmanchadas de todas as maneiras imagináveis. Ele não se deixa afetar pelos modismos, como testemunha seu retorno às figuras mais elementares e antigas do blues ao piano. É apenas sua curiosidade, sua busca por efeitos novos, até mesmo acidentais, que nunca se altera.

Nós sabíamos de tudo isso e às vezes lamentávamos, pois a linha entre o experimento planejado e a abdicação artística ou incompetência é nebulosa, como na pintura moderna. E Monk não tem o domínio técnico nem o poder de permanência que permite que Ellington ou John Lewis mantenham o nível. Nem tem o senso orquestral dos dois. Mas o que o Quarteto de Monk revelou no Festival Hall em pelo menos duas peças foi a autodisciplina, um classicismo firme (em grande medida assistido pelo admirável sax tenor de Charlie Rouse, ao estilo de Lester Young), e a capacidade de não apenas indicar a direção do avanço do jazz, mas também ocupar, de um modo formalmente satisfatório, algum território novo. E quantas pessoas existem por aí que sejam capazes disso?

Não é o caso dos Jazz Messengers de Art Blakey, que dividiram o programa com Monk. É um grupo de primeira linha com pontos fortes e fracos no sopro, com determinação e virtuosismo, por um lado; solos longos e indisciplinados, arranjos rudimentares ou clichês, do outro. Um "Dat There" com arranjo decente, um dos melhores números modernos que ouvi em muito tempo, demonstram do que são capazes. Seus principais ativos são Art Blakey, um baterista fantástico, mas um tanto intrusivo, que mantém controle férreo sobre o resto, e um jovem trompetista cadavérico e muito promissor, Lee Morgan.

Olá, Satã

Quem escreve a poesia dolorosa do blues? Ninguém sabe. Um blues cantado é uma seleção e combinação de versos e frases, polidos e colados por uma sucessão de cantores até formar um todo estético tão coerente e sem planejamento como uma pracinha de cidade do interior. Procurar um autor específico é perder a essência. Com a exceção de Robert Johnson, o maior dos cantores do Mississippi e o único blueseiro cuja voz pode ser identificada como a de um poeta individual. Praticamente nada se sabe dele, a não ser que nasceu e cresceu numa *plantation* de Robbinsville, no delta, e que provavelmente foi morto por uma mulher aos 21 anos (ou como dizem alguns, aos 30) e que gravou 29 blues em duas sessões entre 1936 e 1937, antes de desparecer. Dezesseis deles, incluindo os fantásticos da segunda sessão, foram relançados agora em um disco esperadíssimo da série Classic Jazz Masters (BBL 7539), da Philips, a grande companhia que relança o jazz mais interessante no momento e a quem devemos também o maravilhoso *Spiritual to Swing* de John Hammond, concerto de 1938 (TFL 5187–8), e *Bessie Smith Blues,* de 1923-1924. Johnson não é tão facilmente apreciado pois seu sotaque do Deep South é quase incompreensível sem audições repetidas. Trocaríamos de boa vontade as anedotas na contracapa pela única informação que realmente importa – o texto de suas canções tocantes

O tom especial e identificável da poesia de Johnson é o de um homem conduzido pelo destino e por suas próprias emoções. Ambos estão personificados em símbolos e monstros que o ladeiam:

> *I got to keep moving, I got to keep moving.*
> *Blues falling down like hail, blues falling down like hail.*
> *I can't keep no money, hellhound on my trail,*
> *Hellhound on my trail, hellhound on my trail.*

Sua técnica não é original. A paixão visionária infunde as habituais imagens desgastadas com uma precisão factual que lhes dá vida. O blues não está apenas personificado (*"Good morning blues, blues how do you do?"*), é um personagem real – *"Blues walking like a man"*. O cantor não é apenas um homem na estrada como os outros:

> *I got stones in my passway and my road seem dark at night,*
> *Got stones in my passway and my road seem dark at night.*
> *I have pains in my heart, they have taken my appetite.*

Pois Johnson está condenado. Passa o dia na companhia do diabo:

> *Early this morning when you knocked upon my door –*
> *I said "Hello Satan, I believe it's time to do".*

Ele sabe que não é apenas infeliz, mas também perverso, como o negro mentalmente escravizado acredita que não é apenas oprimido, mas corretamente oprimido, porque branco é bom e escuro é mau. Como os artistas medievais itinerantes, sua tragédia é a danação cristã. A crueldade de seu deus é o preço pago pela poesia; o prazer breve e incerto com as mulheres é o único alívio:

> *I can tell the wind is running, leaves shaking on the tree, shaking on the tree,*
> *I can tell the wind is running, leaves shaking on the tree.*
> *All I need's my little sweet woman to keep me company.*

Johnson canta numa voz alta africana, nem depressa nem se arrastando, acompanhando-se com aqueles sons blues assustadoramente definitivos na guitarra. Há energia na canção, mas nenhuma esperança. O mundo e a alma são sua prisão e, embora ele não diga, são o mesmo para seu povo. Ele morreu há 25 anos, mas é preciso ainda prestar atenção a esse homem. Ele escreveu o próprio epitáfio:

> *You may bury my body, ooh, down the highway side.*
> *So my old evil spirit can get a Greyhound bus and ride.*

Deus

Ray Charles chega até nós provocando mais floreios preliminares das máquinas de escrever do que qualquer outro artista de jazz vindo dos Estados Unidos, sem excetuar sequer Louis Armstrong. Ele vem não apenas como uma, mas como três pessoas: um homem do jazz e do blues, um astro pop e um santo hipster, o quarto na linhagem de Lester Young, Billie Holiday e Charlie Parker. (Falta a ele apenas um apelido sagrado como Prez, Lady ou Bird, embora eu compreenda que em círculos extremistas há quem queira chamá-lo de "Deus".) A combinação não é apenas poderosa, mas também singular. Charles como astro pop é *grande* pelos padrões do tamanho real no campo, que são financeiros. Dizem que ele ganha mais de £ 300.000 por ano, e, mesmo quando damos descontos para as atitudes dos divulgadores em relação a números, ele é um artista bem rico e, com certeza, o de maiores vendas entre aqueles formados puramente no molde do jazz e o mais rico dentre aqueles personagens infelizes e marginalizados que os descolados escolheram como heróis da cultura. Foi a combinação de elementos da minoria e da maioria, presentes nele, que o tornaram um fenômeno tão significativo, embora bem difícil de ser julgado com lucidez.

Felizmente, a ascensão de Charles ao topo foi tão veloz que ainda é possível lembrar-se dele com clareza na fase pré-mítica. Tive minha primeira experiência com ele em 1960, em Oakland, na Califórnia, quando ele já era uma grande atração para o público negro – especialmente entre os imigrantes da zona rural do Sul e do Sudoeste – mas ainda totalmente desconhecido entre os brancos, afora um punhado reduzidíssimo de amantes do jazz e do blues e alguns adolescentes. Sua relação com a classe média negra foi breve. Eu ouvi este rei do público numa apresentação que lembrava mais ou menos a atmosfera de um *bar mitzvah* de Golders Green, e ele estava morto em cena. Por outro lado, na mesma cidade, entre 4 mil frequentadores de um baile de rock and roll, que trataram nosso contingente de duas dúzias de brancos educadamente como não pessoas, seu desempenho foi sensacional.

O baile foi, com efeito, um encontro de reavivamento secular para celebrar o sexo, em vez de Deus, e mesmo hoje seus números mais fortes empregam deliberadamente a máquina bem testada do gospel *hot* para instigar o êxtase divino e aquecer as alcovas da nossa imaginação. Um número de puro gospel, partilhado entre o chamado de Charles ao piano e a resposta de quatro Raelettes de aparência bem pouco divina, e supostamente sobre o Senhor, acaba com palavras calculadas e chocantes: "Estou falando sobre minha garota." Cantores de blues veteranos como Big Bill Broonzy desaprovaram essa demolição das fronteiras morais. "Ele é uma confusão", disse ele, com alguma razão. "Está clamando e gritando. Está misturando blues com *spirituals*. Eu *sei* que isso está errado. Não se deve misturá-los. Ele tem uma boa voz, mas é uma voz de igreja." Em todos os eventos, a congregação em Oakland reagiu como se estivesse diante de um profeta. Não havia muita dança, apenas um balançar geral lento, silencioso, interrompido por gritos ocasionais de assentimento e liberação. Foi uma experiência extraordinária, profundamente tocante e perturbadora.

A plateia no Finsbury Astoria não era nada parecida – embora tivesse algumas afinidades com Oakland, pois Charles nunca chegou a capturar por completo o público do *jukebox Jury* daqui, sendo uma plateia formada em grande medida por amantes do jazz e não por fãs do pop. A tensão era menor, e Charles também havia diluído o material com seus números para o mercado pop, aqueles que o tornaram um campeão de vendagem, com baladas e uma espécie de canção lacrimosa, hipster e caipira. Era possível julgá-lo desapaixonadamente na metade do tempo. Ele é, sem equívocos, um grande astro. Toca o alto sem grande distinção e seu desempenho ao piano está longe de ser notável. Nem é tecnicamente um grande cantor de blues, embora seja totalmente genuíno. Mas sua voz tem uma qualidade estelar num grau estarrecedor. Como Charles é cego e, portanto, praticamente imóvel – a não ser por alguns passos desajeitados e vacilantes e ao mudar a posição dos óculos escuros – a voz precisa suportar todo o fardo de sua comunicação com a plateia. (A grande orquestra não é, ou era na ocasião, nem de longe tão ajustada e elétrica como um grupo tão talentoso deveria ser, e as Raelettes são apenas coadjuvantes para Ray.) Mas a voz é notável, suave e aveludada ou abrasiva, à sua vontade, às vezes alta, clara e plena de êxtase, pendendo para o frenesi estrangulado de um pregador acelerado, ou então cheia de desespero ardente. Não seria correto dizer que ele a administra com a segurança ligeira e desdenhosa de um campeão, embora seja óbvio seu profissionalismo com o microfone. Ray Charles existe naquele mundo fronteiriço dos grandes intérpretes em que a distinção entre sinceridade e falsidade, entre efeito deliberado e emoção viva, perdeu o significado. O que ele faz com tranquilidade mexe com as emoções dele, bem como com as nossas. O que ele faz com paixão se traduz como habilidade artística. O monstro sagrado é um espetáculo assustador. O cego curvado, magro e infeliz que consegue cantar "Careless Love" (que trata de algo bem diferente), extraindo todas as emoções do público por meio de versos repetidos, arrastados, ao mesmo tempo ambíguos e claros como *"Once I was blind, but now I can see"* [Já fui cego, mas agora enxergo], é capaz de promover arrepios no ser humano mais insensível.

Não há mistério nas razões que c levaram a merecer toda a lealdade dos músicos de jazz dentre os quais ele foi gerado. O que Charles canta e toca é o blues, antigo e moderno, e eles, os músicos, podem encontrar conforto ao pensar que ele demonstra o que sempre souberam, que o que sentem no jazz e no blues é capaz de capturar milhões. Não há mistério sobre seu apelo popular. Assim que as massas se aclimatizaram à linguagem do blues, o que de fato aconteceu, graças ao rock and roll, é inconcebível que alguém com os dons de Charles não seja capaz de devastar qualquer plateia com a mínima experiência de emoções adultas. E não há mistério sobre seu culto entre os hipsters, pois um órfão negro e cego, com problemas com narcóticos, apresentando jazz autêntico preenche todos os quesitos. Precisa ser dito, porém, que ele não é nem tão original nem tão grande como artista como os outros deuses desse panteão hipster. Diferentemente de Billie Holiday e Parker, e apesar da publicidade, ele *não é* um gênio, e é inteligente o suficiente para ser o primeiro a reconhecer isso.

O que liga a plateia de Finsbury Astoria com os imigrantes de Oakland e os adolescentes norte-americanos compradores de discos não é apenas a qualidade da voz. É a linguagem do gueto negro da cidade grande, que se tornou, através do jazz e de sua influência na música popular, a linguagem de nossas modernas subcivilizações urbanas ocidentais. É a natureza da canção: o grito da vítima, dos derrotados, dos marginalizados, do indivíduo perdido e isolado para quem nada de real valor sobrevive, exceto as intensidades privadas do sentimento. Para eles, os sentidos substituíram o sentido da vida, e Ray Charles é o que Marx disse a respeito da religião, o coração de um mundo sem coração – o nosso. O talento deve ser saudado quando é encontrado. Charles é um astro. Mas não se pode deixar de pensar que o mundo onde ele é um astro é um mundo doente e infeliz.

Duke

Duke Ellington decidiu finalmente que os ingleses estão crescidos, pelo menos os numerosos ingleses que se dispõem a cancelar até as temporadas de esqui para ouvi-lo. De uma forma lenta, porque ele está acostumado aos idiotas, como todo mundo no negócio do entretenimento popular, no qual ele figura há quarenta anos, ele percebeu que Londres não precisa ser alimentada por solos de violinos para "Autumn Leaves", nem mesmo por diversos pot-pourris de antigos sucessos. O programa atual contém um pot-pourri casualmente costurado e (por sorte) algumas daquelas músicas simples, sofisticadas e indestrutíveis que para nós são sinônimo de Ellington: "Things Ain't What They Used to Be" (interpretada de forma superlativa por Johnny Hodges), "Caravan", "Stompy Jones". Mas a maior parte do programa era novo, pouco familiar e, o que demonstra ainda maior confiança na plateia, complexo. A banda toca quatro peças de um novo e ainda incompleto *Far East Suite*, produto de uma excursão à Ásia, no ano passado, custeada pelo governo, além de quatro peças de música incidental de Ellington para *Timão de Atenas*, de Stratford, Ontario, e acima de tudo a raramente ouvida *Tone Parallel to Harlem*, uma longa suíte que é considerada a composição mais ambiciosa e bem-sucedida de Ellington.

É possível que o velho mestre tenha exigido demais de seus admiradores – um público não muito na moda com grande proporção de óculos, de adultos e uma cota reduzida de barbas e garotas. "Parece mais um LP", foi uma opinião entreouvida no saguão, e o aplauso era por vezes mais respeitoso do que entusiasmado. No entanto, os músicos profissionais, estudantes e jovem técnicos, os contadores, vendedores, médicos e professores, agora na meia-idade, que constituem o cerne do público britânico de Duke, estão acostumados a obter dele um senso de sólida satisfação e não um êxtase de bacante – poucos deles, infelizmente, o ouviram em seu habitat natural, o palco de uma casa noturna – e foi isso de certo o que todos sentiram. Estão errados. Apenas o entusiasmo desvairado será digno daquilo com que Ellington nos presenteou.

Sua banda atual, a não ser pelas palhetas, não é desprovida de fraquezas na questão dos solos. Não há um trombone para se contrapor ao sentimental Lawrence Brown, nem o tipo de nota de trompete que Shorty Baker fornecia tão bem. Cootie Williams, de volta à banda depois de muitos anos, acrescenta um grito blues, intenso e introvertido, eco da era de ouro de Armstrong, mas o que ele toca atualmente parece ser especializado e tecnicamente pouco exigente. Rolf Ericson, um sueco, toca um flugelhorn ágil, mas sem cores. No entanto, a qualidade da música e a novidade, que faz com que os músicos estejam à altura do desafio, mais do que ofuscam os pontos fracos. O Duke, com toda certeza, está em um de seus períodos criativos, e a banda sabe disso.

A força e a fraqueza de Ellington é que ele é essencialmente um compositor de música popular. Pensa em imagens e lembranças. A palavra Harlem sugere o primeiro tema da suíte, o baixo nos "guia" por um passeio pelo lugar, garotas bonitas se transformam em músicas bonitas. Seu extremo oriente tem tanto do oriente quanto cabarés chamados Soraya e trilhas sonoras de cinema. Ele introduz nesse mundo pop o rigor – bem como o sentimentalismo – de um homem sofisticado, elegantíssimo e perspicaz, além de toda a tradição da música negra: o que, em outras partes, é mera escavação arqueológica, o blues de raiz, o clarinete *créole* de Nova Orleans, o piano dos anos 1920, torna-se a matéria-prima da música da banda de Ellington em 1964. Ele contribui com seu gênio peculiar para a composição orquestral. Quantos compositores, vivos ou mortos, conseguem obter o efeito preciso – e planejado – do trecho na suíte do Harlem em que o baixo se alterna com o clarinete líquido de Hamilton e depois com o de Procope, mas rouco, suportado por Gonsalves, até a forte chegada dos trombones precisamente alinhados com os trompetes? Música baseada no pop não voa tão longe. Emocionalmente – a não ser onde o destino do povo de Ellington está em jogo – ela tem suas limitações, que surgem na trilha para a peça de Shakespeare. Mas suas raízes pop não o impedem de escrever música séria – talvez a música mais séria já escrita nos Estados Unidos. Duke Ellington é um grande homem, um personagem singular na história da música moderna. Sua orquestra acabará morrendo com ele, e apenas os discos preservarão suas obras irreproduzíveis. Temos condições de não o ouvir, quando ele nos dá a honra de nos tratar como uma plateia digna de sua música?

New Thing

A penalidade da "arte" de nosso tempo é que ela supostamente deve progredir e, em consequência, desenvolver uma vanguarda. A penalidade para o talento de vendas em nosso tempo é a mudança de modas. Como o jazz, para o bem ou para o mal, veio a se considerar uma arte, e como sempre precisou se vender no mercado, ele desenvolveu tanto uma crença na importância do progresso e da vanguarda como também no ciclo de mudanças da moda. Como costumam dizer, é preciso pagar o preço.

O jazz começou a sofrer as consequências desse ajuste à cultura moderna mais ou menos na época da Segunda Guerra Mundial. Antes disso, seu baixo status social havia preservado a independência. Não havia prestígio especial em ser um músico de jazz, pois mesmo no interior do gueto negro não era uma atividade respeitável, embora pudesse ser uma ocupação muito próspera. O músico de jazz trabalhava com o entretenimento e, se sua inspiração particular não coincidisse com o gosto do público ou dos programadores, ele não seria um artista, mas sim um faxineiro ou carteiro. Os mais eminentes dos músicos negros mais antigos ainda preservam o padrão de comportamento deste profissionalismo, embora às vezes com uma considerável dose de ironia. Duke Ellington sabe – e sabe que a essa altura a maioria do público sabe – que ele é bem mais do que uma espécie de glorificado camareiro musical das classes ociosas, como nos dias do Cotton Club, mas seu comportamento público ainda é de um Jeeves que busca agradar a um público composto de Bertie Woosters.

Repetindo, embora o jazz tenha sem dúvida evoluído – e bem mais depressa do que qualquer outro tipo de música no século XX – é extremamente perigoso pensar em suas mudanças como análogas àquelas das artes ortodoxas. Sua estrutura foi assentada por artesãos, que queriam atingir a perfeição e não a novidade por si só. Para muitos dos artistas mais velhos, a perfeição vinha com a maturidade pessoal. Assim que desenvolviam "seus" estilos, podiam fazer variações, apurá-los, mas pouco pensavam em alterá-los e, quando se sentiam tentados (como o grande Coleman Hawkins em determinada época se sentiu atraído pelo bebop), os resultados não costumavam ser dos mais encorajadores. É por isso que o jazz de 1935 a 1940, da época em que a música atingiu um estágio satisfatório de maturidade técnica, ainda é praticado por quase todos os músicos que estabeleceram suas reputações nesse período. As lições e as novidades do período posterior foram absorvidas, mas não tiveram permissão para soterrar os estilos básicos "clássicos": Ellington é mais uma vez o grande exemplo. Felizmente, podem ser ouvidos ainda hoje – desde o saxofone de Ben Webster, atualmente numa nova visita a este país, ao trompete de Buck Clayton ou ao trombone de Vic Dickenson, que também voltaram, e, é claro, as bocas de cantores de blues mais antigos e mais simples como o indestrutível Joe Turner. Pois da Kansas City dos anos 1930, a qual todos esses excelentes visitantes estão associados, veio a fórmula mais duradoura do jazz orquestral desenvolvida até hoje. Nenhum desses artistas tem qualquer viés contra os desdobramentos mais modernos do jazz, mas nenhum deles sente-se minimamente obrigado a acompanhá-los.

A revolução do jazz do início dos anos 1940 mudou tudo isso, embora não de um modo tão radical quanto parecia nos grandes dias de Minton. O próprio Dizzy Gillespie recuou silenciosamente dos quinhões mais avançados da vanguarda para uma versão renovada do clássico swing. Artista irônico, bem equilibrado e de inteligência notável, sem a menor tendência à autodestruição, Gillespie sempre teve mais em comum com os virtuoses profissionais da velha guarda do que com os rimbaudianos de Charlie Parker que ditaram o rumo do novo movimento. No entanto, desde o início dos anos 1940, houve pela primeira vez no jazz uma vanguarda que valorizava o revolucionismo musical por si, e que se via como se estivesse fazendo um favor aos camponeses.

A novidade dos *boppers* jazia não apenas no experimento. Para citar Sidney Finkelstein, estava sim em trabalhar com um sistema consciente e às vezes rígido de novos elementos, que por sua vez refletiam a reivindicação de uma nova geração de instrumentistas à condição especial de artistas revolucionários. Antes de Parker, tocava-se jazz às vezes de uma forma mais antiga, às vezes de uma forma mais nova. Depois de Parker, alguns tocavam "jazz moderno" até que novas gerações de rebeldes passaram a chamá-los de antiquados.

O que é curioso é que isso levou vinte anos para acontecer, e não foi por falta de esforço. Nenhum dos experimentos de jazz do final dos anos 1940 e dos anos 1950 produziu um corpo consagrado de ultrarrevolucionismo. Os mais bem-sucedidos dentre eles apresentaram adaptações da linguagem "moderna", como Miles Davis ou o Modern Jazz Quartet, mas não criaram escolas – com a possível e breve exceção do "*cool* jazz" do início dos anos 1950. Aqueles mais deliberadamente "progressivos" fracassaram, embora haja agora um interesse renovado em pessoas como Lennie Tristano, precursoras da "New Thing" dos anos 1960. Nem as tentativas de fundir o jazz com música moderna ortodoxa ("terceira corrente") iniciou um estouro da manada em direção à orquestra sinfônica. Ao final dos anos 1950, o jazz moderno parecia ter se estabilizado, depois de sua juventude exploratória, numa forma de tradicionalismo – hard swing, influenciado por blues e gospel, neobop. O que passava por novidade era, com frequência, a redescoberta de artistas há muito subestimados, como Thelonious Monk.

Desde 1960, uma nova vanguarda oficial apareceu. Tem agora um rótulo, um tanto desesperador, de "New Thing", uma série de jovens instrumentistas de Nova York seguindo os passos dos mestres (Ornette Coleman, Cecil Taylor, o falecido Eric Dolphy), uma série de céticos, tanto entre os músicos quanto entre os críticos, e alguns defensores de fora do mundo da música, como o escritor negro militante LeRoi Jones, cujo livro sobre blues atraiu merecidos louvores. Como sempre, todo mundo acha bem mais fácil dizer o que a rebelião combate do que explicar o que ela defende. "Deixa de lado a tonalidade, a batida incessante, a estrutura de acordes convencional e improvisação que se baseia principalmente em progressões de acordes." Tais definições não são mais úteis do que as declarações enigmáticas que os vanguardistas do jazz tomaram dos vanguardistas da pintura, que costumavam ter monopólio de bobagens como: "Apenas para músicos: tempo não é velocidade. É a distância e o som, é o movimento medido." Se "New Thing" durar, sem dúvidas iremos descobrir em retrospecto as regras do jogo, pois sem regras não há jogo. "Liberdade" não é um programa, mas simplesmente uma declaração da intenção de se desvincular.

Enquanto isso, aqueles de nós que alegam não compreender "New Thing" – inclusive este crítico – só conseguem lidar com dois fatos bastante substanciais. O primeiro é que *existe* um novo movimento em Nova York, embora pouco sobre ele seja ouvido por aqui, a não ser por alguns discos da Blue Note ou da EMI, e tampouco é ouvido em Manhattan, porque o público não quer pagar por isso. Claramente passamos do ponto em que qualquer coisa que soasse vagamente pouco familiar, como o multi-instrumentalismo cheio de truques de Roland Kirk, era saudada como um passo à frente, pois era evidente a exaustão da linguagem dos anos 1940.

O segundo fato, ainda mais consistente, é a qualidade pura e simples de alguns dos novos instrumentistas, como Ornette Coleman e Cecil Taylor, mais intelectual. No melhor da nova música, há uma paixão feroz (em Coleman, ela costuma ser baseada claramente no blues de seu habitat nativo), assim como em seus piores momentos há um bocado de esboços indisciplinados, longos e barulhentos. Em seus melhores momentos, há uma capacidade de encontrar sons genuinamente originais e adequados para serem reconhecidos como parte da experiência humana: a ponto de a "New Thing" estar sendo chamada (erradamente) de música de protesto social – um equivalente musical, talvez, ao maoísmo do Harlem.

Por outro lado, há dois questionamentos óbvios a fazer. O primeiro é que a atual "escola" não irá necessariamente se tornar o veículo principal para uma nova retomada no jazz. Alguns de seus astros talvez não tenham a durabilidade técnica nem emocional para manter um movimento: nem Ornette Coleman nem Sonny Rollins, por exemplo, voltaram perceptivelmente melhores de seus recolhimentos autoimpostos ao silêncio e ao pensamento. Alguns dos mais badalados praticantes da "New Thing", como o saxofonista Archie Shepp, ainda precisam mostrar ao que vieram. (Porém, é um sinal promissor constatar que existem novos saxes, pois a história moderna do jazz pode ser praticamente escrita em termos de uma sucessão de feras dos sopros.) Inovadores mais antigos, que de algum modo deixaram de ser elevados a *chefs d'école*, como Mingus e Bill Evans, talvez acabem, no futuro, sendo considerados igualmente importantes.

Por fim, a "New Thing" não vai determinar o futuro do jazz até que os instrumentistas comuns, que não pertencem à vanguarda, absorvam suas inovações. Ao contrário da pintura, que se baseia nos preços obtidos por obras individuais e em patrocínios, o jazz de vanguarda não pode ainda obter a prosperidade por meio de alguns negociantes e críticos. É difícil vender discos e é preciso atrair o público pagante, e, por enquanto, ele não tem conseguido nem uma coisa nem outra. Acima de tudo, é preciso ser executado por artesãos, do modo como o jazz "moderno" foi tocado em bandas de rock por músicos frustrados. Talvez aconteça, talvez não. Mas parece que, pela primeira vez desde Parker, uma nova fase teve início.

13. THE NEW YORK REVIEW OF BOOKS, 1986-1989

"Tocar para nós mesmos"*

Em algum momento dos anos 1950, a música popular norte-americana cometeu parricídio. O rock matou o jazz. Count Basie descreve um dos momentos do assassinato em sua autobiografia.

> O diabo estava acontecendo num teatro em algum lugar da rua 14, e a gente costumava a chegar por lá perto das 23 horas e não dava para se aproximar dali por causa da multidão... Eu me lembro disso e me lembro também de como tudo se passava. As primeiras atrações se apresentavam e a garotada ficava toda amontoada, se divertindo, aplaudindo e assobiando. Aí quando chegava nossa hora, praticamente todo mundo se levantava e saía para pegar pipoca, sorvete e tudo mais, e a gente tocava para uma casa vazia. Aí, quando terminavam nossas músicas, eles voltavam. Sem brincadeira.
>
> Daí a gente descia e ia jogar pôquer até que era nossa hora de tocar de novo. E era assim que funcionava. Aqueles garotos não davam a mínima para o jazz. Alguns permaneciam no salão, iam para a frente, ficavam de pé, prestavam atenção e ouviam o máximo que conseguiam. A gente tentava música rápida e devagar e não fazia diferença. Eles não estavam ali para ouvir aquilo. Para eles, era só um intervalo. Só isso. Não queria dizer nada, só isso. Era preciso enfrentar.

---

* Este ensaio foi publicado originalmente na *The New York Review of Books* em 16 de janeiro de 1986, como resenha para *Good Morning Blues: The Autobiography of Count Basie*, como relatado a Albert Murray (Nova York: Random House 1986) e *The World of Count Basie*, de Stanley Dance (Nova York: Da Capo, 1985).

Se alguém desejasse adaptar *Good Morning Blues: The Autobiography of Count Basie* para o teatro, essa imagem do *bandleader* envelhecido, aceitando com estoicismo uma derrota profundamente dolorosa, poderia servir como um belo desfecho. Mas a carreira de Basie prosseguiu por mais trinta anos, embora seu livro de memórias passe correndo por esse período. Ele não chegou a ver a atual ressurreição do jazz como música clássica norte-americana da classe média profissional e trilha sonora de fundo para restaurantes yuppies da baixa Manhattan. (Mal se pode falar de uma retomada real até que a música deixe de se apoiar principalmente em sobreviventes dos dias anteriores aos anos 1960.)

Aquelas últimas décadas antes da sua morte, em 1984, não foram as mais notáveis na carreira daquela que não foi a maior das *big bands* – o próprio Basie destacava constantemente a supremacia de Ellington –, mas que foi, de muitas maneiras, a quintessência do populismo do jazz. E o jazz permanece como a mais séria contribuição musical dos Estados Unidos à cultura mundial. Basie é um personagem central tanto da era de ouro da música, que coincidiu com os anos do New Deal, quanto a da descoberta do jazz como arte séria e terreno fértil para surgimento de grandes artistas – até então o jazz era um tipo de música de pretos pobres e dançarinos brancos de má reputação movidos a álcool. Essa descoberta foi, em grande medida, uma realização de radicais políticos que se devotaram de forma apaixonada e desinteressada à causa conjunta dos negros e de sua música, sem explorá-los, como destaca Basie.[1] Nos debates que agora grassam sobre a história da esquerda estadunidense no período Roosevelt, essa conquista dos comunistas e seus companheiros de viagem da época no campo da música ainda não foi suficientemente apreciada.

Até se perder em detalhes repetitivos das turnês e das mudanças pessoais, *Good Morning Blues* é de considerável interesse para qualquer um que queira compreender a evolução de uma das poucas artes do século XX que nada deve à cultura de classe média. E a banda original de Basie, reconhecida como a mais pura expressão do swing desde que soou em Kansas City, devia ainda menos à classe média e aos intelectuais do que qualquer outra – a não ser, claro, por sua descoberta e preparação para a fama.

Não se tratava de uma "banda de leitura" nos seus melhores momentos. No auge, ela empregava pouco além dos arranjos de memória. "Acho que não tínhamos mais do que quatro ou cinco folhas de partitura na época", lembra Basie. Não era uma banda respeitável, nem pelos padrões do jazz. O arranjador Eddie Durham, acostumado com universitários na banda Lunceford, achou que o grupo de Basie era demais para ele. Seus integrantes não acreditavam "em namorar firme com gente preta", nas palavras de Gene Ramey, cuja reconstrução do ambiente de Kansas City é uma das melhores, incluída na valiosa coleção de entrevistas agora reeditada:

> Eles se dirigiam direto aos cafetões e às prostitutas e ficavam por ali. Essas pessoas eram como uma grande propaganda para Basie. Não curtiam Andy Kirk. Achavam que ele era metido demais. Mas Basie estava ali, caído na sarjeta, ficando bêbado com eles. Tinha remendos nas calças e tudo o mais. Toda a banda dele era assim.

Não é essa a imagem destacada em *Good Morning Blues*, uma obra bem reticente sob muitos aspectos, embora a atração ao jogo, às diversões, às mulheres e ao uísque transpareça pelas rachaduras desta fachada autobiográfica para o idoso estadista do jazz. O livro revela, talvez com maior clareza do que outras memórias, como era ao mesmo tempo atraente e importante para o desenvolvimento da música a existência de uma comunidade flutuante, nômade dos músicos profissionais negros, que viviam em ilhotas autossuficientes e independentes habitadas por artistas populares e outros personagens noturnos – toda a ação se concentrava em uma ou duas ruas com albergues, bares, boates – espalhadas pelos Estados Unidos como o arquipélago da Micronésia.

Pois era lá que os músicos encontravam um meio que aceitava a suma importância do profissionalismo, de acertar a música, do estranho casamento entre cooperação de grupo e testagem feroz e competitiva dos indivíduos, que é análoga a outra criação da cultura proletária, os esportes profissionais. Mais uma vez, a discrição de Basie e sua modéstia excepcional – na verdade, excessiva para quem faz uma autobiografia – abafam seu relato. O máximo que ele se permite a dizer como hype é: "Não tenho a intenção de contar vantagem, mas a banda estava mandando bem, realmente mandando bem." Ele é bem mais propenso a registrar ocasiões em que sofreu derrotas ou que escapou delas do que a exaltar-se em público. O som autêntico do triunfo da banda nos bastidores pode ser ouvido em outra parte:

> Éramos apenas a banda de Count Basie e andávamos num ônibus caindo aos pedaços, mas quando íamos para o palco, a gente pulava e tocava com entusiasmo. Demos uma surra naquela noite e expulsamos Lunceford do salão.
> (O trompetista Harry "Sweets" Edison, citado em *The World of Count Basie*, de Stanley Dance)

A convicção da banda Basie nos velhos tempos jazia nessa capacidade de exultar. Para o músico profissional da época de Basie, como ele mesmo coloca, "tocar nunca foi realmente um trabalho". Era mais do que uma forma de se divertir. Era, como o esporte para o atleta, um meio contínuo de se afirmar como ser humano, como um agente no mundo e não apenas como sujeito às ações dos outros, como uma disciplina para a alma, um teste diário, uma expressão do valor e do sentido da vida, um caminho para a perfeição. Os atletas não podem usar suas vozes para expressar esse sentimento, mas os músicos sim, sem precisar formulá-lo em palavras.

Assim, a convicção de um atleta da classe trabalhadora produziu grande arte na forma do jazz. E graças ao fonógrafo, uma arte permanente.

A força de Basie como *bandleader* jazia na capacidade de destilar a essência do jazz da forma como os instrumentistas pretos o sentiam. É por isso que o jovem de Nova Jersey, que se expressava mal e abandonou os estudos, teve sorte dupla ao se encontrar em Kansas City em meados dos anos 1920. Primeiro, porque isso permitiu que ele reconhecesse sua vocação. Até então, ele era apenas um pobre rapaz negro que gostava de tocar piano e que escolheu a única forma de liberdade disponível para os seus, a vida cigana do show business. O objetivo era a liberação, e não o dinheiro ("Acho que não conheci nenhum artista rico enquanto crescia"). E ele nem ganhava nem guardava dinheiro. "Gostava de tocar música e gostava da vida." *Good Morning Blues* é uma soberba evocação do submundo do show business negro dos anos 1920 – os elencos de espetáculos burlescos como *Hippity Hop* sedentos por alguma ação no deserto de Omaha, Gonzelle White e seu Big Jazz Jamboree naufragando lentamente enquanto ela navegava pelo circuito do Theatre Owners Booking Association (TOBA) de teatros de *vaudeville* para o público negro, finalmente afundando em Kansas City. Depois do desastre, Basie partiu para o jazz em tempo integral, "sem se dar conta da grande mudança que estava fazendo". Foi seu primeiro golpe de sorte.

O segundo foi se encontrar em Kansas City, capital do aparente deserto cultural a Sudoeste do rio Missouri, que mesmo os negros evitavam quando partiam do Delta em direção às luzes fortes de Chicago e Detroit, um local ignorado até pelo circuito de *vaudeville* negro. KC foi por muito tempo o ponto extremo a oeste, e é por isso que espetáculos como o de Gonzelle White se desfaziam ali, quando não davam meia volta, mudavam de caminho ou se reorganizavam. Além de KC e do Texas, o sudoeste inteiro tinha apenas uma pequena população negra dispersa.

A primeira turnê da nova banda de Basie consistiu em uma série de apresentações de uma noite só em lugares como Tulsa, Muskogee, Okmulgee, Oklahoma City e Wichita.

No entanto, foi essa região que produziu dois grandes desdobramentos no jazz. Foi lá que houve a fusão entre o blues raiz e a música para dançar, e da performance com arranjos com a *jam session*, criando a clássica banda de swing e o mais potente dos laboratórios experimentais do jazz. Kansas City produziu não apenas Count Basie, mas também Charlie Parker.

Muito já se escreveu sobre este aparente paradoxo. A maior parte se concentrou no caráter peculiar de Kansas City (Missouri), onde imperava a permissividade e a extravagância de Boss Pendergast, cujo keynesianismo municipal noturno, controlado por gangues, transformou a cidade num oásis durante a Depressão – um local onde os músicos negros conseguiam ao menos se alimentar. (Seria demais chamar de prosperidade a vida de um músico à base de cachorros-quentes, pratos de feijão, garrafas de uísque e, às vezes, alguns trocados recebidos de uma garota.) Mas na verdade, embora *Good Morning Blues* não mencione muito, havia pouco trabalho regular em Kansas City. Como disse um dos pioneiros de Basie, "o trabalho era na área, pegando a estrada", embora na cidade de Kansas City houvesse uma grande quantidade de oportunidades informais, mal pagas, onde se ganhava gorjetas e muitas sessões de *jamming* de graça.

A maior parte dos talentos parece ter vindo do território, com relativamente pouco recrutamento direto do Deep South e menos ainda do Leste. Os Blue Devils de Walter Page, fundação e inspiração para o grupo de Basie, eram da área e trabalhavam em Oklahoma. E o blues raiz que Kansas City integrou à banda de jazz não era um produto da cidade grande. Nem havia qualquer interesse do público branco naquele momento pelos *blues shouters* masculinos, acompanhados por banda, que se tornariam a marca registrada de Basie.

Os músicos de KC, em resumo, tocavam o que ocorria naturalmente aos pretos do sudoeste e o que desejava uma plateia segregada. O blues era imposto a eles pelo gueto. De forma independente, Basie e Jimmy Rushing trocam observações um sobre o outro: em meados dos anos 1920, Basie "não sabia tocar blues", e Rushing, que sabia, "não era realmente um cantor de blues naqueles tempos". Dez anos depois, praticamente não tocavam ou cantavam outra coisa.

As gemas garimpadas nos salões de lugares como Muskogee eram lapidadas e polidas em inúmeras casas noturnas e em sessões tardias em Kansas City, das quais participava uma comunidade surpreendentemente grande de músicos profissionais. Mas apesar do mito de KC, que insiste em batalhas vencidas com astros visitantes, e a admiração de forasteiros, essa comunidade se percebia, em alguma medida, isolada.

> Estávamos realmente por trás da Cortina de Ferro. Não havia nenhuma possibilidade para a gente. Então não havia nada a fazer, a não ser tocar para nós mesmos.
>
> (o grande baterista Jo Jones, citado em *The World of Count Basie*)

São palavras que poderiam ser empregadas sobre toda a cena musical de Kansas City. Foram empregadas em relação a seu produto mais característico, a banda de Basie.

No entanto, à primeira vista, o próprio Basie tinha poucas qualificações para se destacar. Pelos padrões do jazz, ele não era um pianista de primeira linha, especialmente quando comparado aos gigantes do *stride piano* de Nova York, cujo estilo lhe serviu de formação e a quem ele costumava se comparar – sempre em desvantagem. Como disse um de seus arranjadores: "Ele sabia que não tinha condições de desafiar Fats Waller ou Earl Hines. Ele não tinha recebido o mesmo dom divino."

Ele também não era particularmente letrado como músico, ao contrário da maioria dos líderes de *big bands*, que tendiam a vir de famílias negras instruídas. Ele chegou ao sucesso com pouco mais do que uma série de arranjos de memória e blues, não apenas por não ter uma banda que lesse partituras, mas também porque ele mesmo não era um compositor ou arranjador no sentido ordinário. Mesmo suas ideias tinham pouco fôlego. "Ele ia até uns quatro compassos", diz o arranjador Eddie Durham. Sua ignorância provincial, mesmo dentro dos limites da música comercial de dança, era estarrecedora. Em 1936, ele se arriscou a perder uma apresentação num grande salão de bailes de Nova York porque, segundo ele: "Acredito que eu nem sabia o que era a droga de um tango." Não havia nada de original no formato da banda, a não ser pelo emprego de dois saxofones juntos. E qualquer leitor de seu livro de memórias vai se perguntar como esse homem de temperamento tranquilo, frequentemente bêbado, inábil com as palavras, conseguiu manter a unidade de seu grupo.

Em poucas palavras, no papel ele não tinha qualificação nenhuma para ser algo além de mais um músico de jazz adequado. E com a modéstia, ou a sinceridade, que é sua marca registrada, ele diz isso em seu tributo a John Hammond, que ouviu uma transmissão radiofônica de uma apresentação no Reno Club no rádio de ondas curtas de seu carro em 1935, enquanto dirigia no Meio-Oeste e foi arrebatado. Ele transformou Basie em um personagem de projeção nacional.

> Sem ele, eu provavelmente ainda estaria em Kansas City, se por acaso ainda estivesse vivo. Ou teria voltado a Nova York... tentando entrar na banda de alguém e depois me preocupando em não ser demitido.

Mas o que foi que Hammond – e depois o resto do mundo – reconheceu em Basie? Mais uma vez, as melhores descrições vêm de terceiros:

> Ele era, e é, [diz Harry "Sweets" Edison] o melhor para marcar vigorosamente o andamento. Ele martela o piano até acertar. Como quem mistura malte e levedura para fazer uísque e fica experimentando e experimentando... Freddie Green e Jo Jones o seguiam até acertar, e, quando ele começava, eles *mantinham*.

Aquele "andamento" era a chave para Basie, e *Good Morning Blues* começa pela sua descoberta em Tulsa, Oklahoma, de todos os lugares do mundo, daquilo que Albert Murray chama de padrão rítmico "persistente, mas sempre flexível, como uma locomotiva transcontinental que é o Kansas City 4/4"[2] nos Blue Devils de Walter Page, que são, por consenso geral, os pioneiros daquele ritmo belo, envolvente, tranquilo que é ao mesmo tempo consistente e descontraído. Eles formariam o núcleo de sua primeira banda.

Depois de estabelecer o andamento, em seguida Basie

> Estabelecia primeiro um ritmo para os saxes, [...] depois os trombones e a gente pegava. Agora é nosso ritmo contra o deles. O terceiro seria para os trompetes... Os solos eram intercalados aos momentos em que a orquestra tocava em conjunto, mas era assim que começava e era assim que Basie montava suas músicas.
> (Dicky Wells, trombonista, citado em *The World of Count Basie*)

As grandes ondas dos riffs de todo o conjunto, atingindo a plateia como vagalhões do Atlântico, não eram, portanto, – pelo menos não no início – um truque estilístico nem um objetivo final. Eram a base essencial da música, o cenário para aquilo que os próprios músicos, nos grandes dias, não enxergavam como um conjunto (fora alguns dos mais modestos integrantes da seção rítmica), mas sim como um grupo de solistas criativos. Infelizmente, acabou se tornando um conjunto para atender ao gosto do público. A modéstia era também o segredo para os arranjos minimalistas de Basie e suas intervenções cada vez mais esparsas ao piano, cujo propósito era garantir que a música continuasse a avançar.

Fosse qual fosse a origem de um arranjo, ele era desbastado e transformado na versão Basie por meio de seleção e cortes implacáveis. Basie, "que nunca escrevia nada no papel", compunha por meio da edição, em outras palavras, adaptando seus números para seus músicos. Mas ao contrário de Ellington, que tinha ideias musicais precisas e escolhia os intérpretes que se adequavam – mesmo se algumas tinham sido sugeridas ao ouvir outros músicos –, Basie, menos articulado, era fundamentalmente um selecionador. O que ouvia na cabeça eram as formas e padrões dos números, o ritmo e a dinâmica, a mecânica do palco e dos efeitos em vez do enredo ou das palavras da peça. ("Tenho minhas poucas ideiazinhas sobre como introduzir certos caras em certos números e como tirá-los. E tinha meu jeito de abrir a porta para que entrassem e ficassem ali por um tempo. Depois eu os tirava.") Mas nada disso se tornava real até que ele ouvisse os músicos tocando e reconhecesse no som aquilo que ele tinha em mente. Ouvir era seu talento essencial. Foi assim que a banda de Basie em seu apogeu – entre 1936 e 1950 – veio a ser construída e moldada a partir de recrutamento aleatório e por execuções.

A única vez neste período em que Basie hesitou e demonstrou insegurança foi quando entrou para o primeiro time, e seu agente, o dedicado Willard Alexander, disse a ele que, por motivos comerciais, a banda precisaria dobrar de tamanho. Basie se debateu e quase fracassou. Por sorte, seus dois apoiadores e outros músicos estavam tão convencidos dos méritos da banda que ele teve tempo para fazer ajustes. (Fletcher Henderson, generosamente, forneceu a ele seus próprios arranjos.)

Em consequência, a banda de Basie era uma combinação assombrosa de criação solo e êxtase coletivo. Atraiu e manteve uma coleção notável de talentos individuais. A intensa alegria de estar ali nos primórdios, entre camaradas, desponta nas reminiscências de profissionais endurecidos e ciumentos. Uma parte dessa alegria se devia ao temperamento e ao tato do líder, que comandava como se fosse o chefe de uma tradicional comuna russa, articulando e cristalizando o consenso. Mais ainda se devia ao senso de igualdade, fraternidade e, acima de tudo, de liberdade para criar, compartilhado pelos músicos, controlado apenas pelo senso coletivo do que soava "certo". E até o fim de seus dias, Basie gostava de se apresentar não como o líder ou o comandante, mas como o fulcro da banda, o centro pequeno e imóvel: "Fique de olho no sujeito ao piano. O pardal. Ele não sabe de nada, mas se você ficar de olho nele todos vão ficar sabendo o que está acontecendo." Não era inteiramente afetação.

Quem era jovem nos anos 1930 e ouviu pela primeira vez o som incontestável dos primórdios da banda de Basie atravessando o continente e os oceanos fica tentado – como Yeats e o Levante da Páscoa – a fazer o rol dos heróis: Basie, Page, Jones e Green, Herschel Evans e Lester Young, Buck Clayton e Harry Edison, Benny Morton, Dicky Wells e Jimmy Rushing cantando blues. Mas, olhando para trás, esses não foram apenas homens que produziram música notável e ajudaram a criar o que é, de fato, a música clássica dos Estados Unidos. Eles o fizeram de um modo extraordinário e sem precedentes. *Good Morning Blues* e *The World of Count Basie* não são obras de sociologia cultural. (O que talvez seja uma sorte: Adorno escreveu algumas das páginas mais estúpidas que já foram produzidas sobre o jazz.) Mesmo assim, devem ser lidas por todos que queiram explorar a zona obscura que liga a sociedade com a criação da arte.

O livro de Stanley Dance é uma coleção de entrevistas por um dos mais antigos e mais bem-informados amantes do jazz de todo o mundo. *Good Morning Blues* é mais do que uma autobiografia escrita por um autor fantasma. Albert Murray merece crédito por uma realização notável. Escritor negro de talento reconhecido que trabalhou com Basie no livro durante anos, ele sustentou a narrativa – como toda a boa história oral deve ser sustentada – por pesquisas bem mais extensas do que as entrevistas. Como seu personagem-tema, ele eliminou os vestígios de sua presença para deixar que outrem se expressasse como queria, mas não teria sido capaz sem ajuda. Ele respeitou a reticência de Basie e não ocultou nem disfarçou as limitações de um homem com grandes dons, mas com imensa relutância a se comprometer publicamente com aquilo que se esperaria de um artista negro que cresceu nos tempos em que ainda eram chamados de "sépia". O homem que emerge é alguém que inspira respeito. Basie sempre foi bom em encontrar quem era capaz de dar voz a suas ideias. *Good Morning Blues* é a última manifestação bem-sucedida dessa habilidade.

A volta do jazz*

Até pouco tempo, o jazz ocupava uma posição curiosamente marginal na cultura oficial de seu país natal, mesmo no seio da comunidade negra. Seu público tem sido minúsculo: bem menor do que o público da música clássica. Não se deve esperar que produtores de discos, entre os quais deve haver provavelmente um percentual mais elevado de fãs de jazz do que na população norte-americana em geral, invistam grandes somas em música que, nos dias de hoje, vende menos de 4% dos discos e fitas.[1]

O público de jazz é seríssimo, diria até que é um público de conhecedores. Desde os anos 1930, ele certamente inclui uma série de intelectuais com amplos interesses culturais. No entanto, a alta cultura oficial nos Estados Unidos foi extraordinariamente lenta para observar aquilo que é, provavelmente, a mais séria contribuição nativa para as artes do século XX. O poeta Hayden Carruth, professor e

---

* Este ensaio apareceu originalmente na *The New York Review of Books* em 12 de fevereiro de 1987, como resenha de *Sitting In: Selected Writings on Jazz, Blues and Related Topics*, de Hayden Carruth (Iowa City: University of Iowa Press, 1986), *His Way: The Unauthorized Biography of Frank Sinatra*, de Kitty Kelley (Nova York: Bantam Books, 1987), *Por volta da meia-noite*, filme de Bernard Tavernier, *La Tristesse de Saint Louis: Jazz Under the Nazis*, de Mike Zwerin (Beech Tree Books/William Morrow, 1987), *American Musicians: Fifty-six Portraits in Jazz*, de Whitney Balliet (Nova York: Oxford University Press, 1986), *A Life in Jazz*, de Danny Barker, editado por Alyn Shipton (Nova York: Oxford University Press, 1986) e *Up From the Cradle of Jazz: New Orleans Music Since World War II*, de Jason Berry, Jonathan Foose e Tad Jones (Athens, Georgia: University of Georgia Press, 1986).

apreciador de jazz bem-informado e reflexivo desde o início dos anos 1930, observa que

> Como poeta, nunca encontrei outro poeta mais velho que eu que compreendesse o jazz como música... Entre os poetas da minha idade, encontrei um ou dois que amam e compreendem o jazz, mas nenhum que tenha escrito de forma inteligente sobre o assunto. A maioria dos meus contemporâneos tem apenas uma espécie de sentimento nostálgico pela "era do swing"... Apenas quando chego aos poetas cuja educação musical começou depois de 1945 é que encontro alguns, embora comparativamente poucos, que escrevem sobre o jazz com compreensão. Para alguns integrantes da geração *baby-boom*, o começo do jazz está na obra de Charlie Parker. Para a maioria, é a obra de Miles Davis.[2]

Não que o jazz fosse difícil de ser encontrado no século XX pelos habitantes das cidades ou, graças ao rádio, por qualquer norte-americano. Seu som era familiar e sem dificuldade de acesso, pelo menos para aqueles que o ouviram pela primeira vez na adolescência. O problema era exatamente o contrário. O jazz, ou de um modo mais geral a música dos pretos norte-americanos, esteve e está tão embutido no entretenimento popular nas cidades do país a ponto de ser quase impossível separá-lo como um tipo especial de arte.

Mesmo nos guetos negros ele não tem uma existência separada, a não ser nas comunidades de músicos profissionais que, como todos os profissionais, sejam eles físicos, economistas ou músicos, vivem em função do juízo de seus pares, mesmo quando estão sendo pagos por gente que não é capaz de diferenciar um trompete de um trombone, ou que acha que Kenneth Arrow faz camisas. Como observa Carruth, mesmo o falecido Malcolm X, que era um mestre da dança de salão em Boston e Nova York no final dos anos 1930, não se refere ao jazz que ele costumava dançar como música, em sua autobiografia. Ele o trata como "adjunto cultural".

Um exemplo notável da impossibilidade de reconhecer a presença do jazz na cultura popular norte-americana está na escandalosa biografia escrita por Kitty Kelley para Frank Sinatra, que foi, em seu tempo, inegavelmente um excelente cantor de jazz. Não é surpreendente, pois ele aprendeu seu ofício na era do swing das *big bands*, quando o jazz se tornou por um breve período a corrente principal da música pop jovem, e começou sua carreira como vocalista nas bandas de Harry James e Tommy Dorsey. De fato, a Sra. Kelley, embora esteja principalmente interessada nas atividades não musicais de seu biografado, é suficientemente consciensiosa para registrar como ele foi instruído por Dorsey no fraseado do jazz.

No entanto, é evidente que Sinatra, criado entre imigrantes italianos da classe trabalhadora em Nova Jersey, veio de um meio que tinha tão pouca relação com a música negra quanto seria possível na América urbana. Ele não demonstrava nenhum interesse pelo jazz como tal: poucos nomes do jazz aparecem no amplo índice de *His Way*. Era simplesmente um jovem siciliano de algum talento e ambições desmedidas que queria fazer sucesso como intérprete de canções sentimentais e que conseguiu chegar lá, em boa medida, graças a um magnetismo sexual que atraía público a qualquer distância. Para sua sorte (e sorte dos admiradores de Sinatra), a linguagem do jazz, assumida por um rapaz de Hoboken nos anos 1940 com a mesma naturalidade com que ele desfrutaria da companhia de mafiosos italianos, deu um toque musical interessante ao sentimentalismo e uma espécie de distanciamento casual. Se fosse dez anos mais velho, ele teria com a mesma convicção cantado "O Sole Mio". Além do mais, apesar de toda a imersão na linguagem do jazz, para a maioria de nós Sinatra é considerado um jazzista tanto quanto Bing Crosby, cujo fraseado soberbo e descontraído Dorsey insistiu para que Sinatra imitasse. Esse fraseado sobreviveu e o protegeu em certa medida da erosão vocal da idade. Merecidamente, ele se tornou e permanece um astro do show business, e suas canções provavelmente acompanharam e depois lembraram mais seduções do que as de qualquer outro cantor. Sua relação com o jazz, porém, é periférica.

A própria onipresença do elemento do jazz na música popular norte-americana, e especialmente na música para dançar e para espetáculos, depois da Primeira Guerra Mundial, significou que, para a maioria dos norte-americanos, ele não tinha uma localização precisa nem uma existência independente. Como consequência, o jazz foi mais facilmente reconhecido como forma original de arte, e seus praticantes, como grandes artistas de talento original por um público que chegou a ele como quem descobre uma terra estrangeira: os europeus.

O fato de o jazz ter sido levado a sério na Europa antes que o fosse nos Estados Unidos sempre causou incômodo em sua terra natal. Ainda causa, se formos nos basear pela recepção dos críticos estadunidenses ao comovente filme de Bernard Tavernier, *Por volta da meia-noite*. A reação rabugenta de Pauline Kael não foi atípica ("Os franceses são bem difíceis de engolir quando celebram o quanto amam a arte estadunidense"). Mas o que os norte-americanos têm realmente dificuldade de aceitar não é a autocongratulação dos europeus. É que nesse caso os europeus têm realmente motivos para se congratularem.

Pois é inegável que, a partir do início dos anos 1930, intelectuais, artistas e a alta sociedade da Europa aclamavam músicos que eram vistos pela alta cultura oficial de sua terra natal como números de teatro de variedade ou algo para dançar. Hitler destruiu a vanguarda da Europa Central que era atraída pelo jazz, e os primeiros elos entre a cultura soviética e o jazz só foram desenterrados recentemente pelos esforços acadêmicos do reitor do Oberlin College.[3] Mas ninguém que entende alguma coisa da cultura francesa se surpreenderá por Cocteau ter comparado o jazz a Stravinsky, enquanto Stravinsky se inspirava no jazz, ou que o homem que lançou a primeira revista dedicada apenas ao jazz, Charles Delaunay, era filho de pintores cubistas no apogeu da École de Paris, e que Jean-Paul Sartre sabia que devia levar o jazz a sério, apesar aparentemente de não se sentir mais propenso a bater o pé no ritmo da música do que seu primo Albert Schweitzer. Talvez porque Boris Vian, tão vanguardista quanto seria possível, também atuasse como trompetista Dixieland em casas noturnas parisienses.

É igualmente inegável que o primeiro livro a avaliar e analisar os principais artistas e a "pôr o jazz no mapa da Europa e em seu próprio país"[4] foi escrito por um francês de 22 anos, Hugues Panassié, em 1934. Ou que, aliás, aquele público europeu, por menor que fosse, em determinadas ocasiões poderia ser – naqueles tempos como na atualidade – o único que justificaria a produção de jazz *norte-americano*. Um dos principais produtores de discos da vanguarda do jazz nos Estados Unidos está hoje em Milão, e 70% de suas modestas vendas se dão fora do país.[5] Aliás, por que tivemos que esperar que um francês fizesse o primeiro longa-metragem a levar a sério, como artista criativo, um músico negro do jazz, e mais, a colocar no papel um músico negro de jazz – Dexter Gordon, cuja atuação em *Por volta da meia-noite* é estarrecedora e mais tocante que sua música?

Nada disso altera o fato de que, como agora, os Estados Unidos é o lugar onde a ação acontece, onde um músico de jazz gostaria de estar, apreciado ou não, desde que conseguisse ganhar a vida.

O filme de Tavernier levanta uma questão mais interessante. Como quase tudo que conhecemos sobre jazz – à exceção dos próprios sons –, ele se desenvolve a partir do ponto de vista de um fã: naturalmente, as câmeras não são instrumentos pelos quais os músicos se expressam. De fato, os francófilos reconhecerão o sabor especial do fã intelectual francês, sempre pronto para descobrir um *poète maudit* [poeta maldito], mesmo com *blackface*, amando o jazz não apenas por si mesmo, mas porque o conduz a Rimbaud, e lisonjeado quando músicos de jazz mais velhos proclamam gostar de Debussy.

Nenhum músico faria um filme essencialmente sobre a relação com um fã entusiasmado, mas este é o tema central de *Por volta da meia-noite*. Baseia-se no caso de um francês real que fez o melhor que pôde para proteger de si mesmo o grande e decadente pianista do bebop Bud Powell, em Paris. O protagonista de Tavernier acolhe o saxofonista famoso e alcoólatra, o ajuda brevemente a recuperar o respeito e a criatividade por meio de cuidados generosos e a imersão nos ritmos lentos da vida de uma família francesa, talvez vista aqui como excessivamente reticente e gentil. Mas ele não pode impedi-lo de voltar para Nova York, onde ele morre. É quase com certeza o melhor longa-metragem feito sobre o jazz e o mais revelador sobre as pessoas e a música – pois seus fãs são igualmente interessados pelas duas coisas.

No entanto, o fã enxerga seu herói envolto por uma névoa sentimental. Bud Powell em Paris foi, na verdade, um fenômeno mais assustador e inacessível do que o gentil sonâmbulo autodestrutivo que Dexter Gordon interpreta tão bem. (Este escritor, que viu Powell em Paris, fala a partir de lembranças pessoais.) O filme combina o ressentimento dos fãs diante do fracasso do mundo em aceitar a grandeza do jazz com sua relutância em compartilhá-lo com forasteiros. Está cheio de referências esotéricas – da esposa de Charlie Parker até truques de linguagem de Lester Young – cuja própria opacidade confirma o monopólio do aficionado. Tavernier, justificadamente, não tenta se distanciar do sentimento e do clichê que são essenciais para os fãs. (Mas ele também não os evitou em outro filme esplêndido sobre arte, artistas, e, não por coincidência, sobre pais e filhas, *Um sonho de domingo*.)

Mas o fã de jazz, por mais que entenda do riscado, é fundamentalmente um apaixonado. Enquanto a música pop da antiga, como todos sabem, cristalizou e preservou a relação de seres humanos apaixonados

("Estão tocando a nossa música"), o jazz com grande frequência é o objeto do amor de seus devotos. O romancista checo Josef Skvorecky comparou seu impacto inicial ao do primeiro amor de adolescentes numa era em que tais emoções, embora fugazes, ainda deveriam ser inesquecíveis. "Começou como um caso de amor igual aos outros." Esta é a descrição de como o jazz foi descoberto pelo Dr. Dietrich Schulz-Köhn, que ocupa um pequeno nicho no panteão informal da história dos amantes da música por ter sido o oficial alemão capturado em St. Nazaire, em 1944, cuja primeira pergunta a seus capturadores norte-americanos foi: "Vocês têm algum disco de Count Basie?"[6] A metáfora do amor ou do apaixonamento se repete no relato entusiasmado, mas superficial, de Mike Zwerin sobre o jazz na Europa ocupada pelos nazistas, em si uma obra autobiográfica, de sentimentos e piedade, e menos acadêmica. ("A precisão veio em primeiro lugar, mas, onde havia uma opção entre a poesia e o jornalismo, eu escolhi a poesia.")[7]

Poucos fãs estão numa posição que lhes permite fazer filmes, embora eles tenham, na fotografia, criado uma biblioteca de imagens maravilhosas. Uma série de rapazes brancos – e um número pequeno, mas crescente de mulheres – também passaram de fãs a intérpretes, embora não haja unanimidade sobre o interesse musical de suas atividades. Por sorte, um número modesto tem, com o passar dos anos, compensado a falta de interesse comercial e institucional no jazz, transformando-se em empresários ou produtores musicais. A gravadora Blue Note, recentemente reformulada, fundada e mantida por muito tempo por dois refugiados alemães fãs de jazz, é um exemplo. Mas o que fazer com as palavras?

Relativamente poucos fãs escrevem poesia sobre ou para o bem-amado, e, quando fazem, tendem a se apoiar excessivamente na magia dos nomes que vibram apenas em outros amantes. ("Ah, eu o amava, Pete Brown. E você era como um irmão para mim, Joe Marsala. E você também, doce Billy Kyle.")[8] Um número bem maior, que pertence ao imenso submundo de amantes do jazz da academia, agora escreve livros sérios sobre o objeto de suas paixões. Em geral, a maioria dos livros de que falamos aqui é publicada por editoras universitárias. Mas pouquíssimos praticam a dificílima arte de comunicar em prosa o que os músicos são e o que fazem.

É provável que o único escritor que teve realmente sucesso seja Whitney Balliett, do *New Yorker*, cuja obra *American Musicians* reúne 24 anos de "perfis do jazz". Como autor de perfis do *New Yorker*, ele é prestigioso, mas não excepcional. Seu singular ponto forte como autor descritivo sobre jazz se encontra numa combinação musicalmente bem-informada de observação precisa e atenta com olhos e orelhas, um tipo de imparcialidade à la Audubon e um instinto raro para palavras que não apenas são certas, mas também *soam* certas. Pouquíssimos escutam e observam com tanta exatidão quanto ele, e ninguém faz relatos mais exatos. As descrições de Balliett de solos improvisados – ele é particularmente bom com os bateristas – são, quase tanto quanto possível, traduções do movimento da música na linguagem, como pode ser verificado com um olhar em seu relato, por exemplo, do famoso solo de piano de Jess Stacy no Carnegie Hall, em 1938, registrado em disco.

> Depois de um dueto de Goodman e Gene Krupa, houve uma pausa para retomar o fôlego, e, depois de receber um súbito aceno de Goodman, Stacy decolou. O solo durou dois minutos, o que é notável numa época em que a maioria dos solos é medida em segundos. É possível se perguntar quantas pessoas compreenderam o que estavam ouvindo naquela noite, pois nunca houve um solo como aquele. Desde os compassos da abertura, havia uma exaltação, quase um êxtase, como se Stacy estivesse possuído. Não parecia, com seus fulgores e fantasmas de Debussy, ser de seu tempo ou local. Era também revolucionário, pois era uma *cadenza* mais do que uma série de frases musicais improvisadas. Não havia divisões nem costuras, e sim uma

estrutura espiralada, uma estrutura orgânica em que cada frase evoluía a partir da precedente. Os acordes oscilantes do registro intermediário davam lugar a execuções de tempo duplo, que davam lugar a pausas sonhadoras, que davam lugar a acordes melódicos, que davam lugar a execuções oblíquas. Um clímax era alcançado apenas para recuar diante de outro ainda mais forte. Acumulando graça sobre graça, o solo subiu pelo teclado de uma forma gradual, mas inevitável, terminando em um conjunto de notas isoladas do registro superior, em soberba contenção. Houve um instante de silêncio atordoante antes que Krupa voltasse, trovejante.

Ao contrário da maioria dos escritores que se debruçam sobre o jazz, ele nunca exagera nem oculta as fraquezas, mesmo quando trata de seus favoritos. A sua simpatia é ampla, de King Oliver a Cecil Taylor, embora não abarque inteiramente Miles Davis e o hard bop, sobre o qual (neste livro) ele é muito reticente. Em suma, é o escritor ideal para o amante de jazz de boa formação, que é obrigado a relembrar a emoção na placidez, distante de discos e fitas. O que ele comunica para aqueles que não gostam do jazz, além do seu admirável talento com as palavras, é impossível para um amante do jazz dizer.

Como tanto do que sabemos sobre a música nos chega por meio da devoção generosa, mas enviesada, de aficionados que funcionam como colecionadores, genealogistas, cronistas ou – como em *A Life in Jazz*, de Danny Barker – tradutores de reminiscências faladas para a palavra impressa,[9] deveríamos saber bem mais sobre o público de jazz e sua evolução do que realmente sabemos. No entanto, os escritores tendem a ser tão desinteressados em relação aos ouvintes quanto perdidamente fascinados pelos menores detalhes em relação aos músicos. A recepção do jazz, em especial nos Estados Unidos, ainda precisa ser estudada com seriedade, embora diversos dos livros em resenha forneçam informações tangenciais para tal estudo.

No entanto, o futuro do jazz depende quase inteiramente do que acontece a seu público, como ficou claro durante quinze anos mais ou menos, a partir do início dos anos 1960, quando essa plateia desapareceu à medida que a massa de jovens debandou em busca dos modismos do rock, o que configurou neste aspecto como em muitos outros uma década desastrosa para a cultura ocidental. (O rhythm and blues dos anos 1950 ainda havia permitido uma espécie de simbiose amigável entre o jazz e o pop.)[10] O melhor que pode ser dito sobre o jazz no início dos anos 1970, mesmo em Nova York – como sempre, dito por Whitney Balliett –, era que ele havia parado de colapsar. Sua condição era "precária, porém persuasiva".[11] Mais uma vez, é o jazz sob o ponto de vista de fãs e críticos. Para os músicos que não conseguiam mais ganhar a vida, a situação era mais precária do que persuasiva.

Apesar do pessimismo (qualificado) de Francis Davis, cujo livro *In the Moment* relata a cena de jazz dos anos 1980, o interesse começou a reviver no final dos anos 1970, com a visível exaustão do rock, e vem crescendo num ritmo impressionante nos últimos tempos. "As prateleiras estão transbordando com reedições, e os clubes, de repente, começaram a bater recordes de público", escreveu um periódico de jazz no final de 1986,[12] e o fenômeno parece ser internacional. Voltou a ser possível ganhar a vida para mais do que um punhado de músicos. Grupos há muito dissolvidos são reconstituídos, instrumentistas voltam de estúdios de gravação na Califórnia ou de exílios na Europa e respondem à pergunta "Para onde o jazz está indo neste momento?" dizendo "Não sei para onde vai, mas está saudável".[13] Mesmo se a retomada durar, com certeza o jazz não será mais do que a preferência de uma minoria, tal qual a leitura de poesia, como sempre foi. Mas talvez volte a se tornar economicamente viável.

Dada a ignorância do público que agora se volta para o jazz, pouco pode ser dito sobre ele, exceto que, como é óbvio, "as plateias do jazz são geralmente de renda superior, instruídas, com mais brancos do que pretos".[14] No entanto, o número crescente de negros de classe média e profissionais talvez considere também, ao contrário de seus pais, manter uma admiração educada pela música como um símbolo de orgulho cultural, bem como de status cultural.[15]

Além do núcleo de fãs de jazz de longa data, este é um público novo e relativamente jovem, muitas vezes dono de uma ignorância surpreendente, mas, de uma forma peculiar, intelectual. O único ramo do jazz que parece ter sido deixado de fora do renascimento é a música simples e divertida que outrora tinha um apelo poderoso especialmente para a juventude branca, e que resistiu por mais tempo ao declínio: Dixieland. Na própria Nova York, clubes como os de Eddie Condon e Jimmy Ryan, redutos onde homens brancos de classe média recordam a juventude, desapareceram à medida que novos locais para jazz ao vivo mais avançado se multiplicaram e floresceram.

O declínio de Dixieland não ocorre, com toda clareza, devido à falta de apelo para a plateia, mas por causa do tédio coletivo de críticos e instrumentistas, somado ao desdém pelas "mesmas 93 velhas canções do repertório padrão dos primórdios" de Nova Orleans e Chicago, tocadas em versões idênticas por "músicos de quarta categoria".[16] Além do mais, para muitos jovens músicos negros, a música tradicional de Nova Orleans tem um quê desconfortável de Pai Tomás. Apenas amantes do jazz sensíveis e abertos, como Balliett e Carruth, estão preparados, hoje em dia, para dizer algo de bom sobre a música de Dixieland, ou melhor, sobre o jazz tocado num estilo anterior ao dos anos 1940. Carruth (que sugere marginalmente, com algum exagero, que o "número de imitadores de qualidade inferior do pós-bop é, atualmente, bem maior do que o número de Dixielanders") faz um lembrete

aos amigos mais jovens, de que ao ouvirem discos – feitos por autênticos músicos de jazz, treinados nos modos que vieram antes do bop, brancos ou pretos, nortistas ou sulistas, eles estão ouvindo jazz, não Dixieland, e não faz a menor diferença se o *chorus* de abertura e do encerramento são tocados com riffs harmônicos ou com improvisos em contraponto.

Nem exclui a possibilidade de que mesmo "peças retiradas textualmente, por assim dizer, a partir de antigos discos" poderiam ser "executadas com tamanha pureza de devoção musical e tamanha sensibilidade ao fraseado" a ponto de serem confundidas com verdadeiro jazz.

De fato, o estudo erudito e instrutivo de Berry, Foose e Jones sobre a música de Nova Orleans desde 1945 chega ao ponto de omitir todas as menções daquilo que a maior parte do mundo, inclusive os turistas que visitam o French Quarter, considerariam como som típico da cidade. A Nova Orleans deles é representada pela família Marsalis (um dos clãs de instrumentistas sobre os quais a popular vida musical da cidade ainda se baseia[17] em vez de ser aquela Nova Orleans do fantasma de Buddy Bolden, do Preservation Hall e de infindáveis clones de "South Ramparts Street Parade"). E o sucesso de *Por volta da meia-noite*, épico do bebop, sublinha o fracasso, poucos meses antes, de *A banda do paraíso*, um filme encantador sobre o fenômeno característico da cena de jazz mais velha, dos músicos amadores brancos, de classe média, se divertindo com Dixieland, uma espécie que ainda é ocasionalmente representada por Woody Allen. Entrou e saiu de cartaz, não exatamente em silêncio, mas um tanto despercebido. (É mencionado de passagem na página 86 do livro de Davis.)

O fato de que o repertório do *revival* do jazz parece agora incluir sons que os árbitros do bom gosto disseram que eram para ser apreciados, bem como outros que são realmente apreciados, talvez dê enfim uma chance para os jovens músicos de vanguarda que desenvolveram suas carreiras em meio às desesperadoras trevas das décadas de 1960 e 1970, a quem Francis Davis dedica particular atenção. É pelo menos possível que os responsáveis pela programação musical das casas noturnas deixem de dar prioridade automática a qualquer um dos poucos veteranos que ainda estão associados a algum nome remoto e prestigioso que até clientes desavisados já ouviram falar, embora seu único mérito seja a sobrevivência física. E é com certeza por isso que músicos de jazz como o pianista Ellis Marsalis (que criou os filhos na verdadeira fé a Ornette Coleman e John Coltrane enquanto estavam cercados de infiéis) estejam agora indiretamente recebendo reconhecimento.

Mas também é possível que a renovação do interesse do público pelo jazz tenha tido o efeito de levar alguns dos músicos que, nos anos sombrios, se tornaram ainda mais inacessíveis (a despeito daqueles que se recusavam a ouvi-los de qualquer maneira), de volta ao *mainstream* genuinamente capaz de ter apelo às plateias, ou pelo menos de não contribuir ativamente para aliená-las. Tal integração de revolucionários musicais à corrente principal foi o que criou a última era de ouro do jazz, entre 1955 e 1960. Francis Davis observa, não sem melancolia, que o porta-estandarte da retomada dos anos 1980, o jovem trompetista Wynton Marsalis, é um músico "resolutamente conservador". Há momentos, nos dias de hoje, em que o World Saxophone Quartet não apenas soa como Ellington, mas realmente almeja fazê-lo. Alguns receberão bem esse desdobramento.

Nessas circunstâncias, é possível que o jazz seja finalmente adotado pelo establishment pós-modernista estadunidense como parte da ambientação cultural de novas classes profissionais de nível superior. Tornou-se intelectualmente respeitável. Seus instrumentistas receberam na maioria dos casos treinamento musical formal ou, mesmo, como é o caso de Wynton Marsalis, são igualmente reconhecidos no jazz e na música clássica. Pode ser facilmente combinado com outras despesas do consumidor, como tem sido reconhecido no já familiar vínculo entre jazz e culinária nos clubes noturnos e restaurantes de Manhattan. Praticar gastronomia com o acompanhamento daquilo que autoridades respeitáveis alegam ser a música clássica dos Estados Unidos no século XX é tranquilizador, do ponto de vista cultural, mesmo que ninguém esteja ouvindo com atenção. É mesmo, de um modo modesto, uma garantia de exclusividade econômica, pelo menos enquanto o tamanho do público de jazz e a capacidade das casas torne mais barato adquirir um assento na ópera do que ouvir uma apresentação ao vivo no Village.

No entanto, entre os muitos excluídos pela nova respeitabilidade do jazz encontram-se aqueles que fizeram essa música no passado e de quem seu futuro criativo deve depender: rapazes e moças do gueto negro. Entre os muito jovens, poucos foram atraídos pelo renascimento do jazz em sua terra natal. O curso superior em Jazz e Música Contemporânea, recentemente iniciado pela New School em Nova York, é ministrado por um corpo docente predominantemente negro, formado por músicos idosos e consagrados, para estudantes majoritariamente brancos. Para cada aluno preto que se inscreveu no curso existem seis brancos. O jazz pode ter estabelecido suas credenciais culturais, mas o verdadeiro rejuvenescimento da música ainda tem muito caminho pela frente.

A raposa mais astuta*

Dentre os grandes personagens da cultura do século XX, Edward Kennedy Ellington é um dos mais misteriosos. A partir das evidências reunidas no excelente livro de James Lincoln Collier, ele deve ser também um dos menos agradáveis – frio com o filho, cruel em seus relacionamentos com mulheres e inescrupuloso no uso do trabalho de outros músicos. Mas não há como negar o extraordinário fascínio que ele evidentemente

---

* Este ensaio apareceu originalmente na *The New York Review of Books* em 19 de novembro de 1987, como resenha de *Duke Ellington*, de James Lincoln Collier (Nova York: Oxford University Press, 1987).

exercia sobre aqueles a quem maltratava e a quem era leal ao mesmo tempo, incluindo os que permitiram que ele estabelecesse uma relação de domínio, como ocorreu, por exemplo, com a maioria de seus colegas e das amantes.

Não havia nada óbvio sobre o que deve parecer, para observadores imparciais, um comportamento chocante. Ele era o contrário dos arruaceiros de pavio curto que entravam e saíam de tantas bandas, inclusive da sua, embora o seu hábito de roubar canções de seus músicos e, ocasionalmente, suas mulheres deva ter criado atritos até com os mais plácidos dentre eles. No entanto, apenas esposas ou companheiras chegaram realmente a ameaçá-lo com faca ou revólver, até onde mostram os registros, depois de receberem provocações.

De fato, nada era óbvio em Duke Ellington, a não ser a máscara que ele invariavelmente empregava em público e tornava invisível sua personalidade: a fachada do homem atraente, sofisticado e sedutor, cuja comunicação verbal com o público e, provavelmente, com um número imenso de suas conquistas femininas consistia em frases vazias de lisonja e afeto ("Amo você loucamente"). A autobiografia que ele escreveu pouco antes de sua morte, *Music is My Mistress*,[1] é um documento curiosamente pouco informativo, como também tem um título pouco apropriado. Embora ele provavelmente desprezasse e tentasse subjugar as amantes – na realidade, todas as mulheres à exceção da mãe e da irmã, a quem ele idealizava e via como assexuais, pelo menos na visão de seu filho muito humilhado[2] – seu relacionamento com a música era completamente diferente. Mesmo assim, a música não era sua amante e senhora, no sentido original de alguém que exerce um domínio. Ellington gostava de manter o controle.

Aqui, de fato, se encontra o cerne do mistério que James Lincoln Collier tentou elucidar em seu livro. Pois Ellington, chamado junto a Charles Ives de figura mais importante da música norte-americana,[3] não se conforma de maneira nenhuma ao critério da ideia convencional de "artista", assim como suas produções improvisadas não se conformam à ideia convencional de "obra de arte". O que se passa é que, ao contrário da maioria de seus contemporâneos do jazz, Ellington se via como um "artista" neste sentido e levava suas "obras" de composição para a sala de concertos, onde eram executadas com regularidade. No seio da classe média negra à qual pertenciam os Ellingtons, cuja importância Collier insiste acertadamente em sublinhar, a concepção de "grande artista" era familiar, enquanto para alguém como Louis Armstrong, vindo de um mundo nada burguês e menos crítico, ela não tinha qualquer significado.

Quando Ellington, em sua triunfante visita à Inglaterra em 1933, descobriu que para os intelectuais britânicos ele não era apenas um *bandleader*, mas um artista como Ravel ou Delius, ele assumiu o papel de "compositor" como o concebia. No entanto, quase ninguém afirma que sua reputação se encontra em trinta e poucas minissuítes de música mal organizada ou menos ainda nos "concertos sagrados" aos quais ele devotou boa parte de seus últimos anos. Como compositor ortodoxo, Ellington simplesmente não é tão bem avaliado.

No entanto, não há dúvida em relação ao corpo de sua obra no jazz, que, nas palavras de Collier, "inclui centenas de composições completas, muitas das quais quase impecáveis". Essa obra é uma das principais realizações da música – de *qualquer* música estadunidense – de sua era (1899-1974). E, se não fosse por Ellington, essa música não existiria, embora em quase toda página do livro de Collier, cheio de admiração, mas desmistificador, haja o testemunho de suas deficiências musicais. Ellington era um bom pianista, sem ser brilhante. Faltava a ele tanto o conhecimento técnico da música como também a autodisciplina necessária para o adquirir. Tinha dificuldade para ler partituras, quanto mais arranjos elaborados. Depois de 1939, para arranjos e conselhos musicais, ele dependia muito de Billy Strayhorn, que agia como seu alter ego no comando da banda e se tornou uma espécie de filho adotivo. Strayhorn, com educação musical e extrema sofisticação, era mais capaz de julgar como uma música soaria a partir de partituras.

Fora algumas dicas informais nos anos 1920 recebidas de profissionais negros da música com educação formal, como Will Vodery, diretor musical de Ziegfeld, pouco aprendeu que não fosse pelo processo de experimentação nos ensaios. Era preguiçoso demais e talvez não suficientemente intelectual para ler muito, nem ouvia com muita atenção a música dos outros. Se acreditarmos em Collier, ele nem chegou a fazer esforços especiais para encontrar o tipo certo de músico para sua banda, aceitando os primeiros que pareciam vagamente aceitáveis para preencher as vagas, embora isso não explique as majestosas formações de metais e palhetas da banda de Ellington entre o final dos anos 1920 e o início dos anos 1940. Ele certamente não foi um grande compositor, se seguirmos a demonstração de Collier de que "entre todas as músicas que fundamentam a reputação de Ellington como compositor — e seus royalties da ASCAP também — apenas 'Solitude' parece ter sido inteiramente sua criação. Nas outras, ele foi, na melhor das hipóteses, um colaborador, na pior das hipóteses, um mero arranjador da versão da banda para a canção". E pelo menos um de seus músicos disse a ele, num momento característico de irritação mútua: "Não o considero um compositor. Você é um compilador."

Por fim, talvez o que seja mais danoso, é a justificada observação de Collier de que ele não tinha talento, o "dom natural bruto" de outros grandes músicos de jazz, nem se sentia "atraído, ou dominado [pelo jazz] por um sentimento intenso pela própria música". Diferentemente de muitos outros grandes músicos, ele prometia pouco até chegar perto dos 30 e não começou a fazer seu melhor trabalho antes dos 40 anos.

Aqui reside o principal interesse do livro de Collier. Em linhas gerais, seus juízos não são novos. Há muito foi aceito que Ellington era essencialmente um músico improvisador cujo "instrumento era uma banda inteira" e que ele não conseguia pensar na sua música a não ser por meio das vozes particulares de seus membros. Que seu fôlego musical era curto e que era, portanto, incapaz de desenvolver uma extensa ideia musical sempre foram óbvios, mas ao mesmo tempo já se sabia em 1933 que nenhum outro compositor clássico ou de qualquer outro gênero chegaria perto de vencê-lo num disco de 78 rpm – ou melhor, em três minutos. Ele foi chamado por um crítico de jazz e música clássica de "maior miniaturista da arte".[4] Os comentários de Collier sobre determinadas peças e fases da obra de Ellington são, como sempre, bem fundamentados, perspicazes e esclarecedores, mas seu juízo não difere em muito daquilo que é considerado consenso.

Apenas através do jazz poderia alguém, com as evidentes limitações de Ellington, ter produzido uma contribuição significativa à música do século XX. Apenas um negro norte-americano, ou provavelmente um negro norte-americano de classe média da geração de Ellington, teria pensado em fazer algo assim como *bandleader*. Apenas alguém com o caráter incomum de Ellington teria realmente obtido esse resultado. O mérito do livro de Collier está em mostrar o quanto a música deve a esse homem, mas sua contribuição original é revelar o homem como foi formado por seu meio musical e social.

As peculiaridades da personalidade de Ellington já foram descritas com frequência, com variados graus de indulgência. Ele se enxergava com convicção total e espontânea como alguém "singularmente agraciado por Deus, singularmente guiado pela vida por alguma luz misteriosa, singularmente direcionado pelo Divino para tomar determinadas decisões em determinados momentos da vida" e, consequentemente, com direito ao poder total. O crítico Alexander Coleman tentou resumir os pensamentos de Ellington da seguinte maneira: "Preciso ser capaz de dar e de retirar. Eu comando o mundo porque sempre tenho sorte, sou cuidadoso como ninguém, a raposa mais astuta entre todas as raposas do mundo."[5]

Essa é também, substancialmente, a leitura feita por Collier, embora o livro atual insista menos do que poderia nos imperativos da sabedoria da rua para a sobrevivência e o sucesso que o Duke – apelido que ganhou no começo da vida – adquiriu como elegante jovem malandro negro: a malícia, a recusa a deixar transparecer qualquer coisa sobre si mesmo, as estratégias de poder da manipulação, a insistência em "receber respeito" como um chefão da máfia. Neste aspecto, o livro de memórias de Mercer Ellington sobre a vida com seu pai pode ser útil como complemento ao livro de Collier.

Em suma, Ellington, como ele próprio reconhecia,[6] era uma criança mimada que teve sucesso em manter algo do senso infantil de onipotência durante toda a vida. Em Washington D.C., seu pai deu duro para galgar do posto de cocheiro para o de mordomo a serviço do Dr. M. F. Cuthbert, "reconhecidamente um médico da sociedade que cuidava dos Morgenthaus e dos Du Ponts", segundo Collier. A partir desses antecedentes familiares e a partir de um grupo relativamente grande de pretos politicamente protegidos ou com educação superior de seu círculo no ambiente de Washington, ele adquiriu respeito próprio, segurança e forte orgulho da sua raça – e um senso de superioridade dentro dela. "Não sei quantas castas de negros havia na cidade naquela época", disse ele uma vez, "mas sei que se você decidisse se misturar descuidadamente com outra, você seria avisado de que não se faz esse tipo de coisa." Ele preferia não ter uma banda racialmente mista, mesmo quando isso era possível. O carisma que o cerca derivou em grande medida do ar consequente e muito marcante de ser um *grand seigneur* que esperava tratamento respeitoso, e essa impressão foi reforçada pelo charme, pela boa aparência e por um magnetismo indefinível.

No entanto, o garoto mimado começou como mau aluno, preguiçoso e ignorante na escola, à procura de diversão, e nunca adquiriu a capacidade de aprender, de trabalhar duro ou ter autodisciplina, mas também não abandonava seu senso de status ou sua ambição. A música, que ele parece ter visto originalmente como um complemento da diversão, se tornou um modo óbvio e fácil para ganhar a vida, dada a enorme demanda da era do jazz e a posição dos negros nas bandas de música para dançar, que ainda era forte, apesar do influxo de brancos. Se negros instruídos, com formação superior, estabeleciam-se como músicos – com frequência tornando-se *bandleaders* ou arranjadores, como Fletcher Henderson e Don Redman –, era ainda mais natural para alguém de uma classe média remediada, sem qualificações, fazer algo assim, especialmente no caso de um jovem que tinha sido obrigado a se casar pouco antes. No início dos anos 1920, ganhava-se bom dinheiro com a música, provavelmente com mais facilidade do que com a arte comercial, pela qual o jovem Ellington parece ter demonstrado algum dom.

Foi sorte de Ellington ter entrado no jazz no momento em que a música se descobria, e ele foi capaz de se descobrir enquanto se desenvolvia. Não há indício de que ele desejasse particularmente compor, até que formou uma parceria com Irving Mills, que, como editor musical, sabia do retorno financeiro das canções no mundo do show business. Não há indício de que Ellington desejasse ser nada além de um *bandleader* muito bem-sucedido.

Sua banda passou da música sincopada descomplicada, tocada por um exército indistinto de jovens grupos, para o jazz *hot* no meio dos anos 1920, porque era a tendência geral. De fato, o estilo Ellington típico pode muito bem ter se desenvolvido por razões comerciais, por intermédio da "jungle music", que correspondia às expectativas da clientela do Cotton Club. "Durante um período no Cotton Club", disse Ellington, "dedicava-se muita atenção a números com um cenário africano e, para acompanhá-los, desenvolvemos aquilo que foi chamado de jazz 'jungle style'." Isso foi vantajoso por ser construído a partir de alguns valorizados membros da banda e também por fornecer para a banda um "som" ou marca registrada imediatamente reconhecível.

Collier também argumenta que o tamanho e a formação instrumental da banda aumentou porque os competidores de Ellington tinham mais metais do que ele. Os modelos de *big bands* eram brancos. Os arranjos que utilizavam eram construídos em torno do que Collier chama de um "coral de saxofones", uma seção coordenada de palhetas iniciada por Art Hickman e Ferde Grofé por volta de 1914 e desenvolvida por Grofé e Paul Whiteman, o "rei do jazz", nos anos 1920. Fletcher Henderson e Don Redman criaram uma versão negra graças a uma complexa interação entre solistas e diferentes seções.

Ellington, pois, tornou-se um "compositor" porque o futuro das bandas de sucesso dos anos 1920 não estava num pequeno grupo de sopros tocando à vontade, mas sim em bandas maiores executando arranjos musicais. Ele não estava em posição de imitar Henderson, a quem admirava e de quem, segundo Collier, ele assumiu o "sistema de pontuação, resposta e suporte para tudo com alguma coisa", porque ele era incapaz de escrever música complexa e seus músicos não conseguiam ler uma orquestração complexa. Por outro lado, a combinação de ritmos de jazz com recursos harmônicos inspirados ou parecidos com aqueles da música clássica, que Whiteman havia iniciado, era mais fácil de seguir e vinha naturalmente para um homem que vivia e respirava a atmosfera do show business novaiorquino, e que de fato nem gostava muito de ser chamado de músico de jazz. Como aponta Collier, corretamente, o verdadeiro triunfo do "jazz sinfônico" não é a "Rhapsody in Blue", de Gershwin (encomendada por Whiteman), mas a música da banda de Duke Ellington.

Assim que Ellington se encontrou responsável pelo repertório da própria banda, ele foi obrigado a se descobrir como músico. Seu método pessoal de criar composições é bem descrito por Collier:

Ele começava levando para o estúdio de gravação ou para a sala de ensaios algumas poucas ideias musicais – vestígios de melodias, harmonias e sequências de acordes em geral vestidas no som de determinados instrumentistas da banda. No local, ele se sentava ao piano e esboçava rapidamente uma seção – quatro, oito, dezesseis compassos. A banda tocava. Duke repetia. A banda tocava de novo até que todo mundo entendesse. Anos mais tarde, o pianista Jimmy Jones disse: "O que ele faz é como uma reação em cadeia. Aqui está uma seção, aqui está outra e entre uma e outra ele começa a fazer as ligações – o que é impressionante em Ellington é que ele consegue pensar tão rápido na hora e criar tão depressa." Durante o processo, os integrantes da banda faziam sugestões... Enquanto uma obra estava em andamento, com frequência, eram os homens de cada seção que resolviam as harmonias, em geral a partir de acorde fornecido por Duke. Quando o trombonista Lawrence Brown veio para a banda... para ser um terceiro trombone, esperava-se que ele criasse para si mesmo uma terceira parte de tudo. "Tive de compor minhas próprias partes... você ia junto e o que ouvia que estava faltando, era onde você entrava."

É óbvio que Ellington contribuiu com alguma coisa para esse modo de criação musical, além de sua costumeira falta de inclinação para o planejamento e preparação. Ele trouxe um fascínio natural e crescente pela mistura de diferentes sons e timbres, um gosto cada vez maior por levar a harmonia para a beira da dissonância, uma tendência a desobedecer às regras e um bocado de confiança em sua falta de ortodoxia, se o resultado "soava bem" para ele. Trouxe também um senso tonal que costuma ser comparado – também por Collier – à paleta de um pintor, mas que talvez seja mais bem descrito como um sentimento por efeitos do show-business. Ellington, desinibido compositor de música programática, não parece ter pensado em cores, que raramente aparecem nos títulos de suas gravações (a não ser por "black" e "blue", que não são descritivos), mas se inspirado em "uma experiência sensorial, uma lembrança física", como em "Harlem Airshaft", "Daybreak Express", um clima, como em "Mood Indigo" ou "Solitude", ou histórias sentimentais como aquelas preferidas por coreógrafos tradicionais, como "Black and Tan Fantasy" ou muitas de suas peças mais longas.

Nada disso teria rendido grande coisa a não ser pelas mãos de um grupo de músicos criativos com personalidades independentes e vozes inconfundíveis: em suma, apenas no jazz. É inquestionável que cada peça musical de Ellington era ou é inequivocamente do próprio Duke, não importando a composição da banda em um momento particular. De fato, ele obteve efeitos iguais ou análogos por meio de combinações muito diferentes de instrumentistas, embora a banda se beneficiasse da longa presença de algumas vozes essenciais: Cootie Williams, Johnny Hodges, Joe Nanton, Barney Bigard, Harry Carney. (Mas eles desenvolveram seu estilo por causa daquilo que Duke ouvia neles.) Além do mais, é inegável que o impressionismo musical que lembrava Debussy – para os ouvintes com conhecimentos de música clássica – e a forma consistentemente brilhante das gravações de três minutos da banda – se passassem disso, tendiam a perder o brilho ou se desorganizar – são apenas de Ellington.

Contudo, sua música é importante, acima de tudo, pela forma como foi feita. Duke, o manipulador astucioso, sabia que cada integrante da banda tinha de se apoderar da música. Ele poderia fazer isso sendo deixado deliberadamente sem instruções, descobrindo sozinho o que Ellington queria dele – assim como Cootie Williams foi levado a se ver como o sucessor da trombeta "rosnador" de Bubber Miley. Ou incitado pelos insultos deliberados de Duke a mostrar o que realmente era capaz de fazer. Havia método por trás da indisciplina aparentemente caótica da banda.

Por outro lado, Ellington foi nutrido por seus músicos, não apenas porque se baseou em suas ideias e melodias, mas porque foram suas vozes que lhe deram a sua. Ele era, é claro, afortunado em seu tempo. Na maioria dos casos sem treinamento formal e altamente competitivos, os instrumentistas desenvolviam vozes individuais, o que tornou possível as combinações mais empolgantes e originais. Collier e quase todo mundo concorda que a descoberta de uma dessas vozes, a de Bubber Miley, começou a transformação da banda de Ellington e permitiu a Duke formar aquelas infinitamente variadas ligações entre o áspero e o suave, o cru e o cozido, que estão entre suas características. Foi afortunado que os mestres do novo *hot* jazz viessem com tanta frequência de Nova Orleans – o próprio Sidney Bechet passou rapidamente pela banda antes que ela se tornasse oficialmente de Ellington. É quase certo que isso tenha dado a Ellington um gosto por palhetas sinuosas e suaves, os sons do saxofonista Johnny Hodges e do clarinetista Barney Bigard.

Mas a dependência de Ellington em seus músicos é demonstrada de forma convincente pelo fato de que ele manteve a banda em funcionamento até o fim da vida, embora ela desse prejuízo. Não está claro se ela poderia fechar as contas com uma administração melhor, mas não há dúvida de que Duke derramou recursos dos direitos autorais para mantê-la na estrada. Ellington não demonstrava qualquer interesse em fazer ou guardar partituras de suas obras, não apenas por não ter o som e o formato em sua mente, mas porque seus números não tinham qualquer significado para ele a não ser quando tocados e, como tudo no jazz, eles variavam de acordo com os instrumentistas, a ocasião, a atmosfera. Não podia haver algo como uma versão definitiva, apenas uma preferida e provisória. Constant Lambert, um dos primeiros admiradores vindos da música clássica, estava errado ao dizer que o disco era o equivalente de Ellington para a notação de um compositor tradicional.[7]

É evidente que as obras criadas desta forma não se encaixam na categoria convencional de "artista" como um criador individual e único, mas é claro que este padrão convencional nunca foi aplicável às formas de criação necessariamente cooperativas e coletivas que enchem nossos palcos e telas, e que são mais características das artes do século XX do que o indivíduo em seu ateliê ou escrivaninha. O problema de situar Ellington como "artista" em princípio não se difere daquele que se tem em descrever grandes coreógrafos, diretores ou outros que impressionam seu caráter individual em produtos de equipe. É apenas mais raro na composição musical.

Mas isso, sem dúvida, levanta questões sérias sobre a definição ou descrição consagrada de arte e criação artística. É evidente que o termo "compositor" se adapta a Ellington tão mal quanto o termo "autor" se adapta aos realizadores de Hollywood a quem foi aplicado por críticos franceses com a tendência nacional para o reducionismo burguês e cartesiano. Mas Ellington produziu obras cooperativas de arte que eram também suas, como um diretor de teatro ou de cinema pode fazer e, ao contrário dos megalomaníacos, ele sabia como se envolver numa criação genuinamente coletiva.

Collier faz essas perguntas, mas se perde em sua compreensível convicção de que Ellington permitiu que seus talentos fossem desviados do que ele fazia de melhor para "música em emulação de modelos do passado, que em muitos casos ele realmente não entendia" e que não era tão boa. É menos certo afirmar que isso "o impediu de desenvolver a forma com a qual se sentia confortável". Afinal de contas, segundo estimativas do livro, ele produziu mais de 120 horas de jazz gravado, que é um conjunto substancial para a maioria dos compositores, e ele desenvolveu e inovou até o fim da vida. Se produziu menos obras-primas depois dos 50 anos, a atração pelo Carnegie Hall é menos responsável do que os problemas administrativos que afligiam seu instrumento, a *big band*.

De qualquer maneira, Ellington sobreviverá por meio de músicas como "Ko-Ko" e não por composições como *Liberian Suite*. Mas Collier com certeza está enganado ao contrastar o jazz, como uma espécie de

Gebrauchsmusik "para acompanhar danças, apoiar cantores ou dançarinos, ou para empolgar e divertir as plateias", com "a arte como uma prática especial com seus próprios princípios existindo no abstrato, distante do público", jamais "criada a partir de um desejo de agir diretamente e imediatamente nos sentimentos reais das pessoas". Seja qual for a relação entre as artes convencionais consagradas e o público, o que sem dúvida tem sido difícil para artistas de vanguarda desde o começo do século, isso simplifica exageradamente a relação dos músicos de jazz com a plateia, mesmo se deixarmos de lado os músicos que, desde o nascimento do bebop, desafiaram as plateias a segui-los.

Pois, embora seja bem verdade que o melhor da obra de Ellington tenha sido criado para cabarés e salões de baile, para o propósito daquela plateia qualquer baboseira teria funcionado tão bem ou melhor. De fato, esse mesmo público se contentava com bandas de terceira categoria. Como a maioria das organizações de jazz de sua geração, a banda de Ellington ganhava a vida tocando para bailes, mas não tocava *para* os bailarinos. Os integrantes tocavam uns para os outros. Sem dúvida, o público ideal aceitava seu tipo de música e ficava empolgado com ela, mas, acima de tudo, ele não atrapalhava.

Este resenhista, aos 16 anos, se apaixonou perdidamente pela banda de Ellington em seu momento mais imperial, ao tocar o seu *Breakfast Dance* num salão de bailes suburbano de Londres para um público incompreensivo e inteiramente irrelevante para ela, a não ser pelo fato de que uma massa oscilante de dançarinos era algo que a banda estava acostumada a ver diante de si. Aqueles que nunca ouviram Ellington tocar num baile, ou, ainda melhor, num estabelecimento com sofisticados notívagos, onde o verdadeiro aplauso consistia em conversas silenciadas à mesa, não pode saber como realmente era a maior banda da história do jazz, tocando com tranquilidade em seu próprio ambiente.

Por outro lado, aqueles que esperavam que Ellington agisse "diretamente e imediatamente nos sentimentos reais" atrapalhavam. Nos últimos anos, a maioria dos norte-americanos e todos os estrangeiros ouviram Ellington ao vivo apenas em concertos. Os auditórios silenciosos, cheios de fãs esperando pela revelação, raramente traziam à tona o melhor da banda. Na verdade, traziam à tona o Ellington que sabia que com bastante sopro (principalmente com Paul Gonsalves) ele conquistaria a plateia.

Nem basta dizer, como faz Collier: "Quando o jazz é confundido com arte, a paixão sai pela janela e a pretensão entra voando." O que torna o jazz importante não é ser apaixonado ou despretensioso. Assim é a maior parte da ficção romântica. Não é que, ao contrário da arte que causa desagrado em Collier, "milhões de pessoas se importam com ele". O jazz é e sempre foi uma arte da minoria, mesmo pelos padrões da música clássica e da literatura séria, muito longe de um público de milhões. Com certeza, não é uma arte de massa nos Estados Unidos, onde os clubes de jazz de Nova York (como os gerentes de teatro britânicos) contam tanto com o movimento turístico quanto com a plateia local de jazz.

O jazz é importante na história das artes modernas porque ele desenvolveu um modo de criação alternativo ao da alta cultura de vanguarda, cuja exaustão relegou tanto das artes convencionais "sérias" ao papel de complemento para programas de ensino universitário, investimentos especulativos de capital ou filantropia. É por isso que deve ser deplorada a tendência do jazz de se transformar em mais uma vanguarda.

Mais do que qualquer um, Ellington representou essa capacidade do jazz de transformar pessoas despreocupadas com a "cultura", que perseguem paixões, ambições e interesses de seu jeito, em criadores de uma arte séria e, em pequena escala, grandiosa. Ele demonstrou isso por meio de sua própria evolução em compositor e pelas obras de arte integradas que ele criou com a banda. Uma banda contendo menos talentos individuais verdadeiramente brilhantes do que outras – até o final dos anos 1930, talvez apenas Hodges –, mas na qual a performance individual extraordinária era a fundação da realização coletiva. Não existe outro fluxo de criação musical feita por um coletivo que possa se comparar. De certo, ele e eles agiram diretamente e imediatamente nos sentimentos dos ouvintes, mas isso não explica por que, como observa Collier, a sua música era tão mais complexa do que a de outros grupos de jazz. Em suma, o autor é tentado por vezes pela teoria populista da arte, pela qual o artista não apenas "se alegra em concordar com o leitor comum" (para usar as palavras do Dr. Johnson), mas toma as preferências do leitor comum como guia. A inadequação desta teoria é demonstrada, dentre outros exemplos, pela comparação das fases estadunidenses e alemãs das carreiras de George Grosz e Kurt Weill.

No entanto, Collier está inteiramente correto na crença de que as grandes realizações do jazz – dentre as quais a música de Ellington é, sob certos aspectos, a mais impressionante – cresceram num solo bem diferente daquele que produziu a alta arte. Era uma música de artistas profissionais de expectativas modestas, feita numa comunidade de gente da noite com raízes folk. Não era para ser "arte" como a música de câmara. Não se beneficiou por ser tratada como "arte" e tendia a ficar tão perdida quanto as altas artes quando seus praticantes se voltavam para integrar mais uma vanguarda. Sua principal contribuição para a música foi feita num cenário social que não existe mais. É difícil imaginar um grande músico do futuro dizendo algo como um dos principais solistas de Ellington disse: "Tudo que sempre quis foi ser um cafetão de sucesso e aí descobri que sabia tocar um instrumento de sopro."

O jazz de hoje em dia, executado principalmente por músicos com educação e, com frequência, formação clássica, para um público de uma geração cujos elos com o blues são em grande medida mediados pelo rock e por sons gospel empobrecidos do ponto de vista musical, terá que encontrar outro caminho, se possível, para deixar uma marca tão grande quanto o jazz daqueles que cresceram na primeira metade deste século. Mas todos os seus intérpretes, sem exceção, continuarão a ouvir os discos de Ellington, sobre quem Collier escreveu o melhor livro disponível: de prosa simples, lúcido, perspicaz sobre o homem, bom na crítica e na história.

*O Caruso do jazz**

Ele foi o primeiro entre os instrumentistas do recém-batizado "jazz" a ser identificado como "um artista de gênio". Pouquíssimos instrumentistas são tão conhecidos quanto Sidney Bechet, em especial entre gente que não é particularmente familiar com a música. Ninguém tem uma voz reconhecida tão rápido e com tanta facilidade. Meses depois de sua morte, em 1959, desvelou-se uma estátua dele na Riviera Francesa, e, graças aos esforços de seu biógrafo, sabemos que seu rosto se encontra nos selos postais das repúblicas do Chade e do Gabão. O poeta Philip Larkin escreveu a seu respeito:

> *On me your voice falls as they say love should*
> *Like an enormous yes.*

---

* Este ensaio apareceu originalmente na *The New York Review of Books*, em 12 de maio de 1988, como uma resenha de *Sidney Bechet: The Wizard of Jazz*, de John Chilton (Nova York: Oxford University Press, 1988) e *Jazz Odyssey: The Autobiography of Joe Darensbourg* em relato a Peter Vacher (Baton Rouge: Louisiana State University Press, 1988).

É também importante lembrar que, nos anos 1920, Bechet era admirado por outros músicos, inclusive por homens de considerável discernimento como Duke Ellington e Benny Carter, o que não causa grande surpresa. Ele foi, afinal de contas, um dos primeiros, senão o primeiro, a transformar o saxofone em um importante instrumento para o jazz.

Por que então a carreira de Sidney Joseph Bechet (1897-1959) é, ou melhor, se tornou periférica para o desenvolvimento da corrente principal do jazz? Ele estava estrategicamente colocado e tinha mais do que originalidade e talento suficientes para se tornar um modelo e inspiração para outros músicos, ou um modelo permanente para aqueles que tocavam um instrumento: como Louis Armstrong, Coleman Hawkins, Django Reinhardt, Charlie Parker, Charlie Christian, John Coltrane. No entanto, embora servisse de inspiração para Johnny Hodges, na banda de Ellington, seu impacto em vida é difícil de traçar, com exceção de discípulos brancos do estilo Dixieland. Quando fãs brancos fizeram Bechet entrar na moda no final dos anos 1930, ele não era particularmente famoso nem entre os próprios músicos.

O livro de John Chilton, um daqueles monumentos de reunião acadêmica de dados eruditos e devoção que o jazz tanto inspirou entre seus partidários, fornece provavelmente tanto material quanto possível para compreender o isolamento de Bechet. Com toda certeza, ele substitui os romances que se passavam por autobiografias de Bechet.[1] Vai fornecer a base indispensável para qualquer exploração subsequente de uma vida extraordinária, que mais cedo ou mais tarde vai chegar ao cinema ou à televisão. Afinal, quantos homens podem alegar terem sido expulsos da Grã Bretanha e da França (da primeira, após uma prisão por estupro; da segunda, após um tiroteio em Montmartre), manterem casos com Bessie Smith e Josephine Baker e um relacionamento longo e apaixonado, embora intermitente, com Tallulah Bankhead, ou ter sido a sensação de Moscou em meados dos anos 1920 depois de ensinar o clarinete ao homem que supostamente seria a inspiração para o M de James Bond? Mais tarde, ele também tocou num par de temporadas em uma colônia de férias comunista nas Berkshires, ignorando os alertas de Willie "The Lion" Smith, que não conseguiu suportá-la por mais de uma semana, alegando que "era o acampamento mais misto que eu já havia visto ou ouvido falar – as raças, os sexos e as religiões, tudo misturado".

Diferentemente da maioria dos músicos de jazz de sua geração, Sidney Bechet era essencialmente um solitário e, nas opiniões daqueles que tiveram negócios com ele, o que terminava quase sempre em acrimônia, era um homem para se lidar com grande cuidado. No extremo mais egomaníaco do negócio do entretenimento, onde também se encontram vários músicos de jazz, aqueles que lidam com artistas tendem a considerá-los (reservadamente) mais como monstros do que como seres humanos, mas o consenso crítico sobre as dificuldades da vida com Bechet vai muito além das reclamações de programadores e empresários.

"Ele era *perigoso* se achasse que você não gostava dele", observou Sammy Price, pianista de blues do Texas que veio de um ambiente onde um temperamento irritadiço não mereceria necessariamente esse adjetivo. Como admite seu biógrafo, Bechet podia ser um "demônio". "Alguém muito difícil de trabalhar, autocentrado e sem consideração pelos outros, nunca feliz em dividir os holofotes", observou um de seus muitos *bookers*. Mesmo seu pupilo Bob Wilber, cheio de admiração, admite que "ele poderia ser perverso e chamá-lo de paranoico não seria um exagero". Outros conspiravam contra ele constantemente – em pelo menos uma ocasião, ele estava convencido de que utilizavam bruxaria, e se defendeu de maneira apropriada: musicando o Salmo 23. Estava tão preocupado que tocou sem receber pagamento.

Em suma, como na piada de Cocteau sobre Victor Hugo, Sidney Bechet estava bem perto de ser um louco que imaginava ser Sidney Bechet.

Nos dois casos, a ilusão era justificada pelos talentos extraordinários desses homens. Além do mais, nos dois casos, a ilusão se tornou realidade. Os franceses reabriram o Panteão para Hugo, depois de sua morte, e ergueram uma estátua para Bechet, depois de sua morte. Bechet acharia mais do que justo. "Minha lembrança mais durável", escreveu um músico falando sobre um trabalho de uma semana, "é ver Sidney sentado nos bastidores como se fosse um rei no trono. Ele recebia seus leais súditos – e havia um punhado deles – com reconhecimentos imperiais. Alfred Lion, dos discos Blue Note, veio e celebrou Sidney com champanhe, que ele aceitou com um meneio egocêntrico, mas régio."

Essas características são provavelmente suficientes para explicar seu isolamento musical. Em geral, nas formas estruturadas e caras de entretenimento no palco e na tela, os excessos de solipsismo eram (até o advento do rock and roll) mantidos sob algum controle. E o jazz é uma arte democrática, moldada por aqueles que tocam juntos, o que impõe limites a todos os participantes: nenhum patinador, por mais brilhante que seja, tem tanta margem para exibição pessoal num jogo de hóquei quanto numa prova de patinação artística.

Mas Bechet, embora reconhecendo a natureza coletiva de sua música, parece ter se ressentido de qualquer versão do jazz que não desenvolvesse o coletivo em torno de sua voz central e dominante, ou que pelo menos lhe fornecesse uma vitrine para frequentes demonstrações de virtuosismo. De fato, ele trocou seu instrumento original, o clarinete, para o saxofone soprano, no qual praticamente ninguém se especializara durante sua vida, muito provavelmente por ser um instrumento com maior capacidade de liderança ou de se impor num conjunto. Bechet não suportava trompetistas que assumiam a liderança que convencionalmente pertencia a seu instrumento, especialmente aqueles, como Louis Armstrong, que poderiam ofuscá-lo, e de quem ele sentia grande inveja. Ele trabalhava melhor com parceiros de temperamento mais tranquilo, que não competiam pelo primeiro lugar, como os trompetistas/cornetistas Tommy Ladnier e Muggsy Spanier, com quem produziu gravações deslumbrantes. Nesses casos, ele abriu espaço adequado para os solos dos colegas. Sentia-se mais à vontade ainda com instrumentos que complementavam o seu, como o piano, como na companhia de Earl Hines no famoso "Blues in Thirds".

No entanto, ele tinha basicamente os instintos, mas não o talento, de um oficial de comando. Ou talvez de um antiquado ator-empresário que partia do princípio de que seus espetáculos giravam em torno *dele*. É por isso que nos últimos anos ele se sentia à vontade com jovens músicos franceses, com menos talento e experiência, para quem ele era o honorável *sensei* ou mestre, mesmo quando interrompia os solos daqueles que estavam de olho nas garotas que ele paquerava.

Mas Bill Coleman, o delicado trompetista expatriado, foi injusto ao acusar Bechet de "apenas ser feliz quando pode rosnar ordens para os amadores". O máximo que se pode dizer é que ele precisava de mais controle do que gostava ou do que normalmente obtinha. Seu melhor trabalho era feito com pequenos grupos de instrumentistas que consideravam o talento de cada um, e acima de tudo o profissionalismo, como pressupostos. Ele fez participações maravilhosas em 1949 com o baterista de bop Kenny Clarke, embora nenhum dos dois nutrisse grandes simpatias pela música do outro. Ele era ainda melhor ao compartilhar as ideias básicas sobre um formato e procedimento com os parceiros, como um antigo acompanhador se lembra:

> Bechet e [o baixista Wellman] Braud chegaram usando velhos casacões e chapéus. Acho que Bechet usava uma boina. Eles se sentaram frente a frente e trocaram gracejos. Era como um antigo ritual entre chefes de tribos. Mugsy [Spanier] se juntou a eles enquanto ele ainda estava no aquecimento – o mesmo tipo de abordagem. Acostumado que eu estava com o estardalhaço [dos preparativos de sua banda de swing], fiquei me perguntando o que ia acontecer: um, dois, três, quatro e bam! A música explode ao meu redor.

No entanto, o isolamento de Bechet não era apenas pessoal, mas também geográfico. O jazz é, entre outras coisas, a música da diáspora. Sua história é parte da migração da massa que deixou o velho Sul e é – por questões econômicas bem como, com frequência, por razões psicológicas – praticado por gente solta na vida e que passa muito tempo na estrada. Certamente não teria se transformado na música nacional norte-americana tão depressa se homens com instrumentos de sopro não o tivessem fisicamente levado a lugares onde até então era desconhecido. A autobiografa de Joe Darensbourg, *Jazz Odyssey*, ilustra com excelência essa difusão do jazz de Nova Orleans e, ao fazê-lo, lança luz sobre a geração pioneira, à qual Bechet pertence. Ela acompanha seu herói nos anos 1920, saindo de Baton Rouge, via Los Angeles, Mississippi, Tennessee, St Louis, Harrisburg, Illinois e de volta à Costa Oeste e até o noroeste do Pacífico que ele ajudou a abrir ao jazz. Na história desta música, cidades como Seattle, Portland e Spokane não tiveram grande importância, mas Darensbourg demonstra que pelo menos os historiadores sociais do jazz deveriam levar a sério o Noroeste. (Correu entre os músicos que dava para ganhar dinheiro em Seattle. Era uma cidade endinheirada", diz Darensbourg.)

Contudo, a maior parte dos jazzistas em migração permaneceram nos Estados Unidos, que era, de qualquer maneira, o local onde a ação acontecia. Bechet pertencia à minoria que, desde o começo, olhou para o mercado global para artistas negros: mulheres como Josephine Baker, descoberta por Paris, homens como o pianista Teddy Weatherford que, a partir de meados dos anos 1920, operava principalmente em grandes portos asiáticos como Shangai e Calcutá. Ou o trompetista Bill Coleman, que viveu principalmente na França no início dos anos 1930. O próprio Bechet passou apenas três anos da década de 1920 nos Estados Unidos (1922-1925) e o resto na Inglaterra, França, Alemanha, Rússia em uma série de outros países europeus de menor monta, o que explica por que ele gravou tão poucos discos naquela década, comparado com músicos menos talentosos, e também por que, ao retornar aos Estados Unidos em 1931, jovens intérpretes o consideravam ultrapassado, comparado com influentes saxofonistas como Hawkins e Benny Carter. Um bocado havia acontecido naqueles seis anos desde que ele partira. Provavelmente muitos dos músicos mais jovens da era do swing continuavam a pensar nele como um artista sólido, mas antiquado, se é que sequer se lembravam dele.

De fato, a posição de Bechet era tão marginal que ele e Tommy Ladnier deixaram de trabalhar na música em tempo integral para abrir uma loja de consertos de roupa e limpeza no Harlem, em 1933 (sem sucesso, como todos os projetos de negócio de Bechet, que se via equivocadamente como um empreendedor). De novo, em 1939, ele pensou em deixar a música para abrir um pé-sujo na Filadélfia. Em suma, o homem que tinha sido um grande personagem e influenciador no início dos anos 1920, aos 42 anos, parecia um talento exaurido, uma impressão reforçada por sua aparência envelhecida.

Reconhecidamente, ele voltou aos Estados Unidos num momento ruim para o jazz. Não foi tanto o fato de a crise ter derrubado o mercado fonográfico, que ainda não rendia tanto dinheiro para os acompanhadores, mas sim porque o jazz *hot*, de alguma forma ligado ao estado de espírito dos loucos anos 1920, foi vítima da atmosfera deprimida e dos problemas financeiros dos anos de crise. O gosto do público se desviou do ritmo rápido e barulhento em direção ao sonhador – o que não foi muito observado pelos historiadores do jazz –, numa tendência internacional no início dos anos 1930. Críticos de música alemães perceberam isso, em sua maioria com satisfação, entre 1931 e 1933. Chilton demonstra que a tendência também era igualmente clara no Harlem. Em 1932, Rudy Vallee atraiu 2.800 clientes em certa noite num dos principais salões, mas Ellington teve apenas um quarto deste público. Guy

Lombardo, 2.200, mas Cab Calloway, 500. Ben Bernie, 2.000, mas Louis Armstrong, 350. Bechet não era o único que passava por dificuldades no início dos anos 1930, mas deve ter sido particularmente difícil para um homem tão consciente de seus dons sofrer de falta de dinheiro e de reconhecimento entre seus pares.

O que o salvou foi o estranho e inesperado fenômeno do antiquarismo no jazz, sob a forma da busca pela verdadeira música de Nova Orleans por grupos apaixonados de jovens fãs brancos, para quem o jazz não era apenas uma música, mas também um símbolo e uma causa. A retomada de Dixieland, que despontou dessa busca, foi desdenhada (no *The New Grove*) como "o movimento mais duradouro do jazz, mas... o único que não produziu música de valor."[2] No entanto, se seu único mérito tivesse sido resgatar Bechet para a principal tradição do jazz, sua existência já teria sido justificada.

Bechet sempre teve um apelo para conhecedores da música. Ernest Ansermet escreveu seu panegírico, universalmente citado, em 1919, quando Edward J. Dent, paladino da ópera de Mozart, também o destacou favoravelmente dentre o resto da Southern Syncopated Orchestra, que ele considerou, de resto, "um pesadelo". Os elogios esquecidos de Ansermet ("Desejo registrar o nome desse artista de gênio. Quanto a mim, nunca deverei esquecê-lo, é Sidney Bechet") circularam largamente depois de 1938, quando foram republicados no *Le Jazz Hot* (francês) e no *Melody Maker* (britânico).[3]

O grupo pequeno, mas seleto, de amantes do jazz bem-informados não teve dificuldade em reconhecer sua qualidade, mas alguns outros ouviram grupos fugazes como o New Orleans Feetwarmers de 1932-1933 e meia dúzia de faixas que gravaram. Depois que um mercado para o jazz voltou a se desenvolver, em meados dos anos 1930, os aficionados conseguiram arranjar para Bechet algumas sessões com grupos pequenos, o que pela primeira vez o colocou em contato com o público principal do jazz e fez sua reputação: as faixas de 1937 no selo Variety (criado por Helen Oakley, apoiado por antigos admiradores de Bechet, Ellington e Hodges), as gravações clássicas de Bechet-Ladnier em 1938, organizadas pelo crítico francês pioneiro Hugues Panassié, e, claro, o famoso concerto *From Spirituals to Swing*, em 1938, organizado por John Hammond e a revista *New Masses* no Carnagie Hall. Tudo isso inspirou as gravações de Bechet em 1939, feitas por Alfred Lion, apaixonado pelo jazz e refugiado recente vindo de Berlim, que estabeleceu seu novo selo, Blue Note, como também confirmou a sorte de Bechet.

Embora os salvadores euro-americanos de Bechet apreciassem a tradição de Nova Orleans — como poderia algum fã de jazz não a apreciar? — e sempre estivessem ansiosos por devolver à cena artistas injustamente esquecidos, eles não eram especialistas em Nova Orleans. Mesmo as sessões Bechet-Ladnier, que, como foi dito, "tinham mais relação com o renascimento de Dixieland do que qualquer outra", se distinguiam mais pela arte do que pela autenticidade. No entanto, atrás deles, erguia-se uma obscura onda de nostalgia, especialmente entre jovens brancos de classe média, que queriam a pureza, a beleza, a única música autêntica do jazz que de algum modo tinha sido traída depois que fecharam o Storyville e os músicos subiram o Mississippi, embora fosse melhor do que nada ouvir os sobreviventes dos anos 1920 tocando em pequenos grupos, especialmente se fossem negros.

O *revival* de Dixieland ou Nova Orleans era em essência um fenômeno não musical, embora viesse a permitir que números enormes de amadores se divertissem tocando "Muskrat Ramble" e outros números parecidos. Pertence à história cultural e intelectual e, por esse motivo, merece uma investigação séria que ainda não aconteceu. Era um movimento unicamente branco, embora naturalmente ele acolhesse músicos *créoles* envelhecidos, em especial aqueles que estavam por baixo. "Nova Orleans" tornou-se um mito e símbolo múltiplo: anticomercial, antirracista, proletário-populista, radical pró-New Deal, ou apenas antirrespeitável ou antiparental, dependendo do gosto.

Nos Estados Unidos e em outros países de língua inglesa, o centro ideológico estava indiscutivelmente localizado nas fronteiras entre o New Deal e o partido comunista, embora para a maioria dos jovens fãs fosse provavelmente algo que falava direto a seus corações desinformados. O livro *Jazzmen*, de 1939, de influência internacional, o primeiro da história norte-americana da música baseado em pesquisa, que estabeleceu a versão de "subiu o rio, depois de sair de Storyville" na sua versão mais pura, foi coeditado por um crítico de música do *Daily Worker*. O Revivalismo ligava a causa dos negros e o gosto (minoritário) pelo jazz com a canção folk e a música folk, antiga e moderna, que eram e que permaneceram por muito tempo como os pilares centrais da subcultura de esquerda que se fundiu à cultura do New Deal.

Assim, Bechet, "homem de gostos musicais católicos", descobriu "que tinha sido de algum modo arrastado para o mundo de Dixieland". Para ele, Dixieland foi num primeiro momento a chave para o reconhecimento. As gravações de 1940 em que dividia os créditos com Louis Armstrong foram a prova de que ele havia vencido e (considerando seu recomeço tardio) com velocidade notável. A partir daí, nenhuma lista curta dos "grandes do jazz" o deixaria de fora. Num segundo momento, o movimento Dixieland deu a ele a licença para continuar a fazer o que vinha fazendo o tempo todo, pois em 1919 ele havia dito para Ansermet que seguia "seu próprio caminho", sem dar muita atenção para os outros. Sua idade o transformou em indiscutível patriarca do jazz de Nova Orleans e seu estilo se encontrava, portanto, acima de qualquer crítica. De fato, Bechet sentia-se bem à vontade dentro do formato limitado de Dixieland, pois ele era principalmente um improvisador linear e melodista, pouco interessado em jogos harmônicos em si. De qualquer modo, ele estava mais do que satisfeito que o belo som de suas cordas fortes, fluentes e envolventes e pulsantes (Armstrong chamava seu tom de "um jarro cheio de mel dourado") fosse facilmente acessível até para os não músicos, exceto por aqueles – eles sempre existiram – que achavam intolerável seu vibrato marcante. Ele não era nem tinha de ser um purista, mas também não precisava se manter atualizado com as novas tendências. Isso não o impedia de tocar de forma soberba com qualquer músico de primeira linha, independentemente de seu estilo.

Até que ponto o Dixieland lhe proporcionaria uma subsistência? Era a pergunta que, sem dúvida, devia estar mais presente em sua mente. É certo que ele dependia fortemente do público que redescobria os pequenos grupos de jazz dos anos 1920, que fizeram do Nick's seu lar no Greenwich Village e de Eddie Condon, um relações públicas. Ele claramente também dependia dos vínculos com a esquerda para apresentações, embora não fique claro o quanto se limitava a relações apenas comerciais. (No entanto, apesar das sugestões de simpatias comunistas e das memórias carinhosas da Rússia, é difícil enxergar Bechet como um personagem político, menos ainda como um comunista entre os jazzistas negros.) Quanto ao renascimento de Nova Orleans, ele reconhecia seu potencial como membro de carteirinha da Crescent City. Seja lá quais fossem os seus motivos, a parceria de 1945 com Bunk Johnson, um antigo trompetista desenterrado pelos puristas e transformado em ícone de autenticidade, mostrou aos fãs onde ele se encontrava. Como antigas parcerias, essa também terminou com desentendimentos.

No entanto, nenhum desses trabalhos fornecia a ele uma renda adequada, no nível que Bechet julgava apropriado para sua posição, embora ao final dos anos 1940 ele recebesse quantias razoáveis em direitos sobre gravações. O que finalmente resolveu seus problemas foi um convite para ir à França em 1949. Naquele país, onde o jazz tinha um enorme prestígio cultural, intelectual, além de associações com a Resistência, ele descobriu o que sempre havia sonhado – um vasto público para quem o homem com sobrenome francês e patrocinado por críticos franceses era um gênio do jazz reconhecido, e uma comunidade de jovens fãs e músicos, cujos corações se aceleravam com a simples ideia de terem a honra de recebê-lo em seus porões. A França se tornou seu lar permanente. Tornou-se uma mascote cultural, como Josephine Baker havia sido. Isso pouco contribuiu para a qualidade de sua música, mas não causou nenhum dano às suas finanças. Interrompeu as fricções pessoais e empresariais que sempre complicaram sua vida nos Estados Unidos. Passou o resto de sua vida como um expatriado feliz.

O homem que emerge da admirável pesquisa de Chilton era, ao mesmo tempo, um produto típico de Nova Orleans e um personagem muito estranho. Como integrante do grupo dos *créoles*, membros da classe artesã e da classe média baixa de pardos livres (francófonos), empurrados para junto dos negros pela segregação pós-Guerra Civil, ele adquiriu as habilidades musicais e profissionais de sua comunidade. Durante toda a vida ele soube costurar e cozinhar, embora se recusasse a servir como aprendiz de algum artesão, como fazia a maioria dos instrumentistas *créole*. Mas ele também se recusou a aprender a ler música, algo atípico, inicialmente, sem dúvida, porque parecia desnecessário para um alguém com um talento musical tão brilhante e natural, depois por rebeldia, e no final talvez por um orgulho defensivo.

Ele compartilhava da cortesia social *créole* de Nova Orleans, de seu gosto por se vestir de forma respeitável, do orgulho justificado pela tradição musical da cidade e talvez da incomum falta de interesse em relações raciais, algo que parece ter sido característica dos músicos de lá. A partir da autobiografia de Joe Darensbourg, é impossível descobrir se ele era branco ou preto. O próprio Bechet dizia com frequência que estava mais interessado no talento musical de um homem do que na cor de sua pele e que – como diz Mezz Mezzrow, defensor branco da superioridade negra, "a raça não importa – o que conta é acertar as notas".

E talvez o grande interesse pela música clássica que ele teve a oportunidade de desenvolver em Moscou – nos dias livres, ele assistia regularmente a concertos sinfônicos antes de ir aos clubes noturnos – fosse baseado na cultura musical pré-1914, que as famílias de classe média baixa *créole* da Louisiana compartilhavam com seus equivalentes na Dublin de James Joyce. Caruso, que segundo Bechet havia inspirado o seu vibrato, era parte dos dois. Em todos os eventos, Bechet, famoso pelo seu *expressivo*, fazia uma citação de *Pagliacci* num solo com a mesma rapidez com que botava uma imagem de Beethoven na parede.

No entanto, não é possível negar que ele era um homem que ocupava um nicho um tanto estreito em seu universo. Os jazzistas costumam ser mais tolerantes do que outros grupos aos caprichos do comportamento humano, e no entanto, embora ninguém que tocasse com ele deixasse de admirar seu talento musical, a visão geral sobre Bechet nas fileiras não demonstrava qualquer entusiasmo, independentemente de ele estar ou não com o cão e a faca que costumavam acompanhá-lo. Mesmo Ellington, seu admirador, que pensou seriamente em colocá-lo de novo na banda em 1932, acabou decidindo não ficar com ele. Deve ter sido com toda certeza um homem difícil de lidar em qualquer momento, embora ele tivesse mais facilidade para manter a fala mansa e a cortesia de Nova Orleans com as mulheres.

Ele permanece um extraordinário personagem do jazz: um ator que não era bom em escolher seus papéis, um homem que constantemente vivia num mundo de fantasia, um viajante desconhecido que entrava e saía da cidade, que nunca se sentia em casa, a não ser no trono que ele achava que era seu por direito, leal a ninguém, somente a si mesmo. Mas foi um artista inesquecível, surpreendente e completamente original, apesar de permanecer com firmeza no interior de uma tradição obsoleta. Depois de sua morte, ele adquiriu uma reputação mesmo entre os modernistas, como demonstra a disseminação do saxofone soprano entre eles. Até então, era praticamente um monopólio de Bechet. Coltrane o adotou a partir de 1961. Tornou-se um clássico póstumo.

Mesmo assim, o que teria sido dele se não fosse o punhado de intelectuais do jazz que o resgataram, as pequenas gravadoras do final dos anos 1930 e os garotos brancos nos porões na França que fizeram seus sonhos se realizarem? Ele não teria se encaixado nas grandes bandas de swing. Teria circulado, mas por que músicos mais jovens deveriam abrir espaço para um velho com uma voz do passado que parecia não demonstrar qualquer interesse pelas novas ideias e tinha a reputação de ser autocentrado, truculento e um filho da mãe avarento? Talvez depois de sua morte alguns músicos possam, por mero acaso, ter descoberto as esquecidas seis faixas de 1932 e, ao ouvir o estarrecedor "Maple Leaf Rag", tenham sentido o mesmo que Coltrane em relação à mesma sessão: "Todos aqueles veihos tinham esse swing?" Não, mas Bechet tinha.

Graças a brancos de classe média não precisamos recuperar um punhado de antigos discos de 78 rotações, depois da sepultura. Tivemos sorte de recuperar um clássico enquanto ele ainda estava vivo. Há alguma justificativa para os fãs de jazz afinal de contas, mesmo para aqueles que não têm grandes conhecimentos. Quando o ouviram, não tiveram dificuldade de reconhecer a eloquência, a paixão lírica, a alegria suingante e o blues que saíam do instrumento de Bechet sempre que ele soprava. Os fãs nem sempre se apaixonam pelo melhor nas artes, mas, dessa vez, eles acertaram.

Quanto mais quente melhor*

"Parece bem claro nos dias de hoje, quando olhamos para trás", escreve Gunther Schuller, que naquela época ingressava na adolescência, "que os anos da Depressão e os que seguiram foram, do ponto de vista cultural e artístico, os mais ricos que este país experimentou neste século." É provável que hoje em dia haveria mais daqueles que concordariam com tal declaração, mas seria bem menor o número daqueles convencidos pelo comentário do autor de que isso aconteceu porque

> Com a aquisição material e financeira praticamente interrompida, aqueles anos de dificuldades obrigaram a maioria dos norte-americanos a se voltarem para si mesmos – a depender e apreciar mais seus próprios instintos e impulsos criativos e imaginativos. A autoexpressão, sob qualquer forma, se tornaria uma necessidade quase mais importante do que o comércio e a carreira.

Pois a arte e a cultura norte-americanas que, atualmente, consideramos como a glória dos anos 1930 eram essencialmente comerciais, mesmo que tenha sido apenas porque ainda não estava em funcionamento o imenso aparato dos patrocínios e subsídios públicos, que tornou tantos escritores e compositores dependentes do sistema de educação superior no final do século XX. O dinheiro federal, sem dúvida, ganhou importância nos anos Roosevelt, mas quanto das realizações extraordinárias do período desapareceriam se perdêssemos tudo que foi financiado pela WPA, por exemplo? É verdade, o trabalho patrocinado era substancial e os talentos criativos que foram viabilizadas eram numerosos e marcantes, mas, mesmo

---

* Este ensaio apareceu originalmente na *The New York Review of Books*, em 13 de abril de 1989, como resenha de *The Swing Era: The Development of Jazz, 1930-1945*, de Gunther Schuller (Nova York: Oxford University Press, 1989) e *Meet Me at Jim & Andy's: Jazz Musicians and Their World*, de Gene Lees (Nova York: Oxford University Press, 1988).

no campo em que o patrocínio público fez o maior impacto, na gravação da cultura folk e da música folk (especialmente por Alan Lomax, na Biblioteca do Congresso), sua função essencial foi a conservação e a preservação, e não a construção. Mesmo assim, se só tivéssemos a obra de Leadbelly graças a Alan Lomax e seu pai John Lomax (que o encontrou cumprindo pena numa prisão em Angola, Louisiana), ainda teríamos outros como Robert Johnson, registrado por uma gravadora comercial.

As principais realizações culturais dos anos 1930, sem dúvida, pertencem essencialmente à cultura das bilheterias, mesmo porque nos Estados Unidos não havia uma alternativa. Isso se aplica não apenas às artes, das quais a *Variety* se tornou porta-voz, mais preocupada com números – tanto antes como agora – do que com a imortalidade, mas também em relação à literatura séria, numa medida que surpreende os observadores acostumados aos meios literários isolados do Velho Mundo e dos Estados Unidos contemporâneo. Além do mais, fosse qual fosse o estado da economia estadunidense, o show business em geral nunca entrava em depressão, embora, como a sociedade estadunidense como um todo, ele se baseasse (e ainda se baseie) em profundos alicerces de homens, mulheres e estilos marginais, inseguros e substituíveis. Como os estudantes da história do jazz se preocuparam principalmente com os artistas negros, cuja maioria vivia em perigo constante de submergir, por conta da natureza de suas peles, como foi descrito por Bessie Smith em "Backwater Blues", incidentes como o colapso temporário do jazz e do mercado voltado para os negros no início dos anos 1930 atraíram muita atenção. Contudo, como se recordarão os leitores do maravilhoso *Hard Times*, de Studs Terkel, a pobreza, a insegurança e a prosperidade andavam de mãos dadas no entretenimento.

Isso não quer dizer que a bilheteria pode alegar responsabilidade pelas realizações culturais do período, algumas das mais marcantes analisadas por Gunther Schuller no segundo volume de sua história do jazz, *The*

Swing Era. O resultado líquido de subordinar a criação ao comércio, naquele tempo como agora, foi degradar, corromper e infantilizar um produto na busca pelo que teria apelo para o maior público possível. Não há dúvida de que este é o motivo que levou o jazz a deixar de satisfazer tanto os músicos criativos quanto os amantes devotos quase a partir do momento em que ele se *tornou*, brevemente, música popular de massa sob a alcunha de "swing". Os músicos mais interessantes – Charlie Parker, Dizzy Gillespie e Thelonious Monk entre eles – avançaram rumo ao que se tornaria o bebop. Muitos amantes do jazz (mal notados por Schuller) recolheram-se em Dixie.

Schuller, que observa como as bandas de swing sucumbiram mais ou menos depressa aos apelos ou pressões do mercado, sabe como ninguém o que esse tipo de mercado faz com a arte. Como sublinha, as cordas na música comercial não precisam parecer "melosas e xaroposas", mas nos arranjos comerciais de jazz é assim que soam, diferentemente de "diversas entre 100 mil peças sinfônicas clássicas, de Corelli até o presente – nem aquelas de Rachmaninoff, Ravel [e] Delius, por exemplo" soariam remotamente assim. Não é mistério por que até os escritores que ficavam bem felizes em escrever para revistas comerciais por menos dinheiro pediam desculpas mútuas ao aceitar a degradação dourada dos roteiros de Hollywood.

No entanto, isso não explica por que obras sérias e dignas emergiram dessa cena comercial ou eram compatíveis com ela. Ou melhor, por que artistas foram capazes, com todas as qualificações, de fazer o que queriam pelo menos parcialmente dentro do sistema. Eles não tinham ainda aceitado sua incompatibilidade com a criação artística por meio de gestos públicos de derrotismo e abdicação – exemplificados pelas imagens de latas de sopa Campbell, ou, na verdade, por toda a carreira de Warhol. Aqui, Gunther Schuller fornece sugestões mais positivas, embora imprecisas. O que ele detecta nesta era é a "identidade especial entre um povo e sua música", o que, segundo ele, foi desde então fragmentado pelas complexidades do período pós-guerra, "para não mencionar a falta de unidade e os conflitos introduzidos na nossa experiência nacional desde então pela Guerra Fria, macartismo, Guerra do Vietnã, e diversas crises relacionadas com a identidade das minorias". Ele associa essa antiga unidade não apenas a uma inocência passada – aquela ilusão familiar a quem envelhece – mas também ao fato de que "os anos 1930 foram para muitos um recomeço", principalmente para os músicos negros que podiam, pela primeira vez, ver o jazz como profissão.

Sobre o motivo para este sentimento de novos tempos, o autor é nebuloso, a não ser pela sugestão de que a moda do "swing" atraiu muitos músicos talentosos. O crescimento do jazz e de seu público nos anos 1930 teria acontecido "apesar da Depressão – ou talvez por causa dela?". Onde entra a era Roosevelt? Contudo, está claro para ele que este período notável no desenvolvimento do jazz norte-americano, com suas "inesperadas alianças musicais e sociológicas", não pode ser adequadamente analisado em termos puramente musicológicos. O livro do Sr. Schuller é um chamado implícito para a história social, econômica e cultural do jazz nos anos do New Deal.

Porém, não é aí que se encontra o coração do autor. Embora o livro seja valorizado pelo conhecimento prático e teórico de Schuller como instrumentista e compositor, ele trata do tema principalmente como um fã. Aqueles cujas memórias recuam até os anos em que este jovem trompista clássico adquiriu a paixão reconhecerão as características do período ao qual ele pertenceu e sobre o qual ele escreve. Aficionados eram e tinham de ser autodidatas ou aprender a partir de um ou dois livros, como *Hot Jazz*, de Huges Panassié, que "introduziu muitos norte-americanos a este tipo de música, inclusive o autor". Eles desenvolviam uma erudição com frequência impressionante por meio de longas conversas com os músicos ou com qualquer um ligado ao negócio, com debates incessantes e por vezes polêmicos com outros autênticos fãs – aqueles que preferiam a morte a serem vistos *dançando* ao som de uma orquestra de jazz – mas, acima de tudo, por audições concentradas e repetidas de todos os discos de 78 rpm disponíveis. Nenhuma leitura detalhada de poemas em aulas de literatura inglesa pode se comparar em intensidade com o escrutínio de cada momento daqueles três minutos e meio de magia.

Como o *Early Jazz*, seu distinto predecessor, *The Swing Era* vai recuperar o clima dos primeiros textos e críticas sobre jazz: a avaliação comparativa de bandas e solistas, a atenção a cada linha escrita por outros pioneiros, a preocupação com debates apaixonados sobre o que é exatamente o "swing" e precisamente como são vitais os negros ou a influência africana para o jazz. Acima de tudo, como a literatura anterior (mas num nível de competência musical incomparavelmente mais elevado), o livro se dirige a leitores tão apaixonados pelo tema quanto o autor, dispostos a segui-lo por mais de 850 páginas.

Schuller escreveu essencialmente uma série de monografias sobre bandas e artistas sob títulos classificatórios (As Grandes Bandas Negras, Os Grandes Solistas, Bandas Brancas, Pequenos Grupos etc.). Variam de 111 páginas dedicadas a Ellington a quarenta e poucas para Basie, Armstrong e – surpreendentemente, embora historicamente justificável – Goodman, até dez ou vinte para a maior parte de outros cinquenta. O formato geral é um comentário crítico cronológico sobre a obra gravada, precedido de observações gerais e concluindo com um juízo breve e firme. O argumento é dirigido àqueles que conhecem música.

Alguns leitores podem se sentir tentados a encarar este livro como uma obra de referência crítica para momentos em que precisam demonstrar mais conhecimento sobre nomes como Claude Hopkins, Mills Blue Rhythm Band e Casa Loma Orchestra do que seria razoável para qualquer um que ainda não seja idoso. (Uma obra que deixa de se interessar pelo *boogie-woogie*, country, city blues e gospel dificilmente poderia ser considerada enciclopédica.) Com certeza, não se trata de um volume para ser lido de uma só vez, nem é projetado com esse propósito. As numerosas ilustrações musicais pretendem, em condições ideais, complementar os discos de onde foram transcritas. No entanto, *The Swing Era* não deve ser enterrado na prateleira de livros de referências com fanfarras, neste caso justificadas, que costumam saudar a publicação de qualquer livro sobre jazz baseado em sólidos conhecimentos musicais.

Pois o que torna este livro importante não é a erudição de seu autor – existem outros que são igualmente informados sobre o jazz – nem seu discernimento crítico, por mais formidável que seja. Existem outros críticos musicalmente preparados, embora alguns queiram discordar ligeiramente de alguns juízos de Schuller, mesmo em casos como o de Art Tatum, a quem ele dedica menos entusiasmo do que a maioria de nós. O que torna Schuller precioso é, em primeiro lugar, que ele escreve como um homem igualmente versado em música clássica e jazz – afinal de contas, ele é famoso por defender uma fusão dos dois nos anos 1960 sob o nome de "Third Stream" – e, acima de tudo, durante toda sua vida, ele tem sido um instrumentista profissional e ativo, bem como compositor. (Ele tocou trompa francesa com o Miles Davis Nonet de 1949, que gravou *Birth of the Cool*.)

A singularidade dos livros de Schuller se encontra em sua consciência, baseada em experiência prática, daquilo que os músicos realmente fazem no palco e como encaram seus problemas. Esta percepção é central, pois é a comunidade democrática dos intérpretes que, afinal de contas, criou e desenvolveu o jazz, impelida, como Schuller tão bem observa, pelo "desejo [de cada artista] de aprender e se aprimorar, [...] tão poderoso que as novas ideias [...] eram engolidas e digeridas de imediato, todos ansiosos para avançar até descobertas ainda mais novas". Ele sabe quanto trabalho é necessário para alcançar a supremacia instrumental competitiva, e como as notas fá no registro agudo eram desafiadoras até para a embocadura de Armstrong. Ele aprecia o desejo de excelência, de alcançar picos nunca alcançados de virtuosismo e, ao mesmo tempo, criar – o problema básico do improvisador, já que ele não consegue invocar as maiores manifestações da sua imaginação, mas apenas "elevar tanto o nível de sua habilidade de invenção instantânea a ponto de que ela nunca seja menos do que adequada à tarefa e esperar (e ocasionalmente ver chegar) aqueles dias especiais em que se encontra particularmente inspirado".

É preciso ser um músico praticante para reconhecer o que significa para um cantor de jazz aprender, de um modo rápido e impecável, centenas de canções, a maioria delas – nos anos 1930 – recém-lançadas. Pois "não é possível recompor e improvisar de uma forma total a partir de tantas canções sem conhecê-las por completo. Só é possível se desviar com inteligência de algo... quando ele é conhecido em profundidade". Como o repertório de *"standards"* para músicos improvisadores foi criado? Schuller demonstra imediatamente, pela listagem das canções de Armstrong gravadas em 1930-1931, que seu gosto "era praticamente infalível, considerando as tentações contrárias, e ao que parece suas escolhas eram quase instantâneas". Dentre as canções "certas", ele deixou passar poucas – de Gershwin, "But Not for Me" e "Embraceable You"; de Porter, "Love for Sale".

Somente músicos não precisam ser informados de que, "ao tocar solos virtuosísticos de oito notas em tempos acelerados, é possível ocultar as deficiências tonais", o que explica por que excelentes saxofonistas que queriam tocar como Coleman Hawkins, mas não conseguiam, ficavam tentados a se tornar "velozes". A experiência de Schuller no negócio o capacita a mostrar que muitas características estilísticas dos primórdios do jazz foram impostas pelas limitações técnicas de gravação ou pela acústica e barulho dos salões de baile. O ouvido apurado do palco dizia prontamente a diferença entre os instrumentistas com uma genuína queda pela improvisação e aqueles que a repetiam, depois de criar uma fórmula satisfatória. Billie Holiday "não chegava *realmente* a improvisar, no sentido mais literal da palavra. Suas apresentações eram estabelecidas de antemão... As variações de uma primeira interpretação seriam sempre ínfimas, cosméticas".

Tais observações, com frequências tangenciais ou mesmo embutidas em notas de rodapé, não são apenas um dos maiores prazeres proporcionados pelo livro de Schuller, mas fornecem a ele um valor especial. Praticamente ninguém consegue escrever sobre jazz com tamanha autoridade. *The Swing Era* é indispensável para os verdadeiros amantes do jazz. Se resta qualquer dúvida, ela será resolvida pelas vinte páginas dedicadas a Billie Holiday, um modelo do que a crítica de jazz de primeira linha deveria ser. No entanto, o livro não é o que alega ser, ou melhor, um estudo do desenvolvimento do jazz de 1933 até 1945, embora contenha bom material para tal estudo. Para isso, precisaríamos de bem mais informações sobre os negócios da música e suas mudanças, a transformação da indústria fonográfica, incluindo a aparição de selos especializados, sobre o público de danças universitário e não universitário, a ascensão da imprensa especializada em jazz e música pop, e uma série de outros assuntos que são considerados informações secundárias por aqueles da geração do Sr. Schuller, mas que não podem ser ignorados – talvez até por aqueles que confiam na memória. Acima de tudo, um estudo como esse exige uma investigação sobre o meio político e cultural da era Roosevelt, que moldou o desenvolvimento do jazz em grande medida, em geral de um modo concreto.

Consideremos, por exemplo, o falecido John Hammond, "o indivíduo mais influente (fora dos palcos) neste campo... [cujo] nome – e boas ações em prol do jazz – corre como um fio por toda essa história". E é verdade. Mas como seria possível que um indivíduo, por mais devoto à causa negra e ao jazz, por mais bem relacionado que fosse e por maior que fosse seu faro para o talento, exercesse tanta influência sozinho? Foi porque Hammond se colocou no ponto de interseção de quatro forças:

a música popular negra; a indústria fonográfica e musical (politicamente aberta) centrada em Nova York, com sua estrutura associada de programadores e agentes; os europeus, que formaram o primeiro núcleo de um mercado de discos especificamente para o jazz; e, acima de tudo, a cultura dos progressistas do New Deal e da esquerda, com a qual concordava com veemência.

Pois Hammond, inquestionavelmente, entendia que sua principal contribuição era a de buscar o talento negro do gueto e conquistar para ele não apenas a merecida honra, mas também trabalho e carreiras num mundo branco ou idealmente integrado. Mas convencer músicos brancos a tocar ou mesmo a participar de gravações com negros, abrir casas noturnas integradas como o Café Society como vitrines metropolitanas para talentos (negros), e até conseguir que uma banda vigorosa de Kansas City como a de Basie fosse aceita por uma grande agência nos anos 1930 exigia mais do que simples decisões artísticas e comerciais, mesmo se já tivesse sido demonstrado que o swing negro era vendável. (E mesmo isso, como mostra Schuller, tinha sido parcialmente maquinado por Hammond, que persuadiu Benny Goodman – cuja banda se tornou a vitrine para tantas descobertas posteriores – a incorporar material da banda de Fletcher Henderson, o que ajudou a garantir sua fama como "Rei do Swing".)

Para que o jazz fosse tão longe, ele precisava de empresários e empreendedores que também estivessem comprometidos com uma causa, como o falecido Barney Josephson, do Café Society (que depois foi eliminado da cena por conta da caça às bruxas). Era preciso um determinado relaxamento público de um apartheid que era bem mais forte do que podemos imaginar. Era preciso o populismo político e cultural, tão característico da era do New Deal, que gerou um público pagante para o que poderia ser anunciado como algo genuinamente oriundo dos pobres: o equivalente musical dos leitores de Steinbeck. Era preciso aficionados generosos e também especializados que acolhessem os convertidos na palavra, como aqueles que encheram o Carnegie Hall para o famoso concerto "Spirituals to Swing".

Em suma, como demonstra a carreira de Billie Holiday, o desenvolvimento artístico nos anos 1930 não pode ser separado do cenário sociopolítico, e o livro de Schuller deixa isso claro. Pois, apesar do sucesso de massa de alguns cantores e *big bands*, a maior parte do jazz tinha apelo para uma minoria especializada.

Mas, se não fosse o compromisso de John Hammond (e, claro, seu discernimento), Billie Holiday nunca teria sido descoberta numa espelunca do Harlem, cantando para ganhar gorjetas nos intervalos entre suas atividades. Se não fosse pela orientação desinteressada e ajuda de simpatizantes, ela não teria sido gravada de forma adequada ou talvez nem tivesse chegado ao disco. Se não fosse por um público de classe média nova-iorquina com inclinações intelectuais e populistas, ela nunca teria se tornado uma estrela de cabaré num salão politicamente progressista no Greenwich Village, comandado pelo irmão de um agente do Comintern e frequentado pelo tipo de escritor que pedia a ela para cantar sobre linchamento, um tema que todos os agentes comerciais teriam recomendado que ela evitasse. "Strange Fruit", que assombra todos que já a ouviram cantar, poderia ter tentado Billie a fazer maneirismos excessivos posteriormente. (Aqui Schuller e Hammond concordam.) Mas a canção transformou sua posição no mundo, bem como entre "os liberais esquerdistas e de Park Avenue, os intelectuais e boêmios de Greenwich Village" que a idolatravam, enquanto "a maioria dos fãs do swing dos Estados Unidos nunca a ouviram e foram descobrir Glenn Miller". Que descoberta sobreviveu melhor? Se essa artista é hoje universalmente reconhecida como genial, é em parte por causa de uma constelação particular de tendências sociopolíticas do final dos anos 1930, sem as quais nenhum de nós saberia da existência de tal mulher.

Gunther Schuller, claro, sabe de tudo isso. Ele simplesmente escolheu escrever sobre outra coisa. Dizer que *The Swing Era* não é uma grande contribuição à história sociocultural dos Estados Unidos ou do jazz não é criticá-lo, embora espere-se que o autor possa, um dia, encontrar o tempo de registrar suas memórias e impressões de músicos que ele conheceu e observou tão de perto. O gênero "perfil de jazz" tem seus problemas, como por exemplo a tentação de costurar anedotas, mas um livro desse tipo, escrito por Schuller, seria enormemente satisfatório. No meio-tempo, o vibrante *Meet Me at Jim & Andy's*, de Gene Lees, embora trate principalmente de um período posterior, se sobrepõe a *The Swing Era* em seus retratos de Artie Shaw e Duke Ellington, este último de uma forma excepcionalmente perspicaz.

Não há dúvida de que outros escreverão sobre a Era do Swing, sobre a qual ainda há muito a ser dito. Outros fornecerão o levantamento enciclopédico equilibrado, que este autor, com todo seu conhecimento, abre mão em nome de suas escolhas pessoais. (Em deferência aos críticos que apontaram a omissão do tipo de jazz de Red Nichols em *Early Jazz*, Schuller acrescentou algumas páginas apreciativas, se bem que anacrônicas, ao atual volume.) *The Swing Era* é um trabalho de aprendizado, de discernimento crítico e de respeito, de profundo conhecimento de como o jazz e os músicos de jazz funcionam. Junto ao volume sobre o jazz desde a revolução do bop que Schuller agora prepara, *Early Jazz* e *The Swing Era* permanecerão como contribuições monumentais para a literatura do jazz. O que mais pode esperar um autor, além de leitores?

APÊNDICE 1: O FÃ BRITÂNICO DO JAZZ, 1958

Alguns milhares de jovens bretões, dos quais uma metade vive em Londres e região metropolitana e 30% sob o código postal da capital, pertencem à National Jazz Federation (N. J. F.), que promove diversas atividades para fomentar o jazz. É razoável considerá-los como um recorte transversal da comunidade de aficionados britânicos, embora não sejam necessariamente representantes do público mais amplo, marginal ao jazz. Graças à antecipação desta organização, aqueles que pretendem ingressar devem informar suas ocupações. As informações seguintes se baseiam numa amostra aleatória de 820 fichas. Devo muito ao Sr. Harold Pendleton da N. J. F. e a seus colegas por me disponibilizarem esses valiosos registros.

Entre os 820 aficionados da amostra, há cerca de 60 garotas: o público é predominantemente masculino. O restante desta análise, portanto, é confinado aos garotos e rapazes, pois, embora as idades não sejam fornecidas, é evidente que todos os membros da N. J. F. são jovens. Há pouquíssimas garotas para nos permitir chegar a qualquer conclusão sobre suas ocupações e classes sociais, mas, como poderíamos esperar, a maioria parece ser constituída por funcionárias de escritório, vendedoras e um punhado de estudantes, enfermeiras e técnicas.

"Ocupação", para a maioria dos fãs de jazz, significa, na verdade, "futura ocupação", pois tantos ainda estão em formação, passando por estágios ou treinamentos, e muitos estão no serviço militar. Quando uma ocupação civil precisa foi indicada, eu a listei. Por exemplo, quando a ficha diz "soldado, ocupação civil funcionário administrativo", a ocupação é contabilizada como "funcionário administrativo". Quando diz "estudante de arquitetura", é contabilizada entre os arquitetos e não entre estudantes.

No entanto, isso ainda nos deixa com diversas categorias ocupacionais imprecisas. "Estudante", por exemplo, pode incluir uma série de alunos do ensino básico, ou o problemático "Construção civil", que pode indicar tanto um assistente técnico quanto um futuro engenheiro civil. O quadro a seguir que lista os principais grupos ocupacionais por ordem de tamanho é, portanto, um tanto grosseiro. Como este livro não se dirige a especialistas em sociologia, limitei ao mínimo as notas técnicas e as explicações.

Ocupação de membros masculinos da N. J. F.

I. NÚMERO TOTAL 758
II. INCLASSIFICÁVEL
 1. Colegiais e estudantes universitários 91
 2. Ocupação não declarada 59
 3. Serviço nacional e forças armadas *(a)* 39
III. OCUPAÇÕES CLASSIFICÁVEIS
 4. Profissionais de engenharia e eletricistas *(b)* 120
 5. Funcionários administrativos (inclusive bancários) 105
 6. Outros trabalhadores especializados:
  Gráficos (c) 33
  Construção civil (d) 23
  Outros trabalhadores especializados 17-73
 7. Projetistas, topógrafos etc. 36
 8. Negócios e comércio *(e)* 32
 9. Transportes *(f)* 25
 10. Trabalhadores científicos *(g)* 23
 11. Trabalhadores semiqualificados ou sem qualificação *(h)* 25
 12. Tecnólogos e técnicos *(i)* 21
 13. Construção civil de nível superior *(j)* 17
 14. Artistas, redatores, jornalistas, publicitários etc. 15
 15. Servidores civis, governo local etc. 12

APÊNDICE 1

16. Contadores 11
17. Mineração, metalúrgica, siderurgia 9
18. Correios e telégrafos *(k)* 9
19. Fotógrafos 6
20. Estagiários de direito ou contabilidade 5
21. Professores, assistentes sociais, bibliotecários 5
22. Agricultura ou silvicultura 4
23. Policiais 3
24. Médicos e dentistas 2
25. Vários 11

Notas:

(*a*) Não é possível distinguir entre militares regulares e jovens no serviço militar. É provável que "ocupação não declarada" inclua diversos recrutas.

(*b*) Incluí todos que se descrevem como engenheiros, eletricistas, a menos que houvesse motivo para crer que pertenciam ao grupo 13, e todos que se descreveram como *montador, torneiro, ferramenteiro, testador de radar, fabricante de lançadeiras* ou semelhantes, ou como aprendizes nessas atividades.

(*c*) Tipógrafos (o maior grupo), "gráficos", litógrafos, gravadores etc. Praticamente todos parecem ser especializados.

(*d*) Atividades habituais da construção, entre as quais carpinteiros/marceneiros e bombeiros hidráulicos são os mais numerosos.

(*e*) Vendedores, caixeiros-viajantes, compradores, gerentes de loja, comerciantes, corretores de seguros e assemelhados, e alguns atendentes de comércio.

(*f*) Incluindo 11 motoristas, 5 ferroviários – 4 deles sinalizadores –, 6 carregadores do Covent Garden, carreteiros, barqueiros e semelhantes.

(g) oito assistentes/técnicos de laboratório, 5 pesquisadores, 10 "químicos" e "físicos" que não se descreveram como pesquisadores.
(h) Grupo muito variado.
(i) Todos que se descreveram como tal e alguns outros como estudantes de mineração, aprendizes de metalúrgico e semelhantes.
(j) Todos que se descrevem como estudantes de engenharia ou em termos suficientemente especializados, como, por exemplo, engenheiro civil, estudante de engenharia, engenheiro de produção, engenheiro de projetos têxteis.
(k) Uma série de pessoas que entram aqui já foram listadas no grupo 4. As demais são principalmente operadores de telégrafos.

A tabela pode ser resumida da seguinte forma:

1. O corpo principal de fãs se encontra em algum lugar entre os trabalhadores especializados, técnicos e tecnólogos. Mais de 300 entre 539 do grupo III se encontram nessa faixa intermediária, que pode incluir os grupos 4, 6, 7, 10, 12, 13, 19, talvez também 16 e 20. Mesmo se presumirmos que todos os 73 estudantes acabarão com ocupações diferentes, a faixa intermediária ainda abrange quase a metade da amostra.
2. Ocupações não especializadas, semiespecializadas ou sem perspectivas de crescimento são extremamente raras. Todas ou quase todas as amostras aleatórias com 60 a 80 fichas contêm pelo menos um projetista, gráfico ou técnico de laboratório e um grande punhado dos ubíquos trabalhadores de engenharia e eletricista, mas motoristas de caminhão ou de van, carregadores e ferroviários são ocorrências esporádicas, enquanto operários, proletários, trabalhadores de fábrica quase não aparecem.
3. Certos setores chamam atenção pela sub-representação. Não há praticamente ninguém do setor têxtil e de vestuário (a não ser por alguns engenheiros e técnicos), de alimentos e bebidas e dos serviços

gerais. Por exemplo: *imprensa e publicações*, que em 1954 empregava 311 mil pessoas, fornece cerca de 40 fãs de jazz; *têxtil e vestuário*, que empregou 1.633.000 não fornece 5, além dos técnicos; *transportes rodoviário e ferroviário* (mais de um milhão) entram com 22, fora os funcionários administrativos.
4. Entre o grupo não técnico, que não pertence à classe trabalhadora, notamos um número alto de empregados em escritórios, principalmente funcionários administrativos.
5. Os estudantes estão comparativamente bem representados.

É bastante seguro concluir que os fãs de jazz como grupo estão claramente acima da média nacional em termos de educação, capacitação e qualificação técnica, e anormalmente bem representados nas ocupações características do século XX. A primeira parte desta conclusão pode ser demonstrada pela seguinte tabela, que compara com a nossa amostra à distribuição em classes sociais de homens que trabalham com menos de 25 anos em 1951. As "classes sociais" do censo são categorias um tanto estranhas, mas é tudo o que temos em matéria de estatística. Grosso modo, a Classe I inclui profissões mais bem remuneradas, cargos de direção e alto nível gerencial. A Classe II são profissões menos bem pagas, comerciantes, agricultores etc. A Classe III, encarregados e trabalhadores de supervisão, trabalhadores de escritório, assistentes de venda e trabalhadores manuais capacitados. A Classe IV reúne os semicapacitados. E a Classe V, trabalhadores braçais não qualificados. Como é impossível separar as Classes I e II e Classes IV e V na amostra, nem tentei. Obviamente, por questão de idade, pouquíssimos membros estariam na Classe I. Quantos chegarão lá, ninguém pode dizer.

Classes sociais na população e entre fãs de jazz: percentuais aproximados

Classe do censo	Homens ocupados com menos de 25 anos, 1951	Amostra da N.J.F., 1958 (a)
I e II	8	36
III	64	53
IV e V	28	11
Total	100	100

(a) Todos os 73 estudantes e grupos ocupacionais relevantes foram acomodados às classes I e II. Como esta alocação contém necessariamente algumas conjeturas, não se deve fazer muitas leituras em relação às duas colunas da Classe III, mas os percentuais mais elevados para as Classes I e II e os inferiores para IV e V são indiscutíveis. Colegiais e soldados não foram distribuídos em nenhuma das classes.

Para aqueles que não estão acostumados a ler tabelas estatísticas, esta daqui demonstra (a) que os fãs de jazz contêm um percentual bem mais elevado de representantes das Classes I e II do que o que é encontrado na população geral de jovens com ocupação. Só uma coisa parece estranha. O povo "das artes" (em oposição àqueles com educação científica, técnica ou vocacional) claramente desempenha um papel bem menor na comunidade *organizada* do jazz do que no passado, no que diz respeito à popularização geral do jazz. Onde estão todos os estudantes de arte, os jornalistas, artistas comerciais, técnicos de cinema, atores e boêmios em geral? Ou deixaram de ser tão importantes ou não entram em organizações, nem mesmo para apreciadores de jazz, limitando-se à frequência de casas noturnas, cuja composição social não há como aferir de forma confiável.

APÊNDICE 2: A LINGUAGEM DO JAZZ

Esta nota não tem como objetivo fornecer um glossário de termos de jazz ou de gírias. Tais listas podem ser encontradas em outras partes, como, por exemplo, na *Encyclopedia*, de Feather, e estão quase sempre desatualizadas quando impressas. Vamos tratar do modo como o vocabulário do jazz é formado por três coisas diferentes: (a) termos técnicos, (b) *jive talk* e (c) nomes.

Como os fundadores do jazz eram, em sua maioria, analfabetos, pelo menos do ponto de vista musical, a terminologia técnica e crítica empregada deve pouco à ortodoxia, a não ser pelos nomes dos instrumentos e de certos conceitos musicais elementares, como tons e acordes. Termos técnicos duplicam outros existentes, que são menos familiares, como *slide* e *smear* para glissando, *slapping* para pizzicato, *changes* [mudanças] para progressão harmônica de uma melodia –, ou descrevem coisas para as quais não existe um equivalente acadêmico, como o *shake* (forma extrema de vibrato), *chase* (uma série de frases melódicas tocadas alternadamente por dois ou mais músicos, em rápida sucessão), *breaks* (passagens em aberto na execução onde o ritmo é suspenso, ou, mais genericamente, passagens para solos), ou *blues notes*. A maioria desses termos é formada por analogia, a não ser por alguns de origem obscura como *gig* (apresentação informal, em especial, em uma única noite) ou *riff* (uma frase melódica de dois a quatro compassos). Um termo praticamente autoexplicativo da linguagem ordinária recebe um significado especializado. Ou, então, emprega-se uma simples metáfora, como *dirty* [sujo] para um tipo de som instrumental. O vocabulário é utilitário e despretensioso, até recentemente, quando os músicos começaram a utilizar o jargão musical. Os primeiros músicos do jazz não sentiam necessidade de se chamarem por nomes socialmente mais respeitáveis, como os papa-defuntos, que se intitulam agentes funerários ou relações públicas que viraram assessores de comunicação. Louis Armstrong tinha os seus Hot Five [Cinco quentes] e não um Hot Quintet [quinteto quente]. Uma orquestra era, e é, uma banda, se fosse grande, e um *combo* (combinação), se fosse pequena. Uma melodia ou tema é (ou era) uma canção; uma composição era um *arrangement* [arranjo], o repertório de uma banda, seu *book* [livro]. O líder é o *front man*; os integrantes, *sidemen*. A pretensão só começou a espreitar no final dos anos 1930, quando chegaram os trios e sextetos.

O método simples de formar termos técnicos não funciona para conceitos mais complexos como os estilos musicais. Esses não são autoexplicativos, embora o bop (*be-bop* ou *re-bop*) supostamente seja a reprodução de uma frase rítmica. A maioria dos nomes dos estilos de jazz foram formados do mesmo jeito que os Poetas dos Lagos, a Escola de Euston Road, ou Fauves, ou seja, por associação: *barrelhouse, boogie-woogie*, Dixieland, *Kansas City*.

A formação do vocabulário técnico para apreciação crítica, juízos de valor e outros conceitos imprecisos é ainda mais difícil. Como os únicos críticos de jazz, durante muito tempo, foram os próprios músicos e o público, nenhum dos dois muito habilidoso com as palavras, o vocabulário crítico é simples e adaptado a partir da experiência (não) musical. Já se afirmou que os termos que expressam sucesso na execução do jazz ou na sensação do instrumentista quando ele acha que está tocando bem, ou as duas coisas, são emprestados das sensações mais agradáveis da vida cotidiana. O sexo é uma fonte óbvia, como na própria palavra *jazz* (aparentemente, uma palavra do Delta para coito), e *to send* [mandar bem] (induzir o êxtase ou orgasmo, ou arrebatar o ouvinte) ou talvez *hot* [quente], que tem associações sexuais bem-estabelecidas. Bebida e

APÊNDICE 2

drogas são também recorrentes, provocando sensações que, sob determinados aspectos, são analogias mais adequadas à experiência do jazz, pois fornecem exaltação contínua em vez de clímax periódicos, para não mencionar o fato de que podem ser combinadas com a execução. Talvez a moda atual, mas pouco convidativa, de empregar termos derivados do desequilíbrio mental para elogios (*maluco, louco, doido, delirante*) seja apenas uma extensão das metáforas tomadas do consumo de drogas (*alucinante, de outro planeta*). Talvez isso marque o afastamento cada vez maior da normalidade de determinadas escolas do jazz, a ascensão do jazz antissocial. De qualquer maneira, não se pode traçar a moda antes do final dos anos 1930.

De um modo mais geral, os termos para emoção foram formados por metáfora, ou melhor, pela prática disseminada de fazer a equivalência entre alegria e altura ("exaltação") e luto com profundidade. Ou com as cores vermelha e azul, ou com rápido e devagar. Desse modo, a qualidade mais desejada de um velho blues é que seja *low-down* ou *dragging* [melancólico e arrastado]. (O termo moderno *funky* – fedido – se compara ao ortodoxo "earthy", autêntico.) Por outro lado, *hot* e *cool* [quente e frio/descolado] têm associações com empolgado e relaxado, respectivamente. O mais difícil dos trabalhos linguísticos é encontrar palavras para duas coisas ligadas e indefiníveis, o clima "certo" quando a execução vai bem e o ritmo. O ritmo (e como as bandas dependem dele, a atuação de toda banda) é descrito em termos de dois tipos de movimento: vai e vem, e para a frente. Uma banda *se movimenta, vai* ou *segue em frente*. Uma banda pulsa, sacode e balança [*swings, jumps, rocks*]. Ela se movimenta e fica num lugar, o que é a essência do bom ritmo de jazz. As metáforas para o clima "certo" são apenas formas de expressar aprovação. Pode ser muito quente ou muito descolado, dependendo do estilo, sólido, consistente, em sintonia (*groovy* ou *in the groove*) ou simplesmente correto.

Obviamente este vocabulário crítico é muito frágil e grosseiro, menos por causa da dificuldade moderna de expressão de pensamentos dos "fãs", para quem a crítica se exaure depois de alguns balbucios: o *maioral, súper, incrível*. Essa pobreza não é apenas devido ao fato de que as palavras não são instrumentos dos músicos de jazz, mas também ao fato de que, por serem ao mesmo tempo músicos e críticos, eles são apenas secundários à demonstração musical. O trecho seguinte, de um famoso baterista de Nova Orleans, parece vago o suficiente para um leigo, mas bem menos para um músico acostumado a tocar diante de bateristas.

> Cada homem tem um solo, e para cada um eu faço uma batida diferente. Pode parecer a mesma para alguém que está ouvindo, mas não é. Eu diria que tem um *som* diferente, porque dou para cada um a oportunidade de aparecer. Em outras palavras, se o cara vai entrar, eu dou algo para que ele venha com tudo e seja diferente do sujeito anterior... Mesmo quando é o piano ou o trompete ou o clarinete, dou algum tipo de indicação de que algo vai acontecer, algo que muitos bateristas não fazem porque é preciso *pensar...*
> (Citado em *The Jazz Makers*, organizado por Shapiro e Hentoff, p. 41)

O segundo tipo de linguagem do jazz, o *jive talk* ou *hipster talk*, não constitui uma terminologia técnica, mas sim um jargão ou calão criado para distinguir o grupo dos forasteiros. Sua base é a distinção entre aqueles que são *hip* [descolados] ou estão por dentro e os *squares* [quadrados], aqueles que estão por fora, os caretas. O instrumentista chama seu instrumento de clarinete, o que é fácil de identificar. Se optar pela gíria, ele pode chamá-lo por um nome que apenas os iniciados compreendem, como *gobstick*, por exemplo. No passado, esses jargões sobreviviam graças a um tanto de isolamento e se mantinham com facilidade. Mas o hipster não está separado do resto e, desde o final dos anos 1930, a turma da divulgação tem se encarregado de transmitir aqueles termos exclusivos

APÊNDICE 2

para o resto do mundo, seguindo a perene teoria da publicidade, segundo a qual aquela exclusividade pode ser vendida pronta para o consumo de milhões. Graças à onda do "swing", termos do Harlem como *jitterbug*, que descreve a dança do swing, se tornaram familiares nacionalmente para adolescentes norte-americanos e internacionalmente familiares, a ponto de serem incluídos num discurso furioso do falecido Neville Chamberlain.* É natural, portanto, que esse dialeto típico se proteja da revelação de seus segredos aos não iniciados por meio de mudanças constantes, ou pela adoção de expressões tão ambíguas, alusivas ou intraduzíveis, a ponto de ficarem fora de alcance dos quadrados. Mais do que qualquer outro jargão, portanto, o *jive talk* valoriza ao máximo a criatividade linguística e seu caráter escorregadio.

Ele contém todos os artifícios de linguagens privadas: gírias rimadas (como "Jack the Bear" substituindo *nowhere*, lugar nenhum), o duplo disfarce (como "bread" [pão] e "dough" [massa] para se referir a dinheiro), entre outros. A substituição interminável de novas senhas no grupo para os antigos códigos (por exemplo, novos nomes para maconha – *reefer, muggles, weed, tea, grass, mutt, greta, charge, gauge, hemp, hay, pot*), o uso de palavras neutras e gerais para coisas altamente específicas (por exemplo, "on the stuff" ou simplesmente "on", para vício em drogas). Mas também incluía o uso deliberado da linguagem como um jogo, ou talvez (para usar o paralelo óbvio) como uma improvisação conjunta e coletiva, em vez de simples meio de comunicação. Daí as frases estranhas e melódicas, algumas das quais se tornaram familiares através da febre do rock and roll, que teve efeitos semelhantes à febre do swing do final dos anos 1930: "*See you later alligator, in a while, crocodile*" ou "zoot

---

* Leitores mais idosos talvez se lembrem de que Chamberlain empregou o termo *jitterbug* para se referir "a uma pessoa assustadiça, em pânico", provavelmente numa analogia a *jitters* [sensação de nervosismo, ansiedade]. O termo apenas se referia a uma pessoa com estilo de dança particularmente agitado ou que gosta de dançar na plateia durante um show de jazz.

suit". Daí as frases peculiares, impassíveis, que, dependendo da situação, podem significar o oposto do que dizem: "Ele é terrível, ele toca um sax horrível." Daí, entre os negros, as constantes alusões, meio desafiadoras, meio autodepreciativas, totalmente antibrancas, e improvisações sobre o tema da "raça" e suas estratificações internas. (Cf. o termo "*gate mouthed*", abreviado para "*gate*" [portão], que costumava ser um modo de tratamento entre os hipsters anteriores: retirado da fala mansa e boca sempre meio aberta.) Pela natureza das coisas, um glossário do *jive* será invariavelmente desatualizado e incompleto. A descrição mais acessível de uma de suas expressões está em *Really The Blues*, de Mezzrow e Wolfe. Os seguintes trechos podem ser citados, embora em parte desatualizados e um pouco exagerados.

> Primeiro cara: E aí, chefe Mezz, cadê você?
> Eu: Cara, tô na área, fedendo como um branquelo.
> PC.: Me conte aí, velho.
> Eu.: Tenho que fazer isso, parceiro. Arrebente o cara à sua esquerda, o chefão deu muito corda pra ele, ele está se exibindo como se o crime realmente compensasse.
> PC: Dê um jeito aí. Não estou dando a mínima. Jim, você tá arrasando com as palavras. Tô indo para o muquifo e curtir a novidade que Pops preparou para Okey.*

Diversos "dicionários" de *jive talk* foram publicados entre 1938 e 1945, a maioria deles compilados e organizados por assessores de imprensa e semelhantes: o *New Cab Calloway Hepster's Dictionary* (N.Y. 1938 e

---

* No original:
"*First Cat: Hey there, poppa Mezz, is you anywhere?*
"*Me: Man, I'm down with it, stinking like a honky.*
"*F.C.: Lay a trey on me, ole man.*
"*Me: Got to do it, slot. Gun the snatcher on your left raise, the head mixer laid a bundle his ways, he's posin' back crime sure pays.*
"*F.C.: Father, grab him. I ain't payin' him no rabbit. Jim, this jive you got is a gasser. I'm goin' up to my dommy and dig that new mess Pops laid down for Okey.*" (N.T.)

edições posteriores), *Original Handbook of Harlem Jive*, de Dan Burley (N.Y. 1944), *Hepcat's Jive Talk Dictionary*, de Louis Shelly (Derby, Conn, 1945). O senso de discriminação e o valor desses volumes é irregular. Não conheço nenhum dicionário específico para as gírias dos anos 1950, talvez porque os adolescentes do tipo hipster apreciadores de jazz tenham reduzido seu vocabulário a uma dúzia de palavras dolorosamente imprecisas.

Como as palavras do *jive talk* não são formadas por analogia nem metáfora, nem por técnica semelhante, a origem costuma ser bem obscura, provavelmente originada em jargões específicos do gueto negro e da zona fronteiriça entre o entretenimento, contravenções, prostituição, tráfico de drogas e semelhantes, onde os músicos ganham a vida. Outra pergunta é até que ponto os músicos – e não os "hipsters" – utilizam as gírias, a não ser para o propósito original de *jiving*, ou melhor, brincar com as palavras e fazer trocadilhos.

Dois outros aspectos da linguagem do jazz são dignos de uma breve menção: os nomes dos músicos e das obras.

Os músicos têm dois tipos de apelidos, os deles e aqueles que os responsáveis pela divulgação na imprensa dão para eles. Ninguém que toca com Louis Armstrong o chama de *Satchmo* ou *Satchelmouth*, um rótulo muito usado para publicidade. Ele é chamado simplesmente de Pops. Os verdadeiros apelidos dos músicos são iguais aos de todo mundo e são quase invariavelmente não musicais. Rabbit (Johnny Hodges), Bubber (Miley), Pres(ident) (Lester Young), Bird ou Yardbird (Charlie Parker), Dizzy (Gillespie), Klook (Kenny Clark), Bean (Coleman Hawkins), e assim por diante. Dos nomes criados para divulgação, há apenas um grupo realmente interessante, os *noms-de-guerre* dos antigos cantores de blues, que têm a concretude desgastada do pedinte anônimo ou a grandiloquência homérica do mestre de cerimônias de um antigo circo ou barqueiro do Mississippi. Uma lista deles compõe uma leitura inspiradora: Pinetop Smith, Cow-Cow Davenport, Montana Taylor, Speckled Red, Cripple Clarence Lofton, Alabama Slim, Arkansas Shorty, Big Maceo, Kansas Joe, Creole Gayno. E num clima mais magnífico: Easy Papa Johnson, Howlin' Wolf, Lightnin' Hopkins, Homer the Great, Bat the Humming Bird, Red Hot Shakin' Davis, Devil's Daddy-in-law, Leadbelly, King Solomon Hill. As mulheres raramente conseguem competir com Black Ivory Kings, Bumble Bee Slims e Black Spider Dumplings. Normalmente, elas apenas mudam os nomes, embora algumas adotem uma verdadeira pintura de guerra: Big Sister, Cryin Ellen, Yas Yas Girl.

Dar nome a obras de música é uma atividade especializada, alguma coisa entre a criação de palavras de *jive talk* e o batismo de cavalos de corrida. Não há um motivo específico para que uma peça receba um nome e não outro. Por outro lado, os músicos e outros do ramo estão sob pressão constante para encontrar nomes para um fluxo incessante de novos números. Muitos recebem nomes associados a lugares e pessoas: "Royal Garden Blues", "Mahogany Hall Stomp", "Moten Swing" (inspirado por Benny Moten, *bandleader* de Kansas City), "Sir Charles At Home" (inspirado em Sir Charles Thompson, pianista que tinha o título de "sir" apenas como um apelido). Cada vez mais, os músicos têm optado por dar nomes alusivos a gírias, em geral obscuros para o forasteiro, algumas vezes engraçados, outras obscenos, e muitas vezes apenas porque soam bem. Os modernistas, como esperado, se sentiram particularmente atraídos pelos enigmas, inventando com frequência títulos ardilosos ou sem significado: "Compulsory", "Blue Room", "Zec", "Illusive", "Sombre Intrusion", "Bitty Ditty", "Chazzanova" (todas por grupos de Thad Jones). Recentemente, passou a ser observada uma desagradável tendência à pretensão entre a vanguarda: "Purple Heart", "Gregorian Chant", "Eulogy for Rudy

APÊNDICE 2

Williams" (todas de Charlie Mingus). Há muito pouco a ser dito sobre os princípios da invenção dos títulos de jazz, a não ser que eles cada vez mais seguem os mesmos princípios da invenção de nomes de marcas para produtos, slogans publicitários ou outras palavras ou expressões criadas para grudar na memória.

LEITURA COMPLEMENTAR, 1993

A quantidade de livros sobre jazz é hoje tão grande que não poderia ser coberta em umas poucas páginas. *The New Grove: Gospel, Blues and Jazz* (Londres, 1987), que traz alguns artigos relevantes da famosa enciclopédia musical, contém uma bibliografia de doze páginas sobre jazz e outra de dez páginas sobre blues, mas ambas já estão defasadas. Tanto o texto quanto as bibliografias merecem ser consultados.

A lista dos seis melhores livros sobre jazz já publicados não mudou desde a primeira publicação deste livro. Em minha opinião ela deveria conter:

1. HENTOFF, N.; SHAPIRO, N. (orgs.), *Hear Me Talkin' to Ya*. Londres, 1955. Jazz de Nova Orleans até o período *cool*, conforme opinião dos músicos e em suas próprias palavras. O melhor livro geral sobre o assunto.
2. FINKELSTEIN, S. *Jazz, A People's Music*. Nova York, 1948, 1975. Não sectário, claro, perspicaz tanto na esfera sociológica quanto na esfera musical, dirigido ao leigo.
3. COLLIER, James Lincoln. *The Making of Jazz: A Comprehensive History*. Londres, 1978. O fato de o autor possuir tanto conhecimentos de jazz quanto treino histórico ajuda a fazer dessa alentada brochura o melhor volume histórico impresso. A bibliografia, porém, não é adequada.
4. HODEIR, André. *Jazz, Its Evolution and Essence*. Londres, 1956, 1975. Este já não é mais o principal trabalho crítico para os leitores

com educação musical – os leitores podem hoje em dia consultar Max Harrison (por exemplo, *The New Grove*) e vários outros trabalhos de Martin Williams (por exemplo, *The Jazz Tradition*, Nova York, 1970, 1983) – no entanto, um trabalho por um autor francês merece constar de uma lista resumida, dado o papel que os escritores franceses desempenharam inserindo o jazz no mapa da crítica.

5. BALLIET, Whitney. *American Musicians: 56 Portraits in Jazz*. Nova York – Oxford, 1986. Esses "perfis", escritos há mais de 24 anos pelo crítico de jazz da revista *New Yorker*, contêm as melhores descrições escritas sobre o que faz o músico de jazz e como é o seu som.
6. BROONZY, W.; BRUYNOGHE, Y. *Big Bill Blues*. Londres, 1955. Excelente introdução ao mundo dos cantores de blues menestréis, meio mito, meio saga. Uma visão mais realista do *bluesman* moderno encontra-se em Helen Oakley Dance, *Stormy Monday: The T-Bone Walker Story*, 1987.

Quem pode dizer que discos ou fitas estarão disponíveis quando o leitor estiver lendo este livro, ou se estarão disponíveis nos próximos dois anos, e por quais gravadoras? Portanto, é inútil dar referências a discografias gerais que estarão desatualizadas. Os livros de referência mencionados são preciosos, mas infelizmente não há como prever sua disponibilidade.

As biografias de jazz e as autobiografias (por *ghost writers* total ou parcialmente) são um ramo popular da literatura, embora sejam quase sempre compilações de material de formato pouco trabalhado. John Chilton está entre os estudiosos de biografias mais produtivos, autor de valiosos trabalhos sobre Billie Holiday (*Billie's Blues*, 1975), Louis Armstrong (com Max Jones: *The Louis Armstrong Story*, 1971) e mais recentemente *Sidney Bechet* (1987). *Mr. Jelly Roll* (1950, 1973), de Alan Lomax, mais bem escrito do que a maioria dos trabalhos do gênero, fala da vida e da época de um "Benvenuto Cellini *créole*". Embora polêmico, recomendo *Duke Ellington*, de James Lincoln Collier (1987). A. B. Spelman, em *Four Lives in the* bebop *Business* (1985), fala da *avant-garde*. *Bird Lives* (reeditado em 1988), de Ross Russell, é a melhor biografia de Parker.

A história do jazz ainda não foi completamente desenvolvida, exceto por um excelente trabalho de história social: S. Frederick Starr, *Red and Hot: The Fate of Jazz in the Soviet Union*, 1983. Para aficionados britânicos, *A History of Jazz in Britain 1919-1950*, de 1984 e – com Alun Morgan – *A History of Jazz in Great Britain 1950-1970* são um bom registro.

Até a conclusão da grande obra crítica de Gunther Schuller, estão disponíveis apenas *Early Jazz: Its Roots and Musical Development* (1986) e *The Swing Era: The Development of Jazz, 1930-1945*. Devem ser consumidos em pequenas doses, mas é impossível não encontrar esclarecimentos nesses livros.

Na primeira edição deste livro escrevi: "Quanto menos se falar a respeito de romances, contos ou poemas de jazz, melhor. Com a provável exceção de *The Horn*, de John Clellon Holmes. Essa opinião ainda é válida, se pudermos acrescentar o romance de Josef Skvorecky, *The Bass Saxophone*, que também contém uma introdução autobiográfico-crítica do autor, um romancista checo emigrado, atualmente professor em Toronto. De outro lado, temos grandes quantidades de fotografias de jazz (para uma lista de iconografias, veja *The New Grove*) e, por fim, um filme de longa-metragem com uma história genuína sobre jazz, o esplêndido *Por volta da meia-noite*, de Bertrand Tavernier, com a magnífica interpretação do saxofonista Dexter Gordon e música bastante razoável.

NOTAS

INTRODUÇÃO

1. Entrevistas em *Rhythm*, junho de 1939.

COMO RECONHECER O JAZZ

1. C. Chilton, Jackson e a Banda Oliver (*Jazz Music*, III, 6, 1947); SHAPIRO, N.; HENTOFF, N. *The Jazz Makers*. Londres, 1958, p. 263.

1. PRÉ-HISTÓRIA

1. Marshall Stearns, *The Story of Jazz*, Londres, 1957, p. 32.
2. Samuel B. Charters, *The Country Blues*, 1960, pp. 23-25.
3. Alan Lomax, *Mr. Jelly-Roll*, Nova York, 1950, 21n.
4. Stearns, p. 32.
5. C. D. Stuart e A. D. Park, *The Variety Stage*, Londres, 1985.
6. A. Zevaes, *Aristide Bruant*, Paris, 1943.
7. Fernando el de Trianna, *Arte y Artistas Flamencos*, Madri, 1952, pp. 140-141.
8. W. E. du Bois (org.), *Some Notes on Negro Crime*, Atlanta, 1904, p. 51.
9. A. Green e J. Laurie, *Show Biz From Vaude to Video*, Nova York, 1951.
10. Alan Lomax, *Mr. Jelly-Roll*, p. 86.
11. Stearns, p. 61.

2. EXPANSÃO

1. W. C. Handy, *Father of the Blues*, Londres, 1957, p. 64.
2. Blesh e Janis, pp. 190-191.
3. Bertha Wood, Paul Leroy Howard, *Jazz Journal*, nov. 1957.

4. Números retirados de Franklin Frazier, *The Negro in the United States*, ed. revisada, Nova York, 1957.
5. Barry Ulanov, *Duke Ellington*, Nova York, 1946, p. 279.
6. Iain LANG, *Background to the Blues*, Londres, s.d., p. 13.
7. A única história geral dos *race records* é a escrita por S. B. Charters, *The Country Blues*, 1960, mas os periódicos especializados contêm várias explorações.
8. S. Spaeth, *A History of Popular Music in America*, Nova York, 1948, p. 369.
9. Green e Laurie, p. 36, p. 39, capítulo 17.
10. Para etimologias diferentes e não convincentes, veja *Jazz, a Quarterly of American Music*, out. 1958, e *Jazz Review*, mar.-ago. 1960.
11. D. Boulton, *Jazz in Britain*, Londres, 1958, pp. 34-35.
12. Handy, p. 63.
13. Chilton em *Jazz Music*, III, 6.
14. Datas e títulos de Spaeth.
15. Citado do Blesh, *Shining Trumpets*, Nova York, 1946, pp. 327-328. Veja também Neil Leonard Jr., "The Opposition to Jazz in the U.S. 1918-29", *Jazz Monthly*, jun.-jul. 1958.
16. Blesh, p. 329.
17. Green e Laurie, p. 317; E. Borneman, *A Critic Look at Jazz*, Londres, Jazz Music Books, 1946, pp. 50-51, para detalhes do efeito da Depressão.
18. Boulton, p. 59.
19. *Melody Maker*, 1930,155; 1935, 2 fev.; *Jazz Monthly*, mar. 1956, 30.
20. Green e Laurie, p. 457.
21. F. Ramsey Jr. e C. E. Smith, *Jazzmen*, ed. britânica, Londres, 1957.
22. E. Condon E R. Gehman, *Eddie Condon's Treasury of Jazz*, Londres, 1957, p. 200.
23. *Jazz*, por E. F. Burian, do produtor teatral *avant-garde* checo (Praga, 1928), talvez seja o primeiro livro sobre o assunto por um ocidental de esquerda. Os trabalhos mais importantes por marxistas ou sob os auspícios da esquerda são: S. Finkelstein, *Jazz, A Peoples Music*, Nova York, 1948, e Iain Lang, *Background to the Blues*, ambos excelentes. Existe, porém, um enfoque marxista permeando toda a crítica de jazz anglo-saxônica. Ernst Meyer, musicólogo marxista, é um dos poucos autores do leste europeu a dar ao jazz ao menos uma aprovação crítica qualificada durante o período da Guerra Fria, no *Musik im Zeitgeschehen* (Berlim, 1952); ele passou, contudo, por um período de emigração na Inglaterra. Mas a atitude soviética desde 1956 já não é de hostilidade generalizada.

3. TRANSFORMAÇÃO

1. Y. Bruynoghe, "Blues Today" em *Just Jazz*, organizado por S. Traill e G. Lascelles, Londres, 1957, p. 175.
2. Cf. sua entrevista na *Melody Maker*, 22 fev. 1958.
3. N. Shapiro e N. Hentoff, *Hear Me Talkin' to Ya* (Londres, 1955), p. 306.
4. *Hear Me...*, pp. 264-265.
5. *Ibidem*, pp. 264-265.
6. *Ibidem*, p. 300. A data está errada. O período deve ser meados dos anos 1930, pois Webb morreu em 1939, e Hawkins voltou da Europa no mesmo ano.
7. *Black Bourgeoisie*, de Franklin Frazier, é a melhor discussão desse triste assunto.
8. Cf. Margaret Just Butcher, *The Negro American Culture*, Mentor Books, 1957, que cobre Armstrong, Ellington, Bessie Smith etc., mas parece não saber de Gillespie e Parker.
9. A. Hodeir, *Jazz, Its Evolution and Essence*, Londres, 1956, p. 267.

4. BLUES E JAZZ ORQUESTRAL

1. Nota na capa do disco dos Jazz Messengers: *Hard Bop* (Philips BBL 7 220).
2. Dark Road, em *Brownie McGee and Sonny Terry* (Tópico 12T29).
3. E. Borneman, "Boogie Woogie", em *Just Jazz I*, p. 29.
4. Winthrop Sargeant, *Jazz, Hot and Hybrid*, Nova York, 1946.
5. Ainda não existe uma história adequada. Veja, porém, Paul Oliver, *Blues Fell This Morning*, 1960, e monografias nos periódicos especializados e capas de discos.
6. Para os cantores clássicos de blues, Francis Newton, em *The Decca Book of Jazz*, 1958. Para Bessie Smith, Paul Oliver, *Bessie Smith*, 1960, George Hoefer em *The Jazz Makers*, 1958, organizado por Hentoff e Shapiro, e George Avakian em *The Art of Jazz*, 1960, organizado por Martin B. Williams.
7. C. E. Smith em *The Jazz Makers*, e a pouco confiável autobiografia da artista (com W. Dufty), *Lady Sings the Blues* [ed. bras.: *Lady Sings the Blues: a autobiografia dilacerada de uma lenda do jazz*. Tradução de Roberto Muggiati. Rio de Janeiro: Zahar, 2003]. Um bom estudo crítico foi feito por Glenn Coulter em *The Art of Jazz*.
8. Stearns, p. 7.
9. R. Blesh e H. Janis, *They All Played Ragtime*, 1958, para a história; Guy Waterman, em *The Art of Jazz*, e Hentoff e McCarthy (org.), *Jazz*, 1960, para discussões técnicas mais detalhadas.

10. Rudi Blesh, *Shining Trumpets*, e Rex Harris, *Jazz*, para contexto geral; W. C. Allen e B. Rust, *King Oliver*, 1958, e H. O. Brunn, *The Story of the Original Dixieland Jazz Band* (1960), para conjuntos separados; Martin B. Williams, *King Oliver* (1960) para uma apreciação crítica.
11. Stearns, p. 157.
12. Alan Lomax, *Mr. Jelly-Roll*, 1950, e Orrin Keepnews, em *The Jazz Makers*, para vida e datas; William Russel em *The Art of Jazz*, e Martin Williams em Hentoff e McCarty, op. cit., para discussão crítica.
13. M. Mezzrow e B. Wolfe, *Really the Blues*, Londres, 1957, Apêndice 1; Borneman, *A Critic Look at Jazz*; C. FOX, "Chicago Jazz, a Reassessment", *Jazz Monthly*, ago. 1955; John Steiner, em Hentoff e McCarthy, op. cit.
14. Shapiro e Hentoff, *Jazz Makers*, p. 246.
15. S. Finkelstein, *Jazz, a People's Music*, Nova York, 1948, p. 184.
16. John S. Wilson, em *The Jazz Makers*, p. 246.
17. P. Gammond (org.), *Duke Ellington, His Life and Music*, 1958; Barry Ulanov, *Duke Ellington*, Nova York, 1946; Gunther Schuller, em Hentoff e McCarthy, op. cit.
18. Finkelstein, p. 197. Para todo o capítulo vali-me grandemente desse livro de primeira qualidade.
19. Finkelstein, p. 193.
20. R. Horricks, *Count Basie*, 1957; Franklin Driggs em Hentoff e McCarthy, op. cit.
21. J. Berendt, *Das Jazzbuch*, Frankfurt-Hamburg, 1953, p. 80.
22. Não há uma discussão adequada do estilo do Harlem; veja, porém, Charles Fox, em *Decca Book of Jazz*, 1958, e Hsiao Wen Shih, em Hentoff e McCarthy, op. cit.
23. A bibliografia do jazz moderno é extensa. Leonard Feather, *Jazz*, Trend Books, Los Angeles, 1959, e A. Morgan e R. Horricks, *Modern Jazz*, 1956, são resumos genéricos. R. Horricks (org.) *These Jazzmen of Our Time*, 1959, e Michael James, *Ten Modern Jazzmen*, 1960, discutem músicos individuais. Para críticas, veja *The Art of Jazz, Its Evolution and Essence*, 1956.
24. *Arts* (Paris), 23-29 abr. 1958, 9, para França. Informações pessoais de M. Charles Delaunay tendem a confirmar isso. É certamente o caso na Grã-Bretanha, mas não nos Estados Unidos. Para as peculiaridades do público naquele país, no entanto, veja capítulo 13.
25. Hodeir, p. 198.
26. Finkelstein, p. 227. Meu relato da "moderna" transformação da balada também se baseia nesse livro.
27. Veja N. Hentoff, "Lester Young", em *The Jazz Makers*.

5. OS INSTRUMENTOS

1. Por exemplo, os diagramas de J. Berendt, do mais alto nível.
2. Sidney Bechet, *Treat It Gentle*, 1960; Whitney Balliett, *The Sound of Surprise*, 1960, pp. 179-182; C. E. Smith, "Pee-Wee Russell", em *The Jazz Makers*, Whitney Balliett, pp. 227-232; Nat Shapiro, Benny Goodman, em *The Jazz Makers*.
3. A. J. McCarthy, *Louis Armstrong*, 1959; Louis Armstrong, *My Life in Nova Orleans*, 1955.
4. A. Hodeir, op. cit., Whitney Balliett, pp. 83-85 (Cootie Williams); Whitney Balliett, pp. 103-104 (Red Allen); Nat Hentoff, Roy Eldridge, em *The Jazz Makers*; L. Feather, Dizzy Gillespie, em *The Jazz Makers*; Michael James, *Ten Modern Jazzmen*, para Gillespie, Miles Davis, R. Horricks; *These Jazzmen of Our Time*, para Davis; Whitney Balliett, 143-145 (Davis).
5. Burnett James, *Bix Beiderbecke*, 1959; George Hoefer em *The Jazz Makers*; George Avakian, em *The Art of Jazz*. Há uma crônica exaustiva por C. H. Wareing em G. Garlick, *Bugles for Bix*, 1958.
6. A. Hodeir, op. cit. (Wells); Whitney Balliett, pp. 120-122 (Dickenson); J. D. Smith e L. Guttridge, *Jack Teagarden*, 1960, também C. E. Smith, em *The Jazz Makers*; R. Horricks, *These Jazzmen*. (J. J. Johnson).
7. L. Feather, em *The Jazz Makers* (Hawkins, Young); *These Jazzmen...* (Mulligan, Rollins); *Ten Modern Jazzmen*.
8. *Ten Modern Jazzmen* (Konitz).
9. Max Harrison, *Charlie Parker*, 1960; também o mesmo em Hentoff e McCarthy; Orrin Keepnews, em *The Jazz Makers*; *Ten Modern Jazzmen*.
10. Berendt, p. 168.
11. L. Feather, *Encyclopedia of Jazz*, p. 106.
12. Bill Simon, Charlie Christian, em *The Jazz Makers*; Al Avakian e George Prince, em *The Art of Jazz*.
13. Ross Russell, em *The Art of Jazz* (James P. Johnson); Charles Fox, *Fats Waller*, 1960; John S. Wilson, em *The Jazz Makers* (Waller, Hines); Orrin Keepnews, *ibidem* (Art Tatum); *These Jazzmen...* (Monk, Powell, John Lewis); *Ten Modern Jazzmen* (Monk, Powell).
14. Max Harrison em Hentof e McCarthy, e Ernest Borneman, em *Just Jazz*, I, 1957, sobre *boogie-woogie*. Pianistas de blues são discutidos principalmente em conexão com a história do blues.

15. De longe, a melhor descrição sobre o que fazem os bateristas de jazz, em Whitney Balliett, especialmente em pp. 159-164, pp. 233-244.
16. Nat Hentoff, Warren "Baby" Dodds, em *The Jazz Makers*; Whitney Balliett sobre Sid Catlett, Max Roach, Art Blakey, Philly Joe Jones.
17. *Hear Me Talkin...*, pp. 309-310.
18. *These Jazzmen...* (Milt Jackson).

6. A REALIZAÇÃO MUSICAL

1. Stearns, p. 228.
2. Cf. também *Echoes of Harlem* – para Williams – e *Clarinet Lament* – para Bigard.
3. No disco Philips BBL 7190 (americano), Atlantic LP 134, e London LTZ-K 15053, respectivamente.

7. JAZZ E AS OUTRAS ARTES

1. Rex Harris, *Jazz*, Penguin Books, 1952.
2. Hodeir, p. 263.
3. De *Fine Clothes to the Jew*, Nova York, 1927. Escrevi as estrofes na forma usual de três versos.
4. W. Broonay e Y. Bruynoghe, *Big Bill Blues*, Londres, 1955.
5. Alan Lomax, *Blues in the Mississippi Night* (Pye-Nixa, NJL 8).
6. As melhores coleções de versos de blues disponíveis até hoje são os arquivos do *Jazz Review*, de Nova York, que lista uma seleção em cada número, *Blues Fell this Morning*, de Paul Oliver, e o pioneiro *Background to the Blues*, de Iain Lang.

8. A INDÚSTRIA DO JAZZ

1. Blesh e Janis, pp. 60-63; Handy, p. 91; *Hear Me Talkin...*, p. 261, pp. 301-302.
2. Tirado de A. J. McCarthy, *Jazz Discography*, 1958. Em termos estritos, os números se referem a discos lançados durante o ano.
3. "The High Finance of Jazz", em *Rhythm*, jan. 1939.
4. W. C. Allen e B. Rust, *Joe King Oliver*, Londres, 1958.
5. R. Gleason, em *San Francisco Chronicle*, 6 nov. 1960, e *New York Post*, 18 nov. 1960, p. 56.

6. Feather, *Encyclopedia*.
7. "Early Armstrongs", do *Jazz Magazine*, III, 3, 1947, discos de 1955 da *Jazz Discography* em 1956, em *Just Jazz*, I, 1957.

9. OS MÚSICOS

1. *Hear Me Talkin...*, pp. 28-29. Uma abordagem completa em Lomax, *Mr. Jelly--Roll*, pp. 67-111.
2. *Hear Me Talkin ...*, p. 31.
3. *Ibidem*, p. 46.
4. *Ibidem*, p. 232.
5. *Ibidem*, p. 231, p. 238, p. 240.
6. Handy, p. 273.
7. Berendt, pp. 93-95.
8. Condon e Gehman, p. 214, pp. 223-225.
9. *Ibidem*, p. 228.
10. *Ibidem*, p. 230.
11. Mezzrow e Wolfe, capítulo 12, é um dos primeiros e mais úteis relatos. A. Boyard, "A Portrait of the Hipster", *Partisan Review*, 1948, e Norman Mailer, "The White Negro – Superficial Reflection on the Hipster", *Dissent*, verão de 1957, são espécimes raros.
12. Mezzrow e Wolfe, pp. 223-224.
13. *Ibidem*, p. 225.
14. Howard Becker, "The Professional Dance Musician and His Audience", *American journal of Sociology*, set. 1951.
15. J. F. Russell e J. H. Elliott, *The Brass Band Movement*, Londres, 1936.
16. Colhi esses dados valiosos porém incompletos dos artigos biográficos da *Melody Maker*, sobre membros de bandas britânicas de músicas para dançar no início dos anos 1930.

10. O PÚBLICO

1. Blesh e Janis, p. 188.
2. Stearns, p. 211.

3. T. e M. Arnold, "Jazz and the Collector", *Jazz Review*, Londres, 1945, p. 18.
4. Elliott Paul, *That Crazy Music*, Londres, 1957, p. 228.
5. *Le Jazz Hot*, dez. 1948.
6. Dados de circulação da *World's Press News*, 17 out. 1958.
7. Essa estimativa é baseada na capacidade dos locais de espetáculo reservados para a banda, segundo informações de especialistas.
8. O material sobre o qual se baseiam essas notas é esquemático, com exceção da Grã-Bretanha, onde conheço melhor o cenário e as publicações e tive acesso aos arquivos da *National Jazz Federation* (veja Apêndice). Para dados sobre a França, pude contar com intercâmbios com Charles Delaunay, André Hodeir e J.-B. Hess.
9. Citado em Berendt, p. 12.
10. Oxtot, "The Yerba Buena Band", *Jazz Review*, Londres, 1945, p. 12.
11. Mezzrow e Wolfe, p. 5.
12. *Ibidem*, pp. 109-110.
13. Stearns, p. 186.
14. T. e M. Arnold, loc. cit.: uma análise dos leitores do *The Record Changer*, principal revista de colecionadores.
15. Um resumo feito para a estação KHIP, São Francisco, pela Contemporary Research, 1960.
16. *Billboard*, 15 ago. 1960.
17. Spike Hughes, *Second Movement*.
18. *Melody Maker*, 6-7 jan. 1926.
19. *Rhythm*, abr. 1939.
20. *Western Mail*, 29 mar. 1958.
21. Isso certamente se aplica, até certo ponto, à França e à Alemanha.

11. JAZZ COMO PROTESTO

1. R. W. S. Wendl, *The Appeal of Jazz*, Londres, 1937, p. 25.
2. Relatado no *Jazz Music*, dez. 1943.
3. *Melody Maker*, dez. 1926.
4. Finkelstein é a versão mais elaborada da tese marxista, também em Iain Lang, que levou a algumas controvérsias interessantes. Cf. *Jazz Music*, III, 2, 1946.
5. *Jazz Music*, III, 2, p. 9.
6. Mendl, pp. 71-72.

NOTAS

7. Stearns, p. 316.
8. A melhor introdução ao assunto é da autoria de Niebuhr, *The Social Sources of Denominationalism*, Living Age Books, Nova York, 1957.
9. Cf. Ethel Waters, *Bis Eye Is on the Sparrow*, e Billie Holiday e W. Dufty, *Lady Sings the Blues* [ed. bras.: *Lady Sings the Blues: a autobiografia dilacerada de uma lenda do jazz*. Tradução de Roberto Muggiati. Rio de Janeiro: Zahar, 2003].

13. *THE NEW YORK REVIEW OF BOOKS*, 1986-1989

"Tocar para nós mesmos"

1. "Ele é um homem incrível" escreve Basie sobre John Hammond, seu descobridor. "E ele nunca pediu um tostão a mim ou a nenhuma daquelas pessoas a quem ele ajudou tanto. E houve um bom número delas. Tudo o que ele queria ver era os resultados do que devia estar acontecendo."
2. Albert Murray, *Stomping the Blues*, Vintage, 1982, p. 166.

A volta do jazz

1. Francis Davis, *In the Moment*, p. IX
2. Hayden Carruth, *Sitting In*, p. 176.
3. S. Frederick Starr, *Red and Hot: The Fate of Jazz in The Soviet Union 1917-1980*, Oxford University Press, 1983.
4. Whitney Balliett, *American Musicians*, p. 3.
5. Davis, *In the Moment*, pp. 206-213.
6. Mike Zwerin, *La tristesse de Saint Louis*, p. 3.
7. *La tristesse de Saint Louis*, p. 1. Para a metáfora, ver p. 19, p. 46, p. 61.
8. Carruth, *Sitting In*, p. 52.
9. O livro foi organizado por um admirador inglês. No entanto, diversos dos trechos mais tocantes e instrutivos estavam disponíveis há muito naquela maravilhosa colagem da palavra falada do jazz, *Hear me Talkin to Ya*, de 1955.
10. *Up from the Cradle of Jazz* é muito instrutivo sobre este colapso no mercado para o jazz em Nova Orleans.
11. Whitney Balliett, *New York Notes: A Journal of Jazz in the Seventie*, Da Capo Press, 1977, p. 3.
12. *Jazz Times*, nov. 1986, p. 18.

13. *Jazz Times*, entrevista com Benny Golson (nov. 1986), p. 19.
14. *Jazz Times* (nov. 1986), p. 29.
15. É impensável que intelectuais negros pudessem escrever hoje um livro como *The Negro in the United States*, do falecido Franklin Frazier, que mesmo na edição revisada de 1957 não contém qualquer referência à música, embora seja suficientemente descolado para incluir referências a romances de Chester Himes.
16. Carruth, *Sitting In*, p. 173.
17. *Up from the Cradle of Jazz*, pp. 10-16. Danny Barker, membro de uma dessas famílias de miniBachs, lança muita luz sobre grupos familiares como os dele em *A Life in Jazz*.

A raposa mais astuta

1. Doubleday, 1973.
2. Mercer Ellington com Stanley Dance, *Duke Ellington in Person*, Houghton Mifflin, 1978. No relato de Mercer, Duke Ellington era gentil com ele desde que ele estivesse disposto a obedecer a suas ordens e ajudá-lo com a banda. Quando o filho decidiu tentar sua sorte como músico, o Duke, segundo ele, fez tudo o que podia para desencorajá-lo.
3. Martin Williams, *The Jazz Tradition*, edição nova e revisada, Oxford University Press, 1983, p. 102.
4. Max Harrison, *A Jazz Retrospect*, Taplinger, 1976, p. 128.
5. Alexander Coleman, "The Duke and His Only Son", *New Boston Review*, dez. 1978.
6. *Music is My Mistress*, p. X.
7. De forma surpreendente, Collier não evita a mesma armadilha ao elogiar as peças com três minutos de duração de Ellington. O disco de 78 rpm, que nos fornece tantas de suas obras-primas sobreviventes, só determinava a estrutura das composições de Ellington apenas para a música produzida para o estúdio de gravação, como a gravação informal de sua obra nos salões de baile demonstra.

O Caruso do jazz

1. Sidney Bechet, *Treat It Gentle: An Autobiography*, Londres: Cassel e Co., 1960. O livro foi publicado depois de turbulências com editores, advogados e colaboradores como John Ciardi.

NOTAS

2. Paul Oliver, Max Harrison e William Bolcom, *The New Grove: Gospel, Blues and Jazz*, Norton, 1987, p. 292.
3. No entanto, o veredicto negativo de Ansermet, trinta anos depois ("Os dias do jazz acabaram. Fez sua contribuição para a música. Agora ele é simplesmente monótono"), não foi propagado pelos amantes do jazz nem pelos fãs de Bechet, embora Chilton o registre (p. 207).

ÍNDICE REMISSIVO

#
"2.19 Blues", 131

A
Adderley, Cannonball, 26, 182, 393-94
"Ain't Gonna Study War No More", 98
Alexander, Willard, 424
"Alexander's Ragtime Band", 134
"All the Things You Are", 134, 211, 292
Allen, Red, 188
Allen, Woody, 437
American Mercury, The, 319
Amis, Kingsley, 23, 327
Ammons, Albert, 198
Anatomia de um crime, 382
Anderson, Ivy, 20
Anderson, Marian, 182
antissemitismo, 352, 363
Apollo, 30
Armstrong, Louis, 19, 29, 31, 73, 134, 141, 153, 197, 203, 225, 275, 280-83, 351, 383
  bandas de, 19, 43, 106, 114, 164, 186-88, 261, 266
  estilo de trompete e, 134, 174, 186-88, 209, 323, 362 estilo Nova Orleans de, 19, 97, 164, 186-87
  fama mundial de, 44, 50, 145, 218, 271, 277, 281, 360, 385
  gravações de, 50, 77, 106, 164, 187, 197, 208, 219, 227, 262, 266, 324n
  influência de, 30, 121, 193, 260
Art Tatum, 78
Arts, 312
ASCAP, 244, 256, 442
Ascensor para o cadafalso, 373
Atlantic Records, 34
atonalidade, 38
Attica Blues, 39
Auden, W. H., 206, 220
"Austin High School Gang", 319
"Avalon", 72, 110
Ayler, Albert, 42

B
Bach, Johann Sebastian, 177, 180, 205, 281n, 289, 328, 361
"Backwater Blues", 153, 469
Baker, Chet, 323n
Baker, Dorothy, 296
Baker, Harold "Shorty", 407
Baker, Josephine, 455, 459, 465
baladas, 71, 107, 134, 158, 169, 173, 176, 178, 265

Balliett, Whitney, 39, 433, 435-36
banda do paraíso, A, 437
bandas:
    big bands, 41, 113-14, 116-18, 128, 133, 141, 168-76, 200, 251-53, 272-73, 308, 377-79, 417
    brancas, 107, 110, 113, 120, 135, 140-41, 164-67, 273, 296-300, 308, 317-19
    com cantoras, 158
    de dança, 74-75, 107-09, 116-18, 251-52, 298-99, 305-06
    grupos para estúdio, 261-62
    internacionais, 127
    jive, 51, 370
    negras, 100-03, 113-14, 116, 120, 141, 272-73, 308
    pequenos conjuntos vs., 41, 114, 168-69, 175-77, 253, 308
    raízes militares, 86, 109-10, 199
    swing, 22, 99, 115-18, 127, 133-34, 166, 168, 417
    turnês, 100-01, 114, 118, 250-53, 318
Barber, Chris, 331n, 333, 376
Barker, Danny, 136, 275n, 434
Basie, Count, 22, 24, 29, 196, 216, 273, 330, 367-69, 415-26
    banda de, 43, 141, 159, 171-73, 181, 183, 195, 200, 258, 264, 273, 313, 367-69, 377-78, 417-26
    gravações de, 173, 262
Bauduc, Ray, 297
"Beale Street Blues", 109, 152-53, 274
Bean, Hawkins, 138

Beatles, The, 32, 35
bebop/bop, 21-23, 29, 38, 41, 44, 47n, 127-28, 130, 137, 143-45, 175-83, 185, 292, 337, 410-11
Bechet, Sidney, 23-24, 29, 39, 44n, 86, 114, 120, 186, 191, 224, 275, 278, 361n, 372, 449, 454-67
Becker, Howard, 296, 320
Beiderbecke, Leon Bismarck "Bix", 19, 165-66, 188-89, 261, 286, 296, 300-01, 319, 386, 399
Bell, Graeme, 121
Benny Goodman Quartet, 78
Berendt, J. E., 165, 194, 285
Berigan, Bunny, 189, 296, 301, 323n
Berlin, Irving, 109
Bernie, Ben, 461
Bernstein, Leonard, 80, 220
Berry, Chu, 191
Berry, Chuck, 34-35
Berry, Emmett, 383
Bessie Smith Blues, 401
Bessie Smith Story, The, 77
BIEM, 244
Bigard, Barney, 86, 163, 171, 186, 212, 275, 448-49
Billboard, 317-18
Billboard International Music Industry Directory, 33
Billie Holiday, 78
Birmingham Mail, 51
Bishop, Walter, Jr, 288
Bitches Brew, 42
Bix Beiderbecke Story, The, 77

Black-and-Tan Band, 102
"Black and Tan Fantasy", 19, 170, 448
"Black, Brown and Beige", 170
Black, Stanley, 312
Blackbirds of 1928, 135
blackface, 92, 348
Blake, Blind, 240
Blake, Eubie, 101
Blakey, Art, 143, 201, 288, 290, 400
Blanton, Jimmy, 195
Blitzstein, Marc, 220
"Blue Blood Blues", 248
Blue Devils, 420, 423
Blue Rhythm Band, 168
"Blue Spirit Blues", 234
blues, 151-59, 220-22, 227-35, 352
   afinidade de cantoras com o, 90, 92-93, 155-61, 234-35, 301
   cantado, 26-27, 34, 50, 89-93, 101, 128, 131-32, 134n, 146, 151-61, 172, 203, 210-11, 227-35, 334-35, 376, 400-02
   características antífonas do, 153, 169
   clássico, 92, 132, 154, 156-58
   coplas rimadas do, 71, 153, 227-35
   country, 85, 95, 99, 156, 163, 172
   de cabaré, 158, 380
   declínio do, 132, 157
   definições de, 71, 109n
   desejo e dor no, 54-55, 152, 154-55, 158, 221, 234-35
   doze compassos no, 71, 89, 152-54, 161, 172
   elementos rítmicos do, 89-90, 159
   escalas musicais e notas do, 68-69, 84n, 154
   estilo Chicago, 26-27, 35, 132, 147, 164-65
   estrada de ferro e, 54-55, 131
   fundações do jazz no, 71, 76-77, 87, 89-91, 129, 151-52, 172-73, 178, 364n
   gospel, 99, 159-61
   gravações de, 76-77, 156-57, 400-01
   harmonias do, 87-88, 153-54, 169
   instrumental, 38, 55, 90, 93, 98, 153, 161-63, 172-73, 189, 196, 198-99, 209, 376-77
   jump, 129, 159
   popularização do, 109-10, 128, 134n
   raízes do rock and roll no, 32-35
   realizações literárias do, 227-35
   retomada do, 26, 146, 160, 182
   river blues, 230-31
   urbano, 156, 158-59, 390
Blues in the Mississippi Night, 233
Bluiett, Hamiet, 44
"Body and Soul", 265
Bolden, Buddy, 93, 97, 141, 275n, 279
boogie-woogie, 196-98, 348
bordéis, 90, 163, 196, 278, 315n
Borneman, Ernest, 167
Bostic, Earl, 129, 192
Bradley's, 24
Braff, Ruby, 266
Bragg, Dobby, 106
Braud, Wellman, 194, 458

Breakfast Dance, 19, 451
Brecht, Bertolt, 219, 233
"Brilliant Corners", 214
British Musicians Union, 251, 256-57
Broonzy, Big Bill, 156, 230, 232n, 233n, 284, 376, 404
Brown, Clifford, 27, 385
Brown, Henry, 106
Brown, Lawrence, 407, 447
Brown, Pete, 192, 432
Brown, Ray, 104n, 195
Bruant, Aristide, 94
Brubeck, Dave, 180, 215, 252, 383, 393
Bruce, Lennie, 359, 393
Brun, Philippe, 299
Brunies, George, 297
Buck Clayton All Stars, 383
"Bucket's Got a Hole in It, My", 265
Bunn, Teddy, 195
"But Not for Me", 474
Byas, Don, 191, 370, 395

C

cake-walk, 102
Calloway, Blanche, 263
Calloway, Cab, 114, 175, 282, 461
Cameron, Isla, 334
"Canal Street Blues", 131
canções de *music hall*, 56, 60, 88, 94
canções de trabalho, 55n, 85, 90, 159, 240
canções sindicais, 118-19
"canto e resposta", 84, 153
Capone, Al, 255

"Caravan", 406
"Careless Love", 87, 154, 405
Carey, Mutt, 97, 276
Carmichael, Hoagy, 319
Carney, Harry, 57, 171, 192, 253, 448
Carr, Leroy, 156, 376
Carruth, Hayden, 426-27, 436-37
Carter, Benny, 25, 114, 181, 192, 273, 285n, 295, 299, 395, 455, 460
Casa Loma Orchestra, 117, 318, 472
Casey, Al, 104, 195
"Casey Jones", 55
Casque d'Or, 349
Castle, Irene e Vernon, 108-09
Catlett, Sidney, 200, 385
Chaloff, Serge, 192
Champagne Charlie, 60
"Chant of the Weeds", 19
Chaplin, Charlie, 61, 112, 207, 226
Charles, Ray, 386, 402-06
charleston, 109
Charlie Christian, 79
Charlie Haden: Liberation Music Orchestra, 39
Charlie Parker-Dizzie Gillespie Quintet, 79
"Cherokee", 265
Cherry, Don, 30, 391
Chess Records, 35
Chicago, Ill, 30, 96, 99-100, 102-04, 114, 128, 283
    blues e estilos de jazz de, 35-36, 96, 99-100, 102-04, 114, 128, 283
Chicago Rhythm Kings, 165
Chicago Style Jazz, 77

ÍNDICE REMISSIVO

"Chief, The", 243
Chilton, John, 454-67
Chocolate Dandies, 168
Christian, Charlie, 22, 40, 44, 143, 175-76, 195, 290, 455
"Christopher Columbus", 72
Clarke, Kenny, 104n, 143, 175-76, 201, 288, 290, 370, 458
Clayton, Buck, 72, 114, 188, 383, 385, 410, 425
clubes de jazz, 25, 33, 46, 51, 62, 114, 242-43, 248-50, 252, 314, 321-23, 333, 370-73, 389-91
Cocteau, Jean, 220, 323, 371, 429, 456
Cohn, Al., 191
Cocker, Henry, 72, 369
Cole, Cozy, 200
Coleman, Alexander, 443
Coleman, Bill, 114, 370, 458-59
Coleman, Ornette, 30, 38, 45n, 47n, 182, 390-91, 411-13, 438
Collier, James Lincoln, 439-54, 439-54, 497
Coltrane, John, 30, 38-39, 42-43, 182, 386, 390, 438, 455, 467
Colyer, Ken, 331n, 333
commedia dell'arte, 73
comunistas, 329-30, 329n, 334, 344
"Concerto for Cootie", 170, 188, 213, 217
"Concorde", 214
Condon, Eddie, 121n, 261
"Confessin'", 19

Cooper, Buster, 389
Corea, Chick, 33
Cotton Club, 136, 409, 445
Cotton Club, 43
"Cotton Tail", 137
Country Blues, The, 76
Cradle Will Rock, The, 220
Crane River Jazz Band, 332
Création du Monde, La, 219
"Creole Love Call", 19-20, 213
"Creole Rhapsody", 170
créoles, 86, 96-97, 163, 212, 274-75, 275n
Crosby, Bing, 300, 428
Crosby, Bob, 121n
Crump, Boss, 50
Cuthbert, M. F., 444

D

Dameron, Tadd, 143, 177
dança, 74-75, 183, 296, 305-06
balé, 224-25, 355
maratona de, 107
rítmica e acrobática, 108, 117-18
salão, 107-09, 252, 306, 427
Dance, Stanley, 415n, 418, 425
Daniel Jazz, The (Lindsay), 221
"Dans La Rue", 94
"Danúbio Azul", 68, 116
Darensbourg, Joe, 454n, 459, 465
"Dat There", 400
Dave Brubeck Quartet, 252, 383
Davis, Francis, 47, 435, 437-38

Davis, Miles, 51, 73, 134, 175n, 179, 203, 224, 373, 386-88, 427
   estilo de trompete, 181, 188, 323, 384-85, 387-88, 396
   inovações, 25, 29, 33, 42, 53, 411
"Daybreak Express", 448
Debussy, Claude, 219, 287, 328, 431
Decca, 245, 258
"Deep Creek Blues", 215
DeJohnette, Jack, 25
Delaunay, Charles, 324, 343, 430
Delius, Frederick, 328, 441
Delta do Mississippi, 49, 51, 65, 85, 96, 99-101, 103, 141, 400
Dent, Edward J., 461
Desdoumes, Mamie, 90
Desmond, Paul, 383
Dickenson, Vic, 189, 263, 385, 410
Dickie Wells in Paris, 78
"Didn't He Ramble", 98
"Diga-diga-doo", 135
discotecas, 372
Dixieland, 20, 26, 44, 50, 72, 110, 121-2, 121n, 128, 162, 164, 166, 174, 188-89, 199-200, 250, 297n, 436-37
Dodds, Johnny, 97, 121, 163, 178, 186
Dodds, Warren "Baby", 199, 385
Dolphy, Eric, 30, 42, 411
Dominguez, Paul, 97
Dominique, Natty, 86, 276
Donegan, Lonnie, 331n, 333, 335
Dorham, Kenny, 143
Dorham, McKinley "Kenny", 288
Dorsey, Jimmy, 166, 273, 322
Dorsey, Tommy, 141, 166, 189, 273, 322, 428
"Down by the Riverside", 397
Downbeat Critics Poll, 25
Downbeat, 25, 311n, 314n, 320
Drinkwater, John, 17
Duke Ellington (Collier), 439-54
Duke Ellington (Ulanov), 135n
Duke Ellington and His Famous Orchestra, 78
Dunham, Katherine, 225
Durham, Eddie, 417, 422
Dutch Swing College, 121, 327
Dylan, Bob, 34

E
Eagle Band, 141
Early Jazz (Schuller), 468n, 472, 478, 497
"East Saint Louis Toodle-Oo", 170
Eckstine, Billy, 104n, 176, 285n
Edison, Harry "Sweets", 43, 418, 423, 425
Ekyan, André, 299
Eldridge, Roy, 104n, 188, 323n, 395
Elizalde, Fred, 115, 325-26
Ellington, Edward Kennedy "Duke", 19-20, 24, 29, 31, 137, 163, 186, 196, 251n, 284, 322, 325, 361n, 368, 373-75, 406-09, 416
   bandas e orquestras, 20, 43, 103, 113, 135, 141, 167-72, 189, 192, 200-01, 252, 373-75, 378, 394, 407-08, 441-43

ÍNDICE REMISSIVO

biografia de, 439-54
composições de, 169-71, 177, 188, 212-13, 224, 262, 273, 378, 382, 406-08, 441, 446-48
gravações de, 51, 170-71, 186, 208, 262-63, 408
tonalidade orquestral e som de, 169-72, 194, 212-13, 373-75, 447
"Embraceable You", 474
embriaguez do sucesso, A, 214
EMI, 258, 412
English Gramophone Company, 114
"era do jazz", 107
Ericson, Rolf, 407
Erlkönig, 209
Ertegun, Ahmet, 34
Escola da Costa Oeste, 145, 180-81, 318, 347
escravizados, 83-85, 91, 96-97, 275
emancipação dos, 95, 132
Eu quero viver, 382
Evans, Bill, 413
Evans, Gil, 53, 177, 388
Evans, Herschel, 138, 191, 425

F

Federação Americana dos Músicos, 256-57, 310
Falls, Mildred, 397
Far EastSuite, 407
Farmer, Art, 43
Faulkner, William, 349
Festivais Internacionais da Juventude, 334

Festival de Edimburgo, 50
Festival de Jazz de Newport, 29-30, 223, 250, 382
Festival de Woodstock, 37
field hollers, 84-85, 90, 159
"Fine and Mellow", 380
Finkelstein, Sidney, 178, 411
Firehouse Five Plus Two, 142, 143n
Fitzgerald, Ella, 29, 134, 158, 203
"Five O'Clock Blues", 153
Five Spot, 30, 390
flamenco, 52-53, 94-96, 122, 225, 357
"Flee as a Bird to the Mountain", 97
"Flying Home", 174
folk/música folclórica, 52, 76-77, 357
inglesa, 58, 87-89, 154, 397
negra, 34, 76-77, 84-85, 89-98, 129, 172, 187, 336
norte-americana, 21, 54, 56-59, 88-89, 118-19, 125, 154, 215
raízes do jazz na, 67, 89-98
Foster, Frank, 43, 369
Foster, Pops, 194
Foster, Stephen, 89n, 91, 107, 205n, 209
Fox, Charles, 381
foxtrot, 108
Franklin, Aretha, 34
Freeman, Bud, 191
Fuller, Blind Boy, 240
Fuller, Gil, 288

G

"Gal's Cry for a Dying Lover" (Hughes), 221

Game Kid, 98
Gardner, Brother Lazarus, 91
Garland, Joe, 201
Garner, Erroll, 104n, 196
"Gay Negro Boy, The", 92
"geração *beat*", 50, 145, 176, 220, 315n
Gershwin, George, 113, 205n, 206, 209, 213, 220, 446, 474
Getz, Stan, 191
Gillespie, John Birks "Dizzy", 25, 29, 145, 178, 286, 288, 290, 295, 384, 390, 470, 491
   estilo de trompete de, 174-76, 188, 323, 383, 390, 395-96
   inovações de, 30, 136, 143, 188, 410
"Gimme a Pigfoot", 132n
Gleason, Jeanie, 48
Gleason, Ralph, 48, 251n
"Goin' to Chicago", 384
"Going Away Blues", 232-33
Golliwog's Cakewalk, 219
Golson, Benny, 43
Gonsalves, Paul, 408, 452
Good Morning Blues (Basie), 415-26
Goodman, Benny, 141, 166, 186, 261, 273, 305, 343, 433
   banda de, 116-17, 175, 273, 318, 322
"Goodnight, Irene", 134n
Gordon, Dexter, 430-31
Gospel Singing at Newport, 76
"Gospel Train, The", 55
Gould, Walter, 101
Grainger, Percy, 361n
Grande Depressão, 31, 105, 113-17, 261, 420

Granz, Norman, 249, 252, 264-65, 360n
Grapelli, Stéphane, 202
Grauman, Sid, 108
Graupner, Gottlieb, 92
Gray, Wardell, 191
Green, Charlie "Big", 189
Greene, Freddie, 195, 423, 425
Greenwich Village, 30, 46, 119, 250, 291, 464, 477
Gregory, Edmund, 288
Grey, Al, 43
Grofé, Ferde, 446
Grosz, George, 453
grupos de rap, 27
grupos de *skiffle*, 50, 62, 124-25, 249, 334-36
Guerra Civil norte-americana, 89, 91, 97
Guerra de Independência, Estados Unidos, 88
Gulda, Friedrich, 46
Guthrie, Woody, 334

H

Hackett, Bobby, 189
Haley, Bill, 34, 367
Half-Note, 30
Hall, Adelaide, 20
Hall, Edmond, 186
Hall, Henry, 299
Hamilton, Chico, 88, 201, 214, 290, 408
Hammond, John, Jr., 34, 48, 114, 256, 261, 331, 381, 401, 422, 462, 475-77
Hampton, Lionel, 104n, 129, 173-74, 200, 203, 295, 331

Hancock, Herbie, 33
Handy, W C, 50, 86, 101, 106n, 109-10, 210, 272-74, 283-84
Harlem, 30-31, 50, 92, 103, 105, 109, 114, 137, 141, 173, 192, 196, 271, 277-78, 282n, 290-91, 389, 408, 413
"Harlem Airshaft", 448
Harlem Congregation, 76
Harris, Rex, 330
Harrison, Jimmy, 104n, 189
Hawkins, Coleman, 29, 114, 190-91, 282, 299, 395, 410, 455, 460, 474, 491
Haydn, Franz Joseph, 171, 395
Hear Me Talkin' to Ya (Hentoff e Shapiro), 227, 275n
"Heart of Jazz, The", 112
Hefti, Neal, 378
Hemphill, Julius, 44
Henderson, Fletcher, 225, 273, 424, 445-46
  banda de, 19, 114, 168, 273, 476
Hentoff, Nat, 227
Herman, Woody, 43, 273, 337
Hickman, Art, 446
Higginbotham, J. C., 189
Hill, Bertha "Chippie", 157, 235, 274
Hill, Teddy, 175
Hindemith, Paul, 209, 220
Hines, Earl, 19, 104n, 114, 196-97
hinos, 88
Hinton, Milt, 136
"Hip Chic", 137

hipsters, 290-94, 315n, 337-38
His Way (Kelley), 428
Histoire du Soldat, 219
Historically Speaking, 78
History of American Popular Music (Spaeth), 135
Hitler, Adolf, 17-18, 92, 329, 429
HMV, 245
Hobson, Wilder, 89-90, 165
Hodeir, André, 146, 170, 174, 180, 212-13, 216, 220, 316, 324, 371, 373, 378
Hodges, Johnny, 20, 29, 73, 171, 190, 192, 399, 406, 448-49, 455, 491
"Hold On", 91
Holiday, Billie, 28, 29, 40, 134, 158, 203-05, 274, 330-31, 379-80, 474-75, 477
"Holy City, The", 110
"Home Cooking", 165
"Honky Tonk Train Blues", 55
honky-tonks, 303-04
Hopkins, Claude, 168, 263
Hopkins, Sam "Lightnin'", 131, 156, 233n, 334, 393, 492
Horseless Carriage Club, 142
Hot Clubs, 320
Hot Discography (Delaunay), 324, 343
Hot Five, 19, 164-65, 187, 261, 266, 486
Hot House, 25
Hot Seven, 19, 187, 261, 266
"House of David Blues", 19
"How High the Moon", 50, 72, 134, 211, 265

"How Long, How Long", 91, 153, 155, 216
Howard, Paul, 101
Howlin' Wolf, 35, 156, 492
Hughes, Langston, 221-22
Hughes, Patrick "Spike", 18, 115, 261, 325-26
Hugo, Victor, 456-57
Hylton, Jack, 112, 245, 299

I
"I Can't Give You Anything But Love", 135, 211
"I Found the Answer", 397
"I've Found a New Baby", 110, 165
Igreja Episcopal Metodista Africana de Sion, 91
Churches of God in Christ, 91, 354
igrejas negras, 91, 154, 159-61, 353-54
Immortal Charlie Parker, The, 79
improvisação, 59, 73-74, 84, 97, 128, 134, 142, 156, 161, 169, 172, 176-77, 210, 217, 266
In a Mellotone, 78
"In the Evening", 155
In the Moment (Davis), 435
"Indiana", 50, 110
"interferir", 138
Irving, Henry, 207
Irvis, Charlie, 212
islamismo, 288-89
Ives, Burl, 334
Ives, Charles, 440

J
Jackson, Bessie, 159, 334
Jackson, Mahalia, 29, 152, 161, 272, 396-97
Jackson, Milt, 143, 203, 261, 285
Jackson, Rudy, 115
Jackson, Tony, 315n
Jacob, Max, 323, 371
Jacquet, Illinois, 191
jam sessions, 135-36, 138-41, 177, 297, 420
James, Harry, 273, 323n, 428
James Rushing, If this Ain't the Blues, 79
Jammin' the Blues, 223
jazz:
   aceitação pela cultura dominante, 31, 45-47, 49-53, 56-57, 63
   antecedentes acadêmicos, 22-23, 46
   antigo, 77, 99-116, 128, 140-41, 162-64, 174
   aprendizado, 27, 30, 101
   aspectos sociais e raciais do, 30, 49-60, 68-69, 83-98, 271-302, 343-64
   atributos musicais do, 67-76, 84-85
   caráter urbano, 92-96, 99-106, 123-24, 129, 132-33, 240-41
   comercialização do, 132-36, 141-43, 146, 160, 173-75, 239, 306-07
   como termo, 51, 109
   componentes anglo-saxões, 85, 87
   "composto", 169-71, 177
   conotações culturais, 49-65, 88, 145, 219-35, 426-39

ÍNDICE REMISSIVO

cool, 43, 51, 70, 74, 128, 130, 137, 145-46, 179-83, 188, 191-92, 296, 370, 384, 411
crítica moral do, 110-11, 121
definições do, 208-09, 286, 307-09, 344, 348
desenvolvimento interno e transformação no, 127-47
economia e negócios no, 30-33, 46, 49, 239-68
elementos africanos no, 68-69, 83-88, 91, 93, 146, 153-54, 159, 168, 198-99, 201-02
elementos franceses do, 85-87, 163
elementos harmônicos, 176-77
elementos latino-americanos e caribenhos do, 85-86, 108, 122-23, 163, 201
elementos religiosos do, 87-88, 90-91, 159-61
elementos rítmicos no, 84, 86, 163-64, 173-74, 178, 199-202, 282n
era de ouro do, 26, 29-32, 242
estudo e análise histórica do, 21-25, 30-34, 45-48, 52-53, 56-58
expressividade emocional no, 174, 179
fatores acidentais e mudanças no, 67, 211-12
fatores políticos e, 39, 118-19, 121-2, 130, 144-46, 329-30, 334, 339, 343-64
formas híbridas de, 107-113, 116-18, 123, 128-29, 141

free, 30, 38-40
hot, 115-16, 146, 165-66, 168, 179, 181, 295, 306, 317, 319-20, 324, 326-27, 445
influências estrangeiras e exóticas no, 38, 68-70, 85-86, 171
linguagem e gíria do, 75, 127-28, 182-83, 280, 485-93
moderno, 72, 79-80, 86, 99, 127-31, 141-46, 158, 174-83, 192-93, 201-03, 213-14, 260, 289-90, 294-95, 336-38, 410-13
movimentos revivalistas no, 20-21, 24-26, 31, 33, 42-47, 118-21, 130, 141-43, 188, 241, 257, 260, 264, 307, 310, 320-21, 331-36
música clássica e, 31, 53, 56, 68, 72-73, 89, 111, 127, 137, 171, 174-75, 177, 180-81, 205-07, 209, 214-15, 219-20, 328, 360-62
músicos amadores no, 310, 311n, 316, 328, 437
neotradicionalismo no, 46, 182
notação musical do, 73-74
outras artes e o, 50, 55-57, 93-95, 219-35, 329n
período médio, 55, 113-25, 127-30, 133, 140-41, 167-74, 177, 180, 261
períodos e estilos do, 100, 127-47, 161-83
polifonia rítmica e vocal no, 84, 163, 165, 168

popularidade internacional do, 20-22, 32-33, 36, 50-53, 99, 114-15, 121-25, 127, 248, 250, 311-14, 322-41
pré-história, 83-99, 127-28
primórdios da expansão do, 99-125
público para, 18, 27, 30-33, 38-39, 44-46, 50, 52, 61-62, 115-18, 128-33, 175-76, 178-79, 225-26, 242, 248-52, 255, 303-41
puro, 214-15, 306, 317, 325, 330-31
realização artística no, 205-18
ressurgimento, 43, 45, 416
repertório e *standards* do, 71, 110, 134-35, 142, 163-65, 211, 265-68, 436
sinfônico, 112, 215, 361, 446
sons mecânicos no, 54-55
tonalidades vocais e instrumentais no, 69-71, 84
tradicional, 30, 38, 46-47, 74, 162, 178, 182, 257-58, 264
vanguarda no, 21-22, 26, 30, 33, 38-40, 44, 45n, 46, 99, 128, 131, 137, 182, 285, 289, 308, 372-73, 383, 390
Jazz at the Philharmonic, 249, 252, 360n, 394
jazz da Costa Leste, 162, 165-67, 196-97, 347
Jazz Groupe de Paris, 373
Jazz Hot, Le, 112, 323-24, 371, 461
Jazz News, 312

Jazz Odyssey (Darensbourg), 454n, 459
Jazz on a Summer's Day, 223
Jazzmen (Ramsey e Smith), 120, 463
Jazztet (Art Farmer e Benny Golson), 43
Jefferson, Blind Lemon, 156, 240
Jefferson, Thomas, 88
jitterbug, 117, 489
jive talk, 222, 291-93, 485, 488-92
John Henry, 55, 119
Johnson, Blind Willie, 160-61, 240
Johnson, Bunk, 90, 93, 97-98, 141, 276, 333, 464
Johnson, Gus, 183
Johnson, J. J., 176, 189, 295, 395
Johnson, James P., 92, 153, 196, 304
Johnson, Lonnie, 195
Johnson, Osie, 245
Johnson, Pete, 198
Johnson, Robert, 26, 400-02, 469
Jolson, Al, 75, 283
Jone, Thad, 379
Jones, Isham, 109
Jones, Jimmy, 447
Jones, Jo, 138, 200, 395, 421, 423, 425
Jones, LeRoi, 411
Jonny Spielt Auf, 219
Joplin, Scott, 92
"Joshua Fit the Battle of Jericho", 397

K
Kahn, Roger Wolfe, 300
Kaminski, Max, 189
Kansas City, Missouri, 103, 105, 114, 138, 141, 159, 163, 172-73, 183,

191, 198, 243, 278, 283, 289-90, 367, 377, 410, 417, 419-23
Keats, John, 217
"Keep Your Hand on the Plough", 91
Kellerby, Clifford, 328
Kelley, Kitty, 428
Kelly, Chris, 275n
Keppard, orquestra de, Nova Orleans, 102
Kerouac, Jack, 50, 220
Kind of Blue, 25, 387
King of the New Orleans Jazz, The, 77
King Oliver's Creole Jazz Band, 77
Kirby, John, 194
Kirk, Andy, 114, 417
Kirk, Roland, 412
Knoblauch, Glen Gray, 117
"Knockin' a Jug", 19, 262
"Ko-Ko", 450
Konitz, Lee, 180, 192
Korner, Alexis, 34, 230, 231n
Krenek, Ernst, 219
Krupa, Gene, 194, 200, 433-34

L

L'Enfant et les Sortilèges, 219
Ladies' Home Journal, 111
Ladnier, Tommy, 120, 188, 262, 278, 458, 460, 462
Lady Sings the Blues (Holiday), 380
Laemmle, Carl, 17
Lake, Oliver, 44
Lambert, Constant, 219, 262, 374, 449
Lang, Eddie, 194, 300-01

Lang, Iain, 105, 156
Larkin, Philip, 23, 454
Ledbetter, Huddie "Leadbelly", 21, 118-19, 125, 134n, 163, 231n, 240, 273, 334-35, 469
Lees, Gene, 468n, 478
Lei Seca, 113
Lejeune, C.A., 388
Lester Young Memorial Album, 78
Levesque, J.-H., 112
Lewis, George, 275, 333
Lewis, John, 80, 151, 177, 208, 214, 285, 373, 382, 385, 399
Lewis, Meade Lux, 55, 104n, 198
Lewis, Ted, 260, 273, 297, 300
Ligações perigosas, 382
Liberian Suite, 450
Lift to the Scaffold, 388
Lindsay, Vachel, 221
Lion, Alfred, 457, 462
Lionel Hampton, Jivin' the Vibes, 79
Little Jimmy Rushing and the Big Brass, 376
"Little Posey", 137
"Liza", 165
Lloyd, A. L., 87, 88n
Lloyd, Marie, 56, 63, 207, 277, 280
Lofton, Cripple Clarence, 55, 198, 274, 492
Logue, Christopher, 381
Lomax, Alan, 88n, 97, 119, 272, 469, 496
Lomax, John, 119, 272, 469
Lombardo, Guy, 117, 460-61

Londres, 19-24, 43, 46, 48, 51, 115, 242, 249, 252, 280, 313, 326n, 331-32
Look Back in Anger (Osborne), 333
Louis Armstrong Story, The, 77, 496
"Love for Sale", 474
"Low Life", 368
Lunceford, Jimmy, 113, 141, 171, 200, 273, 331, 417-18
Luter, Claude, 121
Lyttelton, Humphrey, 252, 261, 331n, 333, 376

M
Mahalia Jackson, 77
Mahara's Minstrels, 101, 110
"Mahogany Hall Stomp", 187
Mailer, Norman, 291, 315n
"Make Me a Pallet on the Floor", 228-29, 279
Malcolm X, 39, 427
Malle, Louis, 373
Malson, Lucien, 371
Mandel, Johnny, 382
Manne, Shelly, 43
Manone, "*Wingy*", 297
"Maple Leaf Rag", 162, 467
marchas funerárias, 97-98, 127
"Margie", 110
Marsala, Marty, 393
Marsalis, Branford, 45, 437
Marsalis, Ellis, 45n, 437-38
Marsalis, Wynton, 25-26, 45-46, 47n, 437-38
Marshall, Kaiser, 199

Martin, Kingsley, 31, 45
marxismo, 309
Max Roach, Quinteto de, 292
MacColl, Ewan, 88n, 334
McGhee, Brownie, 21, 131, 156, 231n, 232n, 376, 384
McKinney's Cotton Pickers, 104, 113, 168
McLaughlin, John, 33
McLean, Jackie, 25
McPartland, Jimmy, 319
McShann, Jay, 175
Meet Me at Jim & Andy's (Lees), 468n, 478
Melody Maker, 18, 249, 313, 317, 324n, 325, 326n, 332, 461
Memphis Five, 166
Mendl, R.W.S., 343
menestréis, 87, 90, 92, 102, 109-10, 118, 131, 163, 239, 348
Metheny, Pat, 25
Metronome, 323n
Mezzrow, Milton "Mezz", 120, 262, 291-93, 319, 350, 370, 466, 490
Mezzrow-Bechet Quintet, Really the Blues, 77
Mezzrow-Ladnier Quintet, 77
Miff Mole and His Little Molers, 166, 189, 300
Miles Ahead, 25
Miles Davis: Milestones, 79
Miles Davis Quintet, 25, 47
Milestones, 387
Miley, "Bubber", 171, 188, 212, 448-49, 491

Milhaud, Darius, 112, 141, 219, 361
Mili, Granz e Gjon, 223
Miller, Glenn, 117, 141, 166, 171, 273, 322, 477
Mills Blue Rhythm Band, 19, 472
Mills Brothers, 19
Mills, Irving, 445
Mingus, Charles, 29-30, 127, 195, 413, 492-93
Minton, Henry, 243
"Misty Mornin'", 213
Modern Jazz Quartet, 43, 179, 185, 208, 224, 252, 261, 285, 287, 295, 370, 382, 385, 411
Modern Jazz Quartet: One Never Knows, 80
Mole, Miff, 166, 189, 300
Momma Don't Allow, 223
Monk, Thelonious, 29, 143, 178, 182, 196, 214-15, 287, 377, 382, 384-85, 396, 398-400, 411, 470
"Mood Indigo", 213, 448
Morello, Joe, 383
Morgan, Lee, 400
Morganfield, McKinley *ver* Waters, Muddy
Morris, Marlowe, 389
Morris, William, 64
Morton Benny, 425
Morton, Ferdinand "Jelly-Roll", 85-86, 97, 100, 162, 164, 177, 196, 197n, 212-13, 215, 273, 315n, 331
   gravações, 77, 119, 186, 196, 262, 312, 324n

Moten, Benny, 113-14, 263, 492
"Mr. Jazz Himself", 109
"Muggles", 187
Mulligan Meets Monk, 377
Mulligan, Gerry, 191-92, 377, 382
Murderers' Home, 76
Murray, Albert, 415n, 423, 425
Murray, David, 25, 44
Music Is My Mistress (Ellington), 440
música comercial, 49, 75, 87, 91-92, 129, 132-36
música *country-and-western* (*hill-billy*), 118, 314, 317, 355
música gospel, 84-85, 90, 101, 119, 146, 152, 159-61, 168, 182, 354, 357-58, 364n, 376, 386, 396-98
música popular, 19, 49, 52-53, 265
   britânica, 56, 60, 89, 93-94
   espanhola, 94-95, 122, 124
   francesa, 94, 122-24
   jazz e, 53-54, 60, 62-63, 67-68, 74-75, 87, 92, 107-13, 133-34, 165, 172, 175, 178, 203, 313-14, 347-48, 352
   século XIX, 88-89, 107, 132
   sweet, 116-17
Musical Times, 111
"Muskrat Ramble", 162, 462

N
"Nagasaki", 135
Nanton, "Tricky Sam", 171, 189
Napoleon, Phil, 166
Narrow Street, A (Paul), 372

National Jazz Federation, 249
Navarro, Fats, 188, 290, 385, 399
"Nearer My God to Thee", 97
"Nellie Dean", 89n, 107
Nelson, Red, 55
Nelson, Romeo, 106
New Deal, 118-19, 321, 416, 463, 471, 476
New Orleans Wanderers, 186
New Statesman, 23, 31, 45, 367-413
New York Review of Books, 24, 415-78
New Yorker, 433
Newman, Joe, 43, 369, 379
Newport Festival Jazz, 382
Newton, Frankie, 29, 188, 381
Nicholas, Albert, 186, 276
Noone, Jimmy, 186
Nova Orleans, Louisiana, 85, 273-75
   bandas de jazz em, 93, 95, 97-98
   desfiles em, 87, 97-98, 127, 275n, 303
   estilo de jazz de, 19, 26, 29, 44, 45n, 47, 53, 85-87, 90, 93-103, 119-21, 128, 132, 162-66, 174, 185-90, 195-96, 199, 210, 212, 241-42, 286, 289, 340, 370
Nova York, 24-26, 30, 32, 51, 96, 102-04, 128, 173, 196, 389-91, 411-12
ver também Greenwich Village; Harlem

O
O'Brien, Floyd, 165, 319
Observer (Londres), 31, 295
"Oh, Didn't it Rain", 397
Okeh Company, 106
"Old King Dooji", 137
Oliver, King, 70, 110, 141, 164-65, 187, 242, 248, 264, 276, 281, 331, 333, 336, 434
Oliver, Sy, 177, 201, 273
Original Dixieland Jazz Band, 51, 107-09, 116
Ornette Coleman, Tomorrow Is the Question, 80
Oroonoko, 92
Orquestra de Jean Goldkette, 104
Ory, Kid, 393
Osborne, John, 333
Oswald, Marianne, 323

P
Page, Walter, 194, 420, 423, 425
Panassié, Hugues, 21, 120, 324, 331, 430, 462, 471
Parker, Charlie "Bird" / "Yardbird", 32, 44, 47, 50, 63, 143, 151, 173, 175-76, 178, 182, 191-93, 208, 217-18, 290, 294-95, 351, 420, 455, 470, 491, 497
   inovações e influência de, 26, 50, 210, 260, 384-86, 396, 410-11
Parker, "Tennessee" Tim, 335
"Parker's Mood", 209
Patterson, Ottilie, 331n, 333
Paul, Elliott, 372
"Pee Wee", 243
Pendergast, Boss, 420
Pentecostal Holiness Church, 91, 272, 353-54

Pepper, Art, 43, 192
Perez, Manuel, 93
Performing Arts Society (PAS), 244, 256
Peterson, Oscar, 51
Petrillo, James, Caesar, 257
Petrushka, 63, 224, 393
Pettiford, Oscar, 185, 195
Philips Records, 400
Piano Jazz, 77
Piano Rag Music, 219
Piazza, Willie, 243
Picou, Alphonse, 86, 93, 275
Pierce, Nat, 43
Pine, Courtney, 45
Piron, Armand John, 86
Pollack, Ben, 273, 319n
Por volta da meia-noite, 429-31, 437, 497
Porgy and Bess, 206, 213, 220, 380, 387
Porter, Cole, 72
"Portrait of Bert Williams, A", 213
"Portrait of the Lion", 137
"Potato Head Blues", 19, 187
Powell, Bud, 143, 196-97, 431
Powell, Specs, 245
Pozo, Chano, 86, 202
Presley, Elvis, 35, 335
Preston, Denis, 17, 48
Price, Sammy, 456
Primeira Guerra Mundial, 100, 108-09, 429
"Prince Albert", 292
Procope, Russell, 408

Q
Quintette du Hot Club de France, 115, 202, 327

R
Rabbit Foot Minstrels, 93
race records, 34, 106
ragtime, 92, 97-99, 101-02, 105, 107, 121n, 162-64, 166, 174, 196-98
Ragtime Piano Roll, 77
Ragtime pour onze Instruments, 219-20
Rainey, Gertrude Pridgett "Ma", 93, 156-57, 235, 274
Rainey, William, 93
Ramey, Gene, 417
Ravel, Maurice, 170, 219, 287, 441
"Ready Money", 242-43
Real Fats Waller, The, 78
Really the Blues (Mezzrow), 350
"Reckless Blues", 153, 235
Red Hot Peppers, 162
Red Nichols and His Five Pennies, 166
"Red River Blues", 230
"Red River Valley", 230-31
Redman, Don, 19, 168, 172, 177, 273, 445-46
"Refugee Blues" (Auden), 220
Reinhardt, Django, 115, 193, 195, 202, 455
Reisz, Karel, 223
rent parties [festas de aluguel], 132, 303
revistas de jazz, 18, 22, 249, 310, 311n, 313, 325, 329n
"Rhapsody in Blue", 113, 446

rhythm and blues (R&B), 34-35, 106, 124-25, 160, 314, 317, 335, 386, 435
Rhythm Clubs, 325-27, 333
riffs, 172, 177
Rio Grande, 219
Roach, Max, 143, 201, 290, 292
Roberts, Marcus, 25
Robinson, Jim, 97
rock and roll, 21-22, 34-36, 42, 106, 124-25, 160, 335-36, 367, 403, 405, 413
jazz e, 32-34, 37, 39-42, 415
"Rock Around the Clock", 34
"Rock Island Line", 335
Rolling Stone, 36-37
Rolling Stones, 34
Rollins, Sonny, 25, 182, 192, 413
Ronnie Scott, 46
Roosevelt, Franklin D., 118, 284, 329, 416
Rouse, Charlie, 399
Royal Canadians, 117
"Royal Garden Blues", 110, 369
Rushing, James, 159, 172, 232n, 369
Russell, Luis, 114, 168
Russell, "Pee Wee", 29, 186, 253, 319

S

Sacre du Printemps, Le, 220
Saga of Leadbelly, The, 76
Sahl, Mort, 359, 393
Saint Louis Jimmy, 233n
Sait-on jamais?, 214, 382

San Francisco Chronicle, 251n
São Francisco, Califórnia, 30, 48, 315n, 391-94
Saperstein, Hank, 335
Saury, Maxim, 372
Schuller, Gunther, 468-78
Schulz-Köhn, Dietrich, 343, 432
Schweitzer, Albert, 430
"See See Rider", 155, 235
Seeger, Pete, 334
Segunda Guerra Mundial, 34, 260, 305, 308-09, 409
"Sent for You Yesterday", 369, 384
Sgt. Pepper's Lonely Hearts Club Band, 41
Shand, Jimmy, 312
Shapiro, Nat, 227, 488
Shavers, Charlie, 174, 188
Shaw, Artie, 141, 322, 478
Shaw, George Bernard, 328, 361
Shepp, Archie, 26, 30, 39, 413
Shorter, Wayne, 33
shouters [grito] do blues, 159, 216, 394, 420
shouting dances, 84, 91
Sidney Bechet (Chilton), 454-56
Silvers, Robert, 24
Silvester, Victor, 312
Simeon, Omer, 163, 186
Sims, Zoot, 191
Sinatra, Frank, 428
sindicato britânico *ver* British Musicians Union
Singleton, Zutty, 199
Skvorecky, Josef, 17, 432, 497

ÍNDICE REMISSIVO

Smith, Bessie, 55, 132n, 134, 153-58, 170, 208-09, 218, 231-32, 234-35, 274, 281, 283, 295, 351, 361, 380, 455, 469
Smith, Clara, 157
Smith, Clarence "Pinetop", 198, 274, 492
Smith, Joe, 153, 188
Smith, Stuff, 202
Smith, Willie, 192
Smith, Willie, "The Lion", 137, 196, 304, 456
"Snake Rag", 248
"Solitude", 442, 448
"Song of the Islands", 19
sonho de domingo, Um, 431
Sonny Rollins Plus Four, 79
South, Eddie, 202
"South Ramparts Street Parade", 437
Southern Syncopated Orchestra, 461
Spanier, Muggsy, 121n, 165, 189, 458
Spann, Otis, 377
Speckled Red, 106, 274, 492
Spike Hughes and His Negro Orchestra, 78
spirituals, 90-91, 118, 182, 240, 272, 352, 359, 397
Spirituals to Swing (concerto), 401
Spirituals to Swing (disco), 78
SPJ Jazz, 79
Springsteen, Bruce, 34
St. Cyr, Johnny, 64, 86, 195, 276, 301
"St. James Infirmary", 19, 87, 91
St. Louis, Missouri, 92, 103, 132

"St. Louis Blues", 50, 86n, 91, 109, 127, 152-53, 230
St. Louis Blues (filme), 360
Stacy, Jess, 433-34
Stearns, Marshall, 83, 152, 162
Stewart, Rex, 57
Stitt, Sonny, 192
"Stompy Jones", 406
"Stormy Weather", 20
"Strange Fruit", 158, 330, 380, 477
Strauss, Johann, 209, 280
Stravinsky, Igor, 219-20, 287, 429
Strayhorn, Billy, 104n, 441
"Streamline Train", 55
Such Sweet Thunder, 213
"Sugar", 165
"Sugar Foot Stomp", 19
Sunday Times, 295
Sweatman, Wilbur, 109
"Sweet Sue", 135
swing, 69, 78, 99, 116-18, 120, 168, 173-74, 182, 185, 188-89, 200-02, 282n, 330-31, 410
ver também bandas: swing
Swing Era, The (Schuller), 468n, 469-78
Sykes, Roosevelt "The Honeydripper", 334
síncope, 69, 74-75, 99, 107

T

"Take Me Out to the Ball Game", 346, 348
Tate, Buddy, 43
Tatum, Art, 63, 197, 377, 473

"Things Ain't What They Used to Be", 406
Tavernier, Bertrand, 429-31, 497
Taylor, Cecil, 25, 30, 411-12, 434
Taylor, Montana, 106, 198, 492
Teagarden, Jack, 29, 190
Temps Modernes, Les, 324, 371
Terry, Sonny, 21, 152, 156, 230, 231n, 376, 384
Teschemacher, Frank, 165, 186, 295-96, 301, 319
thé dansants [chá dançante], 108, 113
"The Memphis Blues", 50, 109
Thelonious Monk, Brilliant Corners, 79
"There'll Be Some Changes Made", 165
Thompson, Lucky, 191
Threadgill, Henry, 25
"Tiger Rag", 163
"Tight Like This", 187, 209
Times-Picayune, 111
Tin Pan Alley, 59, 92-93, 99, 106-07, 109, 112, 124-25, 134, 234, 265, 345, 348, 355, 367
Tone Parallel to Harlem, 407
Tough, Dave, 165, 200, 319
Treasures of North American Negro Music, 376
Triana, Fernando el de, 95
"Trio Blues", 377
Tristano, Lennie, 180, 411
"Trouble in Mind", 155, 231n, 235, 265
Trumbauer, Frank, 166-67, 191, 300
Tucker, Bessie, 106
Turner, Joe, 159, 216, 232-33, 330, 410
Turner, Titus, 389
Turpin, Tom, 242
Tyner, McCoy, 43

U
Ulanov, Barry, 135n

V
Vacher, Peter, 454n
Vadim, Roger, 373, 382
Vallee, Rudy, 460
"Valsa do Imperador", 209
Variety Artistes' Federation, 257
vaudeville, 102, 132, 243-44, 292, 419
Vaughan, Sarah, 158, 203, 251n
Venuti, Joe, 166, 202
Venuti-Lang Blue Four, 166, 202
Vian, Boris, 430
Vic Dickenson Septet, 79
Vodery, Will, 442
vodu, 83, 85

W
Wain, John, 327
Walder, Herman, 138
Wallace, Sippie, 157
Waller, Fats, 114, 134, 196-97, 203, 279-81, 181n, 283, 285n, 295, 304, 421
Walt Disney Studio, 142
Ware, Madame Mame de, 242
Waters, Ethel, 158, 203, 274
Waters, Muddy (McKinley Morganfield), 21, 34-35, 376-77

ÍNDICE REMISSIVO

Watters, Lu xvi, 20, 120
We Shall Overcome, 39
Weather Report, 33
Weatherford, Teddy, 114, 459
Webb, Chick, 129, 139, 141, 173, 200, 282n
Webb, George, 121, 331n, 332
Webster, Ben, 29, 138-39, 191, 410
"Weely", 137
"Weeping Willow Blues", 153
Weill, Kurt, 219, 453
Wells, Dicky, 189, 217, 295, 383, 423, 425
Wells, H. G. 371
Wess, Frank, 203
West, Cornel, 27
West Coast Jazz, 80
West End Blues, 219
"West End Blues", 19, 187, 208
"When the Saints Go Marching In", 98, 235, 265, 332
White, Josh, 21, 230, 231n, 274, 334
White, Lulu, 242
Whiteman, Paul, 75, 109, 112, 168, 215, 260, 273, 300, 446
Whyte, Zach, 263
Wilber, Bob, 20, 43, 456
Williams, Clarence, 106n
Williams, Cootie, 171, 188, 407, 448
Williams, Joe, 369, 379
Williams, Mary Lou, 104n, 138, 196
Williamson, Sonny Boy, 35, 159, 334
Wilson, Shadow, 245
Wilson, Teddy, 181, 285n, 381

Winding, Kai, 189, 193n
Wise, Stephen T., 111
Wolfe, Bernard, 393, 490
Woods, Phill, 25
World of Count Basie, The (Dance), 415n, 418, 421, 423, 425
World Saxophone Quartet, 44, 438

Y

Yancey, Jimmy, 153, 198, 216
Yas Yas Girl, 159, 492
Yeats, William Butler, 316, 425
"Yellow Dog Blues", 109, 274
Yerba Buena Band, 120
Young, Lester, 21, 29, 70, 138-39, 167, 181, 191, 381, 385, 399, 402, 425, 431, 491
Young, Trummy, 43
Young Man with a Horn (Baker), 296
"Young Woman's Blues", 155-56, 209

Z

Zawinul, Joe, 33
Zwerin, Mike, 432

Este livro foi composto na tipografia Adobe
Garamond Pro, em corpo 12/16, e impresso
em papel off-white no Sistema Cameron da
Divisão Gráfica da Distribuidora Record.